대학생과 취업준비생을 위한

실전취업론

조기창

박영사

머리말

    지속되는 국내외 경기불황과 누적된 실업률로 인해 최근 젊은이들 사이에는 3포 세대 또는 5포 세대라는 자조 섞인 신조어가 유행하고 있다. 대학을 졸업하고 바로 사회에 나가 꿈을 펼쳐야 할 많은 젊은이들이 직장을 구하지 못해 의도적으로 대학 졸업을 늦추는 것이 일반화되어 버린 지 이미 오래된 요즈음, 대학생들을 보면 기성세대로서 미안하고 안타까운 마음까지 든다. 취업을 위해 화려한 스펙을 쌓는 데 많은 비용과 시간 그리고 노력을 투자하는 당사자들이야 더 말할 나위도 없겠지만 이들을 뒷바라지 하고 계신 그 부모님들의 희생과 부담은 또 얼마나 큰 사회적 손실인가?

    그렇다고 청년실업문제를 외부 탓으로만 돌릴 수는 없다. 물론 국가와 사회가 책임지고 해결해야 할 문제겠지만 학교와 취업준비생들도 어려운 상황을 극복하고 바뀐 취업문화에 맞추어 준비를 할 수밖에 없는 것이 현실이다. 특히, 취업준비생들 스스로가 취업정보를 수집하고 전략을 수립하여 남들보다 한 걸음 먼저 직무역량을 기르는 데 매진해야 할 것이다.

    필자는 15년이 넘는 코트라 해외무역관 생활을 하면서 수많은 청년인턴들을 받아 그들에게 해외무역관 근무경험을 제공하고 훈련시킨 결과, 많은 인턴들이 직무역량을 길러 원하던 직장에 취업하고 떳떳한 사회인으로 활동하는 것을 보며 큰 보람을 느껴왔다. 벌써 20년 전 이야기지만, IMF를 맞이하여 청년실업문제가 심각해지자 당시 정부에서는 처음으로 코트라를 통해 인턴들을 해외로 내보냈는데 필자가 근무하던 터키 이스탄불무역관으로 배정된 한 인턴의 경우, 지금은 터키에서 성공한 교포무역인으로 성장하였으며, 지난 2009년에는 독문학을 전공했던 한 인턴이 한때 우리나라 최대 중고차 수입국이었던 요르단 암만무역관에서 필자를 만나 인턴기간 중 많은 자동차관련 요르단 수입상들과의 상담경험을 살려 지금은 대표적인 국내 자동차부품회사에 입사해서 중동지역 담당자로 근무하고 있다. 또한 필자가 출강했던 한 대학교에서 강의를 들었던 학생은 필자의 조언에 따라 해외전시인턴 프로그램에 참여하여 두바이무역관으로 나갔다가 지금은 아부다비에 있는 현지회사의 아시아 담당자로 근무하고 있다. 어디 그뿐인가? 몇 년 전, 알제무역관에서 근무했던 한 인턴은 인턴생활을 마치고 귀국하자마자 오스트리아 비엔나에 본사를 두고 있는 자동차 부품회사에 취업하여 수출역군으로 활약하고 있으며 같이 파견되었던 또 다른 인턴은 한국에 진출해 있는 외국계 통번역 서비스 회사에 취업하였다.

필자는 현재 World Job+ K-Move 멘토링 프로그램에 참여하여 멘토로 활동하고 있으며 취업준비생들에게 취업에 필요한 정보를 제공하고 조언을 아끼지 않은 결과, 이들 중 취업에 성공한 젊은이들을 보면서 그동안 필자가 전파했던 취업노하우를 다른 취업준비생들에게도 전달하고 싶은 마음에서 이 책을 집필하게 되었다.

이 책은 취업탐색, 취업준비 그리고 실제 입사지원 시로 나누어 취업준비생들이 꼭 알아야 할 취업관련 정보와 전략을 제시하였으며 해외취업은 별도의 장으로 마련하여 수록하였다. 특히, 최근 각 기업들의 채용방식이 종전과는 많이 바뀌고 있다는 것에 주안점을 두고 취업준비생들이 어떻게 취업준비를 해야 할지 상세하게 설명하였다. 아울러 필자가 이 책을 집필하면서 나름 여러 채널을 통해 정보를 수집 분석한 결과, 우리가 평소 잘 몰랐던 정부의 다양한 청년 취업지원책에 대한 설명에도 많은 지면을 할애하였다. 또한 정부에서 대학생들의 취업역량 강화를 위해 실시하고 있는 「지역특화청년무역전문가 양성사업(GTEP)」과 「장기현장실습(IPP)형 일학습병행제」에 대해서도 자세한 내용을 수록하였다.

부디 이 책이 오늘도 취업을 위해 모든 것을 바치고 있는 이 땅의 젊은이들과 자식들을 뒷바라지하기 위해 많은 것을 희생하고 계신 부모님들께 조금이라도 도움이 되어 취업준비생들이 각자 원하는 직장에 취업하게 된다면 그 이상의 보람이 없을 것이라 생각된다. 끝으로 이 책이 나오기까지 취업준비생으로서의 솔직한 심정과 희망을 피력해주고 요즈음 젊은이들의 취업 고뇌에 대해 공감할 수 있는 많은 이야기를 들려준 암만과 알제무역관으로 파견되었던 많은 인턴들과 험지인 알제리에서도 좋은 책자를 발간할 수 있도록 편집과 교정에서 큰 도움을 주고 응원을 아끼지 않은 아내에게도 감사의 뜻을 전한다.

2018년 4월

조 기 창

실전취업론

차 례

PART 01 취업탐색

PART 02 취업준비

PART 05 청년취업지원 프로그램

PART 06 지역특화청년무역전문가양성사업(GTEP)

P•A•R•T
01

취업탐색

실 전 취 업 론

01

취업시장 환경변화

1 80~90년대 취업환경

　　지금 학교를 졸업하거나 휴학을 하고 일자리를 찾고 있는 20대 청년들의 부모 세대가 직장을 구하던 80년대 중·후반부터 IMF가 시작된 1997년까지의 취업시장 환경은 지금과 크게 달랐다. 당시 취업시장은 「구직난」이라기보다 오히려 「구인난」 이라고 할 정도로 일자리 찾기가 지금보다 훨씬 쉬웠다. 그 무렵 우리나라는 연평균 경제성장률이 10%를 넘나들 정도로 호황을 구가하였으며 수출도 크게 늘어나 새로운 일자리가 많이 생겨났다. 더구나 당시에는 대졸자가 지금과 같이 많지 않았으며 이른바 3D업종이라도 마다하지 않고 일자리가 있다면 참고 견디며 기꺼이 취업하려는 풍토도 청년실업을 낮추는 한 요인으로 작용하였다.

표 1　1981~2017년 한국 연평균 경제성장률, 청년실업률(%)

연도	1981	1982	1983	1984	1985	1986	1987	1988	1989	1990
경제 성장률	7.2	8.3	13.2	10.4	7.7	11.2	12.5	11.9	7.0	9.8
청년 실업률	8.3	8.0	7.4	6.8	7.6	7.3	5.9	5.4	5.3	5.5
연도	1991	1992	1993	1994	1995	1996	1997	1998	1999	2000
경제 성장률	10.4	6.2	6.8	9.2	9.6	7.6	5.9	-5.5	11.3	8.9
청년 실업률	5.4	5.8	6.8	5.7	4.6	4.6	5.7	12.2	10.9	8.1

연도	2001	2002	2003	2004	2005	2006	2007	2008	2009	2010
경제 성장률	4.5	7.4	2.9	4.9	3.9	5.2	5.5	2.8	0.7	6.5
청년 실업률	7.9	7.0	8.0	8.3	8.0	7.9	7.2	7.2	8.1	8.0
연도	2011	2012	2013	2014	2015	2016	2017	2018	2019	2020
경제 성장률	3.7	2.3	2.9	3.3	2.8	2.8	3.1	2.9 전망	2.2 전망	2.4 전망
청년 실업률	7.6	7.5	8.0	9.0	9.2	9.8	9.9			

* 2018~2020 경제성장률은 EIU 전망치임
주: 1) 실업률은 분기별 자료이며, 청년실업률은 15~29세 실업률임.
  2) 기간은 분기별 청년실업률 자료가 발표된 1982년 1/4분기부터 2014년 4/4분기까지이며, 1999년 2/4분기 이전은 구직기간 1주 기준, 1999년 3/4분기 이후는 구직기간 4주 기준임.
  3) 경제성장률은 분기별 자료이며 실질경제성장률, 계절요인 반영한 전기대비 수치임.

그림 1   실업률과 경제성장률 변화추이(1982년~2014년) 및 고용현황[1]

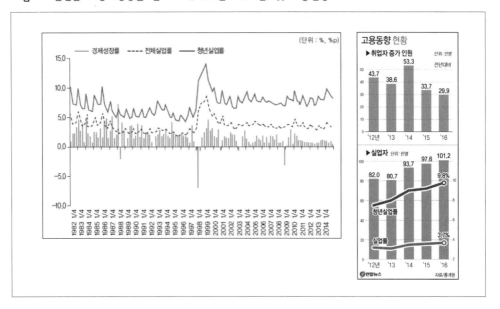

80년대 대부분의 일반기업들은 상·하반기로 나누어 대규모 공채를 실시하였으며 소위 명문대를 중심으로 인기학과 학생들은 졸업도 하기 전에 입도선매(立稻先賣) 방식으로 취업을 하거나 여러 회사에 동시 합격한 후, 가장 마음에 드는 한 곳을 골라 취업하는 행복한 시절이었다. 또한 건설회사, 제약 및 보험회사들을 위시해서 많

---

1 연합뉴스(2017.1.11)에서 인용.

은 기업들이 ROTC, 학사 장교 출신들을 별도 선발하거나 채용 시 우대하는 등 리더십 있는 젊은 예비역 장교들을 선호하였다.

이 기간 중, 현대종합상사, 삼성물산, (주)대우, (주)럭키금성 등 종합무역상사는 우리나라 수출을 선도하면서 전성기를 구가하였으며 은행, 증권회사, 단자회사 등도 새로 생겨나거나 조직을 확대하면서 금융권에서도 해마다 많은 수의 신입 및 경력직원들을 채용하였다. 한편 이공대(理工大)를 졸업한 학생들을 중심으로 많은 청년구직자들이 건설회사, 전자 및 자동차회사, 조선회사 등에 취업하였다. 당시 많은 재벌 기업들이 문어발식으로 여러 업종에 투자하면서 몸집을 키워가고 있던 시절이라 해마다 경쟁적으로 한 번에 수 천명씩 신입직원들을 채용하였다. 아울러 많은 회사들에서는 기존 직원들이 더 좋은 조건으로 다른 기업으로 스카웃되거나 이직하는 경우가 많아지자 이들 자리를 충원하기 위해서라도 더 많은 신입직원들을 채용해야 했다. 여기에 더해 80년대부터 외국회사들이 한국으로 대거 진입하면서 외국계 회사 취업도 크게 인기를 끌었으며 아직 중국이 개방되기 전인 '88 서울올림픽' 전후해서 생활용품, 의류 및 직물 등을 구입하기 위해 많은 바이어들이 한국으로 몰려들자 젊은층을 중심으로 직접 무역회사를 차리는 것이 유행병처럼 번져나갔다.

그림 2 1982년 9월 동아일보에 게재된 구인광고

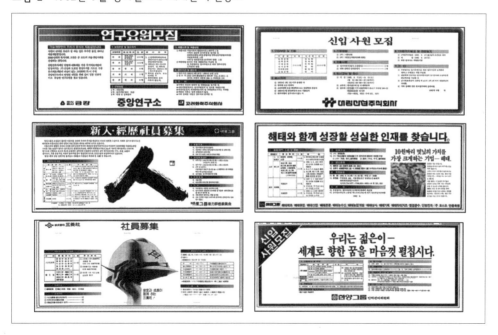

그러나 이와 같은 취업시장 환경은 80년대를 지나 90년대 중반까지 이어지다가 사상 초유의 경제위기였던 IMF를 겪고 2000년대 들어 우리나라가 5% 안팎의 낮은 경제성장률 기록과 함께 해마다 수많은 대졸자가 양산되면서 크게 변화하기 시작하였다.

2 최근 취업환경

IMF를 겪으면서 국내기업들의 대대적인 구조조정에 영향을 받아 1998년 청년 실업률이 12%를 상회하였으나 얼마되지 않아 IMF를 서서히 극복하고 특히 2000년 대 초에는 IT 벤쳐 기업붐이 불면서 창업과 스카웃에 힘입어 청년실업률이 다소 회복되는 조짐을 보였다. 그러나 2000년대 중·후반 이후 우리나라의 연간경제성장률이 2~3%대의 저성장 기조로 고착화되고 미취업자들이 누적되어 감에 따라 청년실업 문제는 가장 심각한 사회문제로 대두되기 시작하였다.

표 2   전문대 이상 졸업자 연도별 취업률(%)

구분	2011	2012	2013	2014	2015	2016
전체	67.6	68.1	67.4	67.0	67.5	67.7
전문대학	67.8	68.1	67.9	67.8	69.5	70.6
일반대학	65.5	66.0	64.8	64.5	64.4	64.3
교육대학	55.5	64.7	76.4	79.0	85.7	84.5
산업대학	72.9	73.0	73.2	70.2	89.0	67.1
각종학교	55.5	52.6	53.9	52.1	51.6	55.4
기능대학	82.1	78.0	77.4	76.0	83.2	82.8
일반대학원	79.2	79.1	78.5	77.5	77.8	78.3

산출식 : 취업률={(건강보험 직장가입자 + 교내취업자 + 해외취업자 + 농림어업종사자 + 개인창작활동종사자 + 1인창 (사)업자 + 프리랜서) / 취업대상자}×100

주: 1) 조사기준일은 12월 31일임.
　　2) 졸업자는 전년도 8월 졸업자 및 당해연도 2월 졸업자를 포함함.
　　3) 취업대상자=졸업자-(진학자+입대자+취업불가능자+외국인유학생+제외인정자)

교육부 통계2에 의하면 2011년 이래 우리나라 전문대졸 이상 고학력자의 취업률은 70%를 밑돌고 있으며 특히 4년제 일반대학 졸업자중 약 1/3은 미취업상태인

---

2 교육부와 한국교육개발원은 매년 12월 31일을 기준으로 홈페이지(www.moe.go.kr과 kess.kedi. re.kr)를 통해 <고등교육기관 졸업자 건강보험 및 국제 DB연계 취업통계 연보>를 발표하고 있다.

것으로 조사되었다. 더구나 [표 2]는 개인창작활동종사자, 1인창(사)업자 및 프리랜서도 취업에 포함시켜 집계한 수치로 이들을 제외한다면 취업률은 50%대로 더 떨어진다. 건강보험 직장가입자, 교내취업자, 해외취업자 및 농림어업종사자만을 취업자로 정의하여 4년제 일반대학 취업률을 집계하면 [표 3]과 같다.

표 3 4년제 일반대학 졸업자 연도별 취업률(%)						
구분	2011	2012	2013	2014	2015	2016
일반대학	54.8	55.6	56.2	54.5	51.9	52.2

산출식 : 취업률={(건강보험 직장가입자 + 교내취업자 + 해외취업자 + 농림어업종사자 / 취업대상자)×100

[표 3]을 기준으로 4년제 일반대학 졸업자의 계열별 취업률은 [표 4]와 같다.

표 4 4년제 일반대학 계열별 취업률(%)						
구분	2011	2012	2013	2014	2015	2016
인문계	46.3	48.4	47.8	45.5	42.9	57.5
사회계	53.5	54.4	53.7	54.1	53.8	62.9
교육계	43.5	49.0	47.5	48.7	41.4	49.3
공학계	66.9	67.5	67.4	65.6	59.6	69.4
자연계	51.3	52.2	52.5	52.3	45.1	60.7
의약계	76.7	74.5	71.1	72.1	78.1	83.9
예체능계	37.8	44.0	43.9	41.4	39.0	62.5

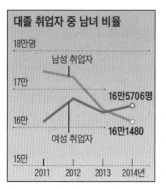

최근 취업 동향을 보면 여성들의 사회진출이 활발해지면서 여성 취업자수가 남성을 추월한 것으로 나타났으며 여성 취업률이 높은 전공은 4년제 대학의 경우 의학, 치의학, 한의학, 간호학, 재활학, 초등교육학, 전기공학 순이었고 대학원은 간호학, 치의학, 건축·설비 공학, 의학, 자연계 교육, 기계공학, 전산·컴퓨터 공학 등이었는데 모두 80% 안팎의 높은 취업률을 보이고 있다. 한편 대졸자 직장 취업자의 30% 가량이 취업 1년 내에 직장을 잃거나 그만둔 것으로 조사되었다. 2016년 기준, 4년제 일반대학 계열별 취업률은 의학계열 83.9%, 공학계열 69.4%, 사회계열 62.9%, 자연계열 60.7%, 인문계열 57.5%, 교육계열 49.3% 예체능계열 62.5%로 집계되었다. 특히 공학계열과 인문계열의 취업률 격차는 크게 벌어지고 있다.

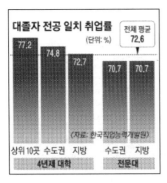

또한 한국직업능력개발원의 조사에 의하면 우리나라 대졸 취업자의 약 30%가 전공과 무관한 분야에 취업하고 있는 것으로 나타났다.[3] 그러나 취업의 문은 점점 더 좁아지고 있다. 한국경영자총협회가 전국의 312개 기업을 대상으로 실시한 '2017년 신입사원채용 실태 조사'에 의하면 2017년 대졸사원 취업경쟁률은 35.7 : 1로 2015년 32.3 : 1보다 10.5% 상승한 것으로 조사되었으며 특히 300인 이상 대기업 경쟁률은 38.5 : 1로 300인 미만 중소기업의 5.8 : 1 보다 월등히 높은 것으로 조사되었다. 2017년 취업 경쟁률에 대입해 볼 때, 대졸 신입사원 채용전형에 100명이 지원할 경우 최종 합격 인원은 2.8명(대기업 2.6명, 중소기업 17.2명)인 것으로 나타났다.

그림 3 대졸자 취업경쟁률 변화(기업 규모별)

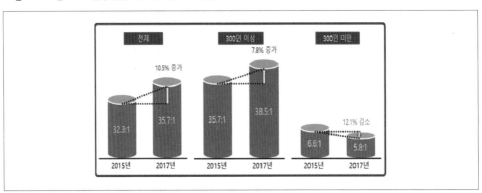

2017년 연간 우리나라 청년실업률은 9.9%를 기록하였는데 이는 15세 이상 전체실업률 3.7%에 비해 두 배 이상 높은 수치이며 99년 이래 최고치를 기록하였다. 공식실업률이 아닌 체감실업률로 비교하면 상황은 더 악화된다. 같은 기간 평균 청년층 체감실업률은 22.7%로 나타났고, 특히 대학교육을 받은 청년남성의 체감실업률은 청년층 체감실업률보다 더 높을 것으로 추정된다. 대략 우리나라 청년 4명 중에 한 명은 잠재실업자인 셈이다.

---

3 한국직업능력개발원이 2016년 1월에 펴낸 '대졸 청년의 전공일치 취업 실태 분석' 보고서에 의하면 전체 대졸 취업자의 전공 불일치 비율은 2005년 23.8%에서 2011년 27.4%로 6년간 3.6%포인트 상승했다. 이를 엄격하게 해석할 경우 전공불일치 취업자는 49.8%까지 이를 것으로 보인다.

그림 4 연도별 6월 청년실업률 추이(단위 : %) 및 2016년 대졸 취업현황

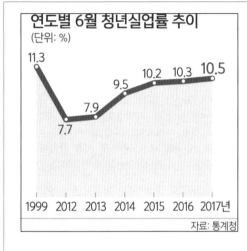

그림 5 대졸 취업률 관련 보도(아시아투데이 2016.12.25)

대졸 취업률 67.5% … 전문대-대학 취업률 격차 4년새 가장 커

지난해 대학 졸업자 취업률이 소폭 상승한 것으로 나타났다. 특히 전문대와 4년제 대학의 취업률 격차는 최근 4년만에 가장 크게 벌어진 것으로 조사됐다. 교육부와 한국교육개발원이 25일 발표한 '고등교육기관 졸업자의 취업통계'에 따르면 지난해 대졸 취업자는 34만3069명, 취업률은 67.5%로 조사됐다. 2014년보다 0.5%포인트 상승한 수치다.

이번 취업통계는 지난해 2월(2014년 8월 포함) 전문대와 4년제 대학(대학)·교육대학·산업대학·각종 학교·기능대학·일반대학원 졸업자를 대상으로 지난해 12월31일 기준으로 건강보험과 국세 데이터베이스를 토대로 취업 현황을 조사한 것이다.

전체 취업률은 2011년 67.6%에서 2012년 68.1%로 올라 정점을 찍고 2013년(67.4%)과 2014년(67.0%) 2년째 내림세를 보이다가 지난해 반등했다. 대졸 취업자 중 건강보험 직장가입자가 31만5412명으로 가장 많았고 이어 프리랜서 1만8124명, 1인 창(사)업자 4626명, 해외취업자 1455명 순이었다. 건강보험 직장가입자 비율은 2014년 92.4%에서 지난해 91.9%로 0.5%포인트 줄어든 반면, 1인 창(사)업자 비율은 같은 기간 1.1%에서 1.3%로, 프리랜서는 5.2%에서 5.3%로, 해외취업자는 0.3%에서 0.4%로 증가했다.

지난해 전문대 취업률은 69.5%, 대졸 64.4%, 일반대학원은 77.8%였다. 전문대 취업률은 2014년

보다 1.7%포인트 올랐으나 대학 취업률은 같은 기간 0.1%포인트 하락했다. 이로써 지난해 전문대와 대학의 취업률 격차는 5.1%로 최근 4년간 가장 크게 벌어졌다. 2011년(2.3%포인트)과 2012년(2.1%포인트)에는 2%대에 그쳤으나 2013년(3.1%포인트)에 이어 2014년(3.3%포인트) 취업률 격차는 3%대로 커졌다 지난해 5%대로 더 벌어졌다. 계열별 취업률은 의약계열 82.2%, 공학계열 72.8%, 교육계열 68.6%로 평균보다 높았다. 반면 인문계열(57.6%), 자연계열(63.9%), 예체능계열(61.9%)은 평균보다 낮았다. 인문계열은 졸업자 43%가량이 취업을 하지 못한 것으로 나타났다.

성별로는 남성 취업률이 69.0%를 기록했으며 여성은 66.1%였다. 남성 취업률은 지난해와 같았지만 여성 취업률은 0.9%포인트 상승하며 2년 연속 증가세를 보였다. 지역별로는 수도권 취업률이 67.9%로 비수도권 67.3%보다 0.6% 포인트 높았다. 수도권과 비수도권의 취업률 격차는 2012년 1.4%포인트에서 2013년 1.3%포인트, 2014년 0.8%포인트, 지난해 0.6%포인트로 계속 감소세를 보였다. 17개 시·도 중에서는 울산(71.8%), 인천(70.7%), 충남·전남(각 68.9%)의 취업률이 높았다.

'고용의 질'을 보여주는 유지취업률(12개월 기준)은 74.2%였다. 2014년과 비교하면 1.1%포인트 증가했다. 유지비율은 일정 기간 이상 취업을 유지하는 비율이다. 대학의 유지취업률은 75.6%로 전문대 68.5%보다 높았다. 대학과 전문대 취업자 중 각 25%, 33% 정도는 1년을 채우지 못하고 직장을 그만뒀다는 의미다.

한국교육개발원 관계자는 "지난 몇 년간 지속된 취업률 감소 추세가 증가세로 돌아선 점과 작년에 이어 여성 졸업자의 취업률이 증가되고 수도권과 비수도권의 취업률 격차가 감소된 점은 긍정적"이라고 분석했다. 교육부와 한국교육개발원은 이달 중 교육부 홈페이지와 한국교육개발원 홈페이지에 통계 자료를 게재할 예정이다.

그림 6 심각한 청년실업률 관련 기사(아시아투데이 2017. 7. 13)

"면접이라도 봤으면" … 청년 실업률 6월 기준 최악 수준

청년실업률 추이
※15~29세 기준
단위: %
11.3
10.5
1999년 6월
2017년 6월
자료: 통계청, 경제활동인구조사

청년층(15~29세)의 실업률은 6월 기준으로 1999년 이후 최고치인 10.5%를 기록했다. 체감 실업률은 23.4%로 청년 4명 가운데 1명이 실업자인 셈이다.

문재인 대통령은 지난달 국회 시정연설서 "특단의 대책이 시급히 마련되지 않으면 청년실업은 국가재난 수준으로 확대될 것"이라며 일자리용 추가경정예산 편성을 강하게 촉구한 바 있다.

12일 통계청의 '6월 고용동향'에 따르면 청년층의 실업률은 10.5%로 1년 전보다 0.2%포인트 올랐다. 6월 기준으로 1999년(11.3%) 이후 가장 높은 수치다. 청년층이 선호하는 직장이 포함된 전문·과학 및 기술서비스업 취업이 2.8% 감소하는 등 일자리 상황이 좋지 않았다는 게 통계청의 분석이다.

구직단념자·취업준비생 등을 포함한 청년 취업애로계층도 늘었다. 체감실업률인 청년층의 고용보조지표3은 23.4%로 전년동월대비 1.8%포인트 상승했다. 2015년 1월 통계청이 관련 통계를 작성한 이래 6월 기준 최고치다.

청년층의 취업자 수는 403만2000명으로 1년 전보다 3만4000명이 줄었다. 다만 전체 청년 인구가

7만 9000명이 줄면서 고용률은 지난해와 같은 수준(43.1%)을 기록했다.

전체 취업자 수는 2686만명으로 전년동월대비 30만1000명이 증가했다. 하지만 3월(46만6000명) 이후 4월(42만4000명)·5월(37만5000명) 등 증가세가 둔화되고 있다.

고용률은 61.4%로 1년 전보다 0.2%포인트 올랐다. 경제협력개발기구(OECD) 비교 기준인 15~64세 고용률은 67%로 0.5%포인트 상승했다.

실업자는 6만5000명이 증가한 106만9000명이었다. 실업률은 3.8%로 0.2%포인트 상승했다. 비경제활동인구는 2만4000명이 줄고 구직 단념자는 2만9000명이 늘었다.

정부는 추경 등 적극적인 거시정책 등을 통해 청년 실업 문제를 해결한다는 계획을 밝혔다. 아울러 청년 등 취약계층 맞춤형 지원 등을 통해 양질의 일자리 창출과 실업난 해소 노력을 강화할 방침이다.

직장 선택에 앞서

1 직장을 고를 때 고려사항

요즘처럼 직장 구하기 힘든 시대에는 무조건 취업부터 하고 보자는 묻지마식 취업이나 자신이 갖춘 자격보다 낮추어서 지원하는 하향 지원 취업(overqualified employment)이 성행하고 있기는 하지만 오랫동안 근무할 직장이라면 심사숙고하여 지원하는 자세가 필요하다. 직장을 고를 때 가장 먼저 생각해야 할 사항은 ① 『나의 적성과 전공에 맞고 일의 보람을 찾을 수 있는 직장인지?』이다. 아무리 다른 조건이 다 좋다하더라도 자신의 적성에 맞지 않거나 일에서 보람과 흥미를 찾지 못하는 직장이라면 대부분 스스로 중간에 그만두게 되고 경력 관리에도 하등 도움이 되지 않는다. ② 『초봉을 비롯하여 앞으로의 보수가 괜찮은 직장인지?』도 중요한 고려사항이다. 우리가 직장을 구하는 궁극적인 목적은 삶에 필요한 소득을 확보하기 위함이다. 따라서 자신이 생각하고 있는 최소한의 급여가 보장되어야 하는데 단순히 초봉만을 생각할 것이 아니라 장기근무자에 대한 보수가 동종직장에 비해 어떻게 구성되어 있는지도 감안해야 한다. 아무리 초봉이 높아도 장기근속 시 급여수준이 빈약하다면 결코 좋은 조건의 직장이라 할 수 없다. ③ 『직원에게 제공되는 복리후생제도가 양호한지?』를 살펴야 한다. 복리후생제도는 동종직장이라도 회사에 따라 천차만별이다. 의료비지원제도, 휴가제도, 자녀학자금지원제도, 경조행사지원제도, 주택자금지원제도, 유치원 운영제도, 교육 및 훈련제도 등 급여 이외에 어떠한 복리후생제도가 있는지 파악한다. ④ 『장기근속이 가능한 직장인지?』도 요즈음 직장을 선택할 때 가장 많이 고려하는 요건이다. 언제 해고될지 모르는 직장이라면 항상 불안한 상태로 근무해야 한다. 우리나라는 노동법에 의해 정년이 정해져 있지만 실제 얼마나 준수되고 있으며 일반적으로 해당 직장에서 직급에 따라 퇴직하는 시점이 언제인지도 확인해 본다. ⑤『승진의 기회가 많은 직장인지?』를 생각해본다. 직장인의 꿈은 승진이다. 승진을 하게 되면 책임도 늘어나지만 그에 걸맞는 권한과 대우가 뒤따른다. 너무 인사적체가 심하여 승진이 매우 늦거나 많이 승진해도 자신이 생각하는 것보다 크게 미흡한 직위라면 자신의 이상과 현실에 큰 괴리를 느끼게 될 것이다.

⑥『향후 발전 가능성이 있는 직장인지?』도 결코 소홀히 할 수 없는 사항이다. 지금은 잘 나가는 기업이지만 향후 전망이 어두운 기업보다는 미래 발전 가능성이 있을 것으로 예상되는 기업에 취업하는 것이 자신의 경력 관리 면에서도 훨씬 유리하기 때문이다. 향후 발전성이 있는 기업이라면 자신의 꿈을 펼치기에도 좋은 환경이 조성될 뿐 아니라 다른 회사로 스카웃 제의를 받거나 더 좋은 조건의 직장으로 이직할 수 있는 가능성이 높아진다. ⑦『근무강도 및 난이도는 어떠한지?』를 파악한다. 근무시간이 너무 길거나 담당하게 될 업무가 너무 어려우면 스트레스로 쌓이게 되고 육체뿐만 아니라 정신적으로도 사람이 피폐해진다. 개인적인 삶을 중요시하는 사람이라면 아무리 많은 급여를 받는다 하더라도 매일 이어지는 야근과 휴일 근무를 이겨낼 수 없을 것이다. 자신의 개인적인 삶과 직장생활이 조화롭게 양립될 수 있는 직장이 가장 바람직하다고 할 수 있다. ⑧『근무환경은 양호한 직장인지?』를 판단해본다. 직장인들은 깨어있는 시간의 절반 이상을 직장에서 보내게 된다. 오히려 가정보다 직장에서 더 많은 시간을 보낸다고 할 수 있다. 따라서 근무환경이 열악하거나 현 주거지로부터 너무 먼 거리에 위치한 직장이라면 출·퇴근하기도 어려워 그 직장 생활이 즐거울 수가 없을 것이다. ⑨『직장 내 조직문화는 어떠한지?』를 살핀다. 직장이란 결국 여러 사람이 모여 움직이는 하나의 조직이며 인간관계가 직장 조직문화라 할 수 있다. 보수적인지, 자율적인지, 권위적인지, 소통이 잘되는 직장인지, CEO 한 사람의 결정으로 움직이는 직장인지, 직장 상하/동료/세대/노사 간 갈등요인과 파벌이 있는지 없는지가 조직문화를 형성하는 중요한 요인이 된다. 직장 내 조직문화는 한두 사람만의 힘으로는 바꿀 수가 없다. 조직원 모두가 공감하고 바꾸겠다는 의지가 없으면 각 개인은 그 문화에 순응하든가 싫다면 그 조직을 떠나야 한다. ⑩ 마지막으로『그 직장에 대한 이미지와 인지도는 어떠한지?』도 고려해본다. 인간은 살아가는 데 명예도 필요하기 때문이다. 내가 아무리 좋은 직장이라고

생각해도 나 혼자 살아갈 생각이 아니라면 배우자, 자녀들을 비롯하여 가족, 친지 및 주변인들이 그 직장을 어떻게 생각하고 있는지도 참고하는 것이 바람직하다.

표 1 직장을 고를 때 고려해야 할 10가지 조건
• 나의 적성과 전공에 맞고 일의 보람을 찾을 수 있는 직장인지?
• 초봉을 비롯하여 앞으로의 보수가 괜찮은 직장인지?
• 직원에게 제공되는 복리후생제도가 양호한지?
• 장기근속이 가능한 직장인지?
• 승진의 기회가 많은 직장인지?
• 향후 발전 가능성이 있는 직장인지?
• 근무강도 및 난이도는 어떠한지?
• 근무환경은 양호한 직장인지?
• 직장 내 조직문화는 어떠한지?
• 그 직장에 대한 이미지와 인지도는 어떠한지?

사람마다 직업관과 가치관이 모두 다르기 때문에 『어떤 직장이 가장 좋다.』라고 일률적으로 말할 수는 없다. 그러나 통상적으로 직장을 선택할 때 그 기준(중요도 또는 가중치)이 사람마다 각기 다르겠지만 일반적으로 [표 1]과 같은 항목들을 고려하면서 종합적으로 판단하여 직장을 선택한다면 애사심과 일의 보람을 느끼면서 본인이 싫어서 도중에 퇴사하는 일 없이 오랫동안 근무할 수 있을 것으로 생각된다.

2 구직 분야별 장단점

청년구직자들이 취업하는 방안은 국내취업과 해외취업이 있으며 국내취업의 경우, 공공부문과 민간부문으로 크게 나눌 수 있다. 다시 공공부문은 공무원이 되는 길과 공기업에 취업하는 방안이 있고 민간부문은 대기업과 중소기업 취업으로 구분된다. 최근 경기침체에 따른 민간부문의 빈번한 구조조정으로 인해 취업 안정성을 감안하여 공공부문이 구직자들에게 큰 인기를 얻고 있지만 경쟁률이 치열하여 이 분야로의 취업은 점점 더 어려워지고 있다.

그림 1 취업분야 구분

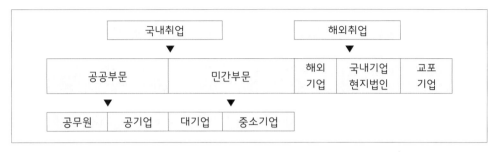

우선 공무원이라는 직업의 가장 큰 장점은 정년이 보장된다는 점이다. 국가공무원법 제74조에 의하면 공무원 정년은 특별한 규정이 있는 경우를 제외하고는 60세로 정해져 있다. 이와 같이 공무원은 정년이 정해져 있기 때문에 미래에 대한 계획이나 노후설계도 이에 맞추어 설정할 수 있다. 또한 민간기업이나 공기업과는 달리 공무원들은 임금피크제도도 도입되지 않아 정년까지 급여가 삭감되지 않는다.[1] 아울러 공무원들은 국민연금보다 훨씬 유리한 공무원연금을 수령하기 때문에 은퇴 후 안정적인 생활을 누릴 수 있다. 이 외 근무 부처에 따라 다소 차이는 있겠지만 힘 있는 자리에서 국가 행정을 운영한다는 자부심을 가질 수 있으며 중간에 그 직을 그만둔다고 하더라도 다른 직장으로 재취업할 수 있는 기회가 많이 주어진다는 점도 큰 장점 중의 하나이다. 그러나 공무원들은 주로 기획, 전략, 정책수립, 예산업무를 담당하다 보니 실제 사업(action program)을 수행하는 경우는 흔치 않다. 따라서 업무의 활동성이 떨어질 뿐만 아니라 공기업이나 민간기업에 비해 급여가 상대적으로 높지 않다. 또한 세금으로 운영되는 공적 조직이기 때문에 자체감사, 감사원감사, 국정감사 등 많은 감사를 받게 되며 엄격한 공무원 윤리규정 준수를 요구받게 된다. 또한 정치적인 영향 등 외풍도 무시할 수 없다. 아울러 과거보다는 많이 개선되었지만 아직도 관료주의, 엄숙주의, 규정에 의존하려는 분위기 등이 민간기업에 비해 강한 편이다.

이에 비해 공기업은 기관에 따라 다소 차이는 나지만 일반적으로 공무원들보다 급여수준이 높고 공기업 직원 역시 특별한 경우[2]가 아닌 한 60세까지 정년이 보장된다. 또한 실제 사업을 운영하기 때문에 보다 비즈니스적 마인드가 강조되고 활동

---

1 2018년 현재 상황임.
2 현격한 중징계(해임, 파면 등)를 받거나 일정기준 이하의 저성과자인 경우, 인사규정에 따라 중간 퇴출될 수도 있다.

적이라고 할 수 있다. 공무원도 마찬가지겠지만 공기업 직원들은 민간기업의 경우와는 달리 어느 특정 개인에게 채용된 것이 아니기 때문에 기관장 눈치를 상대적으로 덜 보게 된다. 또한 기관장들은 임기 종료 후 조직을 떠나기 때문에 기관장이 교체되면 심기일전(心機一轉)의 기회가 될 수도 있다. 반면 공기업 직원들은 임금피크제 도입으로 정년에 가까워지면 일정 연도부터 급여가 점차 줄어들게 된다. 또한 공무원연금 수혜자가 아닌 일반인들과 같은 국민연금 대상자들이며 기관 운영에 있어서도 정부의 예산부처와 소속 상부기관(중앙부처)의 지휘 감독과 간섭뿐 아니라 국회보고 및 국정감사도 받아야 한다. 또한 실제 사업을 담당하다 보니 공무원들이 받는 많은 감사에 더해 공기업 경영평가, 고객만족도, 공직자 청렴성평가 등 여러 평가를 받게 되고 그 평가에 따라 상여금, 급여인상분 등이 결정된다. 아울러 아무리 많은 수익을 올렸다 하더라도 정부의 공기업 임금 가이드라인을 준수해야 한다. 또한 예산과 조직 운영에 필요한 T/O(기관 정원) 결정권이 중앙부처에 있기 때문에 노조 활동에 한계가 있을 수밖에 없다.

한편 민간부문의 대기업은 보수가 높고 복리후생제도도 훌륭할 뿐 아니라 성과에 따라 큰 인센티브를 받을 수 있으며 세련되고 체계화된 기업운영을 한다는 점이 가장 큰 장점이라 할 수 있다. 승진의 기회도 많아 높은 자리로 올라갈수록 많은 급여뿐 아니라 더 큰 권한과 혜택이 주어진다. 또한 인지도가 높은 대기업에 근무하다 보면 다른 기업으로의 스카웃 및 재취업이 용이하다는 장점도 있다. 이외 대기업은 인재육성 프로그램이 잘 수립되어 있어 많은 교육과 훈련 기회가 주어진다는 점도 매력적인 요인이 될 뿐 아니라 부모님들이 어깨 펴고 다닐 수 있을 정도로 좋은 평을 받는다는 점도 큰 장점들 중 하나이다. 반면 공공기관에 비해 일반적으로 일찍 퇴직한다는 점이 가장 큰 단점이다. 우리나라 대기업의 일반적인 정년은 55세에서 57세 사이이고 임금피크제 도입으로 정년이 60세로 법제화되었지만 현실적으로는 구조조정, 명예퇴직 등을 구실로 이보다 훨씬 일찍 회사를 떠나는 것이 일반적이다. 물론 은행 및 대기업에서는 명예퇴직 시 중소기업들에 비해 통상 훨씬 많은 위로금 목적의 퇴직금을 지급하기는 하지만 40대 또는 50대 초반에서 직장을 떠나는 경우가 많다는 것이다. 아울러 대기업에서는 업무 스트레스가 매우 큰 것이 일반적이다. 항상 성과 달성을 위해 신경을 써야 하며 과도한 업무량으로 야근과 휴일근무를 하는 경우도 많고 조직 내 경쟁이 심해 승진과 보직에서 도태되어 자의든 타의든 조기에 회사를 떠나는 경우도 흔히 있다.

　　중소기업은 대기업과 달리 정기적으로 대규모로 채용하지 않고 필요에 따라 수시로 채용한다. 많은 중소기업들은 신입직원 채용 후, 별도의 교육이나 훈련을 거치지 않고 바로 현장에 투입시키며 업무를 수행하면서 직무지식을 익히도록 한다. 따라서 입사하자마자 일을 진짜 배운다는 느낌을 가질 수 있다. 조직이 작다 보니 직장 동료끼리 친해질 수 있으며 한 사람이 여러 업무를 담당하게 되고 상대적으로 능력 발휘와 승진의 기회가 많이 주어진다는 장점이 있다. 또한 대기업에 비해서는 입사가 용이하고 직장 내 경쟁이 덜 치열하며 잘 찾아보면 성장 가능성이 높은 중소기업들도 많이 있다는 점이다. 이런 기업에 근무하다 보면 회사와 자신이 동시에 성장하는 기쁨을 누릴 수 있다. 그러나 대기업에 비해 낮은 보수[3]와 기업의 안정성이 떨어진다는 단점(고용불안)이 있고 또 일부 중소기업들은 체계적으로 운영되지 못하고 사업주 독단에 의해 조직이 움직일 가능성이 높으며 회사가 작아 상사와 불편한 관계를 맺게 되면 다른 부서로 옮길 수도 없고 자주 마주 보게 되어 직장생활이 매우 힘들어진다는 점도 문제점으로 지적된다. 아울러 직장 내 인력이 적다보니 담당 업무량이 과중해질 수 있다 점과 대기업에 비해 교육, 훈련의 기회가 빈약하여 개인발전 가능성이 낮다는 점도 중소기업으로의 취업을 꺼리게 하는 요인으로 작용된다.

그림 2　우리나라 대기업 대비 중소기업 임금 수준 변화 추이

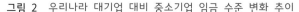
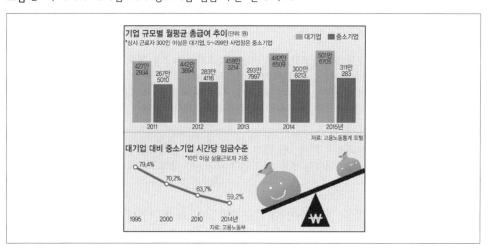

---

3 중소기업중앙회가 발간한 '2016 중소기업 위상지표'에 따르면 우리나라 중소기업 임금 수준의 경우, 전(全)산업에서는 대기업 대비 2009년 61.4%에서 2015년 60.6%로, 제조업에서는 2009년 57.6%에서 2015년 54.1%로 각각 줄어, 대기업과의 격차가 커진 것으로 나타났다.

그림 3　취업준비생들이 생각하는 중소기업 취업 관련 기사(뉴시스, 2017.1.17)

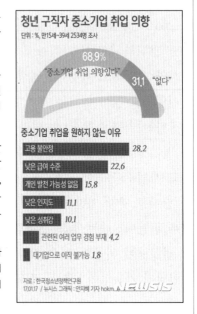

청년 30% "취업난 심하지만 중소기업 취업안해"

중소기업 취업 꺼리는 최대 이유는 고용불안정

【서울 = 뉴시스】박대로 기자 = 심각한 취업난에도 불구하고 중소기업에는 취직하지 않겠다는 청년이 30%에 달하는 것으로 조사됐다.

한국청소년정책연구원(원장 노혁)이 17일 전국에 거주하는 만 15~ 39세 청년 2500명을 대상으로 실시한 '2016 청년 사회·경제 실태조사' 결과, 청년의 31.1%가 중소기업에 취업할 의향이 없다고 응답했다.

중소기업 취업을 원하지 않는 가장 큰 이유로는 고용 불안정(28.8%)이 꼽혔다. 이어 낮은 급여 수준(22.6%), 개인의 발전 가능성이 없음(15.8%), 사회적으로 낮은 인지도(11.1%), 대기업보다 낮은 성취감(10.1%), 관련된 여러 업무경험이 부재(4.2%), 대기업으로의 이직이 불가능(1.8%), 기타(5.7%), 모름·무응답(0.6%) 순이었다.

청년들이 가장 선호하는 일자리 유형은 안정적인 회사(31.0%)였다. 이어 적성에 맞는 회사(25.6%), 급여가 높은 회사(18.3%), 발전 가능성이 높은 회사(10.5%), 분위기 좋은 회사(8.8%) 순이었다.

그럼에도 청년들은 중소기업 취직에 대한 여지를 남겼다. 청소년정책연구원이 청년 고용위기 해법을 물은 결과 괜찮은 중소기업 일자리 확대(27.3%)라고 답한 응답자가 가장 많았다. 청년 창업 지원을 통한 일자리 확대(26.6%), 공공부문 채용 확대(16.9%), 대기업 청년 일자리 확대(14.6%) 등이 뒤를 이었다.

하형석 청소년정책연구원 부연구위원은 "청년들이 중소기업 취업을 원하지 않는 가장 큰 이유는 고용불안정과 낮은 급여고 노동 수요 측면에서 가장 중요하다고 생각하는 고용위기 해법은 괜찮은 중소기업 일자리 확대"라며 "경제민주화와 중소기업 지원 등의 정책·대책을 통해 중소기업의 고용 안정과 급여가 개선된다면 중소기업에 대한 청년들의 노동공급이 증가할 것으로 생각된다"고 분석했다.

이 조사의 모집단은 전국에 거주하는 만 15세~39세의 청년이었다. 표본추출틀로 통계청 집계구를 활용했다. 성별·연령·지역을 고려한 표본 2500명이 대면면접 방식으로 조사에 참여했다.

요즘 글로벌 시대를 맞이하여 청년구직자들이 해외취업에 많은 관심을 보이고 있다. 여기에서 해외취업이란 해외에 소재하는 순수 외국계 회사뿐 아니라 우리나라 기업의 해외법인이나 교포무역인 회사 취업까지도 포함한다. 그러나 해외취업의 문은 국내보다 훨씬 좁다. 대부분의 국가들은 자국 내 실업문제가 심각하기 때문에 자국민 대신 굳이 외국인들을 채용해야 할 분명한 사유가 있어야 취업문호를 개방한다. 외국기업들이 한국인을 채용하는 이유로는 ▲ 자국민만으로는 필요한 인력을 확보할 수 없을 때 ▲ 한국과의 비즈니스를 위해 한국을 잘 알고 한국어를 구사할 줄 아는 한국인이 필요할 때 ▲ 한국인이 특별한 기술과 자격을 보유하고 있을 때 ▲ 자국민은 인건비가 매우 비싸지만 한국인을 채용할 경우, 인건비가 저렴하면서 양질의 노동을 공급 받을 수 있을 때 ▲ 한국 정부와의 협약에 따라 한국인을 채용하는 경우 등으로 분류된다.

해외취업의 가장 큰 장점은 세계 시장에 직접 뛰어들어 많은 것을 배우고 경험할 수 있다는 점이다. 또한 선진국 현지기업에 취업하게 되면 일반적으로 보수도 국내취업보다 높으며 다양한 선진 경영 및 발전된 기술을 습득할 수 있고 현지 문화를 체험할 수 있다는 것도 매력적인 요인이라 할 수 있다. 아울러 일반적으로 국내취업보다는 더욱 다이내믹하고 자신의 발전을 위한 기회를 더 많이 잡을 수도 있다.

그러나 해외취업을 위해서는 합법적인 체류 자격을 갖추고 유지해야 하며 현지어 구사가 가능해야 하고 이(異)문화 속에서도 소수 외국인으로서 현지인들과 융화하면서 근무해야 한다는 점이다. 또한 가족과 떨어져 생활해야 하는 경우도 있으며 선진국에서는 차별이나 부당대우를 받을 수도 있고 후진국의 경우, 근무여건이나 보수가 국내취업 시 보다 떨어질 뿐만 아니라 생활여건(주거환경 및 인프라, 치안, 생필품 구입, 의료시설, 자녀교육, 문화 및 레저 활동 등)도 열악할 수 있다는 점이 단점으로 지적된다.

이러한 해외취업의 장·단점을 파악한 후, 해외취업을 위해 노력한 결과, 해외취업의 기회가 왔다면 본격 취업에 앞서 점검해야 할 사항이 있다. 첫째, 해외취업에 있어 불법적인 사항은 없는지를 가장 먼저 고려해야 한다. 체류비자를 용이하게 취득할 수 있고 근무기간 중 합법적으로 체류할 수 있는지, 취업기업이 정상적인 영업활동을 하고 있는지 등을 점검해야 한다. 아무리 좋은 기업에 취업한다고 하더라도 합법적인 체류자 신분이 아니라면 언제든지 추방될 수 있기 때문이다. 또한 해외취업의 경우, 당초 계약과는 달리 사기성이 농후한 기업들도 있을 수 있다. 둘째, 취업 조건을 꼼꼼히 살핀다. 담당하게 될 업무, 급여 및 복리후생, 계약기간 및 해지조건, 취업할 기업의 성장가능성 그리고 취업해서 나갈 국가의 노동법(근로자를 법으로 얼마나 보호하고 있는지) 등이 여기에 속한다. 셋째, 취업에서 나갈 국가의 치안 안전성(테러, 살인 및 강도 등 강력사건 발생 빈도, 사회에 퍼져 있는 외국인 혐오 정도 등)이다. 취업조건과 취업기업이 우수하더라도 체류할 국가의 치안이 불안하다면 해당기업으로의 취업은 재고되어야 한다. 넷째, 대부분의 해외취업은 계약직으로 이루어지기 때문에 이번 취업이 앞으로 본인의 진로에 도움이 되는지를 객관적으로 살펴야 한다. 해외취업이라는 환상에 빠져 깊이 생각하지 않고 취업을 하게 되면 공연한 시간 낭비로 그칠 수 있고 본인의 경력에 별 도움이 되지 않을 수도 있다. 마지막으로 취업할 기업에 이미 채용되어 현재 근무하고 있는 한국인이나 근무 경험이 있었던 한국인을 찾아낼 수 있다면 그 분들의 의견을 들어본다.

그림 4 해외취업 관련 기사(서울경제, 2017.1.9)

"해외기업 취업, 설명회 자주 찾아 정보 모으세요"

극심한 취업난에 해외 기업들로 눈을 돌리는 구직자들이 늘고 있다.

대부분의 국내 회사들이 채용 규모를 줄일 것으로 전망되는 가운데 '국내보다 경쟁이 덜하고 능력만으로 인정받을 수 있는 외국에서 일자리를 찾겠다'는 최근 트렌드가 반영된 결과다. 취업포털 커리어(www.career.co.kr)의 한 관계자는 "최근 고용노동부가 발표한 자료를 보면 2016년 청년 해외 취업자 수는 4,042명으로 매년 수직 상승하고 있다"며 "외국에서 일자리를 얻고자 하는 구직자들은 어떻게 준비해야 해외 취업에 성공할 수 있을지를 고민해봐야 한다"고 조언했다.

해외 취업 준비의 첫 단계는 '왜 해외 취업을 하고 싶은가'를 스스로에게 물어보는 것이다. 지난해 12월 커리어가 구직자 672명을 대상으로 설문조사를 실시한 결과 응답자들은 해외 취업을 희망하는 이유로 '근무 환경', '국내 취업난', '로망과 동경' 등을 꼽았다. 하지만 신중한 고민 없이 단순히 '취업난에서 벗어나고 싶은 마음'만으로 해외 취업에 나서는 것은 금물이다. 그렇게 되면 낯선 환경에 적응하기도 쉽지 않을뿐더러 후회로 얼룩진 시간을 보낼 가능성이 크기 때문이다. 고용부가 지난 해 8월 최근 3년 내 해외 취업자를 대상으로 한 만족도 조사에서 '불만족한다'고 답한 응답자가 말한 가장 큰 이유는 '기대와 너무 다른 현실'이었다. '문화 부적응', '치안 불안' 등이 뒤를 이었다.

도피성 해외취업이 아니라 판단된다면 철저한 사전 조사에 돌입해야 한다. 꽃길만 걸을 줄 알았던 해외 취업이 실패로 끝나는 이유는 어느 나라에 어떤 일자리 수요가 있고 어떤 직무가 본인에게 잘 맞는지 등을 파악하지 못했기 때문이다. 그렇다면 해외 취업 관련 정보는 어디서 찾을 수 있을까. 전문가들은 우선 해외 취업 관련 설명회를 많이 찾아다니라고 조언한다. 각종 글로벌 취업 설명회에 가면 국가별 유망 직종, 현지 문화, 채용 흐름 등의 정보를 얻을 수 있다. 직접 방문할 수 없다면 고용부와 한국산업인력공단이 발간한 '국가별(미국, 일본, 싱가포르, UAE) 해외취업 가이드북'을 참고하는 것도 좋다. 한국산업인력공단이 운영하는 해외 취업 정보 사이트 '월드잡(www.worldjob.or.kr)'에 접속하면 단계별 준비 방법도 알 수 있다. 또 글로벌 인맥 관리 사이트 '링크드인(www.linkedin.com)'에 본인 이력서를 올려놓으면 채용을 원하는 기업으로부터 연락을 받는 것도 가능하다.

03

기업의 인재선발 기준

1 종전의 인재선발 기준

80~90년대 까지만 해도 대기업들의 신입사원 채용 선발기준은 출신학교 및 전공(학력), 학교성적(학점), 용모와 가정환경 등이었다. 대부분의 기업들이 서류전형 합격자에 한해 면접을 실시한 후 신체검사를 거쳐 최종 선발하거나 서류전형으로 1차 걸러낸 후 전공, 영어, 상식, 논문 등 2차 필기시험 합격자에 한해 면접과 신체검사 단계를 거쳐 최종 합격자를 발표하였다. 공인영어 성적표 제출이 아직 보편화되지 않은 시절이라 각 채용 기업마다 자체 영어시험을 보았으며 그때만 해도 해외연수, 인턴경험 및 수상 등 스펙을 요구하는 기업들은 거의 없었다. 당시는 학벌 만능주의 시대라 다수 기업체들은 내부적으로 정한 일정 수준 이상의 대학교 출신자들에게만 입사서류를 배포하기도 하였고 각 대학별로 선발 인원수가 정해져 있다는 뒷이야기까지 나올 정도였으며 대학 4년간의 학점을 물론이고 예비고사 성적(지금의 수능)까지 반영하는 기업도 있었다. 또한 일부 기업들은 교수추천서를 요구하기도 하였다. 따라서 입사지원 시 졸업(예정)증명서는 물론이고 성적표 제출은 필수적이었다. 많은 기업들이 입사지원 자격을 B학점 이상으로 정해놓고 신입직원들을 선발하였는데 서류전형은 주로 출신 학교, 전공, 학점 등 서류상 입증될 수 있는 자료들에 의해 결정되었다. 서류전형에 합격했다 하더라도 간신히 요구 학점을 넘긴 지원자들은 면접에서 좋은 소리를 못 들었으며 지원자의 외모가 중시되었고 부모의 직업을 비롯하여 가정환경까지 선발에 영향을 미칠 정도였다. 국내 최고 재벌 기업 중

의 하나인 모 기업의 경우, 당시 총수가 지원자의 관상을 본다는 소문까지 돌았다.

2000년대 들어 생활수준 향상과 취업문이 점차 좁아지면서 많은 기업들이 토플, 토익 등 외국어 성적뿐 아니라 해외연수, 대내외 수상실적 등 각종 스펙을 갖춘 구직자들을 선호하기 시작했다. 이때부터 대학생 및 취업준비생들을 중심으로 취업을 위한 스펙3종(학벌, 학점, 토익점수), 스펙5종(스펙3종＋어학연수, 각종 자격증)에다 심지어는 스펙9종(스펙5종＋공모전 입상, 인턴경력, 봉사활동, 성형수술)이니 하는 말들이 회자되기 시작했다.

2 현재의 인재선발 기준

한때 화려한 스펙을 갖춘 지원자들을 선호했던 기업들이 정작 이러한 스펙이 직무역량과는 별 관계가 없다는 인식을 하게 되면서 최근 몇 년 사이 대기업들을 중심으로 인재채용 시 스펙을 보지 않겠다는「탈스펙」을 선언한 기업들이 늘어나고 있다. 심지어 학교 성적표 제출을 요구하지도 않고 입사지원서에 사진은 물론이고 수상경력 및 외국어 성적 기재란을 삭제해 버린 기업들도 있으며 면접 시 면접관과 지원자가 서로 마주보지 않은 상태에서 객관적인 평가를 하도록「블라인드 면접」을 실시하는 기업도 생겨났다. 심지어 공공부문의 경우는 오래전에 학력제한을 철폐하였다. 더구나 2017년 새 정부 출범 이후 공무원 채용 시 뿐만 아니라 공기업 및 민간기업으로 까지 학력·가족관계 등 직무능력과 무관한 요소를 배제하는 블라인드 채용 방식이 급격히 확산되고 있다.

예를 들어 코트라의 경우에도 학력, 연령, 성별, 경력 등에 관계없이 누구나 지원이 가능하며 일정한 자격요건(어학성적)을 갖추었으면 모두에게 필기시험 자격을 부여하는 열린채용을 도입하고 있다. 또한 직무의 상세 내용 및 직무능력 평가기준을 설정하여 평가기준을 토대로 인재를 선발하는 직무중심 채용제도와 평등한 기회, 공정한 채용과정을 지향하면서 편견이 개입될 수 있는 인적사항을 삭제한 블라인드 채용방식을 채택하고 있다.

그림 1   최근 주요기업들의 「탈스펙」 채용 현황

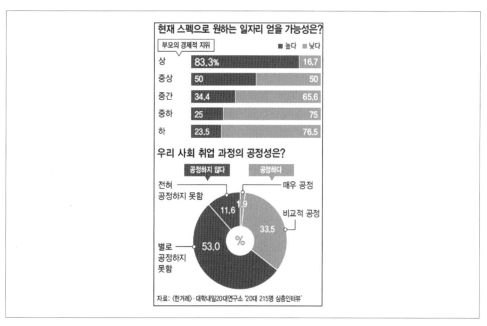

그림 2   취업 관련 조사

이제 많은 기업들은 학벌, 학점, 외국어 성적 및 스펙 등 종전 정량적인 평가의 인재선발 기준에서 탈피하여 직무적성, 직무지식, 실무경험(인턴), 인성검사 및 지원자들간 집단토론을 통한 자질검증 등을 강조하고 있으며 제출된 자기소개서를 근거로 학점이나 외국어 성적 보다 지원자의 인성과 직무중심으로 면접을 실시하는 등 정성적인 평가 시스템으로 전환하고 있다. 설사 외국어 능력을 평가항목으로 채택하고 있는 기업들도 종전과 같이 변별력이 떨어지는 토익대신 원어민과의 대면 인터뷰, 집단 영어토의 등 다양한 방식으로 영어실력을 검증하는 기업들이 늘어나고 있다.

그러나 이와 같은 기업들의「탈스펙」채용 확산에도 불구하고 현실적으로 많은 취업준비생들은 기존에 요구되었던 스펙에다 기업들이 요구하는 직무적합성을 입증하기 위한 별도의 스펙을 준비해야만 하는 이중고를 겪고 있다고 주장하기도 한다.

그럼에도 불구하고 업무와 무관한 고비용 스펙을 요구하는 기업들이 점차 줄어들고 있으며 많은 기업의 인사담당자들이 '고스펙과 업무능력이 비례하지 않는다'고 평가하고 있는 만큼 취업준비생들도「묻지마식 스펙쌓기」는 취업에 별 도움이 되지 않는다는 점을 인식해야 할 것이다.

3 면접의 중요성과 변화

종전에는 4~5명 가량의 지원자들이 주로 임원급들로 구성된 면접위원 앞에서 20~30분 정도 묻고 답하는 식으로 면접이 이루어졌는데 면접위원들은 입사원서와 성적표 등 제출서류를 갖고 몇 마디 물어보면 응시자들이 한명씩 답하는 식으로 이루어졌다. 따라서 응시자 한 명당 5~10분 내외의 시간이 주어지기 때문에 면접위원들의 질의도 심층적이지 못했고 지원자들도 시간 촉박으로 자신의 뜻을 제대로 밝히지 못하는 경우도 있었으며 주로 지원자의 외모(인상)와 면접에 임하는 태도가 면접 점수에 큰 영향을 미쳤다. 더구나 『자기소개서』마저 요구하지 않았던 시절(주로 90년대 이전), 면접위원들은 응시자의 출신학교, 성적, 가정환경(부모나 형제의 직업, 학력수준)과 외모만으로 선입견을 갖고 면접을 하는 경우도 있었다. 이와 같이 짧고 단편적인 면접 방식으로 신입직원을 최종 선발하다보니 비록 학교 성적은 우수했을지라도 면접에서 제대로 걸러내지 못해 인성과 능력 면에서 문제점이 있는 인물이 채용되기도 하였다.

그러나 점차 면접이 강화되면서 면접방식도 바뀌고 횟수와 시간도 크게 늘어나고 있는 추세이다. 면접 비중이 커지면서 면접 방식 역시 집단토론식면접, 집단면접, 개별면접 등으로 다양해졌으며 한 차례 면접에 그치지 않고 두세 차례 면접을 보기도 한다. 종전 획일적인 임원급 면접만으로는 어느 정도 직(실)무지식을 갖고 있는지와 개성이 강한 신세대 응시자들에 대한 정확한 평가가 어렵다는 판단으로 최근에는 중간관리층(부과장/팀장)면접에 더해 심지어 입사 1, 2년차 초급직원들이

면접위원으로 참석하여 비슷한 후배세대의 지원자들을 그들의 눈높이에서 다면평가하는 면접도 보편화되고 있다. 면접전형을 진행하는 기업들은 실무면접에서는 '업무지식'을 임원면접에서는 '조직적응력', '업무지식', '적극성' 등을 종합적으로 평가한다. 또한 지원자들 간 집단토론면접을 통해 협동심(팀워크), 화합, 참여도와 리더십 등을 검증하기도 한다. 따라서 면접시간도 종전 수분에서 이제 1~2시간은 보통이고 집단토론면접의 경우, 하루 종일 걸리거나 또는 숙박을 해가며 진행해야 할 정도로 길어지고 있다.

응시자에 대한 정확한 인성과 능력 파악을 위해 면접장소 또한 변화하고 있다. 종전 면접장소로 많이 사용되던 회사 임원실, 회의실 또는 강당 등과 같이 엄숙하고 딱딱한 분위기에서는 응시자의 본 모습을 파악하기가 어렵기 때문에 최근에는 야외공원, 노래방, 카페, 간이주점, 교육(연수)원 또는 호텔 행사장 등에서 편안하고 자유로운 분위기를 만들어주며 면접을 실기하기도 한다. 이제 면접은 과거와 같은 통과의례가 아닌 응시자의 실제 모습과 자질을 파악하기 위한 가장 중요한 채용 과정으로 인식되고 있다. 따라서 취업준비생들도 스펙보다는 창의성, 미래발전성, 도전정신을 앞세운 면접준비에 더 열정을 쏟아야 할 것이다.

CHAPTER

04

기업의 채용방식

1 정기, 수시 및 상시채용방식

일반적으로 정기채용방식은 일정한 간격을 두고 정기적으로 직원을 채용하는 방식인데 공공부문과 대기업(은행 포함)에서 주로 활용하는 방식이다. 지원자 입장에서 보면 정기채용방식은 채용일정을 미리 예측할 수 있으므로 원하는 직장 입사를 목표로 지원 준비하기에 용이하다. 공무원 채용은 국가직공무원과 지방직공무원으로 구분하여 실시되고 있는데 매년 한 차례 채용하며 원서접수일, 필기시험일, 면접일 및 합격자 발표일이 사전 고지된다. 그러나 지방직공무원 전형일자는 지자체별로 상이하다. 공기업의 경우에도 채용 시기는 각 기업마다 상이하며 통상 매년 하반기 한 차례 채용하는 것이 일반적이나 공기업에 따라 두 차례 이상 채용하기도 한다. 이와 별도로 소수인원, 계약직 또는 경력사원 충원 시 수시로 채용하는 공기업도 있다. 대기업들은 대체로 신입사원 채용 시에만 정기채용을 하는데 통상 상·하반기 동일한 절차에 의해 전 계열사가 공동으로 진행한다. 특히 10대 대기업의 경우, 주로 상반기는 3~4월에, 하반기는 9~10월에 채용을 실시한다. 그러나 일부 대기업들은 인문계열과 이공계를 분리하여 정기채용방식과 수시채용방식을 병행 실시하기도 한다. 대기업의 정기채용방식은 기업들의 채용일자가 비슷해 취업준비생들이 여러 기업을 동시에 지원할 수 없다는 단점이 있다.

한편, 수시채용은 중소·중견기업들이 주로 활용하는 방식이었으나 최근에는 대기업의 경우에도 계열사별로 필요한 인력의 비정기적 채용이 늘어나고 있는데 채용대상은 경력사원일 수도 있고 신입사원일 수도 있다. 실제 여러 조사에서도 많은 기업들이 정기채용보다 수시채용을 압도적으로 선호하는 것으로 나타나고 있다. 대기업을 중심으로 일부기업만이 예전의 정기채용을 고수할 뿐, 구인 기업들의 80% 이상이 수시채용을 통해 인력을 채용하고 있다. 특히, 전기·전자, 유통, 식·음료, IT, 외국계 기업들은 거의 수시로 인력을 뽑는다. 경기상황이 악화되면서 기업들은 (특히, 구조조정 위험에 직면할 수 있는 기업들은) 종전과 같은 대규모 인력을 한꺼번에 선발하는 것에 부담을 느끼고 있기 때문에 수시채용은 앞으로도 더 확산될 것으로 보인다. 또한 신입사원을 선발하여 현장에 투입하려면 3~6개월 정도의 교육 및 훈련을 거쳐야 하기 때문에 기업들은 소수의 경력사원 중심으로 수시채용 하는 것이 훨씬 효율적이라고 판단하고 있다. 수시채용 방식은 지원자 입장에서 보면 여러 곳에 동시 지원할 수 있어 응시기회가 늘어나며 채용정보를 수월하게 얻을 수 있다는 장점이 있다. 따라서 취업준비생들은 자신이 지원할 기업의 홈페이지나 취업사이트를 통해 어느 기업이 언제 어떤 방식으로 채용하는지 등 취업관련 정보를 지속적으로 파악하고 있어야 한다. 충분한 자격을 갖추고도 어느 기업에서 언제 채용하는지에 대한 정보가 부족할 경우, 지원기회를 놓쳐버릴 수 있기 때문이다.

최근에는 벤처기업이나 제약회사 등을 중심으로 많은 기업들이 항시 채용접수를 받고 인력이 필요할 때마다 채용하는 상시채용제도를 활용하고 있다. 수시채용은 필요할 때마다 모집공고를 내고 접수기간 내 지원한 자들을 대상으로 선발하는 방식인 반면, 상시채용은 당장 채용 계획이 없더라도 연중 지원을 접수받고 필요할 때마다 이미 지원한 자들을 대상으로 선발하는 방식이다. 따라서 지원자의 입장에서 볼 때 상시채용은 별도의 지원기간이 없어 언제나 지원을 할 수 있지만 언제 채용될지 모른다는 단점이 있지만, 기업들은 이미 확보된 인재풀을 갖고 있다가 필요한 시점에 언제든지 바로 채용할 수 있다는 장점이 있다.

그림 1   한미약품의 상시채용 안내

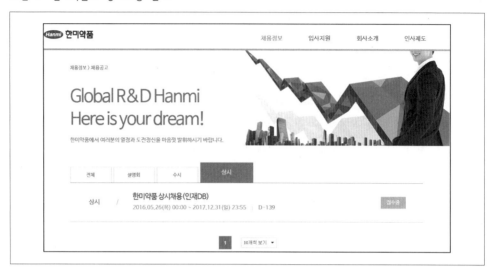

2   공개, 비공개 및 추천채용방식

　　신입직원을 채용하는 방식의 또 다른 분류는 공개채용방식과 비공개채용방식
이다. 인터넷이 도입되지 않았거나 널리 활용되지 않았던 시절의 공개채용방식은
주로 신문광고를 통해 이루어졌다. 오늘날에는 인터넷이 널리 보급되면서 거의 모
든 구인기업들이 자사 인터넷이나 구직·구인 전문사이트 및 채용박람회를 통해 공
개적인 방식으로 직원들을 채용하고 있다. 대부분의 대기업들은 자사 홈페이지 또
는 별도 채용 전용사이트를 통해 항시 채용정보를 공개하고 있으며 특히 공공부문
에서는 거의 100% 공개채용 방식을 채택하고 있다. 국가직공무원 채용은『사이버국
가고시센터』(www.gosi.go.kr)를 통해 원서접수일, 필기시험일, 면접시험 및 최종합격
자 발표일을 사전 고지한다. 현재 행정부 공무원은 5급(행정)공채, 5급(기술)공채, 외
교관후보자, 7급공채, 9급공채로 구분하여 채용하고 있다. 지방직공무원채용은『지
방자치단체 인터넷원서접수센터』(http://local.gosi.go.kr)를 통해 채용공고를 내고 있
다. 공기업들은「공기업·준정부기관의 인사운영에 관한 지침」제6조에 의거, 공개
경쟁시험에 의해 채용하는 것을 원칙으로 하고 있다. 공기업들은 자사 인터넷과 채
용전문사이트, 주요 대학교 순회 채용설명회를 통해 채용 안내를 하고 있다. 이와
별도로 공기업들은 채용 공고기간과 관계없이 자체 홈페이지 기관소개 하부메뉴에

채용정보(채용공고, 채용정보, 채용상담 등)를 고지하고 있다.

그림 2 사이버국가고시센터 시험일정 안내(www.gosi.go.kr)

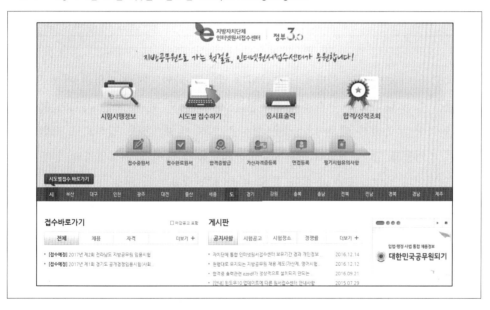

원서접수	1차		2차		면접시험	최종합격자발표
	시험일	합격자발표	시험일	합격자발표		
1.17.~1.20.	2.25.	3.30.	6.27.~7.1.	9.27.	10.23.~10.24.	11.8.

그림 3 지방자치단체 인터넷원서접수센터(http://local.gosi.go.kr)

그림 4 공기업 코트라 채용정보(www.kotra.or.kr)

90년대 이전만 해도 인터넷이 보급되지 않았고 학벌 만능시대였던 관계로 구인 기업들은 특정 대학교나 학과에 인재추천을 의뢰하기도 했다. 또한 기업이 찾는 인재나 인력이 부족했기 때문에 스카웃 형식을 빌려 비공개채용 방식으로 직원을 채용하는 기업들도 많이 있었다. 지금은 비공개채용이 많이 줄어들었지만 일부 기업들은 인맥이나 학맥, 또는 추천을 통해 비공개로 필요한 인원을 선발하기도 한다. 특히 선발인원이 소수이거나 급히 채용해야 하는 경우, 비공개로 채용하는 기업들도 있다.

CHAPTER

05

기업의 채용형태

1 정규직, 비정규직, 무기계약직

정규직의 사전적 의미는 기간을 정하지 아니하고 정년까지의 고용이 보장되며 전일제로 일하는 직위나 직무를 의미한다. 이에 반해 비정규직이란 근로 방식 및 기간, 고용의 지속성 등에서 정규직과 달리 보장을 받지 못하는 직위나 직무를 의미하며 계약직, 임시직, 일용직 따위가 비정규직에 속한다. 결국 정규직과 비정규직을 구분하는 기준은 「근무기간의 연속성」이다. '정규직'은 근로기간이 종료되는 시점이 정해져 있지 않는 계속 근로를 전제조건으로 하는 반면 '비정규직'은 근로기간에 있어 종료시점이 있다는 점이다.

현행법상 정규직이든 비정규직이든 관계없이 모든 근로자는 건강보험, 국민연금, 고용보험 및 산재보험 등 4대 보험은 모두 가입[1]토록 되어 있으며 비정규직이라도 주당 15시간 이상 동일 사업장에서 계속 근속연수가 1년 이상이 되면 퇴직금을 지급해야 하지만 비정규직의 경우, 정규직에 비해 급여[2]나 복리후생에서 현격한 차이가 나는 것이 현실이다. 흔히 계약직은 비정규직을 통칭하며 관련법상 파견직, 단시간 근로자, 기간제 근로자로 구분할 수 있다. 기간제 근로자는 최대 2년까지만 채

---

1 월 60시간 미만 단시간 근로자로서 단기적인 고용만 되는 경우에는 고용보험 및 산재보험만 가입할 수 있다.

2 지난 10년간 우리나라 정규직대비 비정규직 급여는 정규직의 약 60%~70% 수준이다. 2005년 74.5%, 2009년 65.5%, 2014년 67.8%.

용이 가능하며 그 이후는 기한이 없는 무기계약직으로 전환해주던가 계약을 종료해야 한다. 따라서 일반적으로 사용자(기업)측은 장기 고용의무가 없어 해고(계약해지)가 용이하고 정규직에 비해 낮은 급여나 복리후생을 제공하는 비정규직 채용을 선호하며 근로자 측에서는 비슷한 일을 하고도 정년을 보장받지 못한 채 급여나 복리후생 면에서 정규직에 비해 차별을 받고 있기 때문에 비정규직 문제는 심각한 사회 문제로 대두되고 있다.

이에 따라 정부에서는 IMF 이후 급격히 늘어나고 있는 비정규직의 근로조건 개선과 권익보호를 위해 2007년 7월부터 「비정규직 보호법」을 시행하고 있는데 그 핵심은 첫째, 비정규직 근로자의 사용 기간을 2년으로 제한한 것과 둘째, 동일업무·동일임금의 기본 원칙에 따라 정규직과 동일업무를 맡는 비정규직 근로자에 대한 차별을 하지 못하도록 한 차별시정제도다. 그러나 현실적으로 직무가치에 대한 평가가 제대로 이루어지지 않은 상황에서 비정규직 근로자가 정규직과 동일업무를 수행했음에도 불구하고 차별받았다는 점을 입증하기란 쉽지 않으며 또한 사용자들도 계약기간 2년이 경과한 후, 무기계약직으로 전환시켜주기보다 계약을 종료하는 편법으로 많이 이용하고 있다.

표 1 정규직과 비정규직			
정규직			4대 보험 의무가입
무기계약직			
비정규직 (계약직)	① 파견직근로자	▶ 최대 2년까지 채용가능 그 후 ❶ 무기계약직 전환 또는 ❷ 계약종료	▪ 건강보험 ▪ 국민연금 ▪ 고용보험 ▪ 산재보험
	② 단시간근로자		
	③ 기간제근로자		

그림 1 비정규직의 애환 및 목표 설문조사 결과

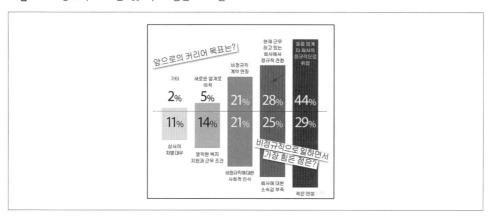

　　한편「기간의 정함이 없는 근로자」란 면에서 정규직과 무기계약직은 공통점이 있지만 비정규직법에 의해 계약직이 무기계약직으로 전환되더라도 회사의 정규코스를 밟아 채용된 직원, 즉 정규직과 반드시 근무조건 및 대우를 같게 해줘야 한다는 의무조항이 없기 때문에 정규직과 무기계약직간에는 미묘한 차이가 있다. 즉, 무기계약직은 기간의 정함이 없는 근로계약을 체결하고 정규직과 별도의 임금과 승급체계를 갖춘 직군이라 할 수 있다. 기업은 현행「비정규직 보호법」에 의거, 계약직 직원들이 2년을 초과하여 근무하게 되면 그들을 정규직으로 전환시켜주어야 하기 때문에 2년짜리 계약을 하고 해고한 후, 다시 계약하는 관행이 이어지고 있다. 따라서 이와 같은 새로운 고용계약에 불안을 느낀 계약직 직원들이 정규직과 같은 복지, 급여체계까지 요청은 안할테니 불안정한 2년 계약을 정년까지 보장해줄 것을 요구하고 있고 회사 측에서는 정규직 사원에 준하는 대우를 하지 않고도 안정된 노동력을 장기간 확보할 수 있기 때문에 무기계약직이라는 직군이 활용되고 있는 것이다. 무기계약직은 법적으로 명확하게 처우나 급여 등에 대해 명시되어 있지 않기 때문에 처우와 급여가 회사마다 제각각 다르다. 어느 회사는 정규직과 거의 동일한 처우를 해주는 회사도 있는 반면에 어느 회사는 기존의 2년 계약직과 별 차이가 없는 곳도 있다. 또한 현행법상 무기계약직과 정규직에 대한 차별금지 조항이 없다는 허점이 있다. 따라서 무기계약직은 실제로는 정년만 보장된 비정규직이지만 비정규직으로도 분류되지 않는다고 혹평하기도 한다.

2 단시간, 기간제, 파견제근로자

비정규직에는 계약직과 별도로 파견직이라는 개념도 있다. 계약직은 실제 일을 하는 회사를 고용주로 하여 정해진 계약기간 동안 일을 하는 것이고(직접고용 형태) 파견직이란 파견업체 소속으로 급여도 파견회사에서 받지만 실제로 일은 다른 회사에서 하는 것이다. (간접고용 형태) 그러나 파견직은 계약직에 비해 법의 보호를 제대로 받지 못할 수도 있다. 법률상으로는 전문지식, 기술, 경험이 있는 업종만이 파견근무를 할 수 있고 상시 근무업무는 파견직으로 채용할 수 없지만 현실에서는 불법파견이 많이 성행하고 있다. 파견직 사원이 2년 이상 근무했을 때는 일하는 회사가 직접 고용해야 하는 의무가 있는데 2년이 되기 전 파견계약을 해지하는 경우도 많이 있기 때문이다. 한편 비정규직에는 기간제 근로자와 단시간 근로자라는 개념도 있는데 여기서 기간제 근로자란 임시직, 계약직, 촉탁직, 일용직 등 명칭 불문하고 기간의 정함이 있는 근로계약을 체결한 근로자를 말한다. 한편 단시간 근로자란 파트타임, 시간제 등 명칭에 불문하고 1주 동안 소정근로시간이 그 사업장에서 같은 종류의 업무에 종사하는 통상 근로자의 1주 동안 소정근로시간에 비하여 짧은 근로자를 말한다. 예를 들어 커피숍 근로자 A는 하루 8시간 근무하는데 비해 B는 하루 4시간(오후만 근무) 근무한다면 단시간 근로자이며 동시에 B의 근로계약기간이 5월 1일~8월 30일이라면 B는 기간제 근로자 이면서 단시간 근로자가 된다.

3 인턴

인턴이란 회사에 정식으로 채용되지 않은 채 실습과정을 밟는 사람을 뜻하며 유급인턴과 무급인턴으로 분류되는데 우리나라에서는 대부분 최저임금 수준의 급여를 지급하고 있다. 또한 채용을 전제로 인턴 근무기간 중 특별한 하자가 없으면 계약종료 후 정규직으로 전환시켜주는「채용형 인턴」이 있고 계약종료 후 재계약이나 정규직으로 전환되지 않는「체험형 인턴」이 있다. 최근 경기악화, 고용부진의 지속으로 청년층의 취업난이 가중됨에 따라 정부 차원에서 일자리를 직접 제공하여 청년층의 경제적 어려움을 완화하고 인턴근무를 통해 양질의 일자리에 취업할 수 있는 역량과 자질을 갖출 수 있는 기회를 제공하기 위해「공공기관 청년인턴제」를 실시하고 있으며 관련 부처에서 매년 운영계획을 발표하고 있다. 그러나 이 제도는 체험형 인턴제도인 관계로 계약 종료 후 재계약 또는 정규직 전환은 불가하다. 신청자격3은 고등학교 졸업자, 대학(전문대학 포함) 재학생·휴학생만 가능하며 34세 이하를 원칙으로 하나 업무난이도 및 채용자격 요건 등을 고려하여 기관별로 탄력적으로 운영되고 있다. 급여는 기관별로 자율적으로 결정하나 2018년의 경우, 시간별 최저임금이 7,530원 이므로 월 근로시간을 209시간으로 산정하였을 때 대략 월 157만원 수준이며 4대 보험 가입 혜택이 주어진다. 근무기간은 통상 6개월~1년4이고 주 40시간, 전일제(1일 8시간) 또는 시간제 근무도 가능하며 근로기준법에 따라 월 1회의 월차가 제공된다. 채용 인턴들은 대체로 일반 정규직 직원이 하는 업무를 보조하는 역할을 수행하게 된다. 또한 우수청년인턴에게는 정규직 취업 시 우대하는 공기업들도 있다.

최근에는 민간부문에서도 인턴제도가 널리 활용되고 있다. 일반 기업들도 「체험형 인턴」은 대학교 재학생이나 휴학생으로 자격을 제한하며 주로 방학 중 1~2달 과정으로 채용한다. 반면 「채용형 인턴」은 인턴 계약 종료 후, 정규직 채용을 목적으로 실시하기 때문에 바로 취업이 가능한 졸업생을 대상으로 한정하고 있다. 그러나 채용형 인턴으로 선발되었다 하더라도 정규직 채용을 보장하는 것은 아니다. 어

---

3 「공공기관 청년인턴제」 제외대상자
  ① 최종학교 졸업 후 근로자로서 고용보험 피보험 경력기간이 연속하여 6개월 이상인 자. 다만, 다음의 경우에는 고용보험 피보험 경력기간을 적용하지 아니한다. * 병역법 에 의한 특례 근무자의 경우 그 기간을 제외하고 계산 가. 최종학력이 고졸 이하(졸업예정자, 대학 중퇴자 포함)이거나, 대학 휴학생 및 대학졸업예정자 나. 구직활동기간이 6개월 이상인 장기 청년실업자(고용보험 피보험자격 상실일로부터 실직기간이 6개월 이상인 자) 다. 기초생활보장 수급대상 가구의 청년, 취업성공패키지 Ⅰ유형 참여 청년 등 취약계층 청년 * 저소득층(기초생활수급자, 최저 생계비 150% 이하), 취약계층(결혼 이민자, 북한이탈주민, FTA 피해 실직자, 여성가장 등)
  ② 특정 자격증 취득의 전제가 되는 현장실습 등에 참여중인 자
  ③ 「병역법」에 의한 특례근무 중인 자, 다만 특례근무로 전환된 이후 계속 근무시 중도탈락으로 보지 아니한다. ※ 인턴 참여중 특례근무로 전환된 자는 전환된 날부터 참여자격 배제
  ④ 이 사업의 인턴으로 참여하여 1개월 이상 근무한 후 본인의 귀책사유로(회사 부적응 제외) 약정이 중도 해지된 자. 다만, 본인의 귀책사유로 해지된 경우라도 1개월 미만 근무 중에 해지된 자는 1회에 한해 재참여할 수 있다.
  ⑤ 대한민국 국적을 보유하지 않은 외국인
    ※ 다만, 고용보험 강제적용 대상인 거주(F-2), 영주(F-5), 결혼이민자(F-6) 체류 자격자는 가능
  ⑥ 허위 기타 부정한 방법으로 인턴으로 채용되었던 자
  ⑦ 채용예정인 기업의 사업주와 직계비속, 형제·자매 관계에 있는 자
  ⑧ 인턴신청일 현재 사업자등록중인 자
4 경우에 따라 2개월, 5개월과 같이 6개월 미만 인턴프로그램도 있다.

떤 기준을 갖고 인턴에서 정규직 전환이 되는지는 회사마다 다르기 때문에 공식적으로 정해진 기준은 없을 뿐 아니라 각 회사의 기준은 추후에 공정성 논란이 제기될 수도 있어 해당 규정에 대해서는 외부로 공개하지 않는 것이 일반적이다. 보통 인턴들에게는 중요한 업무를 맡기지 않는다. 그러므로 기본적인 근무태도를 우선적으로 보고 업무성과적인 부분을 명확하게 판단하기가 애매하기 때문에 주로 배치받은 부서의 장이나 선배 등의 평가를 토대로 점수를 매기는 경우가 많다. 따라서 큰 성과를 보여주려 하기 보다는 기본적인 직장예절(출퇴근시간 준수, 인사하기, 전화응대 등)을 지키면서 해당 부서원들과 원만한 관계를 유지하는 것이 더 중요하다고 볼 수 있다.

그림 2 체험형 인턴 모집공고(기 졸업자는 지원불가)

2016년 동계인턴 모집

1. 모집분야 및 지원 자격

회사명	실습분야	인원	지원자격	우대요건
하나금융투자	- 종합자산관리 - 마케팅 등 - IB/S&T	00명	- 4년제 대학교 재학중 학생 - 연령 및 전공 제한 없음 - 대학교 기 졸업자는 지원 불가	- 금융관련 자격증보 유자 - 외국어능력 보유자

그림 3 채용형 인턴 모집공고(졸업예정자로 자격을 한정)

○인턴사원

지원분야	모집분야	지원자격	모집인원
인턴사원	- 조선, 해양, 플랜트, 엔진기계, 전기전자시스템, 건설장비, 로봇, 그린에너지, 선박·해양영업, 경영지원	- 2017. 2월 졸업예정자	00명

▷ 해외여행에 결격사유가 없으며, 남자의 경우 병역필 또는 면제자일 것
▷ 취업지원대상자는 관련 법률에 따라 우대

표 2   코트라 청년인턴(체험형) 모집공고문

□ 담당업무 : 국내기업을 위한 해외시장개척·해외투자진출 지원 및 해외시장 정보조사, 외국인 투자유치, 내부 경영관리 업무의 보조

□ 근로조건
　■ 신 분 : 계약기간 만료 후 고용관계가 소멸되는 기간제 근로자
　■ 근무기간 : 채용시점으로부터 5개월
　■ 보 수 : 월 132만원(세전)
　■ 근무시간 : 주 5일, 1일 8시간(09 : 00~18 : 00)
　■ 후생복지
　　▪ 산재보험·고용보험·국민연금·건강보험 등 4대 보험가입
　　▪ 근로기준법에 따라 월 1일 월차 제공
　　▪ 취업시험 응시 및 취업박람회 참가 시 특별휴가 부여
　■ 근무지역 : KOTRA 본사(서울시 서초구 헌릉로)
　■ 근무 개시일 : 채용 후 결정
　■ 우대사항 : 직원 채용 시 청년인턴 5개월 이상 수료자 우대(잠정)

□ 응시자격 및 우대조건
　■ 응시자격 : 대한민국 국적 소지자 중 TOEIC 점수 800점 이상 보유한 자
　　　　　　(TEPS 637점, TOEFL IBT 91점 이상 인정)
　 * 2013. 11. 19 이후 응시하여 취득한 성적에 한하여 인정
　** 장애인은 TOEIC 성적 요건을 반영하지 않으나, 점수 보유자 우대
　■ 응시연령 : 만 15세 이상~만 34세 이하

※ 「제대군인지원에 관한 법률」에 따라 제대군인지원에 관한 법률 제2조에 의한 제대군인 및 병역법 제26조 제1항 제1호의 업무에 복무하고 소집해제 된 공익근무요원이 응시할 경우 상한 연령을 다음과 같이 연장함 : 군복무기간 1년미만 1세, 1년 이상~2년 미만 2세, 2년 이상 3세 연장
　■ 학 력 : 고등학교 졸업자, 대학(전문대학 포함) 재학생·휴학생
　　　　　(대학 졸업자 제외, 단 장애인에 한해 대학 졸업자 지원 가능)
　■ 국가공무원법 제33조에 의한 결격사유가 없는 자
　■ 기 취업자 또는 취업이 결정된 자는 채용 제외
　■ 우대조건 : 장애인 및 지역인재 우선채용
※ 장애인의 범위 : 장애인복지법 제32조의 규정에 의한 등록 장애인
※ 지역인재의 범위 : 대학까지의 최종학력(대학원 이상 제외)을 기준으로 서울·경기·인천지역을 제외한 비수도권 지방학교를 졸업(예정)·중퇴한 자 또는 재학·휴학 중인 자

□ 채용절차 및 일정
　■ 서류제출 : 청년인턴 모집 Pool에 포함
　■ 1차 심사 : 서류전형
　　▪ 각 부서에서 수시로 심사, 합격자에 한하여 개별 통지 예정
　■ 2차 심사 : 면접시험(채용부서에서 개별 통지 예정)
　　▪ 면접시험은 서류전형 합격자에 한하며, 해당 직무수행에 필요한 능력 및 적격성 검증
　　▪ 채용 부서에서 합격자에 한하여 개별 통지 예정
　■ 최종합격자 발표 : 채용부서에서 개별 통지 예정

기업의 채용절차

종전 신입직원의 채용절차는 서류전형 ▶ 필기시험 ▶ 임원면접 ▶ 건강검진 ▶ 최종합격이 대부분이었으며 영어, 전공, 논문 등 다수 과목의 필기시험을 보았으나 요즘은 민간부문을 중심으로 필기시험 대신 직무능력 및 인성검사와 면접을 강화한 것이 특징이다. 그러나 공공부문에서는 여전히 필기시험을 거쳐 인원을 선발하는 곳이 많다.

1 공공부문

국가직공무원(행정부)의 경우, 5급(행정), 5급(기술) 및 외교관후보자 공채는 1차(선택형), 2차(논문형)에 걸쳐 필기시험을 보고 면접을 통해 최종합격자를 발표하는데 원서접수부터 최종합격자 발표까지 거의 1년이 소요된다. 반면 7급과 9급 공채는 한차례 필기시험(선택형)과 면접을 거쳐 최종합격자를 발표하는데 원서접수부터 최종합격자 발표까지 약 6개월 정도 걸린다. 자세한 정보는 「대한민국공무원되기」(www.injae.go.kr) 사이트에서 얻을 수 있다.

표 1   국가직공무원 채용절차

■ 국가직공무원 (행정부)
 ▪ 5급 (행정, 기술), 외교관후보자
  1차 필기시험 ▶ 2차 필기시험 ▶ 면접시험 ▶ 최종선발
 ▪ 7급 및 9급
  필기시험 ▶ 면접시험 ▶ 최종선발

공기업의 경우, 기관마다 상이하나 대부분 서류전형, 필기시험과 면접시험(실무면접, 임원면접, 인성검사 등)을 거쳐 선발한다. 기관에 따라 신체검사와 신원조회과정을 거치기도 한다. 서류전형은 자기소개서, 교육사항, 자격사항, 영어성적 등이 주요 심사대상이 되며 이를 통해 공기업이 필요로 하는 업무의 기본수행능력이 있는지를 평가한다. 필기시험은 기관과 직무에 따라 상이하나 통상 1~2과목 정도 실시하며 직무능력검사를 하는 공기업도 있다. 대부분의 공기업들은 지원자격으로 최소한의 영어 점수를 제시하면서 TOEIC, TOEFL, TEPS 등 공인영어성적표 제출을 요구한다 (예 : TOEIC 800점 이상).

표 2 공기업 일반직 대졸신입사원 채용절차

기관명	채용절차
코트라	필기시험 ▶ 인적성검사 ▶ 면접 ▶ 최종선발
예금보험공사	서류전형 ▶ 필기전형 ▶ 1차 면접(부서장/팀장) ▶ 2차 면접(임원) ▶ 건강진단 ▶ 최종합격
한국무역보험공사	서류전형 ▶ 필기전형 ▶ 면접전형 ▶ 신체검사 ▶ 채용확정
한국전력공사	서류전형 ▶ 직무능력검사 ▶ 인성검사, 직무능력면접 ▶ 경영진면접 ▶ 신체검사, 신원조회 ▶ 최종합격자발표
한국수출입은행	서류전형 ▶ 필기전형 ▶ 면접전형(영어활용능력평가, 1차 면접 및 인성검사, 2차 면접) ▶ 신체검사 및 신원조회 ▶ 최종합격자선정
한국관광공사	서류전형 ▶ 직무능력검사 ▶ 직무면접 ▶ 임원면접 ▶ 최종선발
한국토지주택공사	서류전형 ▶ 필기시험 ▶ 실무면접 ▶ 인성면접 ▶ 최종선발
인천공항공사	서류전형 ▶ 필기전형 ▶ 1차 면접전형 < ■ 실무진면접(상황면접 포함/처장급 면접위원) ■ 인성 및 토론면접(외부전문가) ■ 영어면접(말하기, 쓰기 포함/외부전문가)> ▶ 2차 면접전형(■ 경영진면접) ▶ 최종합격

2 민간부문

민간부문이야 말로 기업마다 채용절차가 천차만별이나 필기시험을 보는 기업들이 점차 줄어들고 있고 변별력이 없다는 이유로 공인영어성적표 제출을 요구하지 않는 기업들도 있다. 대부분의 기업들이 종전과 같이 전공, 논문 등 필기시험을 보지 않고 직무능력(역량) 평가, 인적성검사로 대체하고 있다. 더구나 최근에는 면접의 중요성을 강조하고 있으며 통상 2~4차례의 면접을 실시하고 있다. 특히 면접에서도 인성검사에 주안점을 두고 있는 추세이다. 또한 거의 모든 대기업 및 많은 중견기업들은 채용관련 정보를 제공하는 별도 사이트를 운영하고 있거나 기업 사이트에서 「인재채용」 또는 「채용정보」라는 항목으로 관련 정보를 제공하고 있다. 대부분 채용 사이트 항목은 기업의 인재상, 인사제도, 복리후생, 채용안내, 채용공고, 채용문의 등으로 구성되어 있다. 반면 채용인원이 많지 않고 급하게 현장에 투입시켜야 하는 중소기업의 경우, 대부분 서류전형과 CEO면접을 통해 채용을 확정한다.

기업들은 서류전형을 통해 지원자 입사지원서 및 자기소개서에 기재한 지원동기, 성격과 생활신조, 성장비전 등을 서면평가하며 인적성검사에서는 언어, 수리, 공간, 도식 및 상식 테스트를 통해 지원자의 직무기초 역량과 창의력, 인성 등을 검사하게 된다. 면접과정 중 실무면접에서는 회사와 업무에 잘 적응할 수 있는지, 신입직원으로서 도전의식과 책임감 등을 갖추고 있는지 등 전반적인 업무적응도 및 직무역량 등을 측정한다. 반면 임원면접에서는 인성, 태도, 자질, 성실성, 정직성, 직업관 등 과연 회사의 인재상과 문화에 적합한 인재인가에 초점을 맞추어 실시된다. 일부 기업에서는 토론면접을 보기도 하는데 이 과정에서는 조직원간의 협동 및 화합성, 논리성, 리더쉽 등을 평가한다.

표 3 민간기업 일반직 대졸신입사원 채용절차

기업명	채용절차
삼성전자	지원서작성 ▶ 삼성직무적성검사 ▶ 에세이 작성 ▶ 면접전형(임원면접, 직무역량면접) ▶ 채용건강검진 ▶ 입사
LG전자	서류전형 ▶ 최종서류전형 ▶ 1차면접 ▶ 2차면접 ▶ 건강검진 ▶ 최종선발
포스코 그룹	서류전형 ▶ 인적성검사 ▶ 직무역량평가 ▶ 가치적합성평가
KT	입사지원 ▶ 서류전형 ▶ 인적성검사 ▶ 면접전형(직무면접, 임원면접) ▶ 건강검진
기아자동차	지원서접수 ▶ 서류전형 ▶ 인적성검사 ▶ 면접전형 ▶ 신체검사 ▶ 최종합격
현대중공업	서류전형 ▶ 직무능력평가 <한자시험(인문계), 공학기초시험(이공계), 직무적성검사> ▶ 인성면접 ▶ 건강검진
GS건설	서류전형 ▶ 인적성검사 ▶ 1차면접(전공 PT면접, 토론면접) ▶ 2차면접(종합인성면접) ▶ 최종합격
신한은행	원서접수 ▶ 서류전형 ▶ 실무자면접 ▶ 임원면접 ▶ 최종발표
동아제약	기초서류전형 ▶ 심화서류전형 ▶ 실무면접 ▶ 임원면접 ▶ 신체검사 ▶ 최종합격
신세계	지원서접수 ▶ 서류전형 ▶ 면접전형 <기초소양검증/직무능력검증/종합평가(임원면접)> ▶ Professional Internship ▶ 최종합격
셀트리온	입사지원 ▶ 서류전형 ▶ 면접전형(1차 : 영어면접, 2차 : 실무자 전공 면접, 3차 : 담당임원 면접, 4차 : 경영진 면접) ▶ 합격자 발표
다산네트웍스	서류전형 ▶ 1차 직무능력면접 ▶ 2차 인적성면접 ▶ 최종합격

그림 1 현대제철 신입사원 채용절차

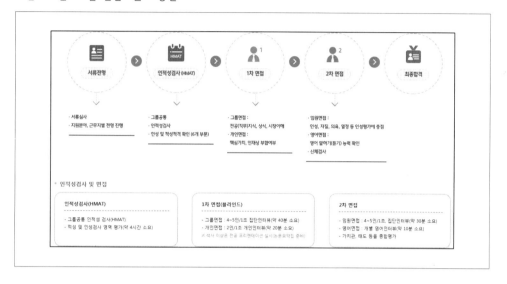

기업의 인재상

1 인재상의 의미

　　인재상이란 각 기업들이 채용하고 싶어 하는 이상적인 인재의 모습이다. 따라서 인재상이란 각 기업이 채용하려는 직원의 평가 기준이라고 할 수 있다. 그러므로 취업준비생들은 본인이 취업을 원하는 기업의 인재상을 파악해야 하며 자신이 이러한 기준에 합당한 자격을 갖추었는지를 스스로 평가해보고 아울러 취업 후에도 그 기업이 바라는 인재상에 부합되는 인재가 되기 위해 어떠한 노력을 기울일 것인지 염두에 두고 지원해야 한다. 필기시험이 점차 사라지고 인적성검사와 면접을 중시하는 요즘의 채용기준하에서 각 기업의 인재상을 사전 파악하는 것은 과거 필기시험의 출제경향 또는 힌트를 파악하는 것과 비슷한 개념이라 할 수 있다. 다시 말해 각 기업의 인재상도 제대로 파악하지 않고 지원하는 것은 출제경향도 모른 채 필기시험에 응하는 것과 같다고 할 수 있다. 인재상을 파악한 후 어떤 이유로 자신이 그 인재상에 가까운 인물이라고 생각하는지, 인재상과 연관지어 지원동기는 무엇인지 그리고 해당 기업이 원하는 이상형에 부합하도록 하기 위해 내가 지금까지 어떻게 살아왔고 준비해왔는지, 이러한 이상형에 좀 더 가까워지기 위해 입사 후 어떤 자세를 갖고 직장생활을 해 나갈 것인지와 그 실천방안은 무엇인지를 자기소개서에 녹여내야 함과 아울러 면접 시에 자신의 생각과 각오를 각인시켜야 한다. 또한 그 내용은 객관적이고 명확해야 하며 일방적인 자기주장이거나 추상적이어서는 안 된다. 각 기업들의 인재상은 각사 홈페이지 「채용정보」를 방문하면 파악할 수 있다.

예를 들어 코트라의 인재상은 [그림 1]과 같다.

그림 1   코트라 인재상

■ 1962년 설립된 이후, 무역진흥과 국내외 기업 간의 투자를 지원함으로써 국민경제 발전에 이바지해
온 코트라는 21세기 『세계 일류의 무역투자 전문기관』으로 도약하기 위해 다음과 같은 인재상을 갖
고 있다.

슬로건 Slogan	글로벌 마인드를 갖춘 비즈니스 창조자 Business Creator with Global Mind		
진술문 Statement	국제적 안목과 네트워킹 능력, 다양성을 포용할 수 있는 열린 사고를 기반으로 자 기 분야의 전문성을 발휘할 수 있는 인재		
행동강령 Enabler	글로벌 마인드	도전/개척정신	전문성
	▷ 국제적 감각(안목) ▷ 글로벌 네트워킹	▷ 깨어 있는 사고 ▷ 변화주도	▷ 프로근성 ▷ 독립적 사업능력
핵심가치 Care Value	고객 공헌 도전 글로벌		

따라서 코트라는 "고객, 공헌, 도전과 글로벌이라는 핵심가치을 실현할 수 있는 국제적 안목과 네트워킹 능력을 보유하고 열린 사고를 기반으로 전문성을 발휘할 수 있는 인재를 찾는다"라고 해석할 수 있다. 그렇다면 코트라 지원자들은 성장과정을 쓸 때에는 어떠한 가정환경에서 자라면서 도전 정신을 기를 수 있었고, 학교에서는 어떤 활동을 하면서 네트워킹 능력을 함양하였으며 열린 사고 방식을 갖게 되었다는 식으로 기술해야 한다. 또한 입사 후 포부에는 코트라 인재상에 맞게 성장하겠다는 목표를 세우고 그 목표를 어떻게 달성할 것인지 구체적인 실천 계획 및 방안을 기술하는 것이 중요하다.

2 주요기업 인재상

그 기업이 공기업이든 민간기업이든 요즘 웬만한 기업들은 나름의 인재상을 갖고 있다. 공기업의 경우, 인재상은 그 기업의 설립목적과 추구하는 경영목표 또는 비전, 핵심가치에 따라 상이하다. 취업포탈 잡코리아 조사에 따르면 사적 이윤을 추

구하는 대기업 인재상의 키워드는 업종 및 기업의 형태와 관계없이 성실성, 고객지향성, 열정, 목표의식, 책임감 등으로 기업들 마다 대동소이한 것으로 나타났다. 한편 중소기업의 인재상은 적극성에 이어 열정, 신뢰성, 팀워크, 주인의식이, 중견기업은 책임감, 고객지향, 목표의식, 적극성, 팀워크가, 벤처기업은 열정, 팀워크, 창의성, 적극성, 도전정신 순으로 조사되었다.

■ 한국무역보험공사

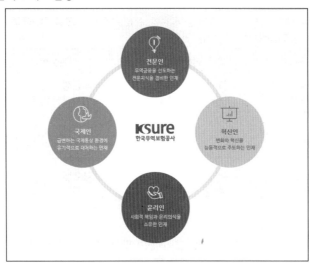

■ 한국관광공사

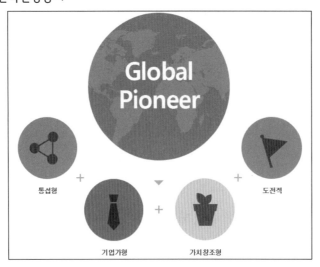

기업가형 인재 (Entrepreneur)	회사에 대한 무한 책임과 주인의식을 가지고 개인의 이익보다는 회사를 먼저 생각하는 인재
통섭형 인재 (Generalist)	융합적 사고를 바탕으로 Multi-specialist를 넘어 오케스트라 지휘자와 같이 조직 역량의 시너지를 극대화하는 인재
도전적 인재 (Passionate challenger)	뜨거운 열정과 창의적 사고를 바탕으로 실패와 좌절을 두려워하지 않고 지속적으로 새로운 도전과 모험을 감행하는 역동적 인재
가치 창조형 인재 (Value creator)	현재 가치에 안주하지 않고 글로벌 마인드에 기반한 날카로운 통찰력과 혁신적인 아이디어로 새로운 미래가치를 충족해 내는 인재

미래의 환경변화에 적극적으로 대처하기 위해 문제의식을 갖고 항상 도전적으로 변화를 추구하는 진취적인 마인드를 가진 인재가 필요합니다.

회사와 일을 통해 자신의 발전을 이룰 수 있는 주인의식을 가지고 고객을 위해 봉사할 수 있는 인재가 필요합니다.

21세기 무한경쟁의 시대에서 최고가 되기위해 세계 일류 수준의 경쟁력과 국제적 감각을 갖춘 관광 전문가가 필요합니다.

■ LG전자

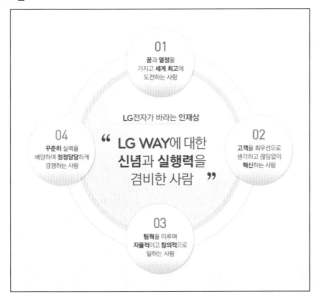

■ 기아자동차

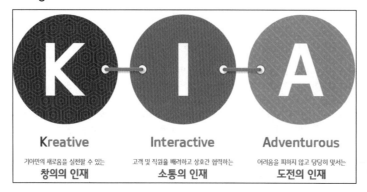

■ 대한항공

KALMANSHIP _ 인재상

진취적 성향의 소유자
항상 무엇인가를 개선하고자 하는 의지를 갖고 변화를 통해
새로운 가치를 창조해내고자하는 진취적인 성향의 소유자를 원합니다.

국제적인 감각의 소유자
자기중심적 사고를 탈피하여 세계의 다양한 문화를 이해할 수 있는
세계인으로서의 안목과 자질을 갖춘 국제적인 감각의 소유자를 원합니다.

서비스 정신과 올바른 예절의 소유자
단정한 용모와 깔끔한 매너, 따뜻한 가슴으로
고객을 배려하는 예절 바른 사람을 원합니다.

성실한 조직인
작은 일이라도 책임감을 가지고 완수하며
원만한 대인관계를 유지해 나가는 성실한 조직인을 원합니다.

Team Player
같이 일하는 동료의 의견을 경청하고
화합하여 업무를 수행할 수 있는 사람을 원합니다.

■ KEB하나은행

≫ **성과리더십**　　성과지향/문제해결/휴먼 네트워크/고객지향
스스로 도전적인 목표를 부여하고 이를 달성하기 위한 강한 의지와 실행력을 갖는 것

≫ **조직리더십**　　신뢰구축/인재육성/감성지능/커뮤니케이션
원활한 커뮤니케이션을 바탕으로 조직 내 신뢰의 공동체 문화를 형성하여 조직을 이끌어 나가는 것

≫ **혁신리더십**　　변화선도/비전제시/전략적 사고/글로벌 마인드
경영 환경에 대한 명확한 통찰력을 바탕으로 조직의 나아갈 방향을 구체적으로 제시하여 이를 구성원들과 함께 공유하는 것

■ 대우건설

그림 2 인재상 관련 기사(머니투데이 2016. 3. 3)

대기업 인재상 키워드는 '성실'과 '고객지향'
잡코리아, 작년 채용진행 기업 21만8000여곳 조사

지난해 대기업이 인재 채용에서 가장 염두에 두고 뽑은 인재상의 키워드는 '성실'과 '고객지향'인 것으로 나타났다. 특히 업종과 기업형태를 막론하고 어떤 기업에서도 다 통하는 인재상은 다름 아닌 '성실'에 있는 것으로 나타나 눈길을 끌었다.

취업포털 잡코리아가 2015년 한해 동안 자사를 통해 채용을 진행한 기업 21만8304개 기업의 인재상을 분석해 기업들의 주요 인재상 키워드를 3일 발표했다.

각 기업의 인재상을 기업의 형태별로 묶어 분석한 결과, 모든 기업에서 '성실'이 가장 중요한 인재의 덕목으로 나타난 것이 특징이라고 밝혔다. 기업 형태와 관계없이 대부분의 기업에서 '성실성'과 '책임감', '열정' 등을 자사 인재상의 주요 키워드로 꼽은 가운데 기업별 인재상은 대동소이했다.

잡코리아에 따르면 대기업·계열사·자회사 역시 성실성(10.2%)이 가장 많이 사용됐으며 고객지향성(9.8%)과 열정(9.7%)이 그 뒤를 이었다. 이어 목표의식(7.4%)과 책임감(7.1%), 도전정신(6.9%), 적극적(6.1%) 등도 대기업들이 지향하는 인재상으로 꼽혔다.

외국계기업이 가장 주목하는 3대 인재상 키워드는 성실성(10.2%), 글로벌인재(9.5%), 책임감(9.1%)이었다. 그밖에도 팀워크(7.4%), 열정(7.2%), 고객지향성(6.3%), 적극적(6.1%) 등이 많이 사용된 키워드였다.

중소기업과 벤처기업, 공공기관·공기업은 비중에는 차이가 있었지만 자주 사용하는 인재상 키워드에서 성실성과 책임감이 나란히 가장 많이 사용된 키워드 1, 2위로 나타났다.

기업규모별로 보면 중소기업은 적극성에 이어 열정, 신뢰성, 팀워크, 주인의식이 차례로 가장 많이 사용된 키워드 3~7위를 차지했다. 중견기업은 책임감, 고객지향, 목표의식, 적극적, 팀워크가, 벤처기업은 열정, 팀워크, 창의적, 적극적, 도전정신이 3~7위를 차지했다.

한편 공공기관·공기업에서는 유일하게 도덕성(8.1%, 3위)이 7위권 내에 드는 덕목으로 꼽혔다. 이외에도 팀워크, 고객지향성, 신뢰성, 창의적 등이 공공기관·공기업이 지향하는 인재의 덕목으로 나타났다.

P•A•R•T
02

취업준비

실 전 취 업 론

인턴 경력 쌓기

1 인턴 경력의 중요성과 활성화

최근 청년 취업난이 심화되고 있는 가운데 기업들이 신입직원들을 채용할 때 직무능력과 경험에 중점을 두다 보니 취업준비생에게 정식 입사에 앞서 인턴 경험은 필수과정이 되어버렸고 경쟁률도 치열해졌다. 심지어는 인턴 참여를 위한 인턴 과정이 필요하다는 말까지 나올 정도이다. 이미 미국이나 유럽 등 선진국에서는 인턴제도가 오래전부터 활성화되어 있어 방학 중이면 많은 대학생들이 인턴제도를 활용하여 자신의 직무능력을 길러오고 있다. 2000년대 중반, 필자가 근무했던 코트라 뉴욕무역관에서도 방학 중 대학생과 취업준비생들로부터 인턴으로 참여하고 싶다는 많은 요청이 있었다.

우리나라도 이제 다수기업들이 대학생 또는 취업준비생들을 대상으로 다양한 인턴 기회를 제공하고 있으며 정부에서도 청년실업해소와 이들에게 양질의 일자리를 얻을 수 있는 능력을 키워주기 위해서 공공기관을 중심으로 많은 인턴 자리를 마련해주고 있다. 또한 일부 지자체에서는 행정인턴제도 운영을 통해 일자리 제공과 청년층의 창의적 아이디어를 도정(道政)이나 시정(市政)에 활용하고 참여 인턴들은 직업체험 기회와 생활임금 급여에 해당하는 보수를 받게 되어 일시적이지만 경제적 부담 완화 효과를 얻고 있다. 민간 기업들도 인턴들에게 자사가 속한 산업에 대한 깊이 있는 경험을 쌓게 하고 적성과 역량을 발전시킬 수 있는 기회를 제공하고 있으며 특히 채용형 인턴제도를 통해 우수한 역량과 자질을 갖춘 인재들을 선발

함으로써 회사의 경쟁력 제고에 기여토록 하고 있다. 또한 다수의 대학들이 산학연계프로그램을 통해 협약이 체결된 산업체에 자교생들을 인턴으로 파견하고 있다.

우리나라에서 실시되고 있는 인턴제도는 대부분 최소한의 급여를 지급하고 있으며 '을'의 위치에 있는 인턴들이 소위 열정페이라고 하는 부당한 대우를 받지 못하도록 정부에서도 채용기관이나 기업을 대상으로 관리 감독과 함께 가이드라인1을 제시하고 있다. 인턴제도는 아직 정식직원은 아니지만 계약기간 동안 공기업이나 민간기업에서 실무를 경험하고 조직의 일원으로 참여하므로써 직무능력을 함양하여 앞으로 정식 취업 후 보다 쉽게 자신의 능력을 발휘하고 조직에 적응할 수 있도록 도와주는 좋은 제도이다. 최근에는 인턴과정을 마친 취업준비생들에게 취업 시 우대하는 기업들이 늘어나고 있으며 이런 이유로 요즘은 인턴으로 선발되기도 쉽지 않은 실정이다. 따라서 인턴에 참여하고자 하는 취업준비생이나 대학생들은 어느 기관이나 기업에서 언제 인턴을 모집하고 있는지, 인턴으로 참여하게 되면 어떤 실무경험을 쌓게 되는지, 인턴에 참여하기 위한 자격 요건은 무엇인지를 파악하고 있어야 하며 인턴지원에 앞서 인턴 모집기관이나 기업이 요구하는 지원자격을 미리 갖추어놔야 한다. 그리고 현재 제공되고 있는 인턴과정 중 향후 자신의 진로에 도움이 될 만한 프로그램을 선택하는 것이 무엇보다 중요하다.

---

1 인턴제도에 대한 정부의 가이드라인
- 상시근로자의 일정비율을 초과해서 모집할 수 없다. (예 : 10% 내)
- 인턴기간은 6개월을 초과할 수 없다.
  - 업무난이도가 낮은 경우에는 2개월을 초과할 수 없다.
- 수련시간은 1일 8시간, 주 40시간 준수
  - 연장, 야간, 휴일근무는 원칙적으로 금지
- 담당자 지정을 통해 인턴을 관리하며 학습일지 작성
- 산업안전
  - 위험하거나 유해한 인턴 훈련은 배제
  - 민간보험 등 적절한 재해 보상
  - 성희롱 예방을 위한 교육 관리 감독
- 기타 사업주 의무
  - 식비, 교통비 등 지급
  - 복리후생 시설 이용
  - 자유로운 고충제기
  - 우선 고용 노력의무 등

그림 1 인턴 부당 대우 금지 관련 기사(조선일보 2016. 1. 26)

인턴, 야근·휴일 근무 금지 ··· 당정, '열정페이' 근절 대책 만든다

정부와 새누리당은 26일 이른바 '열정페이' 문제를 해결하기 위해 인턴 고용과 관련한 가이드라인을 마련해 시행하기로 했다. 인턴에게 노동에 대한 대가를 지불하지 않으면 무조건 처벌하기로 했고, 인턴 사원의 연장·야간·휴일 근무는 제한된다.

또 하도급 대금 미지불 문제와 관련, '직불제도'를 강력 시행해 원청 사업자의 책임을 강화하기로 했다.

당정은 이날 오전 국회에서 '임금 체불 및 하도급대금 부조리 해결을 위한 합동 당정협의'를 갖고 이같이 합의했다고 김용태 새누리당 정무조정위원장이 밝혔다.

당정은 청소년들이 '열정페이'라는 이름으로 부당하게 대우받는 것을 막기 위해 '일경험 수련생(인턴 등)의 법적 지위 판단과 보호를 위한 가이드라인'을 마련해 발표하기로 했다. 김 의원은 "(인턴 가이드라인을) 곧 발표해 다음 주 월요일부터 시행하겠다"라고 했다.

당정은 가이드라인에서 인턴에게 일을 '가르치는 행위'와 '시키는 행위'를 명확히 구분해 열정페이를 최대한 금지하기로 했다. 일을 '시켰을 때'는 법정 임금을 지불해야 한다는 내용이다. 인턴 사원에 대한 연장·야간·휴일 근무를 시키지 못하도록 했다. 또 인턴 기간도 6개월 이내로 제한하고, 6개월이 넘으면 정식으로 고용해야 한다는 내용도 들어갈 예정이다.

2 인턴종류 및 참여방법

앞서 언급한 바와 같이 인턴은 채용을 전제로 인턴 근무기간 중 특별한 하자가 없으면 계약종료 후 정규직으로 전환시켜주는 「채용형 인턴」과 계약종료 후 재계약이나 정규직으로 전환되지 않는 「체험형 인턴」으로 구분된다. 따라서 「채용형 인턴」은 계약종료 후 바로 채용될 수 있는 지원자(즉 대학졸업자나 졸업예정자)를 대상으로 모집하고 「체험형 인턴」은 주로 대학 재학생에게 한정하여 기회를 제공하는 경우가 많다. 한편 인턴은 인턴 근무처에 따라 해외인턴과 국내인턴으로 구분되는데 최근 정부에서는 해외취업의 기회를 제공하기 위해 해외인턴제도를 확대하고 있다.

(1) 해외인턴제도

표 1   현재 시행되고 있는 해외인턴 프로그램(2017년 현재)
▪ 한상기업 해외인턴
▪ 한미대학생 취업연수(WEST)-18개월
▪ 한미대학생 취업연수(WEST)-12개월
▪ 한미대학생 취업연수(WEST)-6개월
▪ 한미대학생 취업연수 플러스-12개월
▪ 국제(ODA) 청년인턴
▪ 글로벌 농업인재 양성
▪ 외교부 재외공관 공공외교 현장실습
▪ 한국수출입은행 EDCF 해외인턴
▪ 대학 글로벌 현장학습
▪ 전문대학 글로벌 현장실습
▪ 글로벌무역인턴십
▪ 해외한인기업 해외인턴

　　해외진출 희망 청년을 대상으로 해외 산업현장 실무경험을 제공해 청년들의 글로벌 역량강화 및 해외취업 지원 목적으로 운영되고 있는 「K－move해외인턴사업」은 고용노동부와 한국산업인력공단이 주관하고 각 인턴사업별로 별도의 시행기관을 정해 운영하고 있다. 시행기관들은 매년 사업 종료 후 사업계획의 충실성, 취업연계, 인턴생 만족도 등 총 5개의 평가기준에 의해 평가를 받게 되며 우수과정 시행기관에 대해서는 차기년도 K－move 사업 참여 시 우대를 받게 된다. 사업성과에 따라 폐지되는 프로그램[2]도 있고 새로 개발되는 프로그램도 있으니 지원 준비에 앞서 금년에는 어떤 프로그램이 실행되고 있는지 사전 확인이 필요하다.

　　「K－move해외인턴사업」은 공통적으로 일정기간 동안 정부지원 '직접일자리' 사업 또는 정부해외인턴사업 참여이력이 없어야 하고 희망지역 비자취득 또는 해외여행 결격사유가 없는 자이여야 하며 만 34세 이하만 지원할 수 있다. 또한 남자의 경우, 일부 프로그램에서는 군필 또는 면제자로 한정하며 저소득층,[3] 취업취약계층,[4] 지역대학, 전문대학 지원자는 우대 선발한다. 고등학교 및 대학(원) 졸업자나

---

2 「코트라글로벌마케팅인턴」과 「전시산업 해외인턴」사업은 2016년부터 폐지되었다.

3 기초생활수급대상자, 최저생계비150% 이하＋소득 1~3분위

4 대학/전문대 졸업 후 6개월 이상 장기 미취업자, 장애인, 여성가장, 북한이탈주민, 결혼이주자, 고졸자 등이다.

졸업예정자에게만 지원기회를 부여하는 프로그램도 있다. 대부분의 해외인턴 프로그램은 일정수준의 학점과 외국어 성적을 요구하며 자기소개서 작성과 면접 시 해외취업 의지 표명을 중시한다. K-move 해외인턴 프로그램 참가자들은 정부로 부터 항공료, 비자발급비, 인턴기간 중의 체재비, 교육비 및 해외장기체류보험료 등을 지원받게 된다.

1) 한상기업 해외인턴 『시행기관 : 재외동포재단 한상사업부(www.hansang.net)』

재외동포재단에서는 해외취업에 관심이 있는 고등학교 이상 졸업예정자나 졸업자를 대상으로 해외한인기업에 소개하여 인턴 및 취업기회를 알선하는 한상기업 해외인턴사업을 실시하고 있다. 파견기간은 6개월이며 디자인, 무역, 행정, 기술직 등 한상기업 희망 직무별로 모집한다. 통상 연 3회 분할 선발하며 인턴 1인당 매월 100만원씩 최대 6개간 정부지원금이 지원되며 기업에서는 숙소(교통, 식사 포함) 또는 숙소비에 해당하는 지원금[5]을 지원한다. (항공료와 비자 발급비는 개인 부담) 이외 보험료 및 사전교육비가 지급되며 인턴 후 취업확정 시 취업비자 취득 및 비자 갱신을 위한 왕복항공료를 지원한다.

그림 2 한상기업 인턴선발 과정

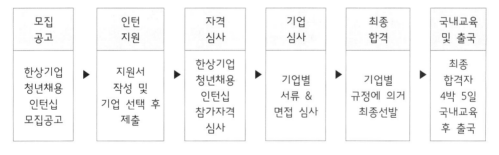

---

5 2018년의 경우, 이 사업 참여기업들은 인턴들에게 매월 최소 US$500 이상을 지원해야 한다.

2) 한미대학생 취업연수(단기 6개월, 중기 12개월, 장기 18개월)
- WEST(Work, English Study, Travel)
『시행기관 : 국립국제교육원(www.niied.go.kr)』

'08년 8월 한미정상회담에서 합의된 어학연수와 인턴근무를 연계한 프로그램으로 글로벌 청년리더 양성사업의 일환으로 추진되고 있으며 한미 양국은 '13년 5월, WEST 프로그램을 5년 연장하기로 합의하였다. 단기(6개월), 중기(12개월), 장기(18개월) 프로그램이 있으나 중복 지원은 불가하다. 4년제 국내소재 대학 4학기 이상 이수한 재·휴학생, 최근 1년 이내 졸업생과 국내소재 전문대학 2학기 이상 이수한 재·휴학생, 최근 1년 이내 졸업생이 대상이며[6] 일정 수준 이상의 영어능력과 대학평점 및 대학추천[7]을 요구한다. 또한 이공계, 비수도권대학, 전문대학과 저소득층 참가자는 우대한다.

표 2 WEST 프로그램 지원자격		
장기 WEST(18개월)	어학연수(4개월), 인턴십(6~12개월)+ 여행(1개월)	① TOECI 750점 이상 ② OPIc IL 이상 또는 TOEIC Speaking 5등급(110점) 이상 • ①~② 두 가지 항목 모두 충족
중기 WEST(12개월)	어학연수(3개월), 인턴십(6~8개월)+ 여행(1개월)	① TOECI 800점 이상 ② OPIc IL 이상 또는 TOEIC Speaking 5등급(110점) 이상 • ①~② 두 가지 항목 모두 충족
단기 WEST(6개월)	어학연수(2개월), 인턴십(3~4개월)+ 여행(1개월)	① TOECI 850점 이상 ② OPIc IM1 이상 또는 TOEIC Speaking 6등급(130점) 이상 • ①~② 두 가지 항목 모두 충족
WEST 플러스(12개월)	어학연수(2개월), 인턴십(6~10개월)+ 여행(1개월)	• OPIc IL 이상 또는 TOECI Speaking 5등급(110점) 이상

이 프로그램은 어학연수비, 보험료, 스폰서비 등 참가비가 있으며 소득분위별

---

6 복수 국적자 및 원격대학, 외국 소재 대학(교)학생, 타 정부해외인턴 프로그램 참가자, WEST프로그램 기 지원자 중 참가비 납부 마감 이후 포기자, 참가시작예정일(어학연수 시작일)을 기준으로 최근 3년 이내에 2년 이상 직접일자리사업에 참여한 자 및 최근 참여한 직접일자리사업 종료 후 1년이 경과하지 않은 자는 참가제한을 받는다.

7 WEST 프로그램에 대해 학점을 인정하는 대학에 한하여 추천권이 부여된다.

로 차등적으로 정부재정지원[8]을 받을 수 있다. 또한 한국장학재단에서 소정의 심사를 거쳐 참가자에게 연수비를 대출해 주고 있다.

　　월드잡플러스 홈페이지(http://www.worldjob.or.kr)를 통해 참가신청서 등을 작성 제출하고 구비된 서류는 소속 대학(국제교류 또는 취업 관련 부처)에 직접 제출한다. 아울러 한국장학재단 학자금 포털사이트(www.kosaf.go.kr)에 소득분위 확인을 신청한다.

그림 3　WEST 인턴선발 과정

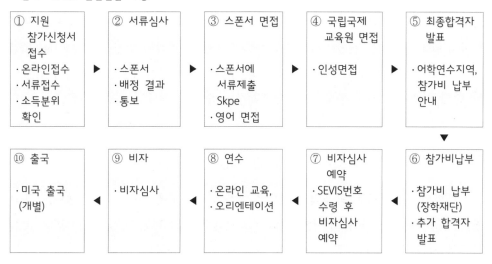

3) 국제(ODA) 청년인턴 『시행기관 : (코이카 www.koica.go.kr)』

　　KOICA(한국국제협력단) 해외사무소 및 ODA[9] 사업수행기관 등 국제개발협력 사업 현장에서 인턴경험을 통해 글로벌 인재로 성장하고 취업 역량을 높일 수 있는 프로그램이다. 합격자는 KOICA 해외사무소 또는 ODA 사업수행기관에서 청년인턴으로 최대 12개월간 근무하게 되며 ODA 및 글로벌 소양교육과 현지직무교육을 받게 되고 현지활동보조비(인건비), 주거비 및 해외파견 비용 등을 받게 된다. 만 18세 이상 미취업자로 TOEIC 730점 이상, 남자의 경우 군필자 또는 면제자이어야 하며

---

8 참가자에게는 왕복항공료와 인턴생활비, 참가비 및 어학연수 생활비 일부 등이 소득분위를 고려하여 차등 지원된다.

9 ODA(Official Development Assistance) 개발도상국의 경제발전·사회발전·복지증진 등을 주목적으로 하는 원조로, 공적개발원조 또는 정부개발원조라고도 함.

대학생인 경우 휴학 중인 미취업자 또는 마지막 학기에 재학 중인 졸업예정자에 한하여 참여가 가능하다. KOICA 해외사무소 청년인턴은 연 3회(3월, 7월, 11월) 선발하고 ODA 사업수행기관 청년인턴은 3월과 11월 사이 기관별로 공지한다.

4) 글로벌 농업인재 양성 『시행기관 : (농촌진흥청 www.rda.go.kr)』

농과계 대학생들이 참여할 수 있는 프로그램으로서, 해외농업에 관한 전문능력을 기를 수 있다. 합격자들은 해외농업기술센터(KOPIA : Korea Program on International Agriculture)로 파견되어 11개월간 근무하게 된다. 국내 농과계 대학 재학생 또는 졸업생으로서 해외농업에 관심이 있는 사람은 누구나 참여 가능하다. 책임(농과계 대학원 재학 이상) 및 선임(농과계 대학 졸업 이상) 연구원, 통역전문 연구원(어학계 대학 졸업 이상), 연수생(농과계 대학 재학 중인 자)으로 구분하여 선발하며 항공료, 주택 임차료와 함께 체재비가 차등 지원된다. 상하반기 구분하여 연 2회 선발한다.

5) 외교부 재외공관 공공외교 현장실습
『시행기관(외교부 www.publicdiplomacy.go.kr)』

대한민국 청년들이 공공외교 활동을 통해 공공외교에 대한 이해를 높이고 해외 공공외교의 현장을 직접 체험할 수 있는 프로그램이다. 지원 자격은 대한민국 국적자로서 지원 시점 기준 만 29세 이하이며 재외공관 공공외교 업무에 관심이 있는 자로서 대학교 4학기 이상 수료하여야 하고 희망지역 비자취득 또는 해외여행에 결격사유가 없어야 한다. 또한 학교 성적은 4.5점 만점 기준 3.0 이상이어야 하며 해당 지역 언어 능통자로 어학능력점정시험 공인점수를 제출해야 한다. 파견기간은 6개월(변경가능)이며 파견지 체재비, 항공료, 비자발급실비 및 예방접종비 등이 지원된다. 외교부 공공외교 포털 홈페이지 및 각 대학별 공고 후 원서를 접수하며 서류 및 면접심사를 거쳐 최종 현장실습 대상자를 선발한다.

6) 한국수출입은행 EDCF 해외인턴
『시행기관 (한국수출입은행 recruit.koreaexim.go.kr)』

개발도상국의 경제개발 지원을 위한 대외경제협력기금(EDCF[10]) 업무를 경험해

---

10 EDCF(Economic Development Cooperation Fund) : 1987년 개도국들의 산업발전과 경제안정을 지원하고 이들 국가와 경제협력을 증진하기 위해 설치된 대외경제협력기금

볼 수 있어 국제기구 개발협력 전문가로 성장하기 위한 교두보가 될 수 있는 인턴 프로그램이다. 지원자격은 만 34세 이하인 자로 학력 제한은 없으며 해외 체류에 결격사유가 없어야 한다. 상경계열, 법학, 개발협력학, 국제개발학, 지역학 전공자와 영어, 제2외국어 능통자는 우대한다. 파견기간은 10개월 이내이며 근무기간 중 5개월간 수출입은행 EDCF 현지 사무소(베트남, 필리핀, 캄보디아 등) 파견 근무를 하고 나머지 5개월은 본점 EDCF 부서에서 근무하게 된다. 소정 급여와 4대 보험가입 및 월 1일 월차가 제공된다.

7) 대학 글로벌 현장학습 『시행기관 : 한국대학교육협의회(www.kcue.or.kr)』

대학생들에게 다양한 인턴십 기회를 제공함으로써 경력 및 진로 설계를 돕고 글로벌 핵심인재를 양성하기 위한 과정으로 설계되었으며 파견기간은 4~6개월이다. 자격요건을 보면 학생의 경우, 파견 시점 기준, 4학기 이상 수료하고 비자발급 등 해외인턴십 참여에 결격사유가 없는 학생으로서 대학평점 3.0/4.5(B) 이상, 인턴십 수행을 위한 일정 기준 이상의 해당국 언어별 성적을 보유해야 한다.[11] 한편 대학은 ▲ 4년제 국내 대학 ▲ 현장학습 수행에 대해 학점인정 가능 대학 ▲ 국고보조금의 50% 이상을 대응 투자할 수 있는 대학(추가지원금을 제외한 국고지원금 대비 50% 대응투자 의무)이어야 하며 대학 간 협약 체결을 통해 2개 대학 이상이 컨소시엄을 구성하여 참여할 수도 있다.

공모분야는 자유공모와 지정공모가 있는데 자유공모는 대학이 ▲ 신흥시장 및 개발협력 분야 ▲ 국제기구 분야(UNESCO, World Bank, OECD, IAEA 등) ※ NGO제외 ▲ 고부가가치 서비스 분야 ▲ 신성장 동력 분야(미래 유망 신기술 분야)에서 현장학습을 할 수 있는 기관, 단체 및 기업을 직접 발굴, 프로그램을 설계하여 신청하는 것이고 지정공모는 대학이나 학생이 공고 시 시행기관이 제시하는 기관 중에서 선택하여 지원하는 제도이다(예 : KIST 유럽연구소, 국제이주기구, Asia Commerce & Industry Bridge Program).

시행기관이 자유공모를 통한 파견 프로그램이나 지정공모를 통한 파견자를 선

---

11 영어 : 영어토익 700, 토익 스피킹 130, 토플 75(IBT), 207(CBT), 텝스 600, FLES 650, IELTS 5.5, OPLC IM 이상(ESPT 2급＋) 중국어 : 구 HSK 7급, 신 HSK 3급 이상 195점 이상, 신 HSK 6급 180점 이상(또는 이에 준하는 타 공인시험 성적) 일본어 : JLPT 2급 이상(또는 이에 준하는 타 공인시험성적) 기타 언어 : 공인시험 중상급 또는 중상급을 인정할 수 있는 교수 소견서 인정(단, 전공성적이 B이상임을 확인할 수 있는 성적표 제출).

정할 때 비영어권 파견지, 저소득층(30% 이상 할당), 대학 주도의 프로그램, 전년도 우수 평가대학 등에는 가점을 부여한다. 특히, 참여 학생의 역량 강화 및 체계적 진로 설계를 강화하기 위하여 자유공모 집중특화분야를 선정해서 계획서 평가를 통하여 우선 선발하고 있다.

표 3 대학 글로벌 현장학습 우선선정분야		
집중특화분야(안)	내 용	우대사항
해외진출지원	전공분야 현장학습 종료 이후 참여 학생의 해외진출 독려를 위하여 현지 기업에 취업 장려	계획서 검토 후 우선선발
창업 현장학습	청년인재의 적극적인 해외진출을 장려하고 창조경제를 도모하기 위한 전공분야의 창업 현장학습 추진	

　　선정절차를 보면 대학에서 신청하는 경우, 대학이 제출한 「현장학습 사업계획서」를 심사 평가하여 지원 대학 프로그램을 선정하고, 해당 대학에서 지원조건 및 자체기준에 의거 학생을 선정한다. (대교협에서 적격여부 확인) 또한 개인이 신청하는 경우에는 개인이 제출한 「현장학습 수행계획서」를 평가하여 학생을 선정하는 데 추가 면접전형이 진행될 수 있다. 정부에서는 학생 1인당 250~500만원 내외로 항공료, 비자발급비, 현장학습 관리운영비, 보험료, 체재비(국가별 차등) 등을 재정지원하며 인턴을 파견하는 지원대학도 국고보조금의 50% 이상을 대응투자 하여야 한다.

8) 전문대학 글로벌 현장학습
『시행기관 : 한국전문대학교육협의회 (www.kcce.or.kr)』

　　이 프로그램은 전문대학생들에게 전공 관련 분야의 해외산업체 에서 실습 기회를 부여하기 위해 운영되고 있는 프로그램이다. 지원 자격은 인턴십 파견시점 기준, 2학기 이상을 수료한 전문대생으로서 비자발급 등 해외인턴십 참여에 결격사유가 없어야 하고 대학평점은 3.0/4.5(B) 이상이면서 해외인턴십 수행을 위한 일정 기준 이상의 언어 능력을 갖춘 학생이어야 한다.[12] 파견기간은 16주(4개월)이며 왕복항공료, 비자발급비, 인턴십 관리운영비, 보험료, 현지어학 교육비, 직무교육비, 체재비

---

12 영어 : TEPS 450점, TOEIC 550점, ESPT 3급, PELT 3급, G－TELP 2등급 42점 TOEFL(PBT 450점, CBT 137점, IBT 55점), TOSEL(A) 397점, TESL 104점, IELT 4.5, OPIC NH 등급, 토익 Speaking 레벨 5(110점) 이상 중국어 : 신HSK 3급, CPT 300점, BCT 2급 이상, 일본어 : JPT 415, JLPT 신N4, 니켄 450점 이상.

(일부) 등 학생 1인당 400~750만원이 지원된다. 단, 언어권별 1인당 총 소요액의 부족액은 교비에서 대응투자(국고의 30% 이상)하여 학생 부담경비를 국고의 20% 이내로 유지해야 한다.

9) 글로벌무역인턴십 『시행기관 : 한국무역협의(www.kita.net)』

글로벌무역인턴십 프로그램은 해외에서 활동 중인 종합상사, 무역업체 대기업, 중소·중견기업, 현지설립법인 및 유관기관에 파견되어 6개월 동안 해외무역현장에서 시장조사 및 분석, 바이어 상담·관리, 전시회 참가 및 세일즈 활동을 통해 실무형 무역전문인력을 양성함에 그 목적이 있다.

또한 해외취업 약정기업 파견자의 경우, 본인의 근무평정에 따라 인턴십 후 현지채용 연계가 가능하다. 신청자격은 무역에 관심이 있는 4년제 대학 재학생(지원시점기준 3학년 1학기 재학 이상, 졸업예정자 포함)으로 심신이 건강한 자 중 지원마감일 기준 전 학년 평균 B학점(약 70%) 이상을 받은 자(3.0 이상/4.5기준), 공인어학성적 보유자(매 기수 공지사항 참조), 해외인턴에 필요한 합법적인 비자(일본, 독일의 경우 워킹홀리데이 비자 필수) 발급이 가능한 자, 남자는 군필자 또는 면제자, 과거 한국무역협회 해외인턴십에 참여한 사실이 없고 참여 중에 있지 아니한 자이다. 국제무역사, 외환관리사, 무역관리사 자격증 소지자와 저소득층, 장애인, 여성가장, 국가유공자는 우대한다. 파견국가 및 기업은 매 기수 공지사항으로 발표하며 주로 중국, 대만, 일본, 베트남, 인도네시아, 말레이시아, 싱가포르, 미국, 독일, 스웨덴 등으로 파견된다. 파견자는 한국무역협회 무역아카데미에서 2주 동안 기업실무 수행 및 현지적응 능력 극대화에 초점을 둔 국내교육(무역실무, 국제비즈니스, 소양교육 등)을 받아야 한다. 연수생들에게는 무역협회에서 월 50만원과 기업에서 월 600달러 상당의 (국가 및 기업에 따라 상이) 체재지원금을 지원 받게 된다. 국내교육 등록금 30만원과 항공, 비자, 보험료 등 기타 수속비용은 연수생이 개별 부담한다.

표 4 글로벌무역인턴십 선발과정	
1차 서류	2차 면접
• 어학능력 (영어/제2외국어) • 제출서류 • 우대요건 해당사항 • 참여기업 요청사항 충족 여부 • 자기소개서 충실도 • 해외 체류경험 유무 • 해외취업의지	• 기본인성 • 참여동기 • 기초지식 • 무역관심도 • 외국어발표력 • 해외취업의지

10) 해외한인기업 해외인턴 『시행기관 : World-OKTA 국제사무국(okta.net)』

해외 각국에 진출해 있는 한인기업을 통한 해외취업에 관심 있는 국내/외 대학교, 전문대학, 고등학교 졸업자 및 졸업요건 을 충족한 졸업유예자를 대상으로 선발하되 남자는 군필 또는 면제자여야 한다. 또한 본 프로그램은 스펙초월제로 학교성적, 어학성적 등 스펙에 대한 자격 제한이 없다. 파견기간은 3개월이며 해외취업 성공 시 파견기간이 3개월 추가된다. 파견지역과 기업은 모집공고 시 공개한다.

그림 4 글로벌무역인턴십 파견 관련 기사(아시아경제 2016.3.8)

무협, 해외진출 한국기업에 청년무역인턴 19명 파견

한국무역협회는 지난 7일 삼성동 코엑스에서 제15기 글로벌무역인턴십 파견식을 개최했다고 8일 밝혔다. 글로벌무역인턴십은 무역협회가 2000년도부터 시행해 온 해외인턴십으로 현재까지 2027명의 수료생을 배출한 무역전문가 양성 프로그램이다. 해외 취업과 무역 창업을 꿈꾸는 19명의 대학생들로 구성된 15기 글로벌무역인턴십은 무역아카데미에서 3주에 걸친 무역실무, 해외마케팅 등 온오프라인 교육을 통해 무역 전문분야의 기초를 다졌다. 15기 연수생들은 독일, 스웨덴, 일본 등 선진국 뿐만 아니라 중국, 베트남, 인도네시아와 같은 신흥성장국으로 파견이 될 예정이며 해당 지역의 주요 한인기업에서 3월부터 8월까지 5개월간 무역실무 업무를 담당한다.

15기 글로벌무역인턴십에 참여한 이두레 연수생(인천대, 27세)은 "일본 어학연수를 하면서 일본시장에 관심을 가지게 됐고 일본에서 창업하는 것이 꿈"이라며 "글로벌무역인턴십을 통해 일본에 대한 이해를 높이고 한국과 일본의 가교 역할을 할 수 있는 무역업체를 설립하고 싶다"고 인턴십 참가 목적을 전했다. 독일로 파견 예정인 이도연 연수생(한양대, 26세)은 "글로벌무역인턴십 참가를 위해 국제무역사, 무역영어, 무역관리사 등 무역관련 자격증을 취득했다. 그 동안 습득한 무역관련 지식을 바탕으로 성공적으로 인턴십을 마치고 독일 현지에 취업해 한국 상품을 널리 알리고 싶다"고 포부를 밝혔다.

김학준 무역아카데미 사무총장은 "글로벌무역인턴십은 해외 진출을 꿈꾸는 청년들에게는 해외현장을 경험할 수 있고 현지 우리기업에게는 우수한 인력을 활용할 수 있는 좋은 기회"라며 "무역아카데미는 다양한 교육프로그램을 통해 무역인재 양성에 힘쓰고 있으며 특히 우수한 청년인력의 해외취업 및 창업을 적극 지원할 예정"이라고 말했다. 글로벌무역인턴십은 매년 2회 선발하며 3주간의 국내 교육을 거쳐 5개월간 전 세계 주요 한국기업으로 파견한다. 전공에 상관없이 대학교 4학년 이상이면 누구나 참가할 수 있으며 참가신청은 한국무역협회 무역아카데미(www.tradecampus.com)에서 할 수 있다.

그림 5 해외한인기업 해외인턴 파견 관련 기사(이투데이 2015.7.6.)

월드옥타, '해외한인기업 인턴 하반기 국내교육' … 모국청년 해외취업 지원

세계한인무역협회(월드옥타)가 오는 9일까지 경기도 용인 대한간호협회 KNA연수원에서 '해외한인기업 해외인턴사업 하반기 국내교육'을 진행한다고 6일 밝혔다.

이번 국내교육은 34명이 참여하며 교육을 마친 후에는 순차적으로 11개 월드옥타 회원사로 파견될 예정이다. 앞서 협회는 지난 상반기 인턴 36명을 26개 업체에 파견한바 있다.

 월드옥타는 지난 2012년 정부해외인턴사업을 첫 실시한 이래 총 69명의 모국청년의 해외취업을 성사시켰다. 또 협회가 갖고 있는 69개국 136개 도시 규모의 경제인네트워크를 적극 활용해 파견된 인턴들을 체계적으로 관리하고 있다. 월드옥타에 파견된 인턴은 현지 월드옥타 지회에서 개최하는 정기 간담회에 참가할 수 있으며 먼저 해외취업에 성공한 현지의 선배들이 인턴들의 현지취업 지원도 받게 된다.

올해 사업에 참가해 우루과이 모테비디오 Dragor S.A사로 파견예정인 박동선(29)씨는 "국내에서 취업준비를 하며 도전했지만 번번히 실패했다"면서 "남미지역을 여행하며 언젠가는 이곳에 꼭 다시 오고 싶다는 꿈을 갖게 되어 이번 인턴에 도전하게 됐다. 이번 기회를 통해 반드시 현지 취업에 성공하여 현지에서 창업도 해보고 싶다"고 소감을 전했다.

인도 뉴델리의 Koindo trading PVT LTD사로 파견예정인 신혜림(25)씨는 "글로벌 시대에 국내에 있는 것보다는 다양한 환경과 문화에서 적응하며 업무를 할 수 있는 능력이 곧 경쟁력이라는 생각에 지원하게 됐다"며 "여자로서 치안이 불안한 인도라는 낯선 시장에 도전하는 것이 쉽지 않은 일이지만 현지에서 성공한 한인기업에서 일하며 커가는 인도 시장과 함께 성장하고 싶다"고 말했다.

올해 월드옥타는 이번 사업을 통해 총 80명의 인턴을 해외에 파견할 예정이다. 인턴 수용기업에 대해선 연 50만달러이상 5명이상의 종업원을 보유한 현지기업인 경우 직무는 사무직, 인턴파견 즉시 1년 이상 고용을 할 수 있는 회원사를 우대하는 정책을 시행하고 있다. 이를 통해 파견자 대비 취업율 50%이상을 목표로 하고 있다.

이와 같은 「K-move해외인턴 사업」 이외 코트라는 대학들과 협약을 통해 대학생들을 해외무역관에 파견하여 일정기간 동안 인턴으로 근무하게 하는 「코트라 해외무역관 인턴사업」을 실시하고 있다. 코트라는 대학별 사업 참여 안내문을 송부하여 신청을 받고 내부심사를 통해 당해연도 파견대학을 선정한다. 인턴으로 선정된 대학생들은 상하반기 초에 파견되며 약 6개월 동안 무역관에서 시장조사, 마케팅, 투자유치 업무 등을 보조하게 되며 무역관은 급여가 아닌 교통비 등 지원금 성격의 체류경비를 지급한다. 파견대학에서는 인턴 학생들에게 항공료와 체재비 일부를 지원하고 1학기 학점으로 인정해주고 있다. 선발과정은 대학모집 및 선정(11월)·해외무역관 사전 수요조사 → 대학별 인턴 TO 배정 → 대학별 인턴선발 → 해외무역관 파견 및 정기 보고 → 활동 종료 및 결과보고 순으로 이루어진다. 무역관에서는 영어 또는 현지어 구사가 가능하고 적극적인 학생들을 선호한다.

그림 6 외대 코트라 해외인턴 파견 관련 기사(디지털타임스 2017.1.11.)

한국외대, 19기 KOTRA 해외무역관 인턴 75명 발대식
45개국 64개 무역관으로 파견

한국외국어대학교(총장 김인철)가 지난 10일 서울 이문동 서울캠퍼스에서 진로취업지원센터 주관으로 '제19기 KOTRA 해외무역관 인턴 발대식'을 개최했다고 밝혔다.

행사는 코트라 인턴십 추진현황 보고, 김인철 총장의 격려사, 김건영 교수의 격려사, 제19기 코트라 인턴대표 선서, 외대 베지 패용 순으로 진행됐다. 이날 발대식을 가진 제 19기 KOTRA 해외무역관 인턴은 75명으로 45개국 64개 무역관으로 파견될 예정이다. 파견된 인턴들은 전 세계 코트라 무역관에서 6개월간 근무하며 경제 관련 자료조사, 보고서 작성, 통·번역, 국내 기업 현지무역활동 및 투자유치사업 지원 등의 업무를 담당하게 된다.

한국외대는 2008년 16명의 학생들이 14개국 코트라 해외무역관으로 파견된 이래, 우수한 성과와 현지 무역관의 높은 호응도 및 만족도에 힘입어 참가하는 학생 수가 매 학기 증가하고 있다. 2017년 1학기 파견되는 제 19기를 포함해 지난 9년간 총 1604명의 학생들이 코트라 인턴십을 통해 글로벌 무역 전문가 꿈을 키우고 있다.

발대식 이후 진행한 코트라 인턴십 파견 사전 교육에서는 기 코트라 파견자인 정영아(영어학과 13)학생이 코트라 부에노스아이레스무역관 근무에 대한 생생한 경험담을 공유했다. 박지호씨(영어통번역학과 07)가 코트라 재직동문 특강자로 참석해 코트라 소개와 해외무역관 근무 시 유의사항을 전달했다.

한국외대 코트라 인턴십은 뛰어난 외국어능력, 우수한 전공 실력과 품성을 갖춘 학생을 선발해 전세계 KOTRA 해외무역관으로 파견하는 프로그램으로 2학년 2학기 이상 수료한 학생에게 기회가 주어지며, 파견 학생들은 6개월간 활동에 대해 최대 15학점의 학점인정과 장학금 지원 혜택을 받을 수 있다.

알제무역관 해외인턴 근무 예

【사이버상담 지원과 '알제리 경제뉴스'를 제작중인 인턴들】

　알제무역관은 상·하반기 각각 2명씩 인턴을 받고 있다. 이들은 대학에서 불어를 전공한 3~4학년 학생들이다. 인턴들은 무역관의 도움을 받아 학생비자를 받아 입국하며 무역관에서 10여 분 거리인 아파트를 월 1천 달러에 임차하여 생활한다. 주택임차료가 다소 비싸 2인 1조로 인턴을 받고 있다. 무역관에서는 매달 인턴들에게 1인당 300달러를 보조하고 있다. 또한 인턴들은 주말 하루 2시간씩 한인교회가 운영하고 있는 한글학교에 나가 어린이를 지도하며 월 100불을 받고 있는데 이 금액이면 인턴들이 알제리에서 생활하기에는 충분하다고 한다.

【대사관 주최 「한국의 날」 행사를 지원한 인턴들 (공관장과 함께), 문화체험】

　무역관에서는 매일 현지신문에 게재된 경제 및 무역관련 기사를 요약 번역하여 대사관뿐 아니라 현지에 진출해 있는 지상사와 코트라 지사화업체들에게 보내주며 그 밖에 조사업무, 통계업무 등을 보조하거나 직접 수행한다. 조사업무 시에는 현지 유통업체를 방문하여 시장정보를 수집하고 소비자들을 대상으로 설문조사도 실시한다. 또한 현지 바이어들과 우리나라 중소기업 간의 거래알선을 보조하며 무역사절단, 해외전시회 업무도 보조하면서 실제 해외마케팅 경험을 축적하고 역량을 기르게 된다. 이들 인턴들은 무역관 업무뿐 아니라 대사관이 주최하는 「한국의 날 행사」, 「현지인 대상 우리말 대회」 등 문화행사에도 보조 요원으로 투입되어 다양한 경험을 쌓고 무역관에서 현지인들과 합동 근무를 하며 불어구사 능력을 키우기도 한다. 또한 대사관, 코이카, 코피아 및 현지 진출 국내기업 등에 파견되어 있는 직원, 인턴들과도 친교를 맺고 다양한 경험을 공유한다. 아울러 주말과 휴가 기간 중에는 알제리나 주변국을 방문해 다양한 문화 체험도 하게 된다.

코트라 해외무역관인턴 프로그램
참가 희망 대학 모집 안내

- 목적 : 대학 재학생의 해외무역관 인턴활동 지원을 통해 청년인력의 해외탐방 기회 제공
- 파견기간 : 매년 상반기(1,2월) / 하반기(7,8월)
- 파견지역 : 총 120개 코트라 해외무역관 중 인턴 수용이 가능한 해외무역관
- 지원사항
  - 1학기(12학점) 이상의 학점
  - 1학기 등록금 이상의 장학금
  - 약 30만원 가량의 월 교통비지원(해외무역관 사정에 따라 일부 금액 변동가능)
  - 해외 해외무역관 근무 후 수료증 발급
  ※ 이 외의 항공권, 비자, 여행자보험, 해외 현지 숙식 등과 관련한 비용은 일체 학생 본인 부담

- 세부내용

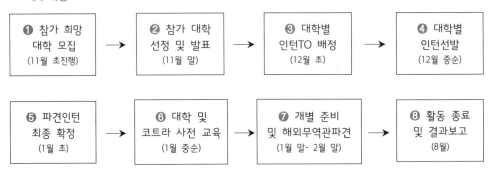

* 하반기도 같은 프로세스로 반복하여 진행(선정된 참가 대학은 상/하반기 2회 진행).

1) 참가 희망 대학 모집 : 아래 조건을 충족할 경우 신청이 가능함
   - 파견 학생에 대한 1학기 등록금 이상의 장학금 지원
   - 파견 학생에 대한 1학기(14학점) 이상의 학점 지원
2) 참가 대학 선정 및 발표 : 인턴선발계획, 사전교육계획, 사후 관리 계획 등을 고려함
3) 대학별 인턴TO 배정 : 사전조사를 통한 무역관 전체 TO를 참고하여 대학별 인턴 TO 배정

4) 대학별 인턴 선발 : 반드시 인성/어학면접을 포함하며, 중도 포기자가 없도록 해야 함

5) 파견인턴 최종확정 : 해외무역관과 연락하여 개별적으로 항공권, 비자발급 진행

　　* 비자관련 문제로 인하여 파견이 취소될 수 있음

6) 대학 및 코트라 사전 교육 : 코트라 본사 사전 교육 이외에 대학별 교육 진행

7) 개별준비 및 해외무역관 파견 : 개별적으로 준비가 되는 즉시 해외무역관으로 파견

8) 활동종료 및 결과보고 : 월 1회 활동보고 및 6개월 수료 후 결과보고

■ 참가신청 및 문의사항 : ○○○ 담당자

　　　　　　　(○○○ - ○○○ - ○○○○, ○○○○@kotra.or.kr)

그림 7 해외인턴에게 주는 조언

인턴 떠나기 전 무엇을 할지 계획하라

조기창 코트라 안전사무소장

 최근 3년간 요르단 암만무역관장으로 근무하면서 20여 명의 청년인턴을 받았습니다. 인턴기간은 길게는 6개월, 짧게는 2개월이었습니다. 그중 10여 명의 청년이 귀국해 국내 유수 기업에 취업했습니다. 이들을 포함해 60~70퍼센트의 높은 취업률을 기록했습니다. 글로벌 무대를 꿈꾸로 해외로 인턴을 떠나는 학생들에게 세 가지 준비를 당부합니다.

첫째, 출국 전 파견 대상 국가와 기관 또는 기업에 대해 많은 공부를 하십시오. 코트라가 운영하는 글로벌윈도(www.globalwindow.org)를 방문하면 최신 국가정보를 얻을 수 있고, 파견 대상 기관(기업)의 홈페이지를 통해 업무와 역할을 알 수 있습니다. 또 그 지역에 파견됐던 경험치를 접촉해 인턴 기간 중 겪게 될 정보를 미리 취득하십시오.

둘째, 반드시 인턴 기간 중 무엇을 할 것인지 계획을 세우십시오. 막연히 떠났다가는 별 할 일도 없이 그냥 시간만 보내고 맙니다. 파견 대상 기관에서 무엇을 배우고 어떻게 기여할 것인가를 생각해야 합니다. 특히 휴일 활용도 매우 중요합니다. 파견 대상 국가에서 무엇을 경험하고 볼 것인지도 미리 꼼꼼하게 계획해 일정을 짜십시오.

셋째, 인턴에서 얻은 경험을 어떻게 활용할 것인지 생각해야 합니다. 해외 인턴은 흔히 오는 기회가 아닙니다. 짧은 기간 동안 배우고 경험한 것을 자신의 앞날을 위해 활용하는 것이 중요합니다.

마지막으로 파견 대상 기관 직원들과 좋은 인간관계를 구축하고, 그들을 포함한 다양한 사회 선배들의 많은 조언을 귀담아 들으십시오. 그러면 글로벌 무대를 향한 꿈이 반드시 이뤄질 것입니다.

그림 8 알제무역관 인턴의 취업 성공 필살기(매경 2016.5.17.)

북아프리카에 위치하고 있는 알제리는 코트라 직원들도 근무를 꺼리는 험지(險地) 중 한 곳이다. 테러 위험으로 알제리 수도인 알제를 벗어나려면 현지 경찰의 에스코트를 받아야 하며 한국 식품점은 고사하고 한국식당조차 없는 열악한 생활환경, 낙후된 인프라, 느려빠진 행정서비스 등이 이곳 생활을 더 어렵게 한다. 더구나 영미계통의 학교가 없어 학생을 자녀로 둔 직원이라면 혼자 부임해야 한다. 실제 알제리 진출 국내기업 임직원들은 거의 대부분 단신 부임하고 있다.

직장인들도 이럴진대 하물며 대학생 인턴들 중 누가 알제리로 오고 싶어하겠는가? 요즘 취업이 어려워 어떤 인턴자리라도 얻으려고 난리라고 하지만, 이곳은 보통의 강단(剛斷)과 결심이 없으면 오기 힘든 지역이다. 그럼에도 불구하고 지난해 9월, 광주 소재 조선대학교 불문과에 재학중이던 두 명의 남학생 인턴들이 굳은 각오를 하고 알제무역관에 오게 되었다. 그 중 그 흔한 외국어 연수 한 번 안 가봤고 이번이 처음 해외여행이라던 4학년 졸업반 L군. 공항에 도착해 알제리인 현지 운전사에게 인사말조차 제대로 못하던 이 인턴이 지난 2월 말, 인턴을 마치고 귀국하자마자 한국의 한 중견기업에 취업해 오는 5월, 아프리카 서부에 위치하고 있는 코트디브아르 지사로 파견 나가 수출 역군으로 활약할 예정이라고 한다.

그렇다면 이 인턴의 취업 성공요인은 무엇인가? 이 인턴은 불과 6개월 근무하면서 엄청난 직무역량을 길렀다. 현지 유통업체를 방문해 시장정보를 수집하고 소비자들을 상대로 설문조사도 직접 해보았다. 또한 현지 바이어들과 우리나라 중소기업간의 거래알선을 지원했다. 무역사절단, 해외전시회 업무도 보조하면서 실제 해외마케팅 경험을 축적하고 아프리카 시장개척 노하우를 쌓아갔다. 현지인들과 사귀며 이(異)문화를 경험하고 적응하는 방법을 배웠다. 이 인턴은 무역관 업무뿐 아니라 대사관이 주최하는 '한국의 날 행사', '현지인 대상 우리말 대회' 등 문화행사에도 진행요원으로 투입돼 다양한 경험을 쌓았다. 무역관에서 현지인들과 합동 근무를 하며 불어 구사 실력을 키워 귀국할 무렵에는 대학교 4년 기간 동안 보다 더 많이 불어를 말하고 들었다고 할 정도였다.

그러나 무엇보다도 성실함과 뛰어난 인간성이 이 인턴의 가장 큰 경쟁력이라고 생각한다. 자기 혼자 벌어서 대학생활을 해나갔던 이 인턴은 자신의 환경을 탓하지 않고 다양한 아르바이트 경험을 통해 사람들을 대하는 방법을 배워나갔다. 이 점이 오늘날 본인의 인성(人性) 형성에 많은 영향을 주었으리라 생각된다.

사람들이 보는 눈은 거의 비슷하다. 그동안 무역관에서 맞이한 수많은 대학생 인턴들 가운데 가장 기억에 남는 L인턴. 무역관에서뿐 아니라 모교 교수님으로부터도 높은 축적된 직무역량을 인정받고, 원어민과의 불어 인터뷰를 통과해 그 어렵다는 취업의 문을 활짝 열고 들어갔다. 그리고 조만간 아프리카 시장을 종횡무진 누비는 최고의 수출역군이 되리라 확신한다.

기고문 ❶ 해외인턴에 선발 될 수 있는 노하우

멘토 : 코트라 알제무역관장 조기창(담당지역 미국)

　　취업이 점차 어려워지면서 많은 취업준비생들이 직무역량을 기르고 다양한 해외 경험을 체험하기 위해 정부기관이나 단체가 파견하는 해외인턴 선발에 적극 참여하고 있다. 필자는 과거 한국전시산업진흥회에서 주관한 해외전시인턴선발을 위한 면접 심사위원으로 여러 번 참여한 바 있다. 실제로 해외인턴 경쟁률은 매우 높은 편이며 지원자들 역시 자질이 우수하여 생각 같아서는 많은 인원을 파견하고 싶었으나 파견기관의 관련 예산과 이들을 받아줄 코트라 무역관, 해외지상사, 교포무역인 및 단체 등이 한정되어 있어 참가자들을 제한할 수밖에 없는 실정이다. 따라서 이러한 치열한 경쟁을 뚫고 해외인턴으로 선발될 수 있는 노하우를 멘티 여러분들게 공개하고자 한다.

　　첫째, 자신에게 필요하고 진로에 적합한 인턴 프로그램을 선정하라. World Job 홈페이지를 방문하면 현재 진행 중이거나 예정인 해외취업인턴 프로그램에 대한 정보를 수집할 수 있다. 이외에도 외교부, 코트라, 코이카, 무역협회 및 OKTA 사이트에도 각 기관이 실시하고 있는 해외인턴프로그램에 관한 자세한 정보를 얻을 수 있다. 여러 해외인턴 프로그램을 무작위로 신청할 것이 아니라 지원자격, 인턴프로그램, 선발방법 등을 면밀히 살피고 향후 자신의 진로에 도움이 될 프로그램을 선정하여 지원토록 한다.

　　둘째, 자신이 지원조건을 만족시키고 있는지, 가점을 받을 수 있는지를 확인한다. 모든 인턴프로그램이 누구에게나 문호가 개방되는 것은 아니다. 대부분의 인턴프로그램은 학력 및 학년제한, 연령, 졸업여부, 군필여부, 일정 수준 이상의 어학성적 등 지원조건을 요구하며 저소득층, 지방대출신, 자격증소지자 등과 같이 가점을 주는 경우가 많이 있으므로 본인이 이에 해당하는지를 파악한다. 이와 함께 파견기관에서 요구하는 어학성적이나 자격증 등을 지원 전에 미리 갖추어 놓도록 한다.

　　셋째, 인턴 참여 시 제공되는 체재비, 항공료, 비자발급수수료 등 제반 경비를 확인한다. 인턴프로그램에 따라 인턴들에게 제공되는 재정지원이 상이하다. 해외 체류기간 동안 생활비 및 주거비는 물론이고 항공임, 비자발급수수료, 보험료 등이 얼마나 지원되는지 인턴 본인부담액은 얼마나 되는지도 알아본다. 일부 국가의 경우 비자발급수수료가 수백만원이 되며 이를 지원자가 자비 부담해야 하는 경우도 있다.

넷째, 인턴 참여 후 파견기관으로의 취업가능성을 파악한다. 대부분의 해외인턴 프로그램은 『체험형인턴』이지만 인턴의 현지에서의 활동 등을 평가하여 프로그램 종료 후 채용하는 『채용형인턴』도 있다. 같은 값이라면 『채용형인턴프로그램』을 지원하도록 한다.

이와 같은 기본적인 내용을 파악한 후 지원자격을 갖추었다고 판단이 되면 안내문에 제시된 기간 내에 필요한 서류 등을 준비하여 지원토록 한다. 다음은 해외인턴프로그램 지원 시 면접 요령을 구체적으로 설명코자 한다.

누구나 면접장에서는 긴장이 되고 떨리기 마련이다. 면접은 지원자가 파견기관(회사)의 관계자와 면접위원들을 대면하게 되는 최초의 순간이다. 이 짧은 순간에 자신이 갖고 있는 모든 역량과 본 모습을 100% 보여주기 위해서는 자신감을 갖고 면접에 임해야 하며 사전준비를 철저히 해서 가는 것이 실수를 줄일 수 있는 가장 확실한 방법이다. 즉 인턴프로그램의 성격과 파견기관에 대해 사전 공부를 하고 인턴프로그램을 지원하게 된 동기 및 인턴기간 중 하고 싶은 일과 배우고 싶은 일, 인턴프로그램을 마치고 그 경험을 어떻게 활용할 계획인지에 대한 답변은 반드시 준비해야 할 사항이다.

우선 면접장에 들어가면 ▲ 최대의 예의를 갖춘다. 면접위원들은 면접에 많은 경험이 있기 때문에 지원자가 처음 의자에 앉는 순간 50% 이상을 벌써 평가하게 된다. 의자에 앉는 모습, (잘생기고 못생기고의 차원이 아닌) 외모와 이미지(얼굴 표정에서 묻어나는 자신감)가 그래서 중요하다. 의자에 앉기 전, 다소곳하게 목례를 하고 다리는 붙이며 허리는 펴고 팔은 자연스럽게 무릎에 놓는다. 면접이 끝나면 다시 목례를 하고 바른 자세로 면접장을 나온다. ▲ 자연스런 표정과 함께 시선은 정면을 주시한다. 절대로 경직된 표정을 지어서는 안 되며 밑을 굽어본다든가 시선을 어디에 둘지 몰라 이쪽 저쪽을 왔다 갔다 하는 불안한 모습을 보이지 않도록 한다. 정면을 주시하기가 어색하다면 면접위원들의 코, 입 주변 또는 옷깃을 주시한다. 밝은 표정을 짓되 어색하지 않다면 약간의 미소를 보이는 것도 괜찮다. ▲ 면접위원이 묻는 말에 자신있게 대답한다. 실수를 하지 않으려고 식상한 답변을 하는 것 보다 패기 넘치는 지원자가 훨씬 보기 좋으며 반드시 자기 생각을 담아 답변토록 한다. 그러나 자신감과 건방짐은 엄연히 다르다. '~한 것 같아요.' 또는 '제 느낌에는 ~'과 같은 불명확한 말투는 신뢰감을 주지 못한다. ▲ 답변은 핵심 위주로 간결하게 한다. 모든 질문에 대한 핵심을 파악하고 답변 시 결론이나 강조점을 먼저 말한다. 중언부언 또는 동문서답을 하지 않도록 하며 주어진 시간 내 명료하게 답변한다. 외워서 이야기하는 것을 심사위원들은 가장 싫어한다. 오래 답변은 하였으나 결론이 모호하고 도무지 무슨 말을 하는 건지 파악이 곤란한 논리 없는 답변은 최악의 답변이다. ▲ 잘 모르는 질문을 받았을 때에는 솔직히 잘 모르겠다고 답변한다. 잘 모르거나 깊이 생각해보지 않은 사안을 질문 받았을 때 솔직히 모른다고 인정하되 노력하는 모습을 보여주는 것이 낫다. 이야기를 꾸며내지 말고 '시간을 준다면 파악해서 다시 말씀드리겠다.' 또는 '인턴프로그램에 참여할 때까지 자세히 알아보겠다'는 자세가 중요하다. ▲ 뻔한 답변보다는 개성있게 답변하라. 천편일률적인 답변보다는 다소 황당하더라도 개성있고 재치있는 답변, 나름 아이디어를 발휘한 답변이 더 임팩트를 줄 수 있다. 인턴 프로그램 참여 후 열심히 근무하겠다는 답변보다는 구체적으로 뭘 어떻게 하겠다는 실례를 드는 것이 중요하다. ▲ 면접위원이 다그치거나 코너로 몰아가더라도 당황하지 않는다. 간혹 면접위원들이 지원자에게 면박을 준다든가 당황스럽게 만드는 경우가 있는데 이는 위기상황을 어떻게 빠져나오는가를 보기 위함이니 당황하지 말고 진솔되게 답변한다. 면접위원의 질문이 이해가지 않는다면 다시 물어 질문을 완전히 이해한 후 답변한다.

결론적으로 참가하고 싶은 인턴프로그램에 대한 정보를 최대한 수집하여 본인의 진로에 도움이 될 만한 프로그램을 선정하되 선발 요건, 가점 등을 충분히 살핀 후 면접 준비를 철저히 한다면 뜻을 가진 멘티들에게는 참여의 기회가 활짝 열리리라 확신한다.

기고문 ❷ 해외인턴 파견 전, 준비해야 할 사항

멘토 : 코트라 알제무역관장 조기창(담당지역 미국)

청년 실업률이 심화되면서 정부 및 공공기관에서는 청년들에게 직무경험을 제공하고 해외에서의 일자리 확보를 위해 다양한 해외인턴제도를 실시하고 있다. 코트라에서도 오래전부터 다수 대학교들과 협약(MOU)을 체결하고 대학생들을 해외무역관에 인턴으로 파견하고 있다. 이들 대학생들은 각 무역관으로 6개월간 파견되어 다양한 업무를 수행하고 경험하면서 학교수업으로 대체되어 일정한 학점을 이수한 것으로 인정받고 있다. 이 프로그램에 참가하고 있는 대학들은 이미 납부한 등록금의 일부를 인턴 학생들에게 돌려주며 학생들은 이 돈을 받아 항공임이나 현지 주택 임차료로 활용한다. 코트라 알제무역관에서도 거의 매 학기마다 1, 2명의 대학생 인턴을 받고 있는데 알제리가 불어권이다 보니 아무래도 불어 전공 대학생들 위주로 오게 된다. 이 학생들은 한국에서 쉽게 접할 수 없는 불어 신문 및 각종 불어 자료를 매일 보게 되고 현지인 직원들과 함께 근무함으로써 자연스레 불어를 구사할 수 있는 기회를 갖게 된다. 필자는 이들 학생들이 3, 4년간 학교에서 배운 불어보다 무역관에서 6개월간 익힌 불어가 더 클 것으로 판단한다. 몇 년 전, 외국이라고는 한번도 나가본 적이 없었던 대학생 인턴이 알제리에 도착하여 픽업 나간 무역관 운전기사와 인사조차 제대로 하지 못했으나 6개월 후, 한국으로 돌아갈 때는 제법 의사소통 하는 모습을 보고 '그동안 불어 실력이 많이 늘었구나' 하는 생각이 들었다.

해외인턴 경험은 구직자에게 큰 도움이 된다. 직무역량 함양을 물론이고 인턴기간 중 습득한 경험으로 추후 정식 입사해서도 조직 적응이 훨씬 빠르며 인턴과정에서 자신의 모자란 부분을 깨닫고 보완할 수 있는 기회를 갖게 된다. 알제무역관으로 파견된 불어 전공 학생들 대부분은 그동안 불어나 영어 공부에만 주력해 왔다가 무역실무에 대한 준비가 제대로 되어 있지 않았다는 점을 깨닫고 졸업(취업) 전까지 무역실무에 대한 공부를 게을리 하지 않겠다고 말하곤 한다.

코트라 해외무역관뿐 아니라 해외지상사, 외국기업 및 단체로 파견되는 인턴들이 파견 전, 제대로 준비하지 못하여 당초보다 늦게 현지에 도착한다거나 준비가 부실하여 인턴기간 내내 고생하는 것을 종종 보았다. 이러한 착오를 겪지 않으면서 무난하고 보람 있는 해외인턴 생활을 하기 위해 한국 출발 전, 준비해야 할 사항을 제시하고자 한다.

첫째, 파견지가 확정되었으며 파견지 책임자에게 인턴으로 받아주어 고맙다는 인사말과 함께 가서 열심히 배우고 근무하겠다는 인사 이메일을 보낸다. 대부분의 인턴들은 현지에 도착해서야 인사를 하는데 미리 인사 이메일을 보내면 현지 책임자에게 예의 있는 인턴이라는 좋은 인상을 줄 수 있다.

둘째, 파견국에 따라 비자 받는 과정과 소요기간을 파악하고 속히 비자를 받도록 하며 비자를 받게 되면 바로 항공편을 예약해둔다. 근무하게 될 파견국 소재 지상사, 회사 및 단체로 부터 초청장을 받아야만 비자가 발급되는 경우도 있다. 비자 취득 진행상황 및 파견 준비 관련 사항을 파견지 회사 담당자에게 수시로 알려준다.

셋째, 파견 근무기간 동안 체류할 거처를 정한다. 한국에서 정하기 어려우면 3~4일 정도 체류할 임시 거처를 정하는데 근무하게 될 파견지 회사에 부탁할 수도 있고 본인이 인터넷을 통해 회사 근처의 게스트하우스, BNB 등을 예약 후, 현지 도착해서 임시 숙소에 머무는 동안 앞으로 체류하게 될 거처를 정한다. 거처는 임차료도 중요하지만 특히 치안을 최우선으로 두고 결정한다.

넷째, 파견될 회사에 먼저 파견되어 현재 근무하고 있는 선배 인턴이 있거나 혹은 근무를 마치고 한국으로 돌아온 선배 인턴이 있다면 이들을 소개받아 현지 정착에 필요한 정보를 최대한 수집한다. 또한 교대할 인턴들로부터 유·무료로 인계인수할 물품이(가구류, 이불, 가전제품 등) 있다면 서로 협의하여 결정한다. 그러나 이들을 찾기 어려우면 코트라 해외시장정보 사이트(http://news.kotra.or.kr)의 국가정보를 방문하여 현지 정착정보를 검색해본다.

다섯째, 파견기간과 현지에서 한국식품 구입이 얼마나 용이한지에 따라 다르겠으나 체류기간 동안 먹을 기초 한국식품(예 : 고추장, 된장, 라면, 김 등)을 준비한다. 또한 미니 밥솥을 갖고 가면 편리한 점이 많다. 체류기간 동안 날씨를 살펴보고 현지 기후에 맞는 옷 등을 준비하며 평소 먹는 약이나 비상약 등도 챙겨둔다.

여섯째, 파견될 회사나 기관의 사이트를 방문하여 그 회사나 기관이 어떠한 일을 하는지 미리 공부를 한다. 전혀 모르고 인턴업무를 시작하는 것과 내가 가서 일할 그 회사나 기관이 현지에서 어떤 비즈니스 또는 활동을 하고 있는지 미리 알고 가는 것은 천지 차이이다.

일곱째, 현지에서 사용 할 핸드폰, 노트북, 사전, 여행가이드 책 등도 미리 준비한다. 이와함께 일과 후 시간, 휴일, 휴가 등을 어떻게 활용할 것인지도 미리 계획해 둔다. 인턴들 중에는 일과 후 현지 어학원을 다니거나 주말 한인학교 강사, 종교 활동, 여행 등 다양한 여가활동을 하고 있다.

여덟째, 파견국에서 만날 수 있는 선배, 친지 등의 연락처를 확인해둔다. 인턴 과정 동안 많은 네트워크를 쌓고 인간관계를 구축하는 것은 매우 중요하다. 파견국이나 인근국에 아는 분들이 있는지 확인 후, 파견기간 동안 서로 만나거나 연락한다면 더 좋은 인연을 이어갈 수 있을 것이다. 인턴들 중에는 인근국 파견 인턴들과의 연락망을 구축하여 파견기간 동안 오고가기도 하고 동시에 서로 거처를 교환하여 상대 인턴 집에 머물면서 여행하는 것도 자주 보았다.

아홉째, 비상금과 해외에서도 이용 가능한 신용카드를 준비한다. 파견회사에 따라 인턴들에게 지급하는 생활보조금의 차이가 나겠지만 가능한 받는 금액 범위 내에서 알뜰하게 생활한다. 그럼에 불구하고 인턴기간 동안 여행을 한다든가, 어학원을 다닌다든가 또는 불가피하게 돈을 쓸 수밖에 없는 경우를 대비하여 어느 정도의 비상금과 신용카드를 준비하는 것이 바람직하다.

마지막으로 인턴기간 동안 경험을 기록할 수 있는 블로그를 하나 만들어 온다. 인턴들 중에는 친지, 친구나 후배들에게 들려주기 위해서 블로그에 매일 자신이 겪은 경험을 올리기도 한다. 많은 추억거리가 될 수 있을 것이다.

해외 인턴 근무는 외롭다. 주변에 친구도 없고 파견회사에서도 인턴에게 큰 관심을 갖고 대해주는 사람들이 별로 없을 수도 있다, 낯설고 물설은 외국 땅에서 정식 직원도 아닌 배우고 경험하기 위해 큰 꿈을 앉고 인턴으로 왔는데 아무런 관심도 못 받는 나 자신을 보고 서럽기도 하고 이러려고 내가 여기 왔나 실망스러워 인턴 기간이 내내 고통의 시간으로 여겨질 수도 있다. 굳은 각오와 철저한 준비만이 이런 고통을 최소화하는 길이 될 것이다.

기고문 ❸ 오지(奧地) 알제리에서 활약 중인 자랑스런 청년 인턴들

멘토 : 코트라 알제무역관장 조기창(담당지역 미국)

대부분의 우리나라 사람들은 알제리에 대해 생소하다. 기껏해야 지난 2014년 브라질 월드컵 조별 예선에서 우리에게 4:2의 패배를 안겨준 나라, 아프리카 어딘가에 있는 국가로 알고 있고 조금 더 아는 분들은 '이방인'과 '페스트'의 작가인 카뮈가 태어난 나라, 제2차 세계대전 때 프랑스 외인부대의 주요 구성원 국가 정도로 알고 있을 듯 싶다. 그러나 공통적으로 알제리 하면 가장 먼저 떠오르는 단어가 '테러'일 정도로 부정적인 이미지를 갖고 있는 것도 숨길 수 없는 사실이다. 하기야 얼마 전에도 알제리에서 경찰서를 겨냥한 자살폭탄 공격으로 경찰관 2명이 사망했다는 국내 언론 보도가 있었고 심심치 않게 유럽에서 발생하는 테러 사건에도 알제리인들이 관련된 경우가 많기 때문이다. 더구나 알제리로 관광 오는 한국인들은 거의 찾아볼 수 없으며 여행 프로그램인 KBS의 '걸어서 세계 속으로'와 EBS의 '세계테마기행'에서 조차 한 번도 소개된 적이 없기 때문에 우리나라에서는 별로 알려진 국가가 아니다.

이와 같이 생소하고 위험한 곳으로 인식되고 있는 알제리로 최근 많은 청년들이 직무경험을 쌓고 역량을 기르기 위해 인턴 자격으로 찾아오고 있다. 특히 최근 청년 실업난 해소를 위해 정부에서 많은 청년들을 해외 인턴으로 내보내고 있는데 알제리도 예외가 아니어서 대사관뿐만 아니라 KOTRA(대한무역투자진흥공사), KOICA(한국국제협력단), KOPIA(해외농업기술센터) 등으로 1~3명의 인턴들이 꾸준히 파견되고 있다. 그런데 특이한 점은 이곳에 오는 인턴들 대부분이 여성들이라는 점과 이들 인턴들은 생각보다 훨씬 현지에 잘 적응하면서 자기 역할을 톡톡히 하고 있다고 각 기관장들은 평가하고 있다.

대사관의 경우, 젊은 여성 행정원 2명(이들은 인턴은 아니고 외교부에서 파견한 비정규직 직원임)이 영사와 총무업무를 담당하거나 보조하고 있으며 KOTRA의 경우에도 지난 2년 동안 한두 명씩 대학생들이 6개월간, 무역관에서 인턴과정을 잘 마치고 귀국하여 이미 취업을 하였거나 취업 준비 중에 있다. KOICA, KOPIA에서도 인턴들이 각 기관 특성에 맞는 업무를 잘 배우고 수행하면서 기관들이 현지 활동을 하는데 많은 도움을 주고 있다고 한다. 이들 기관에 파견된 청년인턴들은 기관에서 제공하는 숙소에 머물거나 지원금으로 주택을 임차하여 거주하고 있다.

대부분의 인턴들은 알제리로 배정받았을 때 부모님, 친구 등 주위 분들로부터 알제리는 위험한 국가인데 가도 괜찮겠느냐는 걱정 어린 말씀을 많이 들었다고 한다. 그러나 인턴들 대부분은 막상 알제리에 체류하다보니 한국에서 생각했던 것만큼 이곳이 위험하지 않다고 말한다. 그럼에도 불구하고 남들이 별로 가고 싶어 하지 않는 오지(奧地)인 알제리로 기꺼이 와서 열심히 배우고 익히는 모습을 보면 대견하기도 하고 특히 한국식당은 고사하고 한국식품점도 없는 이곳에 와서 나름 식생활을 해결하며 잘 지내는 것을 보면 신기하기까지 하다.

보통 6개월에서 1년 과정의 해외 인턴 참가는 구미선진국으로 떠나는 낭만적인 배낭여행이 아니다. 장래 취업을 위해 직무역량과 경험을 쌓을 목적으로 떠나는 것인 만큼 고생을 각오하고 굳은 의지가 필요하다. 따라서 단기 인턴은 선진국보다는 오히려 남들이 잘 가려고 하지 않는 힘든 지역으로 가서 어려움을 극복하며 다양한 경험을 쌓는 것이 중요하다고 생각한다. 편하게 갔다 올 수 있는 북미나 유럽보다는 중동, 아프리카, 인도 및 중앙아시아와 같은 오지에서의 인턴 생활은 남과 다른 나만의 스토리를 만들어 주기 때문이다. 또한 한국인들이 별로 없는 알제리와 같은 나라에서 6개월 내지 1년간 생활하다 보면 불어 전공자는 물론이고 비전공자들도 생존을 위해 간단한 불어를 할 수밖에 없어 불어 실력을 늘릴 수 있는 기회도 주어질 수 있다. 물론, 미국 LA나 뉴욕에서도 배울 것이 많이 있겠지만 한국인들이 많이 거주하기 때문에 이들 지역에서는 굳이 영어를 사용하지 않고도 생활에 불편이 없어 어학 향상에는 별 도움이 되지 않으리라 생각된다. 한국에 체류하고 있는 저임금 국가 근로자들의 경우만 봐도 한국에 온지 6개월만 지나면 세계 어느 언어보다도 배우기 힘든 한국어를 떠듬떠듬하고 1년이 지나면 웬만큼 알아듣고 말하는 것과 마찬가지다. 한국어를 모르면 직업을 구하기는커녕 살아갈 수도 없어 생존을 위해서도 한국어 습득이 그만큼 절박하기 때문이다.

현재 무역관 인턴은 개인주택에 입주해 있는 무역관 내 에서 주거용 방을 하나 배정 받아 이곳에서 먹고 자며 생활하고 있다. 이 인턴은 시장조사 및 번역, 무역사절단, 해외전시회 등 마케팅 업무 등을 보조하며 현장에서 비즈니스 실무를 배우면서 휴일에는 한인회가 교민 및 주재원 자녀를 위해 운영하고 있는 유치원과 초등학교 과정의 어린이들을 가르치는 색다른 경험도 하면서 약간의 수고료도 받고 있다. 또한 알제리에는 교민들이 많지 않기 때문에 한국에서 운동선수들이 국제 경기에 참가하여 이곳에서 경기를 치를 때도 빠짐없이 응원에 나서기도 하고 대사관이나 교민회가 주최하는 체육대회, 설 또는 추석명절 행사 및 송년회에도 참가하여 즐거운 시간을 보내기도 한다. 또 각 기관에 파견된 인턴들끼리 주말이면 서로 만나 외식도 하고 대화를 하며 외로움을 달래기도 한다.

유럽보다 크게 뒤떨어지는 열악한 환경이지만 아름다운 날씨, 유럽과 비교할 수 없을 정도로 저렴한 물가 그리고 한국인들에게 말을 먼저 걸어오며 인사하는 친절한 현지인들을 쉽게 볼 수 있는 알제리도 찾아보면 좋은 점들이 많다. 그래서 필자는 오늘도 무역관 인턴에게 좋은 점만 보면서 즐겁게 지내고 짧은 알제리에서의 인턴 경험이 본인의 장래에 많은 도움이 되도록 유용하게 시간을 보내라고 조언해 주고 있다.

기고문 ❹ 해외인턴 기간 어떻게 보낼 것인가?

멘토 : 코트라 알제무역관장 조기창 (담당지역 미국)

　치열한 경쟁을 뚫고 해외인턴 기회를 잡은 당신은 취업전선에서 이미 다른 경쟁자들에 비해 한 걸음 앞서나가고 있다고 해도 과언이 아니다. 요즘은 국내 인턴 자리 잡기도 쉽지 않은데 해외에서 인턴을 할 수 있다는 것은 행운이자 취업에 많은 도움이 될 절호의 기회가 될 것이다. 그러나 해외인턴 그 자체보다는 인턴기간 동안 얼마나 직무역량을 쌓고 다양한 경험을 하여 추후 정식 취업 시 자신만의 스토리를 엮어내느냐가 훨씬 더 중요하다고 하겠다.

　지금부터 10년도 더 된 이야기지만 필자가 코트라 뉴욕무역관 부관장으로 근무하던 시절, 국내 모 기관에서 다수의 청년인턴들을 수출역군으로 기르기 위해 뉴욕무역관을 포함하여 현지 지상사 및 교포무역인 기업에 파견하였는데 하루는 무역관 회의실에 여러 명의 우리나라 젊은이들이 모여 있는 것을 보고 어찌 왔느냐고 물으니 자신들은 한국에서 뉴욕 교포무역인 기업으로 파견된 인턴들인데 막상 와보니 비디오 대여점에서 비디오를 대여해주는 일을 시키거나 가구판매점에서 가구 배달이나 창고 청소를 하라고 해서 이를 거부하고 무역관에서 시장조사를 하고 있다는 답변을 듣고 어안이 벙벙한 적이 있었다. 당시에는 청년인턴 파견 프로그램이 정교하지 못하여 이런 어처구니없는 일도 발생하였지만 지금은 이와 같은 황당한 일은 발생하지 않으리라 생각된다.

　물론 해외인턴 파견을 기획하고 주선하는 기관이나 단체에도 인턴 파견 본래의 목적에 맞는 단체나 기업을 선정하여 인턴을 파견하는 것도 중요하겠지만 인턴이 어떠한 자세로 이런 프로그램에 참여하느냐 역시 이 사업의 성과를 좌우하게 될 것이다. 지난번 '해외인턴 파견 전 알아야 할 사항'에 이어 이번에는 인턴 기간을 어떻게 보낼 것인가를 설명하고자 한다.

　첫째, 출근시간을 엄수하라. 인턴은 정규직원은 아니지만 그렇다고 더 이상 학생도 취업준비생도 아니다. 학교생활이나 미취업상태 때의 자유 분망한 생활 방식에서 벗어나 조직원으로서 가장 기본적인 자세인 출근시간을 엄수해야 한다. 필자는 인턴들 중 출근시간이 제멋대로인 경우를 종종 보고 저 친구에게는 더 이상 기대할 것이 없다고 생각한 적도 있었다. 5분, 10분 늦는 것과 정시출근은 하늘과 땅 차이다. 물론 불가피하게 늦는 경우에는 미리 상사나 선배에게 사유를 설명하고 이해를 구하도록 한다.

둘째, 직장인으로서 최소한의 예의를 지켜라. 정장차림은 아니더라도 예의바른 복장과 외모, 전화 친절히 받기, 상사나 선배직원에 대한 정중한 태도 등은 인턴들이 갖추어야 할 최소한의 예의이다. 특히, 회사 분위기에 맞지 않는 복장과 신발 등에 유의하도록 한다. 잘 모를 때는 파견 전, 상사나 선배의 조언을 얻어 적정한 복장을 갖추어 가도록 한다.

셋째, 업무를 두려워하지 말고 적극적으로 배워라. 사회생활 경험이 없거나 미천한 인턴들은 업무에 서툴 수밖에 없다. 소극적인 업무자세는 인턴들이 가장 경계해야 할 일이다. 모르면 묻고 스스로 깨우치려는 자세가 필요하다. 상사나 선배가 업무지시를 내리기 전, 인턴이 먼저 선배에게 다가가 자신이 도울 일이 없겠냐고 먼저 물어본다. 업무를 배우는 과정에서 자신에게 부족했던 점을 파악하고 인턴을 마친 후, 보완하여 취업에 임하도록 한다.

넷째, 어떤 일을 시켜도 즐겁게 하라. 아직 업무에 서툰 인턴들에게 중요한 일을 맡길 수는 없다. 주로 정규직 직원의 업무 보조를 하거나 소위 복사, 잔심부름과 같은 허드렛일을 시킬 수도 있다. 아무리 사소한 일이라도 배운다는 자세로 적극적으로 수행한다. 짧은 인턴 기간 동안 뭔가를 보여주고 회사에 큰 기여를 하겠다는 욕심을 버려라. 오히려 작은 일이지만 최선을 다하는 자세가 중요하다.

다섯째, 주어진 일을 명확하게 이해하라. 처음 하는 일이라 생소할 수도 있고 그 요령을 잘 모를 수도 있다. 이해가 가지 않는다면 몇 번이고 묻고 주어진 과제를 확실히 파악한 후 착수토록 한다. 또한 중간 중간 일의 진행 상황을 상사에게 보고하며 최종 보고하기 전에 지시사항이 제대로 이루어졌는지를 거듭 확인한다.

여섯째, 조직문화에 속히 동화하라. 인턴으로 나가는 기관이나 기업의 크기에 관계없이 인턴은 스스로가 이방인이라는 생각을 버리고 그 조직의 일원이라 생각하라. 상사나 선배와의 회식, 점심식사 등도 피하지 말고 적극 참여한다. 같이 근무하는 외국인 직원들이 있다면 이들과도 친하게 지내면서 대화를 나눈다. 특히 이들과의 대화는 외국어 실력 향상에도 큰 도움이 될 것이다.

일곱째, 업무시간에 개인적인 일은 절대 하지 않는다. 업무시간에 주어진 일이 없다 하더라도 개인적으로 인터넷을 본다거나 심지어 게임을 하거나 음악을 듣는 모습을 보여서는 안 된다. 정 할 일이 없으면 현지 신문을 보거나 외국어 공부를 한다.

여덟째, 인턴기간 중 실수는 용서될 수 있으므로 많은 실수를 경험하라. 인턴은 경험이 미천하기 때문에 여기저기에서 실수할 수밖에 없다. 실수를 두려워하지 말고 인턴기간 중 많은 실수를 경험하라. 그러나 나중 정식 취업 후에는 같은 실수를 두 번 다시 하지 않도록 한다. 일례로 알제무역관에서 근무하던 한 인턴이 휴가 기간 중 런던으로 여행을 갔는데 공항에 늦게 도착하는 바람에 알제리로 돌아오는 비행기를 놓쳐 다음 날 돌아온 적이 있었다. 정식 취업 후, 출장을 가서 이런 실수를 하게 된다면 그의 직장생활은 결코 순탄하지 못할 것이다. 이번 실수를 통해 혹독한 경험을 해 본 그 인턴은 앞으로 공항에 늦게 가서 비행기를 놓치는 일은 절대 없을 것이다.

아홉째, 인턴 기간 중 많은 경험을 하라. 일과시간 이후, 휴일이나 휴가 기간 중 여행하기, 현지 친구 사귀기, 비슷하게 타기관이나 기업으로 파견된 인턴들과 교류하기, 한인주말학교 교사 활동, 대사관이나 교민 행사 지원 등 다양한 경험을 쌓도록 하고 파견국의 정치, 경제, 사회, 문화 및 역사 등에 대해 많이 배워 갖고 와라.

마지막으로 잘 챙겨 먹고 신변안전에 주의를 기한다. 집에 있을 때는 어머니께서 많은 것을 챙겨주셨겠지만 해외에서는 혼자 모든 것을 해결해야 한다. 한국식당이나 식품점이 주변에 있다면 다행이겠으나 이마저 없는 지역이라면 식(食)문제 해결이 난감할 수밖에 없다. 그럼에도 거르지 말고 잘 챙겨 먹고 건강에 유념하며, 특히 치안이 불안한 지역에서는 신변에 각별히 유의한다. 이를 대비하여 파견 기관의 상사나 선배의 연락망, 우리 대사관 및 현지 경찰서 긴급 연락망 등을 파악해 둔다.

짧으면 몇 달, 길면 1년 가까운 해외인턴은 분명 자신의 직무역량을 함양하고 다양한 경험을 쌓을 수 있는 절호의 기회이다. 특히, 외국어 실력을 크게 향상시킬 수 있고 세상을 보는 시야를 넓히는 데 해외인턴만한 것이 없다. 같은 해외 인턴을 다녀왔어도 이 기회를 자신의 피와 살로 만들 것인가 아니면 고생만 직사하게 하고 인턴 기간을 다시는 생각하고 싶지 않은 흑역사로 남길 것인가는 전적으로 인턴 자신에게 달려있다 해도 과언이 아닐 것이다.

(2) 국내인턴제도

1) 공공기관

공공기관 청년인턴은 정부의 「공공기관 청년인턴 가이드라인」에 따라 인턴을 거쳐 채용하는 채용형 인턴제와 직장체험 기회를 제공하는 체험형 인턴제로 구분하여 실시하고 있다. 정부는 청년인턴 채용규모에 있어 명확하게 정해놓은 건 없지만 가이드라인으로 전체 정원의 5% 범위 내에서 자율적으로 선발하도록 권장하고 있다. 인턴 계약기간 종료 후 채용을 전제로 하는 채용형 인턴의 경우, 대학교 졸업생이나 졸업예정자만 지원이 가능하며 체험형 인턴은 채용을 전제하지 않은 제도이므로 '재계약 및 정규직전환 불가'가 공통적으로 적용된다. 체험형 인턴은 재학생의 취업능력 배양에 초점을 둔 제도라서 대학교 재학생이나 휴학생만 지원 가능하며 보통 3개월에서 6개월까지의 단기간에 걸쳐 진행된다. 일부 공사에서는 일정수준 이상의 영어성적을 요구하기도 한다. 체험형 인턴은 일반 정규직 직원이 하는 업무를 도와주거나 보조하는 업무를 담당하게 되며 월 보수는 해당연도 최저임금을 반영한 수준이다. 대학생들은 체험형 인턴을 통해 현장에서 일을 하면서 배우고 스펙을 쌓을 수 있으며 기업에서도 기업 조직문화를 경험한 학생들을 선호하기 때문에 학생들에게 인기가 높다. 또한 대부분의 공공기관에서는 인턴 종료 후 우수 인턴으로 선발된 자에 대해 추후 신입직원 공채 시 우대한다. 특히 공공부분의 인턴제는 급여수준도 최저 임금제를 적용하고 있고 정부가 제시한 인턴 가이드라인을 준수하고 있기 때문에 교육훈련제도를 목적으로 하지 않고 값싼 노동력으로 인턴을 활용하려는 일부 민간기업들과 비교했을 때 인턴 근무 환경이나 조건이 낮다고 할 수 있다.

정부의 「공공기관 청년인턴 가이드라인」에 의하면 청년인턴을 모집하기 전에 기관별로 채용분야, 인원, 자격 및 정규직 전환계획 등을 포함한 연간운영계획을 수립하여야 하며 채용공고는 기관별 홈페이지, 공공기관 경영정보 공개시스템 채용정보, 잡·알리오 시스템(http://job.alio.go.kr)에 최소 10일 이상 공고하되, 기관 채용방식과 조화를 위해 필요한 경우 탄력적 적용이 가능토록 하고 있다. 채용공고에는 근무부서, 적합직무,[13] 자격요건, 직무별 채용예정인원, 근무시간, 채용유형(채용형, 체

---

13 적합직무란 기관이 내부 수요조사를 통해서 발굴한 인턴 직무 중, 인턴이 인턴경험을 통해서 취업능력을 최대한 배양할 수 있도록 기관에서 엄선한 직무를 뜻한다.

험형) 등을 명확히 명시하여 인턴의 취업 역량을 배양할 수 있는 환경을 조성토록 하고 있다. 따라서 인턴 채용 후, 단순 사무보조 또는 잡무는 원칙적으로 지양하고 전공, 자격증 등 전문분야별 실무경험을 습득할 수 있는 분야에 투입하고 있다. 그러나 공공기관들이 인턴 모집 시 채용형 인턴보다는 단기 체험형 인턴으로만 치중하다보니 공공기관 청년인턴 제도가 청년들의 정규직 채용 확대에 큰 도움이 되지 못하고 있다는 비판이 제기되고 있다.

표 5 공공기관 인턴 채용 분야 예시	
금융	헤지펀드 투자 및 산업분석 지원
행정·법무	기록물 관리, 규제 발굴, 법제업무 지원
외국어	번역, 통역, 해외자료 조사
통계	통계표 작성, 통계조사, 통계결과 분석
사회복지	아동, 여성, 노인, 장애인 등 현장지원
연구개발	연구관리 기초자료 조사
건축·토목	설계지원, 현장점검
전산	DB자료작성 및 분석, 전산망 관리

표 6 주요 공공기관 체험형 인턴 선발 내용	
공공기관명	선발내역
코트라	【자격】대한민국 국적 소지자 중 TOEIC 점수 800점 이상 보유한 자(TEPS 637점, TOEFL IBT 91점 이상 인정) 【담당업무】국내기업을 위한 해외시장개척·해외투자진출지원 및 해외시장 정보조사, 외국인 투자유치, 내부 경영관리 업무의 보조 【기타】직원 채용 시 청년인턴 5개월 이상 수료자 우대
무역보험공사	【자격】최소 외국어 성적은 제시하지 않고 있으나 학업성적, 외국어성적, 자기소개서 및 기타 활동 등을 종합적으로 평가함 【담당업무】무역보험 관련 업무 지원 【기타】신입사원 공채 시 서류전형에서 우대
예금보험공사	【자격】해당자만 어학성적증명서 제출 【담당업무】배치 부서에서 요청하는 업무 외 공사 SNS 기자단으로서의 업무도 수행 【기타】우수인턴 선발자에 대하여 인턴기간 종료 시점 기준 2년 이내에 공사 신입직원 공채 지원 시 서류전형에 혜택 부여
LH공사	【자격】별도 외국어 성적 요구하지 않음 【담당업무】고객관리, 보상, 판매, 주거복지, 토지개발사업, 주택건설사업, 도시재생사업, 건설현장 업무지원 【기타】신규졸업자 및 자격증 소지자 우대, 우수인턴은 신입직원 공채 지원 시 서류전형 가점 부여

2) 민간기업

최근에는 많은 대기업 및 은행 등 금융기관에서도 대학생 또는 취업준비생들을 대상으로 주로 방학기간 동안 근무할 인턴을 모집하고 있다. 기업에 따라 졸업(예정)자에게만 지원 자격을 한정하기도 하고 재학생에게 까지 문호를 개방하기도 한다. 공공기관에서 모집하는 인턴이 대부분 체험형 인턴인 데 반해 민간기업은 주로 채용형(취업연계형) 인턴을 모집한다. 아직까지는 많은 기업들이 일반전형과 인턴전형으로 구분하여 정규직을 채용하고 있다. 그러나 인턴 과정을 거치지 않고 정규직을 바로 채용하는 일반 또는 특별전형은 제한된 면접시간 내 지원자 역량을 충분히 파악하기가 어려운 반면, 인턴전형은 몇 개월간에 걸쳐 장기적으로 지원자의 업무역량과 인성, 태도 등을 파악할 수 있고 (즉 지원자의 역량을 사전 검증할 수 있고) 상시 인재풀을 보유함으로써 언제든지 인재를 채용할 수 있다는 장점이 있기 때문에 인턴전형을 거쳐 정식직원으로 채용하려는 기업들이 늘어나고 있다. 또한 체험형 인턴제를 도입하고 있는 기업들 중에는 공기업들과 마찬가지로 정규직 채용 시 인턴들에게 혜택을 부여하기도 한다. 대부분 민간기업 인턴 채용은 남성의 경우, 병역필자 또는 면제자에게만 기회를 주고 있다.

그림 9 CJ그룹의 대졸사원 채용방식

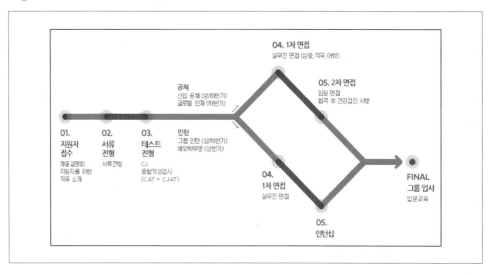

그림 10   현대제철의 대졸사원 채용방식

　　최근 다수의 지자체나 지역상공회의소들은 관내 구직자들에게 원하는 취업 기회를 제공하고 기업들에게는 큰 비용을 들이지 않고 우수한 인력을 확보할 수 있도록 「청년취업인턴제」를 시행하고 있다. 이 제도를 통해 상시근로자 5인 이상 중소기업14들이 청장년 미취업자들을 인턴으로 채용하게 되면 인턴 활동 기간 내 일정 기간 동안 통상임금의 일부를 지원하며 인턴 종료 후 정규직으로 전환 시에도 일정 기간 동안 별도 자금을 지원한다. 이와 함께 중소중견기업과 대학 간 교육 및 취업 연계를 통한 산학협력과 취업활성화를 위해 「채용연계형산업인턴지원사업」을 실시하는 지자체도 있다. 이들 지자체에서는 해당 기업에 대해 멘토수당 및 교육수당, 산재보험료 등을 지원하고 기업은 인턴들에게 급여를 지급하고 있다.

그림 11   지자체(전남 영광군) 청년인턴사업 관련 기사

　　영광군(군수 김준성)은 지난 25일 "전남형 청년인턴사업" 참여기업 7곳과 협약을 체결하였다. 청년인턴사업은 취업에 어려움을 겪고 있는 영광군 거주 청년과 채용을 원하는 지역 내 중소기업의 인력난 해소를 위해 실시하는 사업으로 협약을 통해 기업은 청년인턴의 관리와 정규직 채용 노력 등을 신의성실의 원칙에 따라 이행하고 영광군은 기업체에 지원을 약속하는 체계이다.
　　이번 협약식에 참여한 중소기업은 성심재가노인복지센터, 영광군다문화가족지원센터, (주)부경식품, (유)대마주조, (주)세기개발(주), (주)엘케이지엘에스피, (주)에스피기업 등 7곳이며 인턴 채용 후 정규직으로 전환할 경우 1인당 년 최대 500만원 한도 내에서 취업장려금의 임금을 지원받게 된다.

---

14 대기업 제조업체도 고졸 이하 학력자를 채용하면 참여가 가능하다. 또한 5인 미만 기업도 △벤처 기업 △지식기반서비스업 △문화콘텐츠 분야 △신·재생에너지산업 분야 △중소기업청이 지정한 대학·연구소 및 민간기업 창업보육센터 입주기업 등이면 지원을 받을 수 있다.

표 7 주요 민간기업 인턴 선발 내용

기업명	선발내역
기아자동차	【자격】대학졸업예정자, 공인영어성적보유자 【채용절차】서류전형 ▶ 인적성검사 ▶ 실무면접 ▶ 합격발표 【기타】인턴기간 5주, 실습우수자 채용전환여부 검토
현대제철	【자격】대학졸업예정자, 공인영어성적보유자 【채용절차】서류전형 ▶ 인적성검사 ▶ 1, 2차면접 ▶ 인턴실습 ▶ 입사 【기타】인턴기간 7주
CJ그룹	【자격】대학졸업예정자, 별도 어학기준 없음, 기졸업자 및 석사 제외 【채용절차】테스트전형 ▶ 1차면접 ▶ 인턴십/임원면접 ▶ 합격자 【기타】인턴기간 1달, 분야별 자격증 소지자 우대
하나투어	【자격】대학졸업예정자 【채용절차】서류전형 ▶ 실무진 면접 ▶ 최종합격자 발표 【기타】 • 3개월 단위 업무평가를 통해 인턴 연장 가능 • 공채 지원 시 서류전형 면제 등 혜택부여 • 관광통역가이드자격증, 제2외국어 가능자 우대
광동제약	【자격】4년제 대졸 이상 * 전공불문(생명공학, 미생물, 화학 등 의료/제약 관련 전공 우대) 【채용절차】서류전형 ▶ 면접(서류전형 합격자에 한하여 개별통보) ▶ 합격자발표 【기타】6개월 인턴 근무 후 정규직 전환 검토

그림 12 각 기업 인턴 채용 관련 기사(한국경제 2015.5.19)

인턴 채용의 계절 … 롯데 400명·국민은행 150명 뽑는다

대기업의 여름 인턴 채용 막이 올랐다. 7~8월 여름방학 동안 4년제 대학교 3~4학년을 대상으로 이뤄지는 인턴십 프로그램은 기업 업무를 경험할 기회와 함께 공채 지원시 가산점 등을 받는 혜택도 얻을 수 있다. 이달에 인턴을 모집 중인 기업의 특징과 인턴 성공 전략을 살펴봤다.

롯데그룹은 24개 계열사에서 인턴 400명을 모집 중이다. 이달 21일 지원서 접수를 마감한다. 고졸 이상 학력을 가진 사람은 누구나 지원할 수 있다. 대학 재학생은 내년 2월 졸업예정자만 가능하다. 채용전형은 서류전형 → 인적성 검사·면접 → 인턴십이다. 인턴 합격자는 현장실습과 개선과제 프레젠테이션 등 8주간 훈련을 받는다. 우수 인턴은 하반기에 정식 직원으로 채용한다. 국민은행은 150명 안팎의 인턴을 뽑는다. 대학 3·4학년 재학생 또는 휴학생이면 지원할 수 있다. 인턴십 기간은 8주다.

5월 중 인턴채용 기업

기업	원서마감	특징
롯데그룹	~5월 21일 18시	롯데백화점 등 24개사 400명 모집
국민은행	~5월 21일 18시	150명 내외 모집, 인턴 8주 (7월 6일~8월 28일)
동부화재	~5월 21일 18시	전학년 평균성적 B학점, 인턴 5주 (6월 22일~7월 24일)
이베이코리아	5월 23~31일	20명 내외 모집, 인턴 8주 (7월 6일~8월 28일)
노벨리스코리아	~5월 21일	국영문 이력서 제출, 인턴 6주 (6월 29일~8월 7일)

최우수 인턴은 2017년 공채시 서류·필기전형을 면제받는다. 우수 인턴에게는 서류전형 면제 혜택을 준다. 동부화재해상보험은 영업·보상관리, 상품, 경영 지원, 해외 지원 등 분야에서 인턴을 모집한다. 4년제 대학교(대학원) 졸업예정자면 지원할 수 있다. 전학년 평균 성적이 B학점 이상이어야 한다. 우

수 인턴은 정규직으로 채용하므로 절차가 다소 까다롭다. 채용전형은 1차 토론면접 → 입문교육 → 현장연수 → 1박2일 합숙평가 → 임원면접으로 진행된다. 합격자는 2016년 1월 입사한다. 이베이코리아도 마케팅, 상품매니저, 카테고리매니저, 소프트웨어 엔지니어, 디자이너 분야에서 20명 내외의 인턴을 채용한다. 인턴에게는 향후 공채 지원시 1회에 한해 면접 기회를 준다. 세계 최대 알루미늄 압연제품 전문기업인 노벨리스코리아도 채용형 인턴을 뽑는다.

전문가들은 인턴을 통해 정식 직원으로 입사하려면 전략이 필요하다고 말한다. 우선 인턴십의 목표를 명확히 해야 한다. 단순 체험형 인턴인지, 채용형 인턴인지 파악해 지원할 필요가 있다. 최근 공기업 대부분은 채용을 전제로 한 인턴을 모집하고 있으며 대기업도 우수 인턴은 채용 때 서류전형 면제 등의 혜택을 주고 있다. 둘째는 인턴이라도 정직원처럼 일해야 한다. 잠시 일만 배운다는 생각보다는 정직원처럼 일하겠다는 태도로 근무하면 뜻밖의 행운이 올 수도 있다. 특히 민간기업은 갑작스러운 채용이 필요할 때 인턴 가운데 우수자를 선발하는 경우가 많다. 세 번째, 인턴은 인(人)테크의 기회다. 외국계 기업의 상당수는 지인 추천을 통한 입사가 많다. 자신이 일하고 싶은 기업에서 인연을 잘 쌓는다면 향후 취업에 많은 도움을 받을 수 있다. 최원석 롯데백화점 인사팀 매니저는 "인턴은 단기간 면접으로는 평가할 수 없는 업무역량·태도 등을 장시간 관찰하는 평가 툴"이라며 "성공적인 인턴십을 위해서라면 회사에 필요한 핵심역량이 무엇인지 파악하고 그에 맞는 업무역량을 보여줘야 한다"고 말했다. 그는 "인턴 사원도 회사가 자신의 적성에 맞는지 평가할 수 있는 기회로 삼아야 한다"고 덧붙였다.

3 인턴지원 시 유념사항

인턴에 참가하는 가장 큰 목적은 취업을 앞두고 현장경험을 쌓아 직무역량을 함양하기 위해서이다. 따라서 인턴지원에 앞서 지원하려고 하는 인턴 자리가 향후 자신이 취업을 원하는 분야에 해당되는지를 먼저 생각해야 한다. 요즘 인턴을 많이 모집하는 분야는 무역, 금융, 건축, 유통, 통신, 관광 및 제약산업 등이다. 그러나 마구잡이로 여러 인턴 경력을 쌓는 것은 취업에 별 도움이 되지 않는다. 아울러 가능한 한, 자신이 취업을 원하는 기업의 인턴을 지원하도록 한다. 많은 기업들은 우수 인턴에 대해 추후 신입직원 선발 시 우대하기 때문이다.

이러한 점들을 고려하여 인턴지원을 희망하는 기업을 정했다면 무엇보다도 먼저 지원 자격을 살펴봐야 한다. 따라서 평소 인턴 근무를 원했던 기업의 지원 자격을 미리 파악하여 그 자격을 갖추어 놓는 것이 인턴으로 채용되기 위한 바람직한 전략이라 할 수 있다. 일반적으로 체험형 인턴 보다는 채용형 인턴의 지원조건이 더 까다롭다. 또한 인턴 모집 시 해당기업이 학력을 제한하고 있는지(고등학교, 대학교) 또는 졸업생, 졸업예정자와 재학생 등으로 구분하여 일부에게만 문호를 개방하고 있는지도 체크한다.

표 8 대표적인 인턴 지원 자격요건
▪ 일정수준 이상의 학점(일부) ▪ 일정수준 이상의 공인외국어 성적(거의 대부분) ▪ 응시연령제한(공공부문 청년인턴제) ▪ 자격증 보유 의무화 또는 우대(일부) ▪ 과거 인턴 참가 경험 없는 자로 한정(일부) ▪ 남자의 경우, 군필이나 면제자(일부)

공공부문과 민간부문을 불문하고 대부분의 기업들은 공인외국어 성적 제출을 요구하고 있으므로 유효한 외국어 성적을 보유하도록 한다. 특히 일부 기업들은 외국어 최저 점수를 제시하고 있으므로 그 이상의 점수를 확보하도록 한다. 특히 금융, 건축 분야에서는 인턴모집 시 관련 자격증 보유자를 우대하고 있으므로 지원을 희망하는 기업 및 기관이 어떤 자격증 보유자를 우대하는지도 파악하여 미리 보유하도록 한다. 본인이 기업의 지원 자격요건을 갖추었다고 판단되면 지원하기 전 인턴 기간 중 지불하는 임금, 세부적인 담당업무, 근무시간 및 인턴 계약 종료 후 정규직 전환으로 이어지는지 여부를 파악토록 한다.

그림 13 코트라 청년인턴 모집 공고문

KOTRA 청년인턴 모집공고 제 2016-1호

2016 KOTRA 청년인턴(체험형) 1기 모집 공고

KOTRA는 정부의 「공공기관 청년인턴제」 가이드라인에 따라 청년들의 글로벌 역량 강화 및 직무경험 제공을 위하여 '체험형 청년인턴제'를 운영하며, '16년 1기 모집계획을 아래와 같이 공고하오니, 관심 있는 분들의 많은 지원을 바랍니다.

　5. 담당업무 : 국내기업을 위한 해외시장개척·해외투자진출 지원 및 해외시장 정보조사, 외국인 투자유치,
　　　　　　　 내부 경영관리 업무의 보조

　6. 근로조건
　　가. 신 분 : 계약기간 만료 후 고용관계가 소멸되는 기간제 근로자
　　나. 근무기간 : 채용시점으로부터 5개월
　　다. 보 수 : 월 135만원 (세전)
　　라. 근무시간 : 주 5일, 1일 8시간 (09:00~18:00)
　　마. 후생복지
　　　　○ 산재보험·고용보험·국민연금·건강보험 등 4대 보험가입

○ 근로기준법에 따라 월 1일 월차 제공
○ 취업시험 응시 및 취업박람회 참가 시 특별휴가 부여
바. 근무지역 : KOTRA 본사 (서울시 서초구 헌릉로)
사. 근무 개시일 : 채용 후 결정
아. 우대사항 : 직원 채용 시 청년인턴 5개월 이상 수료자 우대 (잠정)

몇 년 전 실시된 대통령직속청년위원회의 정책참여단 조사에 의하면, 매출 상위 200대 기업과 공공기관의 인턴 채용공고 267건을 분석한 결과, 이 가운데 절반에 달하는 148건(55.5%)이 임금을 정확히 명시하지 않은 것으로 나타났다. 또 채용공고 가운데 58.1%는 세부적인 담당업무를 명시하지 않았고 61%는 근무시간에 대한 언급도 없었다. 채용공고의 35%는 인턴이 정규직 전환으로 이어지는지 여부에 대한 설명이 없었고, 인턴재직 시 향후 정규직 채용에서 우대한다고 밝힌 기업들 가운데 39.5%는 어떤 부분에서 우대를 하는지 명시하지 않은 것으로 조사됐다.

또한 정부가 시행하고 있는 해외 및 공공부문 취업에서는 공통적으로 우대하거나 우선 선발하는 조건이 있으므로 자신이 이에 해당되는지를 파악하여 증빙자료를 미리 준비하도록 한다.

표 9 공공부문 인턴모집 우대 및 우선 선발 조건

- 장애인 - 장애인복지법 제32조의 규정에 의한 등록 장애인
- 지역인재 - 대학까지의 최종학력(대학원 이상 제외)을 기준으로 서울·경기·인천지역을 제외한 비수도권 지방학교를 졸업(예정)·중퇴한 자 또는 재학·휴학 중인 자
- 저소득층(국민기초생활수급자, 차상위계층 등), 취업취약계층
- 장기 미취업자
- 관련 분야 전공자 또는 자격증 소지자

특히 해외인턴의 경우, 항공임, 비자발급료, 보험료 및 현지체재비를 어느 정도 지원해주는지도 파악해야 한다. 대부분의 해외인턴 프로그램에서는 최소한의 현지체재비를 지원하기 때문에 추가 현지 생활비나 지원한도를 넘는 비자료 일부는 본인이 부담해야 하는 경우도 있기 때문이다. 인턴모집 기간은 공공기관이나 기업들마다 각기 다르기 때문에 평소 지원하려는 기업이 언제 인턴을 모집하는지 꾸준히 살피는 것이 중요하다. 해당기업 홈페이지를 수시로 방문하든가 인사팀에 인턴모집 계획이 있는지를 문의해 본다. 요즘은 인턴 경쟁률도 치열하므로 각 기업이 원하는 이상적인 인턴상이 무엇인지를 파악하여 대비하도록 한다. 특히 해외인턴으로 선발되기

위해서는 해외취업목표와 해외취업에 대한 의지가 매우 중요하므로 평소 K-Move 멘토링 프로그램에 참여하게 되면 선발에서 유리하다.

K-Move 멘토링 프로그램(www.worldjob.or.kr)

해외취업 관련 많은 경험과 지식을 갖고 있는 국내외거주 멘토들이 지정된 멘티들에게 정보제공, 취업상담, 현지네트워크 등 각종 컨설팅 서비스를 제공하는 사업

K·MOVE 멘토링 활동내용

구분	주요 내용
정보제공	해외취업 태도 및 자세, 현지 생활정보, 해당국 주요 기업 채용방식, 문화적 유의사항 등 생생한 정보 제공
취업상담	이력서 작성 및 면접 스킬 등 해외취업 노하우, 구인기업에서 원하는 글로벌 역량 등 조언
현지네트워크	한인 기업 등 현지 인적 네트워크 소개
K-MOVE 사업지원	해외 현지 멘토링, K-MOVE 센터 등 현지에서 청년의 해외진출을 지원하는 K-MOVE

K·MOVE 멘티신청

구분	주요 내용
지원대상	해외진출에 대한 꿈과 도전정신이 풍부한 청년 누구나
신청기간	연간 수시모집
신청방법	월드잡플러스 회원가입 → K-MOVE 멘토링 메뉴 접속 → 멘토찾기/멘토링커뮤니티 → 멘토찾기 → 멘토링 신청하기
주요 프로그램	국내·외 멘토·멘티 만남의 장, 멘토 특강, 동영상 및 자료집 등
우수멘티 지원사항	우수 멘티 시상, 현지 멘토링 및 기업탐방 참가기회 제공, 멘토 특강 참여, 우수사례집 발간 등

4 인턴기간 중 근무자세

사회생활 경험이 없는 대학생이나 취업준비생이 인턴으로 선발되어 처음으로 직장생활을 시작하려면 낯설기도 하고 서툴 수밖에 없다. 그러나 인턴도 엄연히 직장인이므로 그동안 비교적 자유로 왔던 학교생활이나 미취업상태 때의 생활방식에서 벗어나 직장(조직)의 규정과 규칙을 따르고 그 문화에 동화되어야 한다. 사회초년

생으로서 인턴이 가져야 할 가장 중요한 자세는 적극성과 성실함이다. 인턴은 완전한 직장인은 아니지만 배우는 과정에 있는 수련생이므로 직무를 배우겠다는 적극적인 자세가 매우 중요하다. 물론 직장인으로서 최소한의 기본자세(출퇴근시간 준수, 전화 친절히 받기, 예의바른 복장 및 외모, 상사나 선배직원에 대한 정중한 태도, 아무리 사소한 일을 시켜도 즐겁게 수행하는 자세 등)를 갖추는 것은 말할 필요도 없다. 단순히 인턴 기간만 지나면 된다는 무책임한 자세를 보인다든가 근무 시간 중 개인적으로 인터넷을 본다거나 심지어 게임을 하거나 음악을 듣는 모습을 보여서는 안 되며 항상 인턴이 아니라 정식 직원처럼 근무하겠다는 마음가짐이 있어야 한다.

이제 직장 생활을 막 시작하는 그것도 정규직도 아닌 인턴에게 회사는 큰 것을 요구하지도 않으며 아무리 훌륭한 인턴이라도 중요한 업무를 맡기지 않는다. 인턴으로 들어가게 되면 대부분 정직원의 업무를 보조하거나 크게 중요하지는 않지만 누군가는 해야 할 일을 주로 수행하게 된다. 설사 허드렛일을 시킨다고 하더라도 웃는 낯으로 적극적으로 수행한다. 짧은 인턴 기간 동안 뭔가를 보여주고 회사에 큰 기여를 하겠다는 욕심은 버리는 것이 바람직하다. 오히려 작은 일이지만 최선을 다하는 자세, 소속된 회사 상사나 선배들과 잘 지내고 좋은 인상을 주는 것, 실수를 두려워하지 않고 하나라도 더 배우겠다는 적극적인 태도가 더 중요하다. 상사나 선배가 업무지시를 내리기 전, 인턴이 먼저 선배에게 다가가 자신이 도울 일이 없겠느냐고 먼저 물어본다면 기특하다는 평을 받게 될 것이다. 잘 모르는 것은 선배들에게 물어보고 상사나 선배로부터 지시 받은 사항에 대해서는 최선을 다해 수행하되 수시로 진행상황을 보고하며 최종 보고하기 전에 지시사항이 제대로 이루어졌는지를 거듭 확인한다. 비록 짧은 인턴 근무기간이지만 열외자로 남으려 하지 말고 상사나 선배들과 점심식사도 같이 하고 회식 자리가 있다면 피하지 말고 적극 참여하도록 한다. 인턴을 통해 직무능력을 기를 수 있을 뿐 아니라 각 기업마다 상이한 회사의 조직문화와 직장 분위기를 파악할 수 있기 때문에 추후 그 직장에 정규직원으로 입사하든 다른 회사에 입사하든 인턴경험자들은 미경험 신입직원들에 비해 훨씬 빠르게 직장생활에 적응하게 된다.

그림 14 선배들이 말하는 이런 인턴(조선일보 2016. 1. 22)

선배들이 말하는
이런 인턴
"채용하고 싶다" vs. "내보내고 싶다"

"채용하고 싶다"

세심한 말 한마디로 감동을 준다
"퇴근할 때 꼭 '도울 일 없을까요'라고 물어보는 인턴이
있었어요. 간단한 말 한마디지만 감동받았습니다."

식상한 '숙제'도 정성을 다한다
"남들은 '숙제'처럼 쓰는 인턴 일지에 일하며 느낀 점을
상세하게 적어 내더라고요. 진정성 있어 보였습니다."

젊은이다운 에너지와 밝음을 표출한다
"젊은 인턴에겐 활기를 기대하게 돼요. 그만큼 에너지가
넘치고 잘 웃는 인턴에게 호감이 갈 수밖에 없어요."

마지막 날, 좋은 인상을 깊이 남긴다
"마지막 날 일하면서 느낀 점을 포트폴리오 형식으로
만들어서 제출한 인턴이 있었어요. 특채로 채용했어요."

"내보내고 싶다"

사적인 공간에서 회사에 대해 험담한다
"한 인턴이 화장실에서 농담처럼 선배 험담을 하다가 걸렸어요.
'가식적인 사람'이란 인상을 남겼죠."

너무 튀는 복장으로 눈에 띈다
"발목 드러나는 양말, 망사 스타킹은 곤란하죠. 드레스코드를
어느 정도는 맞췄으면 합니다."

지나친 솔직함은 독(毒)이다
"출근해서 채용 사이트를 검색하는 모습을 봤어요.
너무 대놓고 하니까 예의 없게 느껴지더군요."

허드렛일 시키면 한숨부터 쉰다
"복사를 시키면 한숨을 푹 내쉬어요. 허드렛일 무시하는
사람에게 더 큰 일을 맡기진 않습니다."

채용하고 싶은 인턴, 내보내고 싶은 인턴

"혹시 제가 도울 일 있을까요?" 한 시중은행 인사 담당 A과장은 지난해 함께 일한 대학생 인턴이 퇴근할 때마다 남긴 이 말이 그렇게 고맙더라고 했다. 인턴들은 보통 다른 사원보다 먼저 퇴근하면서 "가 보겠습니다"라고 건조하게 인사했지만, 이 인턴만은 달랐다. A과장은 "회사가 인턴 직원에게 기대하는 것은 대단한 아이디어보다는 적극적이고 성실한 자세다. 사소한 말 한마디지만 적극적으로 일하고자 하는 모습을 보이면 '앞으로 더 일해보고 싶다'는 생각이 들기 마련"이라고 말했다.

응답자들은 또 인턴에게 주어지기 마련인 소소한 과제들을 성심성의껏 처리할 때 호감을 느꼈다고 했다. "매일 활동했던 내용을 일지 형식으로 제출하도록 했어요. 대부분 형식적으로 일과를 써서 내는데 한 인턴은 일하며 생긴 궁금증, 발생했던 문제들, 이를 해결했던 과정을 상세하게 적더라고요."

이런 인턴 "함께 일하기 싫어요"

"유난히 예의 바른 여성 인턴이 있었어요. 그런데 화장실에서 동기 인턴에게 농담처럼 담당자 험담을 하더라는 거예요. 회사는 만만한 조직이 아니잖아요. 그 얘기가 회사 전체에 돌았고 그 인턴은 '가식적인 사람'으로 각인돼 좋은 점수를 받지 못했죠."

응답자들은 '겉 다르고 속 다른' 인턴들의 모습에 실망하는 경우가 많다고 했다. 앞에서는 상냥했던

인턴이 화장실에서 험악한 단어를 쓰거나, "이 회사에서 꼭 일하고 싶다"고 해놓고 페이스북·트위터 등 SNS(소셜네트워킹서비스)에는 회사에 대한 악담을 늘어놓는 경우가 여기에 속한다.

지나치게 튀는 패션이나 직장인답지 못한 언행도 마이너스 요소로 꼽혔다. 한 카드사의 D차장은 "요즘 젊은이들이 바지는 짧게 입고 발목도 드러내고 다니는 것을 알지만 볼 때마다 거슬리는 것이 사실"이라고 했다. D차장은 "회사에서 인턴들끼리 서로 '○○ 오빠' '○○야'라고 부르는 모습을 보면 '여기를 동아리방으로 여기나' 하는 생각이 든다. 친하더라도 근무 시간이라면 '○○씨'라고 예의를 갖춰 부르는 것이 좋다"고 말했다. 지나치게 솔직한 모습이 독(毒)이 된다는 지적도 있었다. "인턴이 출근해서 채용 사이트를 검색하는 모습을 우연히 봤어요. 너무 대놓고 다른 회사를 연구하고 있으니까 예의가 없어 보였습니다."

허드렛일이라고 허투루 처리하거나 적나라하게 하기 싫다는 표현을 하는 인턴도 '함께 일하기 싫다'는 평가를 받았다. "좋은 학교 출신 인턴들이 자주 그래요. 복사 같이 사소한 일을 시키면 한숨을 내쉬어요. '내가 이러려고 인턴 하는 줄 아나'라는 태도랄까요. 복사도 회사 자료를 읽을 기회라고 생각하면 긍정적으로 받아들일 수 있다고 생각했는데, 오산이었죠."

직무역량

1 직무역량 키우기

　　요즘 공기업은 물론이고 민간기업들도 신입직원 선발 시 과거와 같은 스펙 위주보다는 직무역량 중심의 인재 평가방식으로 채용 트랜드가 바뀌고 있다. 스펙이 직무와는 관계없이 지원자 중심의 일반적이고 일방적인 자기소개 내지 자기PR이라면 직무역량이란 지원자가 입사 후 담당하게 될 업무를 효과적으로 수행하고 최고의 성과를 창출해 낼 수 있는 능력이라고 할 수 있다. 따라서 직무능력은 단순한 지식만 의미하는 것이 아니라 기술 및 태도 등도 포괄한다. 그동안 대학생과 취업준비생들은 업무와 직접적으로 관계없는 스펙쌓기 경쟁으로 인해 많은 노력, 시간과 비용을 지불해왔으며 기업들 역시 좋은 스펙을 갖춘 인재들을 채용했다 하더라도 이들을 채용한 후 실무에 필요한 교육을 다시 시키기 위해 또 다른 비용을 투입해야 했다. 이제 기업들은 직무와 직접적인 관련이 없는 스펙은 더 이상 높게 고려하지 않고 있으며 문제해결능력, 성과창출 등 실제 업무능력을 평가 할 수 있는 직무역량 중심으로 인재선발 기준을 변경하고 있다.

　　따라서 취업준비생들은 화려한 스펙을 쌓기보다는 본인이 취업을 원하는 분야를 정해 직무역량을 키우는 데 매진해야 한다. 직무능력을 키우는 가장 좋은 방법은 관련 분야의 인턴 프로그램에 참가하는 것이다.[1] 인턴 참가를 통해 남들이 경험하지

---

[1] 2017년 한국경영장총협회의 '신입사원채용실태조사'에 의하면 응답 기업의 65.4%가 인턴 등 유사 직무 경험을 채용에 반영하고 있는 것으로 나타났다.

못하는 나만의 스토리를 만들어가야 한다. 일례로 지방대에서 불어를 전공했던 한 학생은 불어권인 코트라 알제리무역관에서 6개월간 인턴 경험을 쌓았다. 불어전공자라면 대부분 화려하고 근무여건이 좋은 파리나 브뤼셀무역관 근무를 꿈꾸었을 텐데 이 인턴은 낯선 환경 속에서 신시장을 개척해보겠다는 프론티어 정신을 기르기 위해 일부러 험지(險地)인 알제리를 선택한 것이다. 오히려 한국인이 거의 없는 알제리에서의 6개월 생활은 불어 실력 향상에도 큰 도움이 되었다. 이 학생은 알제리무역관에서 체득한 다양한 무역실무 지식과 현지생활 및 문화경험을 취업 후 담당하게 될 직무와 연계하여 자기소개서에 녹여내고 면접에서도 이 점을 강조했으며 불어 원어민과의 인터뷰에서도 긴장하지 않고 잘 소화해냈기 때문에 인턴 프로그램을 마치자마자 한 달도 안 되어 잘 나가는 수출회사에 정규직으로 취업할 수 있었으며 3개월간의 본사 근무를 마치고 「아프리카 코트디브아르」 지사로 파견나가 수출 역군으로 활동하게 되었다. 그 회사는 불어구사가 가능하고 실무경험이 있으며 특히 어려운 아프리카에서도 맡겨진 소임을 다 할 수 있는 역량을 갖춘 직원을 찾고 있었는데 이 학생을 바로 그 자격을 갖춘 인재로 평가했던 것이다. 사실 아프리카 지역에서 인턴을 경험한 학생이 우리나라에 몇 명이나 있었겠는가? 이 학생은 바로 이 점을 겨냥하여 알제리에서의 인턴십을 지원하였고 이 경력이 결국 취업으로 이어지면서 자신의 전공을 살려 불어권인 서부 아프리카 시장까지 진출 할 수 있도록 하는 계기를 마련해준 것이다.

그렇다고 인턴이란 반드시 직장에서 급여를 받고 다닌 경력만을 뜻하는 것은 아니다. 직무와 관련된 봉사활동, 동아리활동 또는 아르바이트를 통해서도 직무역량을 키울 수 있고 나만의 스토리를 만들 수 있다. 또한 취업준비생이라면 인턴 경험뿐 아니라 실무지식도 갖추어야 한다. 외국어를 전공한 학생이 무역회사 입사를 원한다면 최소한 학교에서 또는 코트라나 무역협회와 같은 수출진흥기관의 연수원에서 무역실무 정도의 과목은 이수해야 하고 증빙자료로 제시할 수 있어야 한다. 특히 졸업 후 본인의 전공 및 부전공과 연계된 직장을 구할 생각이라면 무엇보다 학교 공부에 충실해야 한다. 아울러 판단력과 문제 해결력, 의사소통능력을 키울 수 있는 가장 좋은 방법은 폭넓은 독서라는 점을 명심하고 다양한 책과 신문들을 가까이 해야 한다. 또한 높은 학점, 외국어 성적 취득에만 열을 올리지 말고 시사상식에 대해서도 관심을 갖도록 하며 특히 취업하려는 분야(산업)에 대한 배경 지식을 쌓기 위해 꾸준히 공부하는 자세도 중요하다. 자동차 회사 입사를 원하는 취업준비생이라면 자동차 산업이 어떻게 변하고 있는지 국내외 자동차 시장현황에도 관심을 가져야 한다. 또 코트라 입사를 원한다면 세계무역환경 변화와 중소기업 수출확대방안 등에 관심을 가져야 하며 경제논술 시험에 대비하기 위해서는 경제신문 또는 잡지 등을 스크랩하면서 평소 공부했던 경제이론에 적용시켜보는 연습을 하는 것이 바람직하다.

표 1 필요한 직무역량과 불필요한 스펙의 예	
필요한 직무역량	불필요한 스펙
▪ 직무와 관련된 인턴활동 ▪ 직무와 관련된 봉사활동 ▪ 직무와 관련된 다양한 경험 ▪ 직무와 관련된 실무지식함양 ▪ 풍부한 독서 ▪ 시사 및 상식 능력 배양 ▪ 직무와 관련 배경 지식 쌓기 ▪ 학과 공부 충실 ▪ 원어민과의 소통 역량 강화 ▪ 친구들과 토론, PT 연습 ▪ 직무역량 관련 강의 수강	▪ 해외어학연수 ▪ 해외교환학생 참가 ▪ 해외배낭여행 ▪ 직무와 관련 없는 수상경력 ▪ 직무와 관련 없는 봉사활동 ▪ 직무와 관련 없는 동아리활동 ▪ 높은 외국어 성적 ▪ 높은 학점 ▪ 불필요한 자격증 취득 ▪ 학벌 세탁(대학원 진학 등) ▪ 성형수술

최근에는 면접에서 집단토론, 프리젠테이션 등을 중요시 하는 기업들이 크게 늘고 있으므로 친구들과 동아리를 구성하여 모의 연습을 통해 발표 능력과 토론을 주제하는 능력을 기르는 것도 중요하다. 또한 많은 기업들이 공인영어 성적보다는 원어민과의 직접 소통 능력을 강조하므로 영어 인터뷰 실력을 기르는 것도 필요하다. 반면 직무수행과 별 관련이 없는 해외연수, 공모전 참가, 불필요한 자격증 등은 더 이상 취업에 도움이 되지 못한다. 공인영어 성적도 다수 기업들은 큰 변별력이 없다고 판단하기 때문에 기업이 요구하는 최소 점수만 넘으면 더 이상 고려하지 않는 경우도 많이 있다.

그림 1 신입공채, 직무역량 관련 기사(세계일보 2016.3.15)

올 상반기 신입공채, '8대 직무' 핵심키워드는?

자기소개서는 '직무 경험' … 면접에선 '업무수행 능력' 어필
올해 신입 공채의 핵심키워드는 무엇일까.

2016년 상반기 신입공채 성패를 가를 최고의 관건은 '직무역량'이라고 취업포털 잡코리아가 15일 밝혔다. 잡코리아가 운영하는 좋은일연구소는 직무역량을 주요 키워드로 삼아 자기소개서는 '직무 관련 경험'을 중심으로 기술하고, 면접에서는 '직무수행 능력'을 어필할 것을 조언했다. 잡코리아는 2016년 상반기 신입공채를 앞두고 좋은일연구소의 도움을 받아 8대 직무 자소서 핵심키워드를 선별, 발표했다. 잡코리아가 선정한 8대 직무는 △마케팅 △영업 △인사 △홍보 △IT·SW △재무·회계 △생산·품질관리 △연구개발(R&D) 등이다.

◆ **마케터 '분석력'** = 마케터의 핵심키워드는 '분석력'이다. 관찰력과 연구 조사능력, 데이터 및 통계 분석 능력 등 분석력은 소비자의 니즈를 파악하는 데 있어 매우 중요한 자질이기 때문. 최신 트렌드와 브랜드, 아이템에 대한 스왓(SWOT) 분석과 함께 STP전략을 세우고, 평소 자신만의 아이디어를 도출하는 연습을 해두면 도움이 된다. 이밖에도 △창의력 △전략적 사고 △의사소통 능력도 마케팅 분야 지원자들이 자기소개서에 사용하면 좋은 핵심 키워드로 꼽힌다. 이재학 좋은일연구소 소장은 "마케팅 직무와 관련된 활동과 경험을 반드시 어필하되 시장현황에 대한 분석부터 고객의 반응, 성공 분석 등 필요역량과 관련 마케팅 지식을 기반으로 작성하는 것이 훌륭한 전략이 될 수 있다"고 조언했다.

◆ **영업직 '대인관계 능력'** = 영업직 지원자들을 위해서는 '대인관계 능력'을 핵심키워드로 추천했다. 잡코리아 좋은일연구소가 인사담당자 495명에게 설문으로 조사한 결과를 보면, 영업직 직원을 채용하는 가장 중요한 기준 1위에 '친근한 인상(41.7%/응답률)'이 꼽혔다. 더불어 영업계획을 수립하고 실적을 관리하는 한편, 신규시장 개척 업무를 담당해야 하는 영업직의 특성상 △전략적 사고 △마케팅 감각 △추진력 역시 중요한 키워드로 꼽았다.

◆ **인사직 '의사소통력'** = 인사직 지원자가 취업에 성공하기 위해 가장 필요한 역량은 친화력을 비롯한 대인관계능력, 중재자 역할 등 '의사소통능력'이다. 기업과 직원을 연계하는 가교 역할을 담당하는 업무 특성상 양쪽의 입장을 균형있게 유지하게끔 하는 의사소통 능력이 필수로 작용하는 것. 이밖에도 인재 채용부터 해임 및 교육, 관리, 평가 등과 관계되는 행정적인 업무와 기업의 목적에 맞는 인사전략을 기획하고 제도를 만드는 일을 담당한다. 때문에 유연성과 창의력, 전략적 사고와 논리적 사고 역시 인사직 지원자가 자기소개서를 작성할 때 중요하게 생각해야 할 키워드들로 꼽힌다.

◆ **홍보직 '커뮤니케이션 능력'** = 홍보직에서 일하고자 하는 지원자라면 가장 먼저 '커뮤니케이션 능력'에 주목해야 한다. △대외 언론홍보 △SNS 채널 운영 △사내 커뮤니케이션 업무를 주로 담당하는 탓에 상대방을 설득할 수 있는 논리력과 기자 등 주위 사람들과의 유대관계 형성, 대인관계 능력이 가장 중요한 업무 능력으로 작용하기 때문. 여기에 창의력과 좋은 아이디어의 기본이 되는 자료분석력을 비롯 보도자료 등의 각종 문구를 잘 소화하기 위한 작문 능력, 그리고 빠른 상황 판단과 진정성을 기반으로 한 위기관리 능력도 홍보부문 지원서에서 인사담당자들이 중요하게 생각하는 항목이다.

◆ **IT·SW직 '프로그래밍 언어'** = 모바일 및 웹 개발, 시스템 또는 응용소프트웨어 개발을 주요 업무로 하는 IT·SW직은 전공이나 스펙보다는 진짜 실력이 가장 중요하게 여기는 특징이 있다. 대부분

의 기업에서 IT·SW직을 선발할 때는 기술면접을 시행하는 것도 이 때문이다. IT·SW직에 지원하려는 경우 프로그래밍 언어, 하드웨어 및 소프트웨어 지식 등 실무에서 바로 쓰일 수 있는 실력을 중심으로 자신의 역량을 어필해야 한다. 자신이 참여한 프로젝트나 졸업작품 등에 대한 포트폴리오도 미리 정리해 두는 것은 기본. 특히 직무 특성상 회사 동료 및 협력사 직원들과 협업하는 경우가 많아 팀워크, 커뮤니케이션 등 협업에 필요한 역량을 충분히 보여주는 것도 중요한 포인트다.

◆ 재무·회계직 '도덕성' = 사업수행에 필요한 자금을 조달, 운영하고 경영활동을 회계언어로 파악하는 업무를 주로 담당한다. △회계정보의 생성과 분석 △회계처리 △경영계획 수립 △재무구조 안정화 △세금 신고 및 납부 △자금 관리 등의 업무를 담당하는 재무·회계직은 회계에서부터 재무, 세무, 세법에 이르는 직무 관련 지식을 필수 역량으로 한다. 이 소장은 "재무·회계직은 직무 지식과 더불어 자금을 다루는 직무 특성상 꼼꼼함과 세심함 등의 지원자의 품성에 주목하는데 특히 도덕성을 매우 중요하게 여기고 반드시 체크하는 항목이라는 점을 염두에 두고 면접에 임할 필요가 있다"고 조언했다.

◆ 생산·품질관리직 '분석력' = 생산·품질관리는 생산관리와 공정관리로 나뉜다. 제품에 대한 이해와 분석을 바탕으로 문제해결력, 개선의지, 지속적인 추진력을 자신의 역량으로 어필하는 것이 합격에 도움이 될 수 있다. 'QC'(Quality Control)이나 'RA'(Regulatory Affairs)의 경우 외국인과 온·오프라인 소통이 가능한 정도가 되어야 하므로 수치상 영어점수뿐 아니라 실전영어를 익히는 것이 매우 중요하다.

◆ 연구개발(R&D) '전문지식' = 시장과 소비자의 요구에 부합하는 신제품을 개발하고 기존 제품 및 서비스의 향상을 위한 기술경쟁력을 높이는 업무이니만큼 전문지식이 어느 분야보다 중요하다. 자기소개서를 작성할 때 자신의 연구 분야, 연구 경험 중에서 각 항목에 맞는 사례를 선정하는 것이 핵심이다. △분석력 △통합적 이해력 △목표지향성 △유연한 사고 △문제해결력 등 연구개발 직무에 필요한 주요 역량 중 자신이 가진 장점이 에피소드에 잘 녹아나도록 작성하는 게 주효하다. 면접에서는 전공지식과 관련된 테스트가 진행되고 인성과 PT면접을 나누어 진행하는 경우가 많아, 평소 자신이 지원하려는 분야 및 연구주제와 관련한 PT면접을 대비해 두는 것이 좋다.

2 국가직무능력표준(NCS)

(1) 국가직무능력표준 (NCS)의 개념

국가직무능력표준(NCS National Competency Standards 홈페이지 : www.ncs.go.kr)이란 산업현장에서 직무를 수행하기 위하여 요구되는 지식·기술·소양 등의 내용을 국가가 산업부문별·수준별로 체계화한 것으로 산업현장의 직무를 성공적으로 수행하기 위해 필요한 능력(지식, 기술, 태도)을 국가적 차원에서 표준화한 것을 의미한다. NCS는 취업준비생들이 '불필요한 스펙쌓기'에서 탈피하여 자신이 취업을 원하는 직무에서 요구하는 역량을 강화하는데만 전념할 수 있도록 하자는 취지에서 도입되었으며 정부는 공공기관이 신규직원 채용 시 NCS 기반 직무능력 중심에 기초하여 선발하도록 이를 확산시키고 있다.

그림 2 NCS 개념

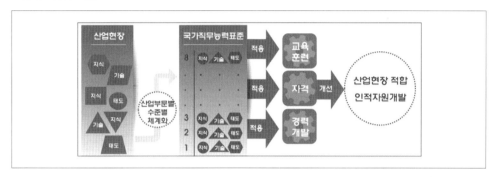

따라서 NCS는 취업준비생들에게 본인이 희망하는 직무를 수행하는 데 요구되는 능력과 그 능력을 어떻게 개발할 수 있는지를 확인해 줄 뿐 아니라 인적자원개발의 핵심으로써 기업체에서는 경력개발경로, 직무기술서, 채용·배치·승진 체크리스트로 교육훈련기관에서는 교육훈련과정, 훈련기준, 모듈 교재 개발로 그리고 자격기관에서는 출제기준, 검정문항, 검정방법, 자격종목개편 등의 기능을 담당하며 다방면에서 활용이 되고 있다.

그림 3 NCS 활용범위

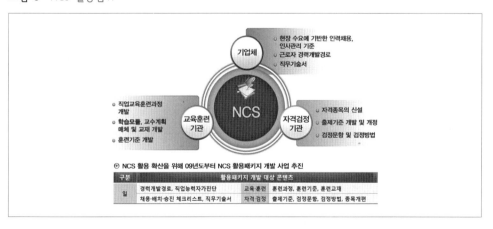

그림 4 NCS 직무분류 체계

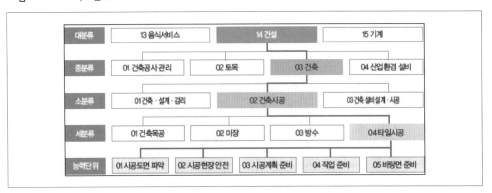

NCS는 현재 887개 직무가 개발되었으며 대분류(24개),[2] → 중분류(80개) → 소분류(238개) → 세분류(887개) 순으로 구분되는데 이러한 분류체계는 한국고용직업분류(KECO), 한국표준직업분류 등을 참고하여 분류하였다. 해당 직무는 1~8수준[3]으로 체계화하였으며 숙련도와 이론지식 등 수준별로 필요한 직무능력도 제시하고 있다. NCS는 여러 개의 능력단위로 구성된다. 능력단위란 해당분야의 우수성과자가 목표달성을 위해 반드시 수행해야 할 일을 구분한 것이다. 각 능력단위는 다시 능력단위요소(수행준거, 지식·기술·태도), 적용범위 및 작업상황, 평가지침, 직업기초능력 등으로 나뉜다. 이때 능력단위요소는 결과 산출을 위한 최소한의 업무활동 단위를 뜻한다.

그림 5 NCS 구성정보

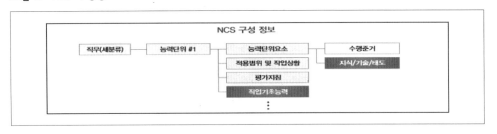

---

2 대분류(24개) : 01. 사업관리, 02. 경영·회계·사무, 03. 금융·보험, 04. 교육·자연·사회과학, 05. 법률·경찰·소방·교도·국방, 06. 보건·의료, 07. 사회복지·종교, 08. 문화·예술·디자인·방송, 09. 운전·운송, 10. 영업판매, 11. 경비·청소, 12. 미용·숙박·여행·오락·스포츠, 13. 음식서비스, 14. 건설, 15. 기계, 16. 재료, 17. 화학, 18. 섬유·의복, 19. 전기·전자, 20. 정보통신, 21. 식품가공, 22. 인쇄·목재·가구·공예, 23. 환경·에너지·안전, 24. 농림어업.

3 수준체계는 기술수준, 역량, 경력에 따라 가장 낮은 1수준에서 가장 높은 8수준까지 8개 등급으로 분류되어 있다.

　국가직무능력표준의 분류번호는 국가직무능력표준의 구성단위인 능력단위에 대한 식별번호로 대분류, 중분류, 소분류, 세분류, 능력단위 및 개발연도로 구성된다.

- 대분류 : 대분류 체계의 2자리 숫자(2 digits)
- 중분류 : 대분류의 체계 중 중분류 체계의 2자리 숫자(2 digit)
- 소분류 : 중분류 체계 중 소분류 체계의 2자리 숫자(2 digit)
- 세분류 : 소분류 체계 중 세분류 체계의 2자리 숫자(2 digits)
- 능력단위 : 세분류 체계 중 능력단위 연번으로 2자리 숫자(2 digits)
- 개발연도 : 능력단위 개발·보완 연도 2자리 숫자(2012년 → 12)로 작성하되, 앞의 분류와 구분하기 위하여 "_" 이후에 연도 기입
- 버전 : 표준 개발 순서 2자리(첫 번째 → v, 두 번째 → 숫자)/(2 digits)

0101010101_12v1

01	01	01	01	01	_	12	v1
대분류	중분류	소분류	세분류	능력단위		개발연도	버전

　국가직무능력표준(NCS)이 현장의 '직무요구서'라고 한다면, NCS 학습모듈은 NCS의 능력단위를 교육훈련에서 학습할 수 있도록 구성한 「교수·학습 자료」라 할 수 있다. NCS 학습모듈은 구체적 직무를 학습할 수 있도록 이론 및 실습과 관련된 내용을 상세하게 제시하고 있다. NCS 학습모듈은 NCS 능력단위 1개당 1개의 학습모듈 개발을 원칙으로 하나 필요에 따라 고용단위 및 교과단위를 고려하여 능력단위 몇 개를 묶어서 1개의 학습모듈로 개발할 수 있으며, 또 NCS 능력단위 1개를 여러 개의 학습모듈로 나누어 개발할 수도 있다.

그림 6　기계-금형분야(분류예시)

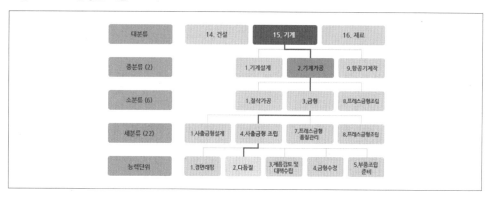

(2) NCS 기반 채용절차

그림 7 NCS 기반 능력중심채용철자

그림 8 NCS 기반 능력중심채용 전형별 변화내용

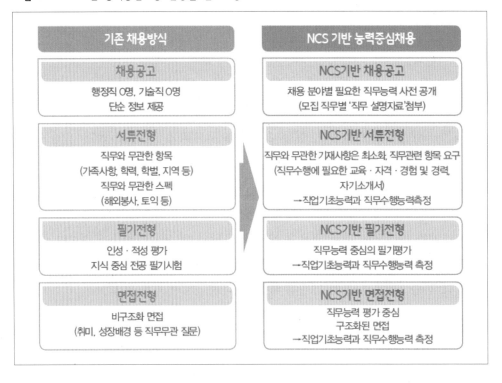

NCS 기반 채용절차를 살펴보면 ① 채용기준(NCS 기반 직무기술서) 사전공개 ② 직무능력 기반 지원서 중심의 서류전형 ③ 채용기준에 따른 직무능력평가(필기, 면접 등) 등 세 단계에 걸쳐 구현된다.

【❶ 채용공고】 이 절차에 따라 지원자가 직무를 이해하고 자신이 그 직무에 적합한지 판단하기 쉽도록 채용공고를 할 때부터 선발하려는 직위에서 수행할 직무 내용을 포함해 필요지식, 필요기술, 직무 수행태도, 직업기초능력 등을 구체적으로

명시한다.

【❷ 서류전형】 서류전형 단계에서도 기존 학력, 가족사항, 스펙 등 개인신상 중심의 항목을 없애고 인턴근무 경험, 직무와 관련된 교내외 활동, 관련 자격증 보유여부 등 직무관련성이 높은 경력과 기본적인 업무역량 등만 기재토록 한다.

【❸-❶ 필기전형】 필기시험 역시 종전 인성 및 일반적 인지능력(언어, 수리능력 등) 평가와 전공 필기시험에서 탈피하여 직장인으로서 갖춰야 할 조직이해능력, 문제해결력, 의사소통능력과 같은 「직업기초능력」4을 측정하기 위한 문항과 직무수행에 필요한 지식, 기술, 태도 등의 능력 즉, 「직무수행능력」을 평가할 수 있는 문제로 구성된다.

【❸-❷ 면접전형】 마지막 단계인 면접도 직무와 무관한 일상적이고 단편적인 질문에서 직무능력 관련 경험(경험면접), 업무수행 시 상황대처(상황면접)를 검증하기 위한 질문과 프레젠테이션 면접 등 다양한 방식을 활용하게 된다. 따라서 NCS 기반으로 채용을 하려는 각 기업은 구직자들이 업무를 미리 숙지하고 이와 관련한 자격증을 취득할 수 있도록 능력단위별 자격을 채용 3개월~1년 전에 공개한다.

(3) NCS 기반 능력중심채용 단계별 변화

1) 채용공고의 변화

기존 채용공고에는 모집분야에 대한 명확한 직무 관련 정보 및 평가기준이 없어 취업준비생은 해당분야에 지원하기 위해 무분별한 스펙을 쌓아왔다. 그러나 NCS 기반 채용공고에는 지원자가 입사 후 수행하게 될 업무에 대한 자세한 정보를 공지하도록 하였다. 기존 채용공고에서의 내용에 더해 첨부된 '직무 설명자료'에서 직무수행 내용, 직무 수행에 필요한 능력(지식·기술·태도 등), 관련 자격, 직업기초능력 등을 제시하여 취업준비생들이 해당 직무에 필요한 스펙만을 준비할 수 있도록 안내하고 있다.

---

4 직업기초능력이란 △직무수행에 요구되는 '조직이해능력' △업무를 수행하면서 발생하는 다양한 문제를 해결할 수 있는 '문제해결능력' △지식을 활용해 구체적 성과를 창출하는 '정보능력' △자신이 보유한 지식을 상황과 맥락에 따라 선별적으로 사용하는 '의사소통능력' 등을 의미한다.

그림 9 기존채용공고

모집부문 및 응시자격

○ 신입지원

모집부문	인원	지원자격
일반사무직	○○명	• 2016년 2월 졸업 예정자 및 기 졸업자 • 연령 및 전공 제한 없음

○ 경력지원

모집부문	인원	지원자격
전 산	○명	• 금융회사(금융회사 IT자회사 포함) IT업무 10년 이상 경력자 (IT개발업무 최소 5년 이상 경력 충족)
보험조사	○명	• 경찰업무(수사업무) 7년 이상 경력자 • 보험사기 수사 경력자 우대

※ 공통요건 : 당 협회 「인사규정」상 결격사유에 해당되지 않는 자, 남자의 경우 병역필 또는 면제자

지원서 접수

○ 접수기간 : 2015. 9. 10(목) ~ 2015. 9. 21(월)
　　*우편접수 할 경우 마감일까지 도착분에 한함
○ 접수방법
　　– 등기우편(봉투 겉면에 "채용서류 재중" 표기)
　　– 방문 접수 (토 · 일요일은 방문접수 불가)
　　*평일 09:00 ~ 12:00, 13:00 ~ 18:00 접수
○ 접 수 처 :
○ 제출서류 : 입사지원서 및 개인정보수집 · 이용 동의서 각부
　　* 협회 홈페이지에서 다운로드 후 작성
　　* 학교 졸업(예정) 및 성적 증명서, 어학성적증명서, 자격증 증명서, 경력증명서,
　　　취업보호대상자증명서 등은 서류전형 합격자에 한하여 제출(별도 안내 예정)

입사지원서 다운로드

전형절차

채용공고 및 지원서 접수 → 서류전형 → 1차면접 → 2차 면접 → 3차면접 → 신체검사 및 최종합격 → 입사 (11월중)

*채용공고 및 지원서접수 : 9. 10(목) ~ 9. 21(월)
*경력직은 2차 면접 제외

채용조건 및 처우

○ 신입지원 : 수습기간(3개월)에 대한 평가결과를 반영하여 정규직 전환
○ 경력직원 : 계약직 채용 후 평가결과를 반영하여 정규직 전환

기타사항

○ 「국가유공자 등 예우 및 지원에 관한 법률」 의거한 보훈대상자는 우대합니다.
○ 각 단계별 전형내용은 손해보험협회의 사정에 의해 일부 변경될 수 있습니다.
○ 지원서 등 작성 서류는 빠짐없이 기재하여야 하고, 기재사항의 누락 · 착오, 연락불능 등으로
　발생되는 불이익은 일체 지원자의 책임이며, 기재사항과 제출서류 내용 간의 불일치 또는
　허위작성 · 제출 등의 경우 어느 전형 단계에서든 합격 및 임용을 취소합니다.
○ 최종 합격하지 못한 지원자가 채용서류 반환청구를 하려는 경우(원본서류를 제출한 경우에 한함)
　최종합격자 발표 이후 14일부터 180일 이내에 채용서류 반환청구서("채용절차의 공정화에 관한
　법률 시행규칙」[별지 제3호] 서식을 작성하여 이메일로 제출합니다.
○ 각 전형별 합격여부는 개별 통보(문자 또는 유선) 합니다.
○ 개인정보 수집 · 이용 동의서 미제출시 접수 불가합니다.
○ 적격자가 없을 경우 채용하지 않을 수 있습니다.
○ 기타 자세한 사항은 총무인사팀에 문의바랍니다.

그림 10 NCS 기반 능력중심채용공고

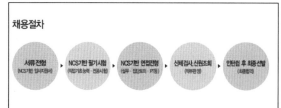

채용절차

서류전형 (NCS기반 입사지원서) → NCS기반 필기시험 (직업기초능력·전공시험) → NCS기반 면접전형 (실무·접접토론·PT등) → 신체검사 신원조회 (자격판정) → 인턴쉽 후 최종선발 (최종합격)

2015년도 대졸·고졸수준 채용형 인턴 및 시간선택제 근로자 채용공고

● 채용유형별 선발분야 및 예정인원

구분	사무	기술			ICT	계
		기계	전기	화학	전산	
직무설명서	파일링크 다운로드 ⬇	파일링크 다운로드 ⬇	파일링크 다운로드 ⬇	파일링크 다운로드 ⬇	파일링크 다운로드 ⬇	–
채용형 인턴(대졸수준)	○○명	○○명	○○명	○명	○명	○○명
채용형 인턴(고졸수준)	–	○명	○명	○명	–	○○명
시간선택제 근로자	보건관리자 ○명, 기록물관리원 ○명, REC계약관리원 ○명					

※ 기술분야 채용인력은 회사의 인력소요에 따라 채용 후 수행직무가 탄력적으로 변경될 수 있음

● l. 채용형 인턴 대졸 수준

● 1. 채용조건

○ 채용형태 : 5개월 인턴 근무 후 부적격자 제외 전원 정규직 전환
   ■ 부적격자 기준
   : 교육훈련규정에 의한 교육원 수료기준 미달자 및 인턴 근무평정 결과 최하위 등급자
   (인턴 근무평정은 절대평가로 함)
   ■ 인턴시작 및 기간 : '16년 2월부터 5개월, '16년 8월부터 5개월
   : 인턴시작 시기는 일정규 차수 있으며 채용형별 고득점율·직급별 비율에 따라 인턴시...
○ 정규직 전환시 처우 : 대졸 4월급(직급실계학력에 관계없이) 대졸수준 입사)
○ 급여수준 : 대졸4월급 직급 초임, 단, 인턴기간은 정규직의 80% 수준 지급

■ 입사지원서 작성시 희망지역 명시(~3곳)
   : 근무 희망지역은 선발 및 배치 시 참고자료로 활용될 예정이며 당사의 인사운영
   계획에 따라 희망지역과 관계없이 배치될 수 있음

3. 전형방법

전형단계	내용	세부사항
1단계	온라인접수	○ 직무능력기반 지원서 심사
2단계	전공시험	○ 사무 : 2개 분야 중 택1(각 50문항) – 법정분야 : 법학, 행정학 분야 지식 – 상경분야 : 경제학, 회계학, 경영학 분야 지식 (전공시험을 통한 1차 선발시험만 분야 구분) ※ 출제수준 : 대학교 졸업이상 수준 ○ 기술/ICT : 지원분야 기술수준(50문항)
	NCS기반 직무능력검사	○ 직무적합평가(인성) : E, F등급 부적합(A~F등급) ○ 직무능력평가(K-JAT) : 100점 만점 환산 – 직무수행(KOSPO 요구역량) – 직업기초능력+
	NCS기반 한국사 및 영어	○ 한국사(50점) : 객관식 40문항 ○ 영 어(50점) : 객관식 40문항
3단계	NCS기반 역량면접전형	○ 실무진 면접(70%) – Presentation, 실무역량, Group Discussion – NCS 직업기초능력 및 직무수행능력 검증 ○ 경영진 면접(30%) – 인성 및 조직적합성
4단계	신체검사 및 신원조회	○ 직격판정

※ 각 전형단계 접수는 다음 단계에 영향을 미치지 않음
※ NCS 직업기초능력에 대한 정보는 http://www.ncs.go.kr/ncs/page.do?sk=P1A4_PG09_005을 확인해 주십시오
※ NCS기반 직무능력중심 채용에 대한 정보는 http://www.ncs.go.kr/onspec/main.do에서 보다 자세히 확인하실 수 있습니다

● 4. 우대사항 적용대상

● 가. 가산점 요소

가산 유형	유형 정의	전형별 가산점	
		필기시험	면접
등록장애인	장애인고용촉진 및 직업재활법에 의거 장애인 등록이 되어있는자	배점의 10%	배점의 10%
취업보호대상자	국가유공자 등 예우 및 지원에 관한 법률 제31조의 채용시험 가점 대상자	배점의 10%(본인) 5% (자녀)	배점의 10%(본인) 5% (자녀)
저소득층	국민기초생활보장법에 의한 기초생활수급자 및 차상위계층	배점의 5%	–
발전소주변지역 주민 자녀	발전소주변지역 지원에 관한 법률 제 15조에 해당되는 지역 ○ 하동화력본부 : 발전소 착공일('99, 9, 14) 모함 이전 3년 이상 연속 거주한 자 및 그 자녀(2대 직계비속까지 인정) – 해당지역 : 하동군 금성면, 금남면, 고전면, 남해군 고현면, 설천면 ○ 삼척그린파워(건설본부) : 발전소건설을 위한 부지조성공사 착공일('11, 1, 1) 모함 이전 3년 이상 연속 거주한 자 및 그 자녀(2대 직계비속까지 인정) – 해당지역 : 삼척시 원덕읍	배점의 10%(본인) 5%(자녀)	–
비수도권 지역연계	서울·인천·경기를 제외한 지역 소재 대학교 재학 및 졸업생	배점의 5%(부산) 3%(부산 외 비수도권)	–

그림 11 NCS 기반 채용 직무 설명자료 1 : 전산(예시)

모집부문	전산	분류체계	대분류	20. 정보통신
			중분류	01. 정보기술
			소분류	03. 정보기술운영
			세분류	01. IT시스템관리
주요기능 및 역할	○ 기술신용보증, 기술평가, 보증연계투자, 유동화 회사보증(P-CBO), 기업에 대한 기술지도 및 경영지도, 구상권 행사, 신용보증제도의 조사·연구			
능력단위	○ (IT 시스템관리) 04. IT시스템 통합관리, 05. 응용 SW 운영관리, 06. HW 운영관리, 07. NW 운영관리, 08. DB 운영관리, 09. 보안 운영관리			
직무수행내용	○ (IT 시스템관리) IT시스템관리는 시스템을 안정적이고 효율적으로 운영하고 관리하기 위하여 하드웨어 및 소프트웨어의 지속적 점검과 모니터링을 통해 제시된 제반 문제점들을 분석하여 사전 예방활동 및 발생된 문제에 대해 적절한 조치를 수행하는 업무이다.			
전형방법	○ 서류전형 → 필기전형 → 면접전형(1차, 2차) → 신체검사, 신원조회			
일반요건	연령	무관(단, 만58세를 초과하는 자는 제외)		
	성별	무관		
교육요건	학력	무관		
	전공	정보보안 및 전산 관련 학과		
필요지식	○ (IT 시스템관리) 하드웨어/네트워크/응용소프트웨어/어플리케이션의 이해 및 적용, 오류나 예외상황 발생 시 적절한 조치 기법, 시스템 보안 패치 및 업그레이드, 관련법규 및 설계 기술에 대한 개념, DB관련 매뉴얼/비즈니스 로직/SQL기법, 인프라스트럭처 구축 방법, DB관리시스템 및 백업/복구 방법, 재해복구 절차에 대한 기법, 보안시스템 운영/대응/복구/사후관리 방법, 백업관리/취약점 조치법 등 IT 시스템관리 관련 지식			
필요기술	○ (IT 시스템관리) 서버 설치 및 환경 구성 기술, 보안패치/업그레이드, HW운영관리에 필요한 하드웨어 스펙 분석 기술, 장애 발생 시 적절한 복구 조치 능력, 네트워크 구성 및 구축/시험 및 분석 능력, DB 관리 시스템 운영기술, 어플리케이션 운영 기술, 보안계획서 작성 기술, 구현 및 이관에 대한 보안 기술, 품질 관리 절차 이해 및 적용 능력, 대내외 조직간 협업 및 의사소통 능력, 모니터링 결과 분석 및 활용 기술 등 IT 시스템관리 관련 기술			
직무수행태도	○ (IT 시스템관리) 기술 및 정보 습득 의지, 주기적 점검 태도, 문제해결의지, 요구사항 적극 수용 및 반영, 사업 전반 이해, 장애 발생 시 신속한 대응을 통해 안전하게 작업 및 개선하려는 의지, 객관적이고 중립적인 관점에서의 점검 태도, 서비스 의식, 분석적이고 창의적인 사고, 보안 확보에 대한 적극적 노력, 모니터링 적용 수준에 대한 이해력 및 통찰력 유지, 대응 노력, 원활한 의사소통을 창출하려는 의지, 상황을 종합적/현실적으로 판단하려는 자세, 다양한 기술을 활용하는 적극적인 태도, 사용자의 의견을 적극 반영하는 자세, 본인의 의견을 정확하게 표현할 수 있는 태도 의지, 세밀한 작업지시서 및 규격서 검토 노력, 적정한 계획 수립을 위한 책임감			
직업기초능력	○ 의사소통능력, 정보능력, 문제해결능력, 기술능력, 자원관리능력, 수리능력, 직업윤리			
참고사이트	○ www.ncs.go.kr			

그림 12 NCS 기반 채용 직무 설명자료 2 : 행정(예시)

NCS 기반 채용공고 설명자료의 구성						주요내용
채용분야	행정	분류체계	대분류	02. 경영·회계·사무		해당기관 채용분야와 NCS 분류체계 맵핑 (채용분야와 NCS의 세분류를 일대일로 맵핑하기 어려운 경우, 대분류, 중분류, 소분류, 세분류를 복수로 적용)
			중분류	01. 기획·사무	02. 총무인사	
			소분류	01. 경영기획	03. 일반사무	
			세분류	01. 경영기획, 02. 경영평가	02. 사무행정	
공단 주요사업	• 능력개발, 자격검정, 외국인고용지원, 해외취업/국제교육협력, 숙련기술진흥/기능경기대회, 국가직무능력표준(NCS)					채용기관의 주요사업 내용을 소개 및 주요 직무 내용 제시
직무수행내용	• (경영기획) 경영목표를 효과적으로 달성하기 위한 전략을 수립하고 최적의 자원을 효율적으로 배분하도록 경영진의 의사결정을 체계적으로 지원 • (경영평가) 조직의 지속적 성장을 위하여 경영목표에 따른 평가기준을 마련하고, 일정기간 동안 조직이 수행한 성과를 이 기준에 따라 분석·정리하여 보고 • (사무행정) 문서관리, 문서작성, 데이터관리, 사무자동화 관리운용 등 조직 내부와 외부에서 요청하거나 필요한 업무를 지원하고 관리					(참고) 주요 직무내용 소개는 NCS 세분류의 능력단위를 기준으로 지원자가 이해하기 쉽게 작성
전형방법	• 직무능력평가 ⇒ 직무능력면접 ⇒ 인턴선발 ⇒ 인턴근무기간평가 ⇒ 최종정규직 전환					
일반요건	연령	공고문 참조				
	성별	무관				
교육요건	학력	무관				
	전공	무관				
필요지식	• (경영기획) 내·외부 환경분석 기법, 사업별 핵심성과 평가기준 및 전략기술 등 • (경영평가) 경영조직 체계 및 평가방법론, 노사관계법, 인사관련 규정분석, 일정관리방법론, 정보수집 및 분류체계 기법 등 • 업무처리 지침 개념, 문서기안 절차 및 규정, 전자정보관리 및 보안 규정, 회의운영 방법 등					
필요기술	• (경영기획) 사업기획 및 보고서 작성 기술, 문제예측 및 대응방안 능력, 분석기법 및 통계 프로그램 운영기술, 의사결정 능력 등 • (경영평가) 경영공시 시스템 사용기술, 공문서 작성능력, 정보수집 기술능력, 평가분석(SWOT) 활용기술 등 • (사무행정) 데이터베이스 관리능력, 문서분류 및 관리능력, 사무기기활용능력, 회의내용 이해 및 처리능력 등					직무요건 : 직무 수행에 필요한 지식, 기술, 직무수행태도, 필요자격 및 직업기초능력를 NCS 능력단위 요소(능력단위 요소 별 '수행준거' 또는 '능력단위 별 평가시 고려사항')를 참조하여 작성
직무수행태도	• (경영기획) 객관적인 판단 및 논리적인 분석 태도, 사업파악 및 개선의지, 투명하고 공정한 업무수행의 청렴성, 문제해결의 적극적인 의지, 창의적인 사고노력, 의사결정 판단자세, 주인의식 및 책임감 있는 태도 • (경영평가) 경영자원전략자세, 수용적 의지 및 관찰태도, 다양한 정보수집을 하려는 태도 등 • (사무행정) 고객지향의지, 데이터특성 및 분석기술, 업무규정준수, 업무협조 노력, 회외처리 능력 등					
필요자격	• 경영 및 행정 관련 전문지식 및 경험 보유자					
직업기초능력	• 의사소통능력, 조직이해능력, 수리능력, 문제해결능력, 자기개발능력, 자원관리능력, 정보능력, 대인관계능력, 기술능력, 직업윤리					
참고사이트	• www.ncs.go.kr					

2) 서류전형의 변화

기존의 입사지원서는 해당 직무 및 실제업무 수행과 직접적인 관련이 없는 사항도 기입하도록 되어 있다.

그림 13 기존 입사지원서

입사지원서

사진	한글	이한국
	한자	李韓國
	주민등록번호	850915-1234567
	생년월일	1985년 9월 15일	만25세

	지원회사	대한은행
	지원구분	신입
	지원부문	① 영업 ② 마케팅
	희망근무지	① 서울 ② 경기
	희망연봉	내규에 준함

※ 직무와 무관한 내용

1. 사진
2. 나이
3. 본적
4. 출신학교
5. 학교 소재지
6. 특기
7. 가족관계
8. 신장
9. 몸무게
10. 해외경험(여행, 어학연수)

연락처

현주소	경기도 안양시 동안구 비산 3동 한국아파트 101동 201호		
본 적	경기도 화성시 정남면 21-2	전화번호	031-123-4567
E-mail	henkook@naver.com	휴대폰	010-1234-5678

학력사항

기간	출신학교	전공	졸업여부	소재지	학점
2004.03-2007.02	한국고등학교	한문	졸업	서울	이한국
2007.03-2011.02	한국대학	경제학	졸업 예정	경기	354/45

경력사항

근무기간	출신학교	전공		
2008.02-2008.05	Paul&Mark	아르바이트	자료 정리 및 사무 행정 처리	
2006.12-2007.02	정철어학원	아르바이트	학원생 등록 및 관리	

특기사항

외국어능력	TEST명	점수(등급)	취득시기		자격명	발급기관	발급일
	TOEIC	670점	2009.06	자격	자동차운전면허1종보통	서울지방경찰청	2006.12
	JUPT	2급	2006.05		MOS Mester	Microsoft	2010.03
외국어능력	기간	지역	내용	교육	교육기관		교육명
	2010.8-2010.9	일본	여행		한국대학		리더십 및 스피치 훈련
	2009.8-2009.9	미국	단기연수		사람인		영업 직무 역량 협상 교육

병역

| 군별 | 의경 | 병과 | 운전 | 제대구분 | 만기제대 |
| 복무기간 | 2007.06-2009.06(24개월) | | | 면제사유 | |

가족관계

관계	성명	연령	연락	근무처	직위	동거여부	기타사항	
부	이석준	61		한국기업	이사	Y	보훈여부	비대상
모	김소연	58		한국여고	주부	Y	창이업	무
자	이대한	28		대한대학	대리	Y	장애내용	
자	이만국	18		하늘고	–	학생	Y	결혼여부	미혼
							신장 180cm	몸무게 78kg

※ 위 지원서의 내용이 사실과 다른 경우 입사가 취소될 수 있습니다.

(자료출처: Paul&Mark)

NCS 기반 입사지원서는 직무와 관련하여 필요한 최소한의 개인정보와 직무관련능력을 파악할 수 있는 사항들로 이루어져 있다. NCS 기반 입사지원서는 크게 인적사항, 교육사항, 자격사항, 경력 및 경험사항 등 4가지로 구성되어 있다. 인적사항은 기관의 특성에 따라 필기전형, 면접전형 혹은 입사 시 지원자를 구별하기 위해 필요한 최소한의 정보만을 요구한다. 교육사항은 직무와 관련된 학교교육이나 직업교육 혹은 기타교육 등 직무에 대한 지원자의 관심 등을 평가하기 위한 항목이며 지원하고자 하는 분야의 학교 전공교육 이외에 직업교육, 기타교육[5] 등을 기입할 수

---

5 기타교육은 학교이외의 기관에서 개인이 이수한 교육과정 중 지원직무와 관련이 있다고 생각되는 교육내용을 의미한다.

있기 때문에 전공에 제한 없이 직업교육과 기타교육을 이수하여 지원이 가능하도록 기회를 제공하고 있다(예 : 교양, 전공, 사이버교육, 기타 직업훈련 등). 자격사항은 채용공고문 및 「직무 설명자료」에 제시되어 있는 자격 현황을 토대로 지원자가 해당직무를 수행하는 데 필요한 능력을 가지고 있는지를 판단하기 위한 항목이다. 경력 혹은 경험사항은 자기소개서 혹은 경험기술서를 통해서 직무와 관련된 경력이나 경험 여부를 표현하도록 하여 직무와 관련한 능력을 갖추었는지를 평가하는 부분이다. NCS 기반 입사지원서에는 해당기관에서 직무를 수행함에 있어 필요한 사항만을 기록하게 되어있기 때문에 취업준비생들이 직무와 무관한 스펙을 갖추지 않아도 된다.

그림 14 NCS 기반 능력중심 채용 입사지원서 예시

3. 직무 능력 관련 자격 사항 (NCS 내 환경분석의 자격현황 참고)

* 자격은 직무와 관련된 자격을 의미합니다. 코드를 확인하여 해당 자격증을 정확히 기입해 주십시오.

직무 관련 자격

※ 자격에는 국가기술자격, 개별법에 의한 전문자격, 국가공인 민간자격, 기타자격이 포함됩니다.

* 위의 자격목록에 제시된 자격증 중에서 보유하고 있는 자격증을 아래에 기입해 주십시오.

코드	발급기관	취득일자	코드	발급기관	취득일자

* 그 외 [직무 혹은 직무관련 지식]에 관련된 자격증은 아래에 기입해 주십시오.

자격증명	발급기관	취득일자	자격증명	발급기관	취득일자

4. 경력 혹은 경험사항(지원하는 직무와 연관성 있는 경력 혹은 경험사항)

* 4-1) 경력은 금전적 보수를 받고 일정기간 동안 일했던 이력을 의미합니다. 아래의 지시에 따라 해당되는 내용을 기입해 주십시오.

* 기업조직에 소속되어 [경영기획 업무] 관련 업무를 수행한 경험이 있습니까?   예( ) 아니오( )
* 기업조직에 소속되어 [경영평가 업무] 관련 업무를 수행한 경험이 있습니까?   예( ) 아니오( )
* 기업조직에 소속되어 [사무행정 업무] 관련 업무를 수행한 경험이 있습니까?   예( ) 아니오( )
* 기업조직에 소속되어 [지원기관의 직무관련 업무] 관련 업무를 수행한 경험이 있습니까?   예( ) 아니오( )

근무기간	기관명	직위 / 역할	담당업무

* 그 외의 경력 사항은 아래에 기입해 주십시오.

근무기간	기관명	직위 / 역할	담당업무

* 자세한 경력 사항은 경력 및 경험 기술서에 작성해 주시기 바랍니다.

* 4-2) 경험은 직업 외적인(금전적 보수를 받지 않고 수행한 활동을 의미하며, 교육과정 내 수행평가, 과제수행경험, 산학, 팀 프로젝트, 연구회, 동아리/동호회 온라인 커뮤니티, 재능기부 활동 등이 포함될 수 있습니다. 아래의 지시에 따라 해당되는 내용을 기입해 주십시오.

* [경영기획 업무] 관련 교육과정 내 수행평가, 과제수행경험 및 기타 활동경험이 있습니까?   예( ) 아니오( )
* [경영평가 업무] 관련 교육과정 내 수행평가, 과제수행경험 및 기타 활동경험이 있습니까?   예( ) 아니오( )
* [사무행정 업무] 관련 교육과정 내 수행평가, 과제수행경험 및 기타 활동경험이 있습니까?   예( ) 아니오( )
* [지원기관의 직무관련] 관련 교육과정 내 수행평가, 과제수행경험 및 기타 활동경험이 있습니까?   예( ) 아니오( )

* '예'라고 응답한 항목에 해당하는 내용을 아래에 기입해 주십시오.

교육과정 내 수행평가 과제수행경험 등		기타 활동경험	
수행평가 내용	과제내용	소속조직	주요역할

* 자세한 사항은 경력 및 경험기술서에 작성해 주시기 바랍니다.

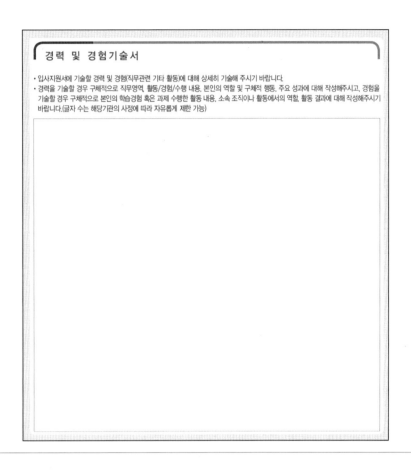

기존의 자기소개서는 지원자의 일대기나 관심분야, 성격의 장단점 등 개괄적인 사항6을 묻는 질문으로 구성되어 있는 경우가 많아 지원자가 자신의 직무능력에 대해 제대로 표출하지 못하였으나 NCS 기반 자기소개서는 채용공고 단계의「직무 설명자료」에서 제시되는 직업기초능력과 직무수행능력을 측정하기 위해 필요한 질문들로 구성되어 있다.

---

6 지원동기, 성장과정, 어려운 일을 극복한 경험, 입사 후 포부, 10년 후의 모습 등 직무와 무관한 내용

그림 15 NCS 기반 자기소개서 예시

자기소개서* 예시

최근 5년 동안에 귀하가 성취한 일 중에서 가장 자랑할 만한 것은 무엇입니까? 그것을 성취하기 위해 귀하는 어떤 일을 했습니까? (A사 예)

예상치 못했던 문제로 인해 계획대로 일이 진행되지 않았을 때, 책임감을 가지고 적극적으로 끝까지 업무를 수행해내어 성공적으로 마무리 했던 경험이 있으면 서술해 주십시오. (B사 예)

현재 자신의 위치에 오기 위해 수행해온 노력과 지원한 직무분야에서 성공을 위한 노력 및 계획을 기술해 주십시오. (C사 예)

약속과 원칙을 지켜 신뢰를 형성/유지했던 경험에 대해 기술해 주세요. (D사 예)

* 회사 선택 양식: 회사의 핵심가치나 인재상과 관련된 항목을 자기소개서를 통해 확인하고 싶을 때 선택적으로 사용

3) 필기전형의 변화

기존 필기시험은 직무 관련성에 대한 명확한 고려 없이 일반상식, 인적성, 다양한 전공지식 등을 평가하는 방식으로 진행되어 왔다.

그림 16 기존 필기전형

4. 채용절차 및 전형일정

○ 채용절차 : 공개경쟁채용

채용공고(원서접수) → 서류전형(1차) → 필기전형(2차) → 면접전형(3차) → 최종합격(신체검사)

- 서류전형 : 제출서류를 심사평가 후 고득점자 순으로 채용인원의 15배수 합격인원 선발
- 필기전형 : 서류전형 합격자에 한하며 고득점자 순으로 채용인원의 3배수 합격인원 선발

시험과목	출제범위	출제범위	출제범위
영어 (40분)	어휘력, 독해력 등	객관식 (4지선다형)	각 40문항 (총 120문항)
일반상식 (40분)	정치외교, 법률, 경제, 회계, 역사, 사회, 지리, 환경, 과학, 예술 등		
전산학 (40분)	데이터베이스, 데이터통신, 소프트웨어공학 운영체제, 전자계산기구조, 전산보안 등		

- 면접전형 : 필기전형 합격자에 한하며, 개인 또는 집단면접 평가를 통해 합격자 선발
- 인턴 최종합격 : 신체검사 및 신원조회 후, 수습인턴 6개월 임용

그림 17 NCS 기반 직무수행능력과 직업기초능력

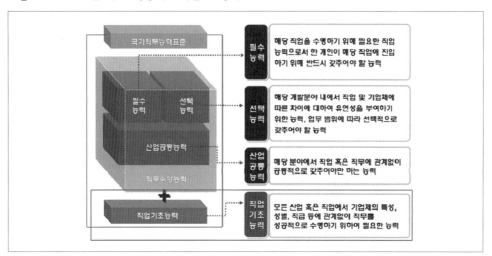

NCS 기반 필기전형은 채용공고 단계의 「직무 설명자료」에서 제시되는 「직업기초능력」과 「직무수행능력」을 측정하기 위한 지필 시험이다. 평가는 선다형, 진위형, 단답형, 연결형, 논술형 등의 다양한 형태로 이루어질 수 있고, 기관은 기존 인·적성, 전공필기, 논술시험 등의 유형 중 직무관련성이 있는 내용과 직업기초능력평가, 직무수행능력평가 유형을 종합적으로 고려하여 선택적으로 필기전형을 진행하고 있다.

❶ 직업기초능력평가

직업기초능력평가는 총 10개 영역의 34개 하위영역으로 구성되어 있으며, 해당 공공기관의 인재상과 해당직무의 특성을 반영하여 중요도에 따라 채용에 필요한 핵심영역만 도출하여 평가를 실시한다. 4지 선다형 혹은 5지 선다형의 객관식 문항으로 출제되나 기업·공공기관의 채용평가 방법에 따라 주관식 혹은 서술형으로도 출제될 수 있다. 문제 풀이시간은 1개 문항당 1분 내외로 풀 수 있도록 출제하며 보통 40문항 기준 50분 정도의 시험시간이 주어진다.

NCS 직업기초능력평가		기존 인·적성검사
대영역(10개)	하위요소(34개)	
① 의사소통능력	문서이해, 작성, 경청능력, 언어구사력, 기초외국어능력	언어영역
② 수리능력	기호연산능력, 기초통계능력, 도표분석, 작성능력	수리영역
③ 문제해결능력	사고력, 문제처리능력	언어영역, 공간지각능력
④ 자기개발능력	자아인식, 자기관리, 경영개발능력	인성검사
⑤ 자원관리능력	시간자원, 예산, 물적자원, 인적자원관리	언어영역, 수리영역, 추리영역
⑥ 대인관계능력	팀워크, 리더십, 협상, 갈등관리, 고객서비스 능력	인성검사
⑦ 정보능력	컴퓨터활용, 정보처리능력	수리영역, 추리영역
⑧ 기술능력	기술이해, 기술선택, 기술적용능력	언어영역, 수리영역
⑨ 조직이해능력	국제감각, 조직체제이해, 경영이해, 업무이해	언어영역, 추리영역
⑩ 직업윤리	근로윤리, 공동체윤리	인성검사

표 2 NCS 직업기초능력평가

㉠ **의사소통능력**

상호간의 말하기, 읽기, 쓰기, 듣기능력을 통해서 의도한 바를 파악하고 전달하는 능력을 말하며, 직업인으로서 필요한 문서작성 및 파악능력, 상호간 의사소통능력, 기초 외국어능력 등도 포함된다.

①	문서이해능력	• 다른 사람이 작성한 글을 읽고 그 내용을 이해하는 능력
②	문서작성능력	• 자기가 뜻한 바를 글로 나타내는 능력
③	경청능력	• 다른 사람의 말을 듣고 그 내용을 이해하는 능력
④	의사표현능력	• 자기가 뜻한 바를 말로 나타내는 능력
⑤	기초외국어능력	• 외국어로 의사소통할 수 있는 능력

의사소통능력 문항예시

귀하는 모 전자 회사의 인사 지원 부서에 근무한다. 최근 전시적으로 팀장리더십에 대한 360°진단이 있었는데, 아무래도 귀하의 팀장은 그다지 좋은 평가를 받지 못한 것 같다. 팀장이 앞으로 팀 운영에서 기본을 중시하겠다며, 아래와 같이 강조한다. 다음 중 팀장이 얘기하는 취지에 가장 부합하는 것은 무엇인가?(※ 360°진단은 대상자의 상사, 동료, 부하 직원이 그 사람에 평소 모습을 근거로 진단 항목에 응답하는 방식)

(자료)
"말하지 않아도 통하는 것이 '최고의 관계'이지만, 비즈니스 현장에서 필요한 것은 마음으로 아는 눈치의 미덕보다는 정확한 업무 처리임을 명심해야 합니다."

① "비지니스 현장에서는 눈치를 봐서라도 정확한 업무처리를 해야 한다."
② "말하지 않아도 통하는 관계는 비즈니스 현장에서 최고의 관계이다."
③ "비즈니스 현장에서 눈치 없다는 지적을 받더라도 정확히 물어야 한다."
④ "비즈니스 현장에서 정말 중요한 것은 마음으로 아는 눈치의 미덕이다."

ⓛ 수리능력

기업분석, 과학기술, 전략 및 의사결정 등 직장 내 다양한 분야에서 사용되는 사칙연산, 통계, 확률 등 업무에 필요한 기초적인 수리능력을 말한다. 또한 수치적 특징이나 규칙을 갖는 표, 그래프 등을 기반으로 자료의 이해, 적용, 분석, 종합적인 평가도 포함된다.

①	기초연산능력	• 기초적인 사칙연산과 계산을 하는 능력
②	기초통계능력	• 필요한 기초 수준의 백분율, 평균, 확률과 같은 통계 능력
③	도표분석능력	• 도표(그림, 표, 그래프 등)가 갖는 의미를 해석하는 능력
④	도표작성능력	• 필요한 도표(그림, 표, 그래프 등)를 작성하는 능력

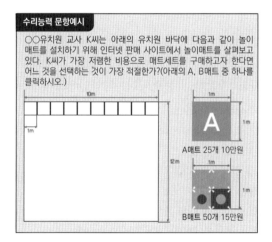

수리능력 문항예시

○○유치원 교사 K씨는 아래의 유치원 바닥에 다음과 같이 놀이매트를 설치하기 위해 인터넷 판매 사이트에서 놀이매트를 살펴보고 있다. K씨가 가장 저렴한 비용으로 매트세트를 구매하고자 한다면 어느 것을 선택하는 것이 가장 적절한가?(아래의 A, B매트 중 하나를 클릭하시오.)

A매트 25개 10만원

B매트 50개 15만원

ⓒ 문제해결능력

직무를 수행하면서 실제적인 상황, 구체적인 이슈, 기업 전략 등 문제 상황이 발생하였을 경우, 창조적이고 논리적인 사고를 통하여 이를 올바르게 인식하고 적절히 해결할 줄 아는 능력을 말한다.

| ① | 사고력 | • 업무와 관련된 문제를 인식하고 해결함에 있어 창조적, 논리적, 비판적으로 생각하는 능력 |
| ② | 문제처리능력 | • 업무와 관련된 문제의 특성을 파악하고 대안을 제시, 적용하고 그 결과를 평가하여 피드백 하는 능력 |

문제해결능력 문항예시

J씨는 ○○출판사의 편집팀 인턴사원으로 입사하였다. J씨는 선임 직원으로부터 다음과 같은 사내 연락망을 전달받았다.

〈사내 연락망〉

직통 번호의 숫자		편집팀(대표 번호: 6420)	
이름	직통	이름	직통
홍길동 팀장	5400	하운찬 팀장	6400
고인철	5421	이하늘 대리	6410
최운석	5420	고덕수	6421
회계팀(대표 번호: 7420)		J씨	6420
이름	직통		
한가월 팀장	7400		
강나래	7421		
김도선	7420		

○○출판사(Tel : 0 7 0 - 2 3 4 - 직통번호)

• 당겨받기 : 수화기 들고 + # + 당겨받기 버튼
• 사내통화 : 내선번호
• 돌려주기: 돌려주기 버튼+내선번호+연결확인 후 끊기
• 전화 받았을 때: "안녕하십니까" 아동들의 창의적인 성장을 돕는 ○○출판사 ○○팀 ○○○입니다.

J씨는 사내 연락망을 살펴보는 과정에서 직통 번호에 일정 규칙이 있다는 것을 발견하였다. J씨는 이 규칙을 메모해 두고 좀 더 쉽게 번호를 암기하기로 하였다고 할 때, 다음 중 메모한 내용으로 적절한 것은?

070-123-□□□□
첫 번째 자리 숫자
두 번째 자리 숫자
세 번째 자리 숫자
네 번째 자리 숫자

	직통 번호의 숫자	규칙
①	첫 번째 자리 숫자	부서 코드
②	두 번째 자리 숫자	근속연수 코드
③	세 번째 자리 숫자	회사 코드
④	네 번째 자리 숫자	직위 코드

㉣ **자기개발능력**

업무를 추진하는 데 스스로를 관리하고 개발하는 능력이다. 직업인으로서 기초 지식을 습득하여 폭넓은 업무이해능력을 갖추는 것으로 자기개발능력은 학교 기본 교육을 통해 개발할 수 있다.

①	자아인식능력	• 자신의 흥미, 적성, 특성 등을 이해하고, 이를 바탕으로 자신에게 필요한 것을 이해하는 능력
②	자기관리능력	• 업무에 필요한 자질을 지닐 수 있도록 스스로를 관리하는 능력
③	자기개발능력	• 끊임없는 자기 개발을 위해서 동기를 갖고 학습하는 능력

㉤ **자원관리능력**

시간, 자본, 재료 및 시설, 인적자원 등의 자원 가운데 무엇이 얼마나 필요한지를 확인하고, 이용 가능한 자원을 최대한 수집하여 실제 업무에 어떻게 활용할 것인지를 계획하며, 계획대로 업무 수행에 이를 할당하는 능력으로 업무상 필수적인 자료의 분석 및 관리 기술 등의 기초 지식을 평가한다.

①	시간자원 관리능력	• 시간자원이 얼마나 필요한지를 확인하고 이용 가능한 시간자원을 최대한 수집하여 실제 업무에 어떻게 활용할 것인지를 계획하고 할당하는 능력
②	예산자원 관리능력	• 자본자원이 얼마나 필요한지를 확인하고, 이용 가능한 자본자원을 최대한 수집하여 실제 업무에 어떻게 활용할 것인지를 계획하고 할당하는 능력

③	물적자원 관리능력	• 재료 및 시설자원이 얼마나 필요한지를 확인하고 이용 가능한 재료 및 시설자원을 최대한 수집하여 실제업무에 어떻게 활용할 것인지를 계획 하고 할당하는 능력
④	인적자원 관리능력	• 인적자원이 얼마나 필요한지를 확인하고 이용 가능한 인적 자원을 최대 한 수집하여 실제 업무에 어떻게 활용할 것인지를 계획하고 할당하는 능력

자원관리능력 문항예시

귀하는 중소기업의 교육훈련 담당자이다. 팀장은 "조직의 효율성을 높이기 위해 전사적으로 시간관리에 대한 교육을 철저히 실시하라"고 하시지만 현실적으로 직원들을 집합교육에 동원할 수 있는 시간은 제한적이다. 시간관리 중에서도 뭔가에 중점을 둬 교육을 실시하고자 하는데 다음 중 귀하가 최우선의 교육 대상으로 삼아야 하는 것은 어느 부분인가?

(자료)

〈표〉 시간관리 매트릭스

	긴급한 일	긴급하지 않은 일
중요한 일	제1사분면	제2사분면
중요하지 않은 일	제3사분면	제4사분면

① 제1사분면은 중요하고 긴급한 업무를 처리하는 것을 의미하는 것으로, 다급한 문제, 마감에 쫓기는 프로젝트, 회의준비 등을 포함한다.
② 제2사분면은 긴급하지는 않지만 중요한 업무를 처리하는 것을 의미하여 계획, 인간관계구축, 장기계획수립, 예방적 정비 등을 포함한다.
③ 제3사분면은 중요하지 않지만 긴급한 업무를 처리하는 것에 해당하며 고객이나 지인의 불시방문이나 전화, 당장 처리해야 할 잡일 등을 포함한다.
④ 제4사분면은 중요하지도 않고 긴급하지 않은 업무를 처리하는 것을 의미하며, 하찮은 일, 시간낭비거리, 지나친 TV 시청 등을 포함한다.

자원관리능력 문항예시

귀하는 인사팀에 근무한다. 회사가 성장함에 따라 직원 수가 급증하기 시작하면서 직원들의 정보관리 방법을 모색할 상황이다. 아래[자료]는 글로벌 코리아에서 하고 있는 직원들의 정보관리 방법이다. 귀하는 글로벌 코리아가 하고 있는 이 방법을 도입하고자 한다. 어떤 방법일까?

글로벌 코리아의 인사부서에서 근무하는 A씨는 직원들의 개인정보를 관리하는 업무를 담당하고 있다. 글로벌 코리아에 근무하는 직원은 수천 명에 달하기 때문에 A씨는 주요 키워드나 주제어를 가지고 직원들을 구분하여 활용함으로써 정보를 관리하고 있다. 직원은 수천 명이지만 검색어에 따라 직원들의 정보를 구분하여 관리하다 보니 찾을 때도 쉽고 내용을 수정할 때도 간편하게 되었다.

① 목록을 활용한 정보관리
② 색인을 활용한 정보관리
③ 분류를 활용한 정보관리
④ 1:1매칭을 활용한 정보관리

    ⓗ **대인관계능력**

업무를 수행함에 있어 접촉하게 되는 사람들과 문제를 일으키지 않고 원만하게 지내는 능력이며 대인관계능력은 학교 내 기초교육 과제 및 팀 프로젝트 등을 통해서 습득할 수 있다.

①	팀웍 능력	• 다양한 배경을 가진 사람들과 함께 업무를 수행하는 능력
②	리더십 능력	• 업무를 수행함에 있어 다른 사람을 이끄는 능력
③	갈등관리능력	• 사람들 사이에 갈등이 발생하였을 경우 이를 원만히 조절하는 능력
④	협상능력	• 업무를 수행함에 있어 다른 사람과 협상하는 능력
⑤	고객서비스능력	• 고객의 요구를 만족시키는 자세로 업무를 수행하는 능력

<table>
<tr><td colspan="2">대인관계능력 문항예시</td></tr>
</table>

귀하는 사업 기획에 반영시키라는 지시와 함께 팀장으로부터 아래와 같은 3C분석 결과를 전달받았다. 다음 중 귀하가 향후 해결해야 할 회사의 전략 과제로 선택하기에 적절하지 않은 것은 무엇인가?

(자료)

3C	상황 분석
고객/시장(Customer)	•아시아를 중심으로 연 8% 성장시장 •IT 관련 사업 연 20% 성장 •고객 니즈에 맞는 맞춤형 프로젝트의 증가 •시스템화 지향
경쟁회사(Competition)	•1위(미국A기업), 2위(유럽E기업) •압도적인 시스템화 능력 보유 •전문 메이커와 치열한 자격 경쟁
자사(Company)	•국내 시장 점유율 1위, 세계 3위 •강력한 국내 판매 대리점 망 보유 •높은 기술개발력 •해외 판매량 취약 •높은 생산 원가(특히 간접비)구조

① 시스템화 능력의 강화
② 높은 제품 기술력을 바탕으로 한 제품 구색의 강화
③ 해외시장의 판매망 구축
④ 간접비 삭감을 바탕으로 가격 경쟁력 강화

㉅ 정보능력

업무와 관련된 정보를 수집, 분석하여 의미있는 정보를 찾아내며 발굴된 정보를 업무 수행에 적절하도록 조직하고 관리하는 능력이다. 아울러 업무 수행 시 필요한 정보를 활용하고 컴퓨터를 사용할 줄 아는 능력을 검증한다.

①	컴퓨터 활용 능력	• 정보를 수집, 분석, 조직, 관리, 활용하는 데 있어 컴퓨터를 사용하는 능력
②	정보처리 능력	• 다양한 정보를 수집 분석하여 의미있는 정보를 발굴하며 업무수행에 적절하도록 조직 관리하고 업무수행 시 이들 정보를 활용하는 능력

㉆ 기술능력

업무를 수행함에 있어 도구, 장치 등을 포함하여 필요한 기술에는 어떠한 것들이 있는지 이해하고, 실제로 업무를 수행함에 있어 적절한 기술을 선택하여 적용하는 능력이다.

①	기술이해능력	• 기술적 원리를 올바르게 이해하는 능력
②	기술선택능력	• 도구, 장치를 포함하여 업무수행에 필요한 기술을 선택하는 능력
③	기술적용능력	• 기술을 업무 수행에 실제로 적용하는 능력

기술능력 문항예시

엘론 머스크는 현재 가장 혁신적인 회사 중 하나인 스페이스X를 운영하고 있다. 다음의 글은 인재채용 담당자가 전한 내용이다. 다음의 글로 보았을 때 기술 경영자의 어떤 부분을 이야기하고 있는가?

> 그 일을 완료하는 데 1년 정도의 시간이 필요할 것처럼 보이는 일이 있다면, 엘론은 그것을 일주일 안으로 끝내길 원한다. 엘론에게 강한 밀어붙임을 경험한 사람들은 엘론에 대해 비판적인 입장을 취하곤 한다. 직원 중 일부는 그 무게를 이겨내지 못하고 그 외 다른 직원들은 그것을 스스로 더욱더 열심히 일할 수 있는 연료로 사용한다고 말했다.

① 기술 전문 인력을 운용할 수 있는 능력
② 기술을 효과적으로 평가할 수 있는 능력
③ 기술을 기업의 전반적인 전략 목표에 통합시키는 능력
④ 조직 내의 기술 이용을 수행할 수 있는 능력
⑤ 크고 복잡하고 서로 다른 분야에 걸쳐 있는 프로젝트를 수행할 수 있는 능력

ㅈ **조직이해능력**

국제적인 추세를 포함하여 조직의 체제와 경영에 대해 이해하는 능력이다. 시사 교양 및 경영전반에 걸쳐 조직 간의 관계를 이해하는 능력은 기초 교육을 통해 습득할 수 있다.

①	국제감각	• 국제적인 추세를 이해하는 능력
②	조직체제 이해능력	• 조직체제를 올바르게 이해하는 능력
③	경영이해능력	• 사업이나 조직 경영에 대해 이해하는 능력
④	업무이해능력	• 조직 업무를 이해하는 능력

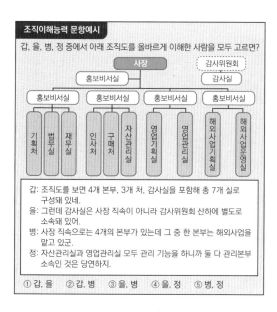

조직이해능력 문항예시

갑, 을, 병, 정 중에서 아래 조직도를 올바르게 이해한 사람을 모두 고르면?

갑: 조직도를 보면 4개 본부, 3개 처, 감사실을 포함해 총 7개 실로 구성돼 있네.
을: 그런데 감사실은 사장 직속이 아니라 감사위원회 산하에 별도로 소속돼 있어.
병: 사장 직속으로는 4개의 본부가 있는데 그 중 한 본부는 해외사업을 맡고 있군.
정: 자산관리실과 영업관리실 모두 관리 기능을 하니까 둘 다 관리본부 소속인 것은 당연하지.

① 갑, 을   ② 갑, 병   ③ 을, 병   ④ 을, 정   ⑤ 병, 정

㉛ 직업윤리

원만한 직장생활을 위해 필요한 태도, 매너, 올바른 직업관으로 각자 자기가 맡은 일에 투철한 사명감과 책임감을 가지고 일을 충실히 수행하는 능력이다.

①	근로윤리	• 업무에 대한 존중을 바탕으로 근면, 성실하고 정직하게 업무에 임하는 자세
②	공동체 윤리	• 인간 존중 정신을 바탕으로 봉사하고 규칙을 준수하며 예의바르고 책임감 있는 태도로 업무에 임하는 자세

직업윤리 문항예시

귀하는 100억대 규모 프로젝트의 팀원으로 업무를 수행하고 있던 중 우연한 기회에 본 프로젝트 책임자인 상사가 하청업체로부터 억대의 뇌물을 받는 등 회사 윤리규정에 반하는 일을 하고 있다는 정보를 입수하게 되었다. 상사는 평소 직원들로부터 신뢰와 존경을 받아왔으며 귀하는 그 상사와 입사 때부터 각별한 친분을 쌓아왔고 멘토로 생각해왔던 터라 도저히 믿어지지 않았고 충격도 크다.

아래 5개 행동은 위 상황에서 귀하가 취할 수 있는 행동들이다. 귀하가 가장 하지 않을 것 같은 행동에 체크하시오.

	귀하가 취할 수 있는 행동들	가장 하지 않을 것 같은 행동
1	인간은 누구나 실수를 할 수 있고 또 처음 있는 일이니 그동안 쌓인 정을 봐서 이번 한번은 모른 체 넘어간다.	
2	상사가 잘못을 인정하면서 한번만 봐달라고 사정하면 "다시는 그러지 말라"고 하고 덮어둔다.	
3	상사에게 귀하가 상사의 부정사실을 알고 있다고 말하고 돈을 하청업체에 돌려주라고 말한다.	
4	회사에 알린다.	
5	평소 신뢰하고 존경하던 분인데 절대 그럴 리가 없다. 그 정보가 아마 잘못된 정보일 것이므로 그냥 지나간다.	

NCS기반 직업기초능력평가(기존의 인적성검사) 영역별 분석

■ 언어영역
  ■ 기존의 인적성 검사 예시

다음 괄호 안에 들어갈 단어를 순서대로 나열한 것은?

찌개 : 냄비 = 계란 : (   )

콩 : 된장 = (   ) : 막걸리

식빵 : 잼 = 커피 : (   )

① 프라이팬, 쌀, 설탕

② 토스터, 누룩, 설탕

③ 프라이팬, 버터, 쌀

④ 프라이팬, 누룩, 주전자

■ NCS기반 직업기초능력평가 예시

상사의 조언에 따라 메뉴를 변경하려고 할 때 바르지 <u>않은</u> 것은?

상사 : 정보를 잘 분류해 놓기 했는데, 고객들의 보다 손쉽게 정보를 찾을 수 있도록 질문을 키워드 중심으로 정리했으면 좋겠어요.

BEST FAQ			
주문/결제	반품/교환	배송	영수증
			세금계산서
			현금영수증

① [배송] - [배송지변경] - Q3

② [배송] - [배송확인] - Q4

③ [주문/결제] - [주문접수] - Q8

④ [주문/결제] - [주문접수] - Q9

■ 언어추리영역
  ■ 기존의 인적성 검사 예시

다음 보기의 밑줄 친 부분에 올 명제로 바른 것을 고르시오.

철수, 민수, 갑수는 왼손잡이이며, 이 세상에 왼손잡이는 세 사람뿐이다.
철수, 민수, 갑수는 모두 야구를 잘한다.
그러므로 _____

① 어떤 야구선수는 왼손잡이이다.

② 왼손잡이는 모두 야구를 잘하지 못한다.

③ 왼손잡이는 모두 야구를 잘한다.

④ 모든 왼손잡이가 야구를 잘하는 것은 아니다.

  ■ NCS기반 직업기초능력평가 예시

본인이 아래와 같은 신호체계 안을 상사에게 검토 요청했을 때 '차량이 언제 U턴을 할 수 있는지 검토해서 보고하라'는 답변을 받았다. 본인이 보고할 내용으로 가장 적절한 것은?

<신호체계안>

B와 D에서 동시에 좌회전 후 직진 신호(녹색 신호 시 A와 C에서 횡단보도 이용 가능)

A와 C에서 동시에 좌회전 후 직진 신호(녹색 신호 시 B와 D에서 횡단보도 이용 가능)

① A와 C에서 직진 신호 시 A와 C에서 U턴 가능합니다.

② A와 C에서 좌회전 신호 시 B와 D에서 U턴 가능합니다.

③ B와 D에서 직진 신호 시 A와 C에서 U턴 가능합니다.

④ B와 D에서 직진 신호 시 A와 C에서 U턴 가능합니다.

■ 수리영역
  ■ 기존의 인적성 검사 예시

다음 식의 값을 구하시오
<보기> (66+66+66+66) X 165

① 43560 ② 44560 ③ 45789 ④ 4356 ⑤ 4456

답은 ①번

  ■ NCS기반 직업기초능력평가 예시

NCS사무실의 적정습도를 맞추는데 A가습기는 16분, B가습기는 20분 걸린다. A가습기를 10분 동안만 틀고, B가습기로 적정 습도를 맞춘다면 B가습기의 작동시간은?

① 6분 30초 ② 7분 ③ 7분 15초 ④ 7분 30초

■ 수리추리영역
- 기존의 인적성 검사 예시기반

다음은 일정한 규칙에 따라 수를 배치한 것이다. 빈칸 또는 괄호에 맞는 수를 고르시오.
(17, 8),　(81, 9),　(25, 7),　(94, 13),　(37, □)

① 10 ② 9 ③ 8 ④ 7 ⑤ 6

답은 ①번

  ■ NCS 기반 직업기초능력평가 예시

귀하는 생산관리부에 근무하는 사원이다. 생산관리부는 일 년 365일 누군가가 근무를 서면서 비상사태에 대비해야 한다. 귀하의 부서는 부장 밑으로 차장 3명, 과장 4명 대리 2명, 사원 3명이 근무한다. 이번 추석 명절 당일에는 반드시 과장과 사원 한 명씩 짝을 지어 2명이 근무를 서라는 회사의 지시가 내려졌다. 귀하가 이번 추석 명절날 근무를 서게 될 경우는 몇 가지이며, 확률은 얼마인가?

① 4가지, 1/3

② 3가지, 1/3
③ 4가지, 1/4
④ 3가지, 1/4

❷ 직무수행능력평가

직무수행능력이란 일을 하는 데 있어 필요한 능력을 의미하며 직무수행능력평가란 직무수행을 위해 필요한 능력(지식·기술·태도)을 NCS 기반 필기평가를 통해 인재를 선발하는 방식을 말한다. 능력중심채용에서 직무수행능력평가의 특징은 해당 기업·공공기관의 모집분야 별 직무와 NCS를 비교, 분석하여 선발인원(신규, 경력직)이 필수적으로 갖추어야 할 직무능력(지식·기술·태도)을 객관적이고 타당성 있게 평가하는 것이다. 따라서 일반적인 지식측정 위주의 평가가 아닌, 해당 기업·공공기관의 직무수행을 위해 필수적으로 갖추어야 할 직무수행능력을 실제 직무환경에서 어떻게 발현할 수 있는지를 창의적으로 평가한다. 따라서 해당 기업·공공기관의 특성을 반영한 직무수행능력 평가문항 출제를 위해 [공공기관 실무자-NCS 전문가-채용문항 개발전문가] 간의 협업을 통한 문항 출제로 문항의 객관성 및 신뢰도를 제고하고 있다.

그림 18 기존 전공시험과 직무수행능력평가 비교

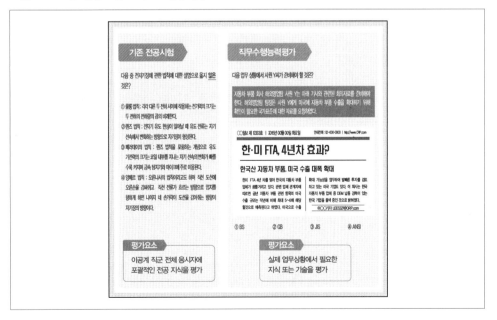

NCS기반 직무수행능력평가

서술형 문항 예시 (경영기획)

직군(직무)	경영기획	총 문항수	30문항	총 평가시간	1시간				
관련 능력단위	예산편성 지침수립	관련 능력 단위 요소	과거 실적분석하기	평가방법	서술형	배점	5점	평가시간	2분
문항	- 세부공정표 작성 방법을 서술하시오								
평가 시 유의사항	- 정답의 키워드가 답안에 제시되어 있는지 여부를 평가한다. - 키워드가 3가지 이상 제시되어 있으면 3점, 2가지가 제시되어 있으면 2면, 1개가 제시되어 있으면 1점을 부여하고, 키워드의 내용이 존재하지 않을 경우에는 0점 처리한다.								
모범 답안	1. 분석된 자료를 가지고 단위공정/단위기간 산정 2. 세부공정계획을 작업 별로 세분화시켜 각 요소 별 공사를 최적화하여 작성 3. 세부공정 별 Work-Flow 작성 4. 주요자재의 발주계획 수립 5. 각 단위공정에 대한 소요일수 및 작업불능일수 계산								

선택형 문항 예시 (경영기획)

직군(직무)	경영기획	총 문항수	30문항	총 평가시간	1시간				
관련 능력단위	연간종합 예산 수립	관련 능력 단위 요소	사업단위 별 예산 수립 지원하기	평가방법	선택형	배점	3점	평가시간	2분
문항	- 작업 시간에 비용을 결부시켜 MCX 공사의 비용 곡선을 구하여 공사비를 절감하고, 반복적이며 경험이 있는 사업에서 주로 사용되는 공정표는 무엇인가? ① PERT 기법 ② PDM 기법 ③ CPM 기법 ④ LOB 기법								
평가 시 유의사항	- 공정표 작성 프로그램을 사전에 선택하기 위해서는 진행 예정사업의 특징과 규모 및 목적을 정확히 파악하고 이에 따른 공정표 작성 프로그램을 선택 할 수 있는지 여부를 파악하기 위해 출제한다. - 평가는 모범 답안에 따른다.								
모범 답안	- 정답 : ③ CPM 기법 ① PERT 기법 : 신규 사업, 비 반복적인 사업, 경험이 없는 사업에 활용 ② PDM 기법 : 반복적이고 많은 작업이 동시에 일어날 때 활용 ③ CPM 기법 : 반복적이고 경험이 많은 사업, MCX를 주로 사용하며, 공사비 절감을 위한 사업에 사용 ④ LOB 기법 : 반복 작업이 많은 사업에서 기울기로 표시하여 도식화한 작업								

4) 면접전형의 변화

    기존 면접전형에서는 일상적이고 단편적인 대화나 입사지원자의 첫인상, 면접관의 주관적인 판단에 의해서 입사 결정 여부를 판단하는 경우가 많았다. 이로 인해, 면접내용의 일관성이 결여되거나 직무관련 타당성이 부족하여 면접에 대한 신뢰도가 저하되었다. 반면 NCS 기반 면접전형은 채용공고 단계의 「직무 설명자료」에서 직업기초능력과 직무수행능력을 지원자가 갖추었는지를 다양한 면접기법으로 평가하는 데 주요 유형으로는 경험면접, 상황면접, PT면접, 토론면접 등이 있으며 개별기업(기관)의 채용사정(채용전형 시간, 면접대상자 수 등)에 따라 다양하게 활용될 수 있다. 면접시간은 채용직군, 면접대상자 수에 따라 기업·기관별로 상이할 수 있으나, 지원자의 기초능력과 잠재력을 명확하게 파악하기 위해서 1인당 10분~20분 정도의 시간이 주어질 수 있다(기업·기관별 채용상황에 따라 다르게 설정될 수 있다).

그림 19 면접유형

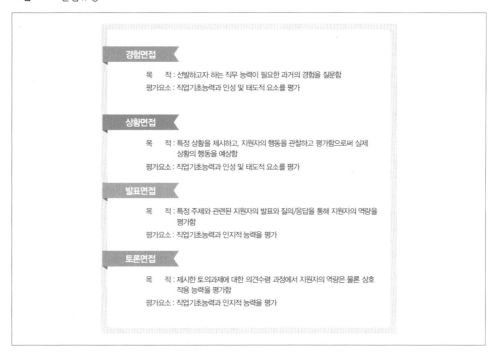

❶ 경험면접

㉠ 시작질문

Q1	남들이 신경 쓰지 않는 부분까지 고려하고 절차대로 업무(연구)를 수행하여 성과를 내신 경험에 대해 구체적으로 말씀해 주십시오.
Q2	조직의 원칙과 절차를 철저히 준비하여 업무(연구)를 수행하여 성과를 향상시킨 경험에 대해 구체적으로 말씀해 주십시오.
Q3	세부적인 절차와 규칙에 주의를 기울여 실수 없이 업무(연구)를 마무리한 경험에 대해 구체적으로 말씀해 주십시오.
Q4	조직의 규칙이나 원칙을 신경 쓰면서 성실하게 일하셨던 경험에 대해 구체적으로 말씀해 주십시오.
Q5	다른 사람의 실수를 바로잡고 원칙과 절차대로 집행하여 성공적으로 업무를 마무리하신 경험에 대해 구체적으로 말씀해 주십시오.

㉡ 후속질문   ⓒ 핵심질문, ⓢ 구제질문, ⓟ 압박질문

1. 상황	상황	구체적으로 언제, 어디서 경험한 일입니까?
		어떤 상황이었습니까?
	조직	어떤 조직에 속해 있을 때 경험이었습니까?
		그 조직의 특성은 무엇이었습니까?
		몇 명으로 구성된 조직이었습니까?
	기간	해당 조직에는 얼마나 일하셨습니까?
		해당 업무는 몇 개월 동안 지속되었습니까?
	조직규칙	조직의 원칙이나 규칙은 무엇이었습니까?
2. 임무	과제	과제의 목표는 무엇이었습니까?
		ⓒ 과제에 적용되는 조직의 원칙은 무엇이었습니까?
		ⓢ 그 규칙을 지켜야 하는 이유는 무엇입니까?
	역할	ⓒ 당신이 조직에서 맡은 역할은 무엇입니까?
		ⓢ 과제에서 맡은 역할은 무엇입니까?
	문제의식	규칙을 지키지 않을 경우 생기는 문제점/불편함은 무엇입니까?
		ⓒ 해당 규칙은 왜 중요하다고 생각하셨습니까?
		해당 규칙으로 인한 불편함이 있었습니까?
		└팀원들은 어떻게 생각하고 있었습니까?
		└해당 규칙이 어떤 영향을 주고 있습니까?
3. 역할 및 노력	행동	ⓒ 업무과정의 어떤 과정에서 규칙을 철저히 준수하셨습니까?
		ⓒ 어떻게 규정을 적용시켜 업무를 수행하셨습니까?
		ⓢ 규정을 준수하는데 어려움은 없으셨습니까?
	노력	ⓒ 그 규칙을 지키기 위해 스스로 어떤 노력을 기울이셨습니까?
		ⓢ 본인의 생각이나 태도에 어떤 변화가 있었습니까?
		ⓢ 다른 사람은 어떤 노력을 기울였습니까?
	동료관계	동료들은 규칙을 철저히 준수하고 있었습니까?

		ⓒ 팀원들은 해당 규칙에 대해 어떻게 반응하였습니까?
		ⓢ 팀원들의 규칙에 대한 태도를 개선하기 위해 어떤 노력을 하셨습니까?
		ⓢ 팀원들의 태도는 당신에게 어떤 자극을 주었습니까?
	업무추진	자신에게 주어진 업무를 추진하는 데 규칙이 방해되진 않았습니까?
		ⓢ 그럼에도 규칙을 준수한 이유는 무엇입니까?
		업무수행 과정에서 규정을 어떻게 적용하셨습니까?
		ⓒ 업무과정에서 규정을 준수해야 한다고 생각한 이유는 무엇입니까?
4.결과	평가	규칙을 어느 정도나 준수하셨다고 생각합니까?
		ⓢ 그렇게 준수하실 수 있었던 이유는 무엇입니까?
		ⓒ 업무의 성과는 어느 정도였습니까?
		ⓢ 성과에 만족하셨습니까?
		ⓟ 비슷한 상황이 온다면 어떻게 하시겠습니까?
	피드백	ⓒ 주변사람들로부터 어떤 평가를 받으셨습니까?
		ⓢ 그러한 평에 대해 만족하십니까?
		ⓢ 다른 사람에게 본인의 행동이 영향을 주었다고 생각하십니까?
	배운점	ⓒ 업무수행 과정에서 중요한 점은 무엇이라고 생각하십니까?
		ⓒ 이 경험을 통해 배우신 것이 있습니까?

❷ 상황면접

상황 제시	인천공항 여객터미널 내에는 다양한 용도의 시설(사무실, 통신실, 식당, 전산실, 창고, 면세점 등)이 설치되어 있습니다.	실제 업무 상황에 기반함
	금년도에는 소방배관의 누수가 잦아 메인 배관을 교체하는 공사를 추진하고 있으며 당신은 이번 공사의 담당자입니다.	배경 정보
	주간에는 공항운영이 이루어지는 관계로 주로 야간에만 배관 교체공사를 수행하던 중, 시공하는 기능공의 실수로 연결 부위를 잘못 건드려 고압배관의 소화수가 누출되는 사고가 발행했으며, 이로 인해 인근 시설물에는 누수에 의한 피해가 발행하였습니다.	구체적인 문제 상황
문제 제시	1. 일반적인 소방배관의 배관연결(이음)방식과 배관의 이탈(누수)이 발생하는 원인에 대해 설명하시오.	문제 상황 해결을 위한 기본지식 문항
	2. 담당자로서 본 사고를 현장에서 긴급히 처리하는 프로세스를 제시하고 보수완료 후 사후적 조치가 필요한 부분 및 재발방지 방안에 대하여 설명하시오.	문제 상황 해결을 위한 추가 대응 문항

❸ 발표면접

Q1 의료기기 제조회사로 연매출은 약 600억원이다. 제조 규모를 확대시키기 위해 작년 500여 명의 신규직원을 채용하였다. 하지만 영업순이익은 인원을 채용한 이래 계속해서 떨어지고 있다. 또한 제품이 생산되는 시간은 늘어났다. 이 문제를 해결하기 위한 방법을 제시하시오.
• 파워포인트를 활용하여 지원분야에 해당하는 관련 지식이나 경험을 바탕으로 자료를 만들어 발표하시오.

❹ 토론면접

▶ 운영시간 ① 자료 검토 및 준비 : 20분,

② 토론 : 40분(지원자 5인)

▶ 토론참가자는 정해진 주제 '가족친화경영을 행복한 일터를 만들기 위한 방안'에 대해 주어진 자료를 가지고 토론하여야 함.

▶ 토론참가자는 자신의 의견을 반영하도록 하고 아울러 토론조의 결론 도출을 위해 효과적으로 토론을 진행하여야 함.

▶ 제공된 자료는 원활한 토론을 위해 수치나 내용 수정 가능함.

그림 20 토론면접 예시

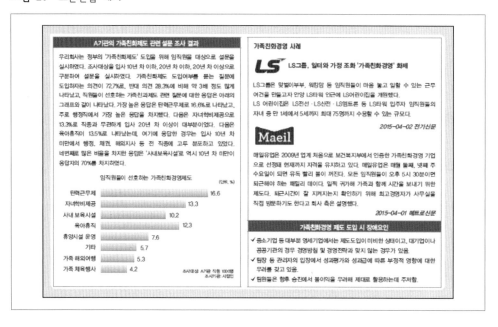

(4) 능력중심채용 사이트(onspec.ncs.go.kr) 활용하기

1) NCS 기반 능력중심채용공고 확인하기

그림 21 능력중심채용 사이트의 공공기관 채용공고

능력중심채용 사이트(onspec.ncs.go.kr)를 접속해 회원가입 및 로그인을 한다.

① [채용정보] 탭을 클릭한다.

② 현재까지 공개 된 공공기관의 채용공고 정보와 해당 기관의 「직무 설명자료」에 대한 정보를 얻을 수 있다.

③ [공공기관 바로가기]를 클릭한다.

④ NCS 기반 능력중심 채용을 도입한 공기업, 기금관리형, 위탁 집행형, 기타 공공기관의 채용정보 및 기관이 추구하는 목표, 홍보영상 및 언론기사 등의 최근 정보를 미리 습득한다.

⑤ [카페]란을 클릭하여 채용관련 정보를 공유하는 페이지로 이동한다.

　(해당 카페에서는 '권역별 상설 설명회' 신청 가능)

* 초기화면 [NCS 정보공유 카페]를 클릭하여도 바로 이동 가능

그림 22   능력중심채용 사이트 메뉴

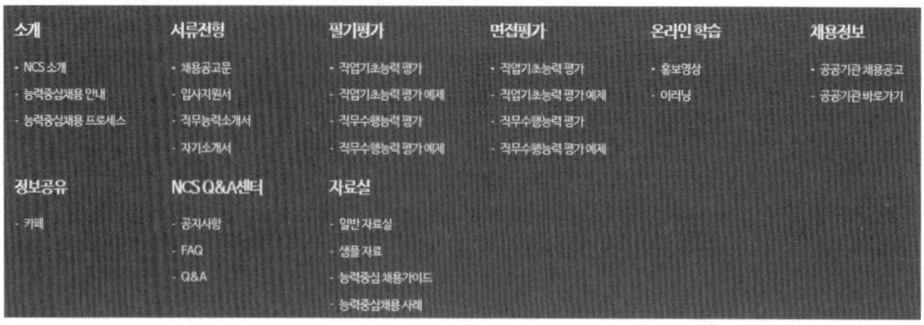

2) 기타 주요정보 활용하기

① [서류전형] 탭을 클릭한다.

② [채용공고문] 탭을 클릭하여, 채용공고문의 목적, 기능, 구성, 효과 등의 내용을 확인한다.

③ [채용공고문 예시] 탭을 클릭하여 NCS 기반 능력중심채용 전형의 채용공고문 예시를 확인한다.

④ [입사지원서] 탭을 클릭하여 기존지원서와 직무기반입사 지원서간의 차이를 확인한다.

⑤ [입사지원서 예시] 탭을 클릭하여 참고할 수 있는 예시를 확인한다.

⑥ [직무능력소개서] 탭을 클릭하여, 지원자의 능력을 기술할 수 있는 경험 및 경력기술에 대한 활용 형식을 확인한다.

⑦ [자기소개서] 탭을 통해서 지원자의 조직 적합성, 직업기초 능력 등을 평가하는 자기소개서 예시를 확인한다.

⑧ [필기평가] 탭을 클릭하여, 필기평가 관련 예시를 확인한다.

⑨ [직업기초능력평가] 탭을 클릭하여 직업기초능력평가와 관련 각 영역에 대한 정의와 해당지표(전체내용 및 엑셀자료)를 확인한다.

⑩ [직업기초능력평가 예제] 탭을 클릭한다.

⑪ 탭에서 필기평가 관련 평가 예시, 유형, 개념 등을 확인한다.

⑫ [평가 예시리스트] 탭을 클릭한다.

⑬ 직업기초능력평가 샘플 자료를 통해서 참고할 수 있는 문제 원형을 확인한다.

⑭ [직무수행능력평가] 탭을 클릭하여, 직무수행능력에 대한 정의와 평가에 대한 특징 및 출제 방향을 참고할 수 있다.

⑮ [직무수행능력평가 예제] 탭을 통해서 문항예시 샘플을 확인할 수 있다.

⑯ [면접평가] 탭을 통해서 직업기초능력평가에 대한 면접전형 유형 및 구성 내용을 확인할 수 있다.

⑰ 직무수행능력평가에 대한 특징을 확인할 수 있다.

⑱ [온라인 학습] 탭을 클릭하여 NCS 기반 능력중심채용 관련 준비방법 및 가이드에 대한 참고 영상자료를 확인할 수 있다.

⑲ [이러닝 탭]을 클릭하여 직업기초능력의 하위영역에 대한 동영상 교육 자료를 참고할 수 있다.

⑳ [카페] 탭을 클릭하여 공공기관채용정보, 채용후기 등 정보를 자유롭게 공유하고 원하는 정보를 요청하거나 상설설명회 참가 신청을 할 수 있다.

(5) NCS 기반 능력중심채용 준비

NCS를 준비하는 방법은 첫 번째, 본인의 꿈과 적성에 맞는 직무를 탐색하여 설정한다. 그리고 본인이 희망하는 직무수행에 필요한 능력이 무엇이며 어떻게 그 능력을 개발할 수 있는지 NCS를 통해 확인한다. 두 번째, 희망하는 기업의 채용공고를 통해 직무별 필요능력(지식, 기술, 태도 등)을 확인하고 그 직무를 수행할 준비가 되었는지 점검한다. 세 번째, NCS 기반평가는「직업기초능력」과「직무수행능력」을 평가하는 방식이므로 취업을 희망하는 기업에서 요구하는 능력을 파악하고 준비한다. 마지막으로 NCS가 반영된 문제를 접하고 풀이하는 학습이 필요하다. 아울러 NCS 기반 채용에서 중요하게 보는「직업기초능력」과「직무수행능력」을 균형있게 개발해야 하며 NCS 기반 채용과 일반 기업 채용의 차이를 인지하고 채용유형과 과정을 정확하게 파악해 대비하는 것이 중요하다.「직무수행능력」은 전공 분야이기 때문에 단기간에 해결할 수 없다. 따라서 아르바이트, 인턴, 동아리활동, 공모전 참여 등 다양한 활동을 통해 경험을 축적하도록 한다. 또한 고등학생이라면 해당 서적 및 수업을 통해 관련 지식에 대해 이해하도록 하고, 대학생이라면 전공 수업 및 서적을 통해 관련 분야에 대한 공부를 한다.

그림 23 NCS 기반 능력중심채용 준비 단계

1단계	2단계	3단계	4단계
본인 희망 직무수행에 필요한 능력을 파악하고 개발 방법을 확인	취업 희망기업 채용공고를 통해 필요능력 확인하고 수행준비 점검	취업 희망기업에서 요구하는 능력 개발	NCS가 반영된 문제를 접하고 풀이하는 학습 진행

그림 24 건강보험공단 NCS 기반 채용을 위한 직무설명서

【NCS기반 채용 직무 설명 자료 : 행정직(일반-6급갑)】

채용분야		행정직(일반)	
분류체계			
대분류	중분류	소분류	세분류
02. 경영, 회계, 사무	01. 기획사무	01. 경영기획	01. 경영기획
		03. 마케팅	02. 고객관리
	02. 총무/인사	01. 총무	01. 총무
		03. 일반사무	02. 사무행정
	03. 재무/회계	02. 회계	01. 회계/감사
03. 금융보험	○ 건강보험급여 : 현재 NCS에 Mapping 가능한 직무(세분류)가 없어, 기관 내 자료를 분석하여 내용 도출		
기관 주요업무	○ 국민의 건강증진을 위한 건강보험 및 노인 장기요양보험에 대한 자격 관리, 보험료 부과 징수, 보험급여 관리, 건강검진사업, 의료시설 운영 등 제반 업무		
능력단위	○ (경영기획) 01.사업환경 분석, 03 경영계획 수립, 05.사업별 투자 관리, 07.경영실적 분석, 09.이해관계자 관리 ○ (고객관리) 02.고객 데이터 관리, 04.고객관리 실행, 05.고객지원, 06.고객 필요정보 제공, 08.비정형 데이터 관리 ○ (총무) 01.사업계획수립, 02.행사지원관리, 07.업무지원, 08.총무문서관리 ○ (사무행정) 01.문서작성, 02.문서관리, 03.데이터 관리, 04.사무자동화 관리운용, 05.사무행정 회계처리, 07.사무행정 업무관리 ○ (회계/감사) 02.자금관리, 03.원가 계산, 04.결산 관리, 07.회계감사, 08사업결합회계, 09.비영리회계 ○ (건강보험급여) 01.급여보장, 02.보험급여, 03.급여관리, 04.자격부과, 05.징수관리		
직무수행내용	○ (경영기획) 경영목표를 효과적으로 달성하기 위해 전략을 수립하고 최적의 자원을 효율적으로 배분하도록 경영진의 의사결정을 체계적으로 지원하는 업무 ○ (고객관리) 고객이 원하는 제품과 서비스를 지속적으로 제공하고 기업에 대한 고객 만족도를 높이기 위해 고객과의 관계를 관리하는 업무 ○ (총무) 조직의 경영목표를 달성하기 위하여 조직 내의 유/무형 자원이 효율적으로 운영되기 위한 자산 관리 및 업무 지원과 관련된 제반 업무 ○ (사무행정) 부서 구성원들이 본연의 업무를 원활하게 수행할 수 있도록 문서 관리 및 작성, 데이터 관리, 사무자동화 관리 운용 등 조직 내·외부에서 요청하거나 필요한 업무를 지원하고 관리하는 업무 ○ (회계/감사) 기업 및 조직 내·외부에 의사결정자들이 효율적인 의사결정을 할 수 있도록 유용한 정보를 제공하며, 제공된 회계정보의 적정성을 파악하는 업무 ○ (건강보험급여) 건강보험급여정책을 수립/지원/운영하고, 보험가입자와 하여 관리하여 보험료를 징수하며 보험급여업무와 보험급여를 기획/관리하는 업무		
전형방법	○ 서류심사→필기시험→면접시험→신체검사→임용		
일반요건	○ 무관		
교육요건	○ 무관		

필요지식	○ **(경영기획)** 핵심성공요소, 기업 경영자원, 산업동향, 예산·재무·관리회계, 기업가치 평가 지표, 경영 전략, 사업성 분석, 기업 경영지원 등 경영계획 수립에 필요한 개념 및 지식 등 ○ **(고객관리)** 고객요구 분석방법, 비정형데이터 활용 관련 지식, 고객심리 관련 지식, 개인정보보호 관련 지식, 자료수집 방법 및 절차 지식, 자료 분류 분석법 등 ○ **(총무)** 환경 분석 방법, 벤치마킹방법, 재무관리 기초, 사내하도급법, 개인정보보호, 정보통신, 지적재산권에 관한 법률, 행사 기획, 운영, 평가 방법, 위기사항 대응매뉴얼 등 ○ **(사무행정)** 문서작성/문서관리/문서기안 규정 및 지침에 대한 이해, 문서양식과 유형에 대한 지식, 업무용 소프트웨어의 특성 및 기능 이해, 데이터 특성 및 분석 기법 관련 지식, 공지문서 종류와 기준에 대한 지식 등 ○ **(회계/감사)** 외부감사 및 회계 등에 관한 규정, 원가회계시스템의 종류와 절차, 재무제표 관련 지식, 계정과목에 대한 지식, 사업결합회계 관련 규정에 대한 지식 등 ○ **(건강보험급여)** 보험급여제도에 대한 지식, 민법, 소득세법 등 유관 법령 관련 지식, 의약학적 지식
필요기술	○ **(경영기획)** 경영환경 분석기법, 사업별 자원배분 기법, 핵심가치·자산·역량에 대한 분석기법, 예산관리 적용·산출 기법, 손익분기점(BEP) 분석기술, 사회조사방법론, 기획서·보고서 작성기술 등 ○ **(고객관리)** 자료 구축 및 활용 기술, 통계 분석 기술, 고객 응대 기술, 고객관리시스템 활용 기술, 고객 분석 능력 등 ○ **(총무)** 정보 수집 기술, 컴퓨터 활용기술, 보안장비 운용기술, 재고 관리 능력, 문서 분류 및 작성 기법 등 ○ **(사무행정)** 문서작성 및 편집 기술, DB 자료 수집, 관리 및 활용 기술, 업무용 소프트웨어 및 사무기기 활용 기술, 전자정보시스템 활용 기술 등 ○ **(회계/감사)** 손익산정능력, 계정과목 분류 능력, 계산 관련 프로그램 활용 능력, 재무제표 작성 및 검증 능력, 자산 및 부채에 대한 평가 능력 등 ○ **(건강보험급여)** 문서작성기술, 통계분석기술, 컴퓨터 활용 기술 등
직무수행 태도	○ 적극적인 정보 수집 자세, 원활한 의사소통 태도, 논리적/분석적/객관적 사고, 업무 규정 및 일정 계획 준수, 고객서비스 지향, 정보보안 중시, 적극적인 협업 태도, 윤리의식, 보안의식, 안전의식 등
필요자격	○ 공인어학성적(TOEIC 700점 이상, TEPS 555점 이상, TOEFL 79점 이상) 보유자 다만, 공단(계약직 포함) 또는 고객센터 2년 이상 근무경력자(휴직기간 제외)의 경우, 위 자격요건과 무관함
관련자격	○ 행정사, 원가분석사, 정보처리기사, 컴퓨터활용능력 1급, 사회조사분석사 1급, 한국사능력시험(1~3급)
직업기초능력	○ 의사소통능력, 수리능력, 문제해결능력, 대인관계능력, 정보능력, 자원관리능력
참고사항	○ 참고사이트: www.ncs.go.kr ○ 위 직무기술서는 현재 개발된 NCS 가운데 공단의 채용직무와 관련된 NCS 중 대표적 NCS를 일부 선정하여 작성하였습니다. 따라서 향후 NCS 개발 동향과 공단 주요사업 변경 내·외부 상황에 따라 변경될 수 있음을 양지하여 주시기 바랍니다

그림 25 건강보험공단 NCS 기반 입사지원서

NCS 기반 입사지원서

1. 인적 사항

* 인적 사항은 필수항목으로 반드시 모든 항목을 기입해주십시오.

성명	(한글)		
생년월일		성별	
주소 (주민등록주소 지 기준)			
전화번호		휴대폰	
E-mail			
병역사항	(필, 미필, 면제, 해당없음 중 택1)		
학력사항	재학기간		소재지
	○○○○.○○~○○○○.○○		
우대사항 항목	(1) 「국가유공자 등 예우 및 지원에 관한 법률」등에 따른 취업지원대상자 　　※ 가점비율은 국가보훈처에서 발급하는 취업지원대상자증명서로 확인 (2) 「장애인복지법」제32조에 따른 등록 장애인 (3) 국민기초생활보장법 제2조제2호에 따른 기초생활보장 수급자 (4) 최종학력기준 강원지역 소재 학교 출신자 또는 실거주자 　　※ 대학이하(고졸 및 전문대 포함)최종학력 기준 강원지역 소재 학교인 자 또는 공고일 현재 　　　주민등록 상 연속하여 1년 이상 가원지역에 거주하고 있는 자 (5) 우리 공단에 청년인턴으로 계약하여 4개월 이상 근무한자 (6) 공공기관에 청년인턴으로 계약하여 4개월 이상 근무한자 (7) 2013년이후 공단에 1년이상(휴직기간 제외)근무경력자(계약직 포함) (8) 2013년이후 국민건강보험공단 고객센터, 일산병원, 서울요양원 근무경력 2년(휴직 기간 제외) 　　이상인자 (9) 경력단절기간 1년 이상 여성 　　※ 접수마감일 현재 기준으로 경력단절 1년 이상 여성으로 무직인자 　　※ 단시간근로(시간선택제)지원자만 해당(경력단결여부는 「고용보험 피보험자격 이력내역서」 　　　로 확인)		

2. 필수 자격 사항(세부 모집분야에 따라 구분)

*필수 자격 사항은 지원하는 분야에서 요구하는 최저 기준(자격증,전공,경력)을 보유하고 있는지 여부를 확인하는 것으로써 사실에 근거하여 기입하여 주십시오.

(1) 필수자격증(통계-SAS 또는 SPSS 자격증, 노무사-공인노무사 자격증 소지자, 단 공인노무사법 시행령 제15조에 의한 직무개시 등록된 자에 한함)

자격증명	발급기관	자격증 만료	취득일자

(2) 어학점수(TOEIC 700점 이상, TEPS 555점 이상, TOEFL 79점 이상)-행정(일반)

종류	발급기관	점수	취득일자

(3) 전공(통계-통계학 관련)

3. 교육 사항

3.1 학교교육

* 학교교육 : 제도화된 학교 내에서 이루어지는 고등교육과정
* 아래의 예시를 잘 보고 각항목별로 해당되는 학교교육 및 성적을 최대 5개까지 기입해주십시오. 고등학교 교육과 대학교 교육이 모두 있는 경우에도 이를 합해 최대 5개를 넣을 수 없습니다. 상위교육기관의 교육을 위주로 기입해주십시오. 단, 성적을 확인할 수 없는 과목(P/F)은 기입할 수 없습니다.
※ 직무능력과 무관한 교육사항이나 사실과 다른 내용을 입력할 경우 불이익을 당할 수 있으므로 주의해서 입력하시길 바랍니다.

예시

[회계/감사] 관련 학교교육을 받은 경험이 있습니까?
'예'라고 응답한 항목에 해당하는 내용을 아래에 기입해 주십시오   예(   )   아니오(   )

구분	교육과정명	주요내용	고등학교		대학교	
			내신	이수단위	취득학점	이수학점
고등학교	회계	기본적인 회계개념을 이해시키고 재무정보를 활용할 수 있는 능력을 배양시켜서 앞으로 회계학과 경영학을 숙지해 가는 데 필요한 소양을 획득하도록 한다.	2	3	-	-
대학교	세무회계	기업의 일반세무회계를 집중적으로 다루는 교육과정	-	-	A0	3

1) 기입하고자 하는 내용이 고등학교 과목인 경우 "고등학교"를, 대학교 과목인 경우 "대학교"를 기입합니다.
2) 교육과정 이름을 기입합니다.
3) 교육과정의 개요 또는 학습목표 등을 간략히 기입합니다.
4) 고등학교 교육인 경우 취득한 내신등급(1~9)을 기입합니다. 대학교 교육인 경우에는 기입하지 않습니다.
5) 고등학교 교육인 경우 이수단위를 기입합니다. 고등학교 교육인 경우에는 기입하지 않습니다.
6) 대학교 교육인 경우 "취득학점(A+~D-)"을 기입합니다. 고등학교 교육인 경우에는 기입하지 않습니다.
7) 대학교 교육인 경우 "이수학점"을 기입합니다. 고등학교 교육인 경우에는 기입하지 않습니다.

학교교육사항(1)

[경영기획] 관련 학교교육을 받은 경험이 있습니까?
'예'라고 응답한 항목에 해당하는 내용을 아래에 기입해 주십시오   예(   )   아니오(   )

구분	교육과정명	주요내용	고등학교		대학교	
			내신	이수단위	취득학점	이수학점
중략						

학교교육사항(2)

[고객관리] 관련 학교교육을 받은 경험이 있습니까?
'예'라고 응답한 항목에 해당하는 내용을 아래에 기입해 주십시오   예(   )   아니오(   )

구분	교육과정명	주요내용	고등학교		대학교	
			내신	이수단위	취득학점	이수학점
중략						

학교교육사항(3)

[총무] 관련 학교교육을 받은 경험이 있습니까?
'예'라고 응답한 항목에 해당하는 내용을 아래에 기입해 주십시오   예(   )   아니오(   )

구분	교육과정명	주요내용	고등학교		대학교	
			내신	이수단위	취득학점	이수학점
중략						

학교교육사항(4)

[사무행정] 관련 학교교육을 받은 경험이 있습니까?
'예'라고 응답한 항목에 해당하는 내용을 아래에 기입해 주십시오   예(   )   아니오(   )

구분	교육과정명	주요내용	고등학교		대학교	
			내신	이수단위	취득학점	이수학점
중략						

학교교육사항(5)

[회계/감사] 관련 학교교육을 받은 경험이 있습니까?
'예'라고 응답한 항목에 해당하는 내용을 아래에 기입해 주십시오   예(   )   아니오(   )

구분	교육과정명	주요내용	고등학교		대학교	
			내신	이수단위	취득학점	이수학점
중략						

학교교육사항(6)

[건강보험급여] 관련 학교교육을 받은 경험이 있습니까?
'예'라고 응답한 항목에 해당하는 내용을 아래에 기입해 주십시오   예(   )   아니오(   )

구분	교육과정명	주요내용	고등학교		대학교	
			내신	이수단위	취득학점	이수학점
중략						

3.2 직업교육

* 직업교육 : 고용노동부의 등록된 직업훈련
* 아래의 지시 잘 보고 각항목별로 해당되는 학교교육 및 성적을 최대 5개 까지 기입해주십시오.
※ 직무능력과 무관한 교육사항이나 사실과 다른 내용을 입력할 경우 불이익을 당할 수 있으므로 주의해서·입력
  하시길 바랍니다.

예시			
[경영기획] 관련 학교교육을 받은 경험이 있습니까?			
'예'라고 응답한 항목에 해당하는 내용을 아래에 기입해 주십시오		예( ) 아니오( )	
교육과정명	기관명	이수시간	내용
데이터베이스 운영 관 리 및 최적화 튜닝	한국○○○○ 진흥원	52	데이터베이스의 문제 요소 및 문제가 되는 SQL 을 도출해내고 특히, 이들 SQL의 문제점을 정확 히 분석할 수 있도록 훈련받는 교육과정

직업교육사항(1)			
[경영기획] 관련 학교교육을 받은 경험이 있습니까?			
'예'라고 응답한 항목에 해당하는 내용을 아래에 기입해 주십시오		예( ) 아니오( )	
교육과정명	기관명	이수시간	내용
중략			

직업교육사항(2)			
[고객관리] 관련 학교교육을 받은 경험이 있습니까?			
'예'라고 응답한 항목에 해당하는 내용을 아래에 기입해 주십시오		예( ) 아니오( )	
교육과정명	기관명	이수시간	내용
중략			

직업교육사항(3)			
[총무] 관련 학교교육을 받은 경험이 있습니까?			
'예'라고 응답한 항목에 해당하는 내용을 아래에 기입해 주십시오		예( ) 아니오( )	
교육과정명	기관명	이수시간	내용
중략			

직업교육사항(4)

[사무행정] 관련 학교교육을 받은 경험이 있습니까?

'예'라고 응답한 항목에 해당하는 내용을 아래에 기입해 주십시오   예(   )   아니오(   )

교육과정명	기관명	이수시간	내용
중략			

직업교육사항(5)

[회계/감사] 관련 학교교육을 받은 경험이 있습니까?

'예'라고 응답한 항목에 해당하는 내용을 아래에 기입해 주십시오   예(   )   아니오(   )

교육과정명	기관명	이수시간	내용
중략			

직업교육사항(6)

[건강보험급여] 관련 학교교육을 받은 경험이 있습니까?

'예'라고 응답한 항목에 해당하는 내용을 아래에 기입해 주십시오   예(   )   아니오(   )

교육과정명	기관명	이수시간	내용
중략			

4. 자격 사항

* 자격은 직무와 관련된 국가공인 기술/전문/민간 자격증을 의미합니다. 아래 직무관련 자격증과 코드를 확인하고
  자신이 보유한 자격증에 대해 정확히 기입해주십시오.

직무관련 자격 목록	
-행정사 -원가분석사 -정보처리기사 -컴퓨터활용능력 1급 -사회조사분석사 1급 -한국사능력검정시험(1~3급)	

* 위의 자격목록에 제시된 자격증 중에서 보유하고 있는 자격증을 아래에 모두 기입해 주십시오.

근 무 기 간	발급기관	자격증 번호	취득일자

* 그 외, [직무 혹은 직무관련 지식]에 관련된 자격증은 아래에 모두 기입해 주십시오.(최대 5개까지)

발급기관	자격증명	취득일자

* 아래는 [행정(일반)직무와 관련된 세부직무와 그 내용입니다. 아래 아내에 따라 경력사항과 경험사항을 작성해 주십시오.

세부직무	내용
경영기획	경영목표를 효과적으로 달성하기 위해 전략을 수립하고 최적의 자원을 효율적으로 배분하도록 경영진의 의사결정을 체계적으로 지원하는 직무
고객관리	현재의 고객과 잠재고객의 이해를 바탕으로 고객이 원하는 제품과 서비스를 지속적으로 제공함으로써 기업과 브랜드에 호감도가 높은 고객의 유지와 확산을 위해 고객과의 관계를 관리하는 직무
총무	조직의 경영목표를 달성하기 위하여 자산의 효율적인 관리, 임직원에 대한 원활한 업무 지원 및 복지지원, 대·내외적인 회사의 품격 유지를 위한 제반 업무를 수행하는 직무
사무행정	부서(팀) 구성원들이 본연의 업무를 원활하게 수행할 수 있도록 문서관리, 문서작성, 데이터 관리, 사무자동화 관리운용 등 조직 내부와 외부에서 요청하거나 필요한 업무를 지원하고 관리하는 업무
회계·감사	기업 및 조직 내,외부에 있는 의사결정자들이 효율적인 의사결정을 할 수 있도록 유용한 정보를 제공하며 제공된 회계정보의 적정성을 파악하는 직무
건강보험급여	건강보험급여정책을 수립/지원/운영하고, 보험가입자와 사업장을 관리하며 보험료를 징수하며, 보험급여업무(수가급여, 급여보장, 약가관리 및 협상 등)와 보험급여기획/관리업무를 수행하는 직무

5. 경력사항

* 아래 공란에 지원자의 모든 경력사항을 작성하고, [행정(일반)]과 관련 세부직무를 수행한 경험이 있다면 안내에 따라 그 내용을 기입해주십시오.(최대 5개지)
* 경력은 근로계약을 맺고 금전적 보수를 받으며 일했던 이력을 의미합니다.

no	구분[1]	근무기간[2]	소속조직명[3]	소속부서[4]	직위/직급[5]	관련 세부직무[6]
예시	기타	2013.01.01.~2013.12.31	○○그룹	○○팀, ◇◇팀	대리	고객관리
1		~				
2		~				
3		~				
4		~				

1) 「국민건강보험공단 청년인턴」, 「공공기관 청년인턴」, 「국민건강보험공단 고객센터」, 「일산변원」, 「서울요양병원」, 「국민건강보험공단 근무」, 「기타」 중 택1.
   단, 「기타」로 입력한 경우 "관련 세부직무"를 반드시 기입합니다.
2) 작성예시: 2013.01.01 ~ 2013.12.31
3) 근무했던 기업 또는 기관의 이름을 기입합니다.
4) 해당 조직에서 소속되었던 부서명을 모두 기입합니다.
5) 해당 조직에서 자신의 최고 직위 또는 직급을 기입합니다.
6) 구분 항목에 「기타」로 입력한 경우, 위에 제시된 세부직무 중 본인이 직접 수행했던 세무직무를 기입합니다.
※ 경력란이 부족할 경우 작성란을 추가하여 작성 할 수 있습니다.

6. 경험사항

* 직무관련 기타 활동은 산학활동, 팀과제 활동, 프로젝트 활동, 연구회 활동, 동아리/동호회 활동, 재능기부 활동 등을 포함합니다. 아래와 관련된 활동을 했던 경험이 있다면 그 내용을 기입해주십시오(최대 5개까지)

활동기간	소속단체	역할	주요활동내용	관련세부직무
~				
~				
~				
~				
~				

1) 작성예시: 2013.01.01.~2013.12.31.
2) 활동했던 소속단체의 이름을 기입합니다.
3) 해당 경험에서 본인이 담당했던 역할을 기입합니다.
4) 본인의 활동을 간략히 기입합니다.
5) 관련 세부직무를 기입합니다.

위 사항은 사실과 다름이 없음을 확인하며 상기 내용이 사실과 다를 시
어떠한 불이익도 감수할 것임을 약속합니다

지원날짜 :   년   월   일
지원자: _____(인)

그림 26   건강보험공단 NCS 기반 자기소개서

자 기 소 개 서

1. 지원 분야와 관련된 업무 경력 및 실적 등 경력사항이나 기타 경험 및 활동에 대하여 상세히 기술해 주시기
   바랍니다. 경력사항의 경우, 채용 분야의 직무와 관련하여 기업 또는 조직에서 실제적으로 수령한 업무에 관
   하여 작성해 주십시오. 경험 및 활동의 경우, 산학, 팀 프로젝트, 연구회, 동아리/동호회, 재능기부 등 지원
   분야와 관련하여 쌓은 경험에 관하여 작성해 주십시오.(600자 이내)

   1-1. 지원한 직무와 관련한 경력이나 경험 및 활동의 내용을 기술해 주십시오.(200자 이내)
   1-2. 해당 조직이나 활동에서 본인이 맡았던 역할을 기술해 주십시오.(200자 이내)
   1-3. 해당 경험이 국민건강함보공단 입사 후 업무 수행에 어떠한 도움을 줄 수 있는지 기술해 주십시오.
       (200자 이내)

2. **[의사소통능력]** 자신이 속했던 조직(학교, 회사, 동아리 등) 안에서 자신의 의견이 다른 조직 구성원을 효과적
   으로 설득하거나 합의를 이끌어낸 경험이 있습니까? 당시 상황을 간략하게 요약하고 성공 요인이 무엇이라고
   생각하는지 기술해 주십시오.(400자 이내)

3. **[대인관계능력]** 공동의 과제를 여럿이서 함께 수행하는 과정에서 갈등이 발생했을 때 갈등을 원만하게 해결한
   경험이 있습니까? 갈등 상황을 간략하게 기술하고 해당 문제를 해결하기 위해 발휘한 본인의 역량과 역량에
   따른 결과를 구체적으로 기술해 주십시오.(400자 이내)

4. **[자원관리능력]** 팀 프로젝트나 그룹과제와 같은 공동 작업을 할 때 팀원들의 성격과 특성을 잘 파악하여 각
   사람들에 맞는 역할을 부여함으로써 효과적으로 일을 완료한 경험이 있다면 기술해 주십시오. 구체적인 사례
   와 함께 본인이 취했던 전략이나 방식들을 충실하게 기술해 주십시오.(400자 이내)

3 글 잘 쓰는 요령

취업준비생들은 당장 자기소개서를 작성할 때 제한된 글자 수를 준수하면서 직무와 관련된 자신의 경험과 경력을 논리정연하게 표현해야 한다. 그리고 누구나 표현하는 진부한 글보다는 나만의 특성을 살려 참신하고 개성 있게 자기소개서를 작성하기 위해서는 평소 글 쓰는 연습을 게을리해서는 안 된다.

글쓰기는 입사 지원 시 자기소개서 작성할 때만 필요한 것이 아니다. 무역회사에 취업하게 되면 바이어와 소통을 말로만 하는 것이 아니라 필요에 따라 서신, 이메일을 주고받아야만 하는 경우도 있다. 따라서 자신의 의견과 생각을 글로 표현하여 전달해야 하는 경우도 많이 생긴다. 그러나 아무리 외국어 실력이 뛰어나다 하더라도 글쓰기에 익숙하지 않다보니 자신은 본인이 글로 표현한 내용을 이해했는지 모르겠으나 제3자가 받아보면 도통 무슨 의미를 전달하려고 하는 것인지 내용 파악이 안 되는 경우가 빈번하다. 특히 우리말 작문에서 보면 문장은 꼬여 이해하기가 어렵고 주어가 없거나 능동문과 수동문이 혼재되어 있으며 불필요한 조사가 남발되고 또한 정작 해야 할 말은 생략되고 논리적으로도 상충되는 표현을 쉽게 찾아볼 수 있다. 단순한 의사전달 수단인 서신이나 이메일에서 조차 이런 현실이니 요즘 젊은층에게 조사보고서를 작성하도록 지시하면 대부분 엄두를 내지 못하거나 많은 양질의 정보를 취득하였다 하더라도 그 뜻을 제대로 표현하지 못해 보고서 작성은 이들이 가장 기피하는 업무 중 하나가 되어 버렸다.

글을 잘 쓰기 위해서는 남의 글을 자주 읽어야 한다. 신문, 잡지는 물론이고 무역 또는 경제 관련 각 사이트에 올라와 있는 보고서 등을 자주 읽고 좋은 표현은 모방하도록 한다. 또한 글을 자주 써보면 자연스레 문장력이 늘어난다. 따라서 글 쓰는 습관을 갖도록 노력한다. 비즈니스에서 글을 쓰는 목적은 나의 생각과 계획, 새로운 정보 등을 남에게 전달 또는 제공함에 있다. 아무리 긴 장문의 글이라 하더라도 전하고자 하는 메시지가 없다면 무의미한 글이 되고 만다. 글을 쓰기 전에 전달하고자 하는 내용이 무엇인지 먼저 생각하고 정리한 후 글을 써나가도록 한다.

글을 쓸 때 초보자가 한 문장을 너무 길게 쓰게 되면 당초 전달하려고 했던 본류(本流)에서 벗어나 엉뚱한 방향으로 문장을 작성하게 된다. 이것은 문장이 꼬여 이해할 수 없는 글이 되고 마는 가장 큰 원인이 된다. 따라서 초보자일수록 문장을 최대한 간결하게 단문 위주로 짧게 잘라 작성하도록 한다. 비즈니스 글쓰기는 아름답고 박식한 표현이 아닌 내 생각을 제3자에게 명확히 전달함에 그 목적이 있다는 사실을 항상 염두에 두고 글을 쓴다.

　한글로 작성하는 편지나 보고서에서 불필요한 조사가 남발되지 않도록 유념한다. 글쓰기에서 이미 언급했던 말이나 표현을 반복하는 것은 글의 의미 전달을 희석시킬 뿐 아니라 이해하는 데 결코 도움을 주지 않는다. 글을 쓸 때는 표현했던 말을 반복 기술하지 말고 군더더기 표현은 과감히 생략하며 요점 위주로 작성토록 한다. 그리고 글이란 문어체이기 때문에 구어체와는 달리 가능한 주어를 분명히 밝힌다. 말로 의사를 전달 할 때는 상대방과 대화의 흐름이 있기 때문에 주어를 생략해도 의미 전달이 쉽게 되지만 글은 대면(對面) 의사전달이 아닌 문어체이기 때문에 주어가 없으면 이해하기가 어렵게 된다.

　아무리 긴 문단의 글이라도 궁극적으로 꼭 전달하고자 하는 핵심문장이 있게 된다. 상대방이 더 주의를 기울이고 읽어 이해할 수 있도록 핵심 문장이나 강조해야 할 부분은 고딕 처리를 하거나 밑줄을 친다. 그리고 작문이 완성되면 꼼꼼히 오탈자는 없는지 문법에 맞게 작성되었는지 전하고자 하는 내용이 모두 포함되었는지 애매한 표현은 없는지 반드시 체크하고 동료에게 보여준 후 본인이 의도했던 내용을 그 동료가 이해했는지 확인을 거쳐 발송하거나 상부에 보고 한다.

표 3 글 잘 쓰기 위한 10계명
① 남의 글을 많이 읽고 모방하라.
② 서툴더라도 글쓰기를 생활화 하라.
③ 항상 글에는 전하고자 하는 메시지가 있어야 함을 명심하라.
④ 초보자는 단문으로 써라.
⑤ 가급적 일본식 한자어를 피하고 쉬운 우리말을 사용한다.
⑥ 불필요한 조사를 남발하지 말라. 특히 '의'를 남용하지 말라.
⑦ 중언부언(重言復言)하지 말고 요점 위주로 작성하라.
⑧ 가능한 주어를 생략하지 말라.
⑨ 강조해야 할 부분은 고딕이나 밑줄 처리를 하라.
⑩ 작문을 마친 후, 남의 입장에서 이해가 되는지 면밀히 검토하라. (동료에게 보여주고 이해를 했는지 확인한다)

　취업 후, 해외시장조사를 하다보면 외국어로 작성된 자료를 번역해야 하는 경우가 많이 생긴다. 번역을 잘하려면 해당 외국어에도 능숙해야 할 뿐만 아니라 한국어 구사 및 문장력도 뒷받침되어야 한다. 외국어로 작성된 기사나 보고서 등을 번역할 때 전체적으로 통독(通讀)하여 대략적인 요지를 먼저 파악하고 정독(精讀)을 하도

록 한다. 번역문도 궁극적으로 전달하고자 하는 핵심 내용 파악이 중요하다. 신문기사의 경우, 제목을 먼저 보고 결론은 대부분 기사 앞부분에 있거나 뒷부분에 있으므로 이 부분을 세밀하게 읽어본다. 번역에서 무엇보다 중요한 것은 한국말답게 번역해야 한다. 직역을 하다보면 어색한 번역이 되기 쉽다. 특히 영어의 경우, 원문에 수동태 문장이 자주 나오는데 이를 수동태 그대로 번역하면 어색한 번역을 하게 된다. 문장이 서로 매끄럽게 연결될 수 있도록 필요하다면 적절한 접속어를 삽입한다.

　　번역은 논리적으로 기술되어야 한다. 번역한 문장 하나하나는 의미 전달이 되나 문장이 모여 문단으로 묶어 읽게 되면 의미 전달이 안 되는 경우가 있다. 하나의 문장을 잘 번역하는 것도 중요하지만 문단 또는 전체 번역문에 대한 의미 전달이 이루어져야 한다. 번역을 하다보면 원문 기사나 보고서를 모두 번역하는 것이 불필요한 경우도 있다. 이 경우, 번역문을 이해하는 데 오히려 방해 요인이 될 수도 있으므로 이런 부분은 과감히 번역에서 제외한다. 또한 필요한 경우 원문 순서대로 번역문을 작성할 것이 아니라 이해나 논리전개에 도움이 된다면 문단 자체의 순서를 변경시키는 것이 오히려 더 나을 때도 있다. 모든 외국어 단어들을 우리 단어로 100% 전환시킬 수는 없다. 단어에 따라 미묘한 차이가 있을 수 있기 때문에 이런 단어는 가장 가까운 한국어로 번역하되 원어를 동시에 표시해둔다. 같은 보고서에서 도량이나 화폐단위가 일치하지 않으면 보고서를 이해하는데 방해가 된다. 예를 들어 m, feet, yard, km, mile 등 도량형을 하나로 일치시키고 US$, USD, $, 달러, 불 등 화폐단위도 일관성을 갖고 작성 한다.

　　아무리 외국어 원문을 우리말답게 매끄럽게 번역했다 하더라도 이해하기 어려운 부분도 생긴다. 이 경우 관련 사진, 도표 등을 삽입하면 이해하기가 훨씬 용이해진다. 또한 미국신문 기사에서는 인터뷰 등 인용기사가 많이 나오는데 이를 직접화법으로 번역하는 것보다는 간접화법으로 번역하는 것이 훨씬 우리말다운 경우가 많이 있다. 어려운 용어는 본문 해석과 관계없이 각주(脚註)로 별도 설명을 달아준다.7

---

7 예) the government's cash−for−clunkers program−노후차량 보상프로그램. 노후된 차량에 대해 탄소배출권(pollution credit)과 교환해 주거나 연비가 높은 신형 차량에 대한 할인 혜택을 주는 등의 정부 지원 프로그램. 1990년대에 사용되다가 2009년에 다시 등장한 어휘.

표 4 외국어 번역 시 유의사항

① 먼저 숲을 보고 <통독(通讀)> 나무를 본다. <정독(精讀)>
② 번역문에서도 궁극적으로 전달하고자 하는 핵심 내용 파악이 중요하다.
③ 한국말답게 번역한다. 필요에 따라서는 접속어를 첨가한다.
④ 기승전결(起承轉結) 논리적으로 번역한다.
⑤ 불필요한 부분은 과감히 번역에서 제외한다.
⑥ 필요한 경우, 번역문의 문단 순서를 이동시킨다.
⑦ 의미 전달이 미묘한 단어는 원어문을 그대로 인용한다.
⑧ 도량 및 화폐 단위를 일치시킨다.
⑨ 관련 사진, 도표 등을 삽입한다.
⑩ 신문기사 번역 시 직접화법보다는 간접화법으로 전환시켜 번역한다.

CHAPTER

03

기업들의 인재채용 주안점 파악

1 공통된 주안점

대학교 진학을 위한 입시에서도 각 대학교 출제경향을 미리 파악하고 준비하듯이 입사의 경우에도 각 기업들의 채용 시 합격기준과 주안점을 사전에 파악하는 것이 중요하다. 여기에는 신입직원 채용 시 공기업, 민간기업 관계없이 대부분 기업들의 공통된 일반적인 주안점이 있고 기업 특성에 따라 특별하게 강조하는 특성화된 주안점이 있다. 공통된 주안점도 시대흐름과 대내외 경제여건, 기업이 처한 상황에 따라 다소간 변화하기도 한다. 종전에는 주로 화려한 스펙(특히 명문교 출신, 높은 학점, 우수한 영어성적, 다양한 수상기록 등)을 갖춘 지원자를 선호하였으나 최근 흐름을 보면 기업들은 업종, 형태, 기업 문화에 관계없이 직원 채용 과정에서 직무와 연계된 경험과 거기서 체득한 자신만의 역량을 담아내는 것을 높이 평가한다. 다시 말해 일반적인 스펙보다는 직무에 필요한 역량을 제대로 갖추었는지를 보는 것이 대세이다. 따라서 아무리 특이하고 매력적인 경험이 있었다 하더라도 직무와 직접적인 연관이 없는 경험이라면 취업에 별 도움이 되지 않는다.

실제로 취업에 여러 번 실패한 후, 학점 및 영어점수 등은 변동이 없었는데 지원 직무에 맞는 경험을 쌓은 후 자기소개서 작성 시 단순히 자신의 경험을 나열하지 않고 자신이 왜 그 직무에 적합한 인재인지 자신의 성격, 성향, 경험 등을 진정성 있게 담아 취업에 성공한 사례는 얼마든지 있다. 또한 서류심사에서도 기업들이 직무와 연관이 있는 스펙만을 평가하며 학점, 외국어성적도 기업이 요구하는 최소한의 수준만 만족하면 취업 문호를 개방하고 있는 추세이다.

　　인적성검사도 거의 비슷하다. 적성검사의 경우 지원자의 인문학적 소양과 언어능력, 수리능력, 추리능력, 공간지각력 등 사고력을 평가하고 있다. 역사적 사실과 같은 단편적인 지식이 아닌 지원자의 인류, 사회, 문화에 대한 이해도과 관심도를 전반적으로 평가하고 있다. 기업마다 약간씩 상이하나 대부분 120~200문항이 출제되며 2시간 내외가 주어진다. 대부분 문항 수에 비해 주어진 시간이 짧은 만큼 시간관리를 잘해야 한다. 그러나 각 기업마다 세부 출제 유형이 상이하니 종전 기업들의 출제문제와 지원자들의 후기도 찾아 참고하며 준비하는 것이 바람직하다.

표 1　일반적인 적성검사 유형

구분	문제유형
언어능력	• 언어이해
	• 언어추리
수리능력	• 기초수리
	• 응용수리
	• 자료해석
추리능력	• 수추리
	• 문자추리
	• 도형추리
	• 도식적추리
공간지각능력	• 블럭맞추기
	• 공간비평
인문학적 소양능력	• 한국사
	• 상식
	• 한자

　　언어이해는 지문을 제시하고 각 지문에서 3~5개 문항을 출제한다. 지문을 읽고 일치하는 내용을 묻는 사실적 이해 문제와 전체 지문의 세부정보와 주제를 파악하는 문제가 주로 출제된다. 또한 지문의 결론을 도출하는 문제, 문장의 논리적 분석 및 단락의 논리적 배열 문제도 자주 출제된다. 언어이해 능력을 향상시키기 위해서는 평소 신문, 잡지 등을 통해 속독 연습을 하는 것이 좋다. 언어추리는 일명 논리퀴즈 문제이다. 평소에 비판적이고 논리적인 관점에서 글을 읽는 연습을 해야 한다. 수리능력은 문제의 조건에 따라 식을 세우고 계산하여 답을 구하는 유형이다. 수리영역에서 고득점을 받기 위해서는 반드시 기본적인 계산능력은 물론 기초적인

수학공식, 원리를 알아두어야 한다. 데이터 및 도표, 통계자료를 참고하여 계산문제를 푸는 자료해석 문제와 방정식 및 확률문제가 주로 나오는 응용수리도 자주 출제된다. 추리능력은 주로 나열된 숫자들의 규칙을 찾는 내용의 수열문제, 도형의 규칙을 찾는 도형추리, 기본도형에 변화규칙을 적용해 나오는 도형과 일치하는 도형을 유추해 정답을 찾는 도식적추리 등이 출제된다. 또한 2개의 블럭을 제시한 후 2개의 블럭을 합쳤을 때 어떤 모양의 블록이 되는지 선택하게 함으로써 공간지각능력을 파악한다. 최근 일부 기업들은 한국사 능력 검정시험 2~3급 수준의 한국사 시험을 적성검사에 포함시키기도 한다. 고등학교 국사 교과서 수준의 지식이 필요하다. 아울러 경제, 경영, 사회, 문화 및 기타 상식과 대한상공회의소 한자능력검정시험 3급 수준의 한자능력을 테스트하기도 한다. 일반적으로 적성검사 대비 노하우는 [표 2]와 같다.

표 2 일반적인 적성검사 대비 노하우

■ 서류전형 이전부터 평소 준비한다.

■ 범위가 넓다고 질보다 양으로 승부하는 것은 위험하다.
 • 단기간에 유형을 파악하기보다 원리를 아는 것이 중요
 • 언어영역은 평소 신문이나 책을 읽어 둔 사람이 유리
 • 언어영역에서 독해력이 좋으면 수리영역에서 자료 해석력도 좋아진다.

■ 각 기업마다 출제 경향이 조금씩 다르기 때문에 출제 흐름을 파악하고 준비한다.

■ 시간 부족을 해소하려면 영역별로 익숙해지도록 한다.
 • 가장 보편적이라고 평가되는 기업의 인적성검사 문제집을 선택해 여러 번 풀어 본다.
 • 스터디 그룹을 만들어 시간을 단축하고 정보를 공유한다.

■ 신문 사설을 읽고 주요 사회 이슈도 관심을 갖고 파악한다.

■ 오답 감점제가 있는지 파악한다.

■ 각 영역별 전문가들의 인터넷 강의를 들어본다.

그림 1   주요 대기업 직무적성검사

한편 인성검사는 직무를 수행하기 위해 갖춰야 하는 성격, 가치관 및 태도 등을 측정하여 지원자가 그 기업의 가치와 부합되는지를 판단하기 위한 검사이다. 정답이 따로 없는 만큼 솔직함과 일관성이 중요하며 특히 너무 극단적인 선택을 하지 않도록 한다. 대부분 시간이 촉박하므로 빠르게 풀어야 한다. 따라서 응시 전, 지원기업의 인재상과 사회공헌활동(CSR) 등을 이해하고 시험에 응하도록 한다.

그림 2 포스코그룹 인적성검사

구분	문제유형	예시문항
적성 검사	언어 : 언어이해/추론	**\<문제1\>위 글의 핵심 내용으로 가장 적절한 것을 고르시오.** 대화는 일반적이고 보편적인 방향으로 나아가기 위한 것이다. 사회의 동인은 대부분 각 주체의 고유 관심사이다. 이 같은 힘에 관심을 가진 주체로서 자신을 인식하고, 자신을 타인에게 열고, 타인과 나의 관심사를 조정하는 것은 중요한 일이다. 대화는 이러한 조정과 긴밀성이 있으며, 이러한 대화 원리의 하나가 공정성이다. 공정성은 자신과 타인의 관계 속에서 작동하기 때문에, 실천적 의미에서 일반성이다. 무엇보다 공정성은 학문적 범위에서도 중요한 요소다. 이전에 수행한 연구논문 뿐만 아니라, 연구 대상에 대해서도 공정성이 요구된다. 더욱 자의적으로 믿고 이해하여 상대방 혹은 상대의 연구를 오해하고 있지는 않은지 살펴야 한다. 그리고 또 다른 원리는 창조성이다. 학문은 새로운 독창성을 요구받고 요구한다. 새로운 인식과 관계의 방향과 자세의 바람직성이 반드시 창조되어야 한다. ① 사회를 움직이는 힘과 원리는 사회 구성원의 주요 관심사다. ② 학술적 의사소통의 기본 요소는 공정성과 창조성이다. ③ 학문 연구는 공정성에 대한 감각을 끊임없이 요구한다. ④ 공정성과 창조성은 보편적인 방향으로 대화를 이끌어 가는 기본 원리이다. ⑤ 학문 연구의 기법을 학습함에 있어서 궁극적인 목표는 창조성에 있다. ※ 정답:②
	수리 : 자료해석, 자료추론	**\<문제1\>다음은 지역별 특허 출원 건수 추이를 나타낸 자료이다.** [자료] 전국, 수도권, 서울의 특허 출원 건수 추이　　　　　　(단위 : 천 건) | 년도 | 지방 | 수도권 | 서울 | | 2010 | 124 | 88 | 43 | | 2011 | 124 | 84 | 42 | | 2012 | 130 | 85 | 42 | | 2013 | 138 | 89 | 43 | | 2014 | 144 | 84 | 44 | . 각 지역의 특허 출원 건수의 평균 증가량으로 2015년의 수도권을 제외한 특허 출원 건수를 예측한 값으로 옳은 것을 고르시오.(계산 완료 후 소수 첫째 자리에서 반올림) ① 190　　② 191　　③ 192　　④ 193　　⑤ 194 ※ 정답:④
	공간 : 공간지각	**\<문제1\>다음 보기 중 아래의 입체도형과 일치하는 것은?** ※ 정답:③

도식 : 도식적 추리	<문제1>다음에 제시되는 도형의 규칙을 적용하여 마지막에 제시되어야 하는 되는 도형을 고르시오. **규칙** A : 도형 색깔 변환 B : 상하대칭 ※ 정답:③
상식 : 경영 · 경제, 사회 · 문화, 시사 · 상식 등	<문제1>다음 현상과 가장 잘 설명하는 용어는 무엇인지 고르시오. 중고 국산 경차를 보유하고 있는 A씨는 최근에 동창 모임에서 친구들이 모두 신형 중형 이상의 외제차를 보유하고 있는 것을 알게 되었다. A씨는 친구들의 영향을 받아 자신도 신형 중형 외제차를 구입했다. ① 전시효과 ② 외부경제효과 ③ 기저 효과 ④ 버블 현상 ⑤ J-커브 효과 ※ 정답:① --- <문제2>다음 현상을 설명하는 용어로 가장 적절한 것을 고르시오. 2004년 서브프라임 모기지론 금리가 상승으로 인해 서브프라임 모기지론을 구매한 금융기관들은 대출금 회수불능사태에 빠져 손실이 발생했고, 그 과 정에 여러 기업들이 부실화되었다. 하지만, 미국 정부는 개입을 공식적으로 부정했고 미국의 대형 금융사, 증권회사의 파산이 이어졌다. 이것이 세계적 인 신용경색을 가져왔고 실물경제에 악영향을 주었으며, 이런 사태는 세계 경제시장까지 타격을 주어 2008년 이후에 세계 금융위기까지 이어지게 되 었다. 즉, 예측과 통제가 불가능한 상황이 실제 발생한 것이었다. ① 어닝쇼크 ② 블랙먼데이 ③ 블랙스완 ④ 어닝서프라이즈 ⑤ 블랙아웃 ※ 정답:③

인성 검사	인성검사는 모두 400문항으로 구성되어 있으며 소요 시간은 약 50분입니다. 주어진 문항의 내용이 본인에게 해당되는 경우에는 "Y", 해당되지 않는 경우에는 "N"에 응답하 는 형식입니다. 문항들 읽으면서 빠른 속도로 솔직하게 응답하는 것이 중요하며, 솔직하게 응답 하지 않을 경우 검사가 무효처리될 수 있습니다."

문항	예	아니오
1. 나는 의사결정을 하기 전에 모든 관점에서 문제를 신중히 생각한다.	☐	☐
2. 나는 명령을 하고 일을 진행시키기를 좋아한다.	☐	☐
3. 나는 활동 계획을 미리 짜기를 좋아한다.	☐	☐
4. 나는 낯선 사람들을 만나면 무슨 이야기를 해야 할지 어려움을 겪는다.	☐	☐

그림 3 적성검사 예시문항

문제유형	예시문항
언어능력	▪ 자동차 : 고속도로 = 사람 : ( ) ① 손 ② 인도 ③ 몸무게 ④ 목소리 ⑤ 머리 • 현우네 우동은 울면보다 맵다. • 동휘네 볶음밥은 우동보다 안 맵다. • 현우네 울면은 동휘네 우동보다 맵다. A. 현우네에서 가장 매운 음식은 우동이다. B. 현우네 우동은 동휘네 우동보다 맵다. ① A만 옳다. ② B만 옳다. ③ A, B 모두 옳다. ④ A, B 모두 틀리다. ⑤ A. B 모두 옳은지 틀린지 판단할 수 없다.
수리능력	▪ 160 × 140cm 크기의 박스에 빈틈없이 선물상자를 넣으려고 한다. 선물상자를 가장 적게 넣을 때 선물상자의 한변의 길이는 몇 cm인가? ① 20cm ② 40cm ③ 60cm ④ 30cm ⑤ 80cm ▪ 8%의 소금물 400g에서 물을 증발시켜 10%의 소금물을 만들려고 한다. 몇 g의 물을 증발시켜야 하는가? ① 220g ② 180g ③ 160g ④ 120g ⑤ 80g 2020년 도시가스 수요량은 2010년에 비해 40% 증가할 것이라 예상된다. 2020년의 도시가스 수요량은 얼마이겠는가? ① 23,035톤 ② 21,420톤 ③ 20,860톤 ④ 19,950톤 ⑤ 18,751톤
추리능력	▪ 네 명의 친구가 간식을 사려고 한다. 다음 조건을 통해 네 친구가 모두 먹을 수 있는 간식으로 알맞은 것은? (가) 동수는 빵과 커피를 싫어한다. (나) 철수는 사과를 싫어한다. (다) 영희는 빵을 싫어한다. (라) 순희는 귤을 좋아한다. ① 빵 ② 과자 ③ 사과 ④ 빵, 커피 ⑤ 귤
한자	▪ 다음 밑줄 친 한자어로 옳은 것은? <보기> 교육교사자격증이 필요하다. ① 敎師 ② 敎友 ③ 交師 ④ 交使

그림 4 인성검사 예시문항

예시문항							
문항예시	응답 Ⅰ					응답 Ⅱ	
사람들과 함께 있을 때 제안하기보다는 다른 사람들의 의견을 따르는 편이다.	1	2	3	4	5	멀다	가깝다
나는 성공하고 싶은 욕망이 매우 강하다.							
'아마', '대충'과 같은 말들을 쓰지 않는다면 생각이 더 명확해질 것이다.							
나는 사람들과 어울릴 수 있는 모임을 좋아한다.							

응답Ⅰ: A, B, C, D 4개의 문항을 읽은 다음 각각의 문항에 대해 자신이 동의하는 정도를 1점(전혀 그렇지 않다) ~ 5점(매우 그렇다)으로 표시하면 됩니다.
응답Ⅱ: A, B, C, D 4개의 문항을 비교하여 상대적으로 자신의 성격과 가장 가까운 문항 하나와 가장 거리가 먼 문항 하나를 선택하셔야 합니다. (응답Ⅱ의 응답은 가깝다 1개, 멀다 1개, 무응답 2개여야 합니다)

2 특성화 주안점

대부분의 기업들은 성실성, 고객지향성, 열정, 목표의식, 책임감을 갖춘 인재들을 채용하고자 전술한 바와 같이 서류전형 → 인적성검사 → 실무진 및 임원 면접 → 신체검사 과정을 거치지만 기업에 따라 독특한 채용절차를 통해 채용하기도 하고 특별한 자격 및 자질을 강조하거나 자격증 소지자를 우대하는 기업들도 있다. 이러한 정보는 각 기업의 채용홈페이지를 방문하면 파악할 수 있다. 따라서 이런 기업에 취업을 희망하는 취업준비생들은 각 기업들의 특성화된 선발과정, 요구하는 자격 및 자질, 우대하는 자격증 등을 염두를 두고 취업을 준비해야 한다. 아울러 각 기업들의 채용 특징도 평소 잘 파악해둘 필요가 있다.

(1) 사례 1

동아제약은 영업부문 지원자의 경우, 실무면접에 앞서 업무에 필요한 기초한자 능력평가를 실시한다.

그림 5 동아제약 신입직원 선발과정

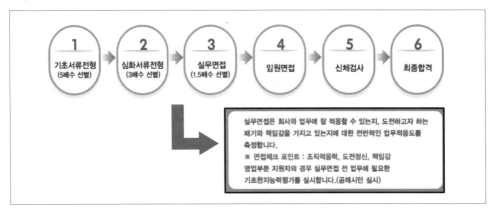

(2) 사례 2

포스코그룹은 일반기업과는 달리 공기업과 같이 직무역량평가를 별도로 실시한다.

그림 6 포스코그룹 신입직원 채용절차

여기서 직무역량평가는 AP/GD 면접, 직무적합성 면접, 역사에세이로 구성되며 지원자의 가치관 및 직무역량 수준 등을 종합적으로 검증한다.

❶ AP/GD면접

AP/GD면접은 제시된 과제에 대해 분석/발표(AP : Analysis Presentation)를 하고, 발표 내용을 지원자 5~6명이 그룹토론(GD : Group Discussion)하는 면접이다. 이 면접에서는 지원자의 전략적 사고, 창의적 문제해결, 팀워크, 커뮤니케이션 등을 평가한다.

❷ 직무적합성 면접

지원자의 회사 정착성, 적응력, 성장 잠재력과 지원직군에 적합한 지식, 스킬,

태도 등 직무역량 보유수준을 평가하는 절차이다. 직무역량은 지원직군의 현업부서 면접위원이 NCS(국가직무능력표준) 기반의 직무지식 중심으로 심사한다. 특히 기술계는 직무지식과 물리·수학·화학 등 공학기초도 평가한다.

❸ 역사에세이

역사에세이는 제시된 역사 관련 주제에 대해 지원자의 의견을 자유롭게 기술하는 형식으로 진행되며, 작성한 에세이를 통해 지원자의 역사지식과 인문학적 소양 등을 확인한다.

(3) 사례 3

그림 7 대한항공 일반직 신입사원 모집 공고문

2016년도 대한항공 신입사원 모집

"세계 항공 업계를 선도하는 글로벌 항공사" 대한항공에서 2016년도 신입사원을 모집합니다. 진취적이고 창의력 있는 여러분의 많은 지원 바랍니다.

1. 모집기간
   2015년 9월 7일(월)~9월 18일(금) 18:00까지
2. 모집분야 및 대상전공

모집분야		대상전공
일반직	일반관리	• 상경, 법정계열, 신문방송 • 통계, 수학, 산업공학 • 영어, 중국어, 러시아어, 스페인어, 포어, 아랍어, 불어, 독어, 일어
	운항관리	• 항공교통, 천문기상 등 기상 관련 학과 - 우대자격: 운항관리사, FAA DISP, 항공교통관제사

※ 모집 대상전공 복수/이중 전공자도 지원 가능합니다.

3. 지원자격
   • 모집 대상 전공자(기졸업자 또는 2016년 2월 졸업예정자 포함)
   • TOEIC 750점 또는 TEPS 630점 또는 OPIc LVL IM 또는 TOEIC Speaking LVL6 이상 자격 취득한 자
     - 2013년 10월 이후 응시한 성적에 한합니다.
     - 해외대학교 학사/석사/박사 학위 취득자 중 상기 영어 성적이 없으신 경우, 영어 성적을 미입력하여 제출 가능하나 3차면접 전에는 반드시 제출하셔야 합니다.
   • 병역필 또는 면제자로 학업성적이 우수하고, 해외 여행에 결격사유가 없으신 분
   ※공인회계사, 외국어 능통자, 통계 전문가, 전공 관련 자격 보유자 및 장교 출신 지원자 우대

대한항공에서는 공인회계사, 외국어 능통자, 통계전문가, 전공 관련 자격 보유자(예 : 운항관리사, FAA DISP, 항공교통관제사) 및 장교 출신 지원자를 우대한다.

취업준비생들은 주요기업들의 공채 특징 관련 기사를 평소 스크랩해 두었다가 취업준비에 활용토록 한다.

그림 8 주요기업 대졸공채 특징 관련 기사(한국경제 2015.8.31)

[진화하는 기업 채용방식]
역할극 면접 · 직무에세이 · 현장 테스트 … 기업, 일 잘할 인재 뽑는다.

삼성그룹은 올 상반기 입사지원서에 '웨어러블(wearable) 헬스케어의 홍보마케팅 전략'과 '미래 사물인터넷(IoT)에 적용 가능한 소프트웨어' 등 지원 회사의 사업에 대한 이해력이 있는지를 적도록 했다. 현대모비스는 지원 직무와 관련한 전공과목 5~10개를 이력서에 써 넣도록 했다. 이런 변화는 하반기부터 상당수 기업으로 확산될 전망이다.

당장 농협은행은 영업마케팅 인재를 뽑기 위해 영업점에서의 역할극 면접을 도입하기로 했다. 이랜드는 1박2일 면접 대신 사업부별 현장실습을 통해 신입사원을 뽑기로 하는 등 채용 방식이 진화하는 추세다.

2015 하반기 주요 기업 대졸 공채 특징		
그룹(채용규모)	원서접수 기간	특징
삼성 (4000여명)	9월7일~	이공계 전공성적, 인문계 직무에세이 등 직무적합성 평가 입사 지원→직무적합성 평가→GSAT(10월18일)→ 실무 · 창의 임원면접
현대차 (4000여명)	현대차(1-14일)	글로벌 역량 위해 영어인터뷰, 영어토론 평가 HMAT(10월9일) 때 역사에세이 실시
	모비스(1-15일) 200명	직무관련 수강과목 5-10개 기입
	기아차 (8월31일-9월11일)200명	1박2일 합숙면접서 역량·영어실력 검증
	현대카드(7-21일) 35명	5단계 심층면접(케이스면접 없음)
	이노션(7-21일) 35명	통합면접(실무면접+인사이트 테스트)
LG (2100여명)	LG전자(1-21일)	소프트웨어 · 하드웨어 · 회계직군은 직무시험
	LG화학(1-16일)250명	지원서 '사업부·직무·근무지' 순으로 작성
	LG유플러스(1-13일)	상품기획, B2B영업은 이공계 우대
SK (1300명 이상)	9월 중순	SK탤런트 페스티벌(7-8일 서울) 역량PT 우수자 서류전형 또는 SKCT 면제
롯데(1400명 이상)	3-14일	원스톱 면접, '스펙태클' 전형 유지
포스코(1900명)	7-16일	직무적성검사(PAT) 도입, 직무에세이 작성, NCS 평가
현대중공업 (500명)	현대중공업 (8월31일~9월14일)	인·적성검사 '해치'(경제, 글로벌, 한국사 각 10문항) 실시
	현대오일뱅크, 현대케미칼 (8월31일-9월14일)	인문계: 테샛, 이공계: 공학기초시험
	GS건설(9월 중순) 60명	입사후 해외근무 필수
GS(570명)	GS칼텍스 (8월31일-9월5일)30명	집품테스트(10월17일)→1차면접(10월27-30일)→ 최종면접(11월17일)
한화(1600명)	계열사별 진행	인·적성검사 없이 면접으로 선발
LS(500명)	9월14일-10월2일	공학인증제도 수료자 우대
신세계(200명)	9월21일~	스펙초월전형 '드림스테이지' 블라인드 면접
현대백화점(1156명)	10월중	현장 리크루팅+대학추천제 입사지원
CJ(1200명)	10-24일	'2020 그레이트 CJ'에 맞는 글로벌 인재 채용
효성(300명)	1-18일	이력서 가족사항, 사진란 삭제, 어학, 학점제한 없애
이랜드(400명)	1-29일	합숙면접 없애고 사업부별 현장실습, 10월10일 필기시험
BGF리테일(200명)	1-19일	지역근무 '캠퍼스오디션' 우수자 서류면제
국민은행(300명)	8월24일-9월8일	필기시험에서 '기획서 작성' 폐지
우리은행(200명)	8월24일-9월14일	봉사(헌혈), 대외활동 자기소개서로 검증
신한은행(230명)	9월초	GPS스피드업 인재 우선 채용
기업은행(200명)	9-25일	'4분 자기PR' 우수자 서류전형 우대
농협은행(350명)	9월 중	영업마케팅 인력 채용

*월 표시가 없는 것은 9월임

○ SK, 7~8일 탤런트 페스티벌

삼성그룹은 올 하반기부터 신입사원(3급) 채용전형을 바꾼다. 직군별 직무적합성 평가를 통해 삼성직무적성검사(GSAT) 응시 기회를 부여한다. 면접에서는 면접관이 직접 지원자와 토론해 평가하는 '창의성 면접'을 도입한다. 서류 제출 단계에서 이공계 연구개발 · 기술 · 소프트웨어 직군은 전공능력 위주 평가를, 인문계 영업 · 경영지원 직군은 직무 에세이 평가를 한다.

현대자동차는 면접 때 영어토론과 1 대 1 영어 인터뷰를 통해 지원자의 글로벌 감각을 검증하기로 했다. 현대자동차는 다양한 인재 채용을 위해 인문계 상시채용, 인재 발굴 프로그램 'The H', 7주 인턴십 'H이노베이터', 연구장학생, 해외 우수 이공계 출신을 뽑는 '글로벌 톱 탤런트 포럼' 등으로 채용 방식을 세분화하고 있다. 현대제철은 철강발명 특허자 등 연구개발 분야 특별전형을, 현대카드는 5단계 면접을 거쳐 선발한다.

LG전자는 'LG코드챌린저' 우수 프로그래머에게 서류전형을 면제해주고 있다. LG화학은 지원서 작성 때부터 '사업부 · 직무 · 근무지'를 고르도록 했다. LG유플러스는 상품기획, B2B(기업 간 거래) 영업 분야에서 이공계를 우대한다. SK텔레콤은 자기소개서에 '지원자의 직무실력을 표현할 것'을 주문한 뒤 '입사 후 시장 1위를 위해 어떤 노력을 할 것인지'를 묻는다.

○ 포스코, 직무적성검사 도입

롯데는 2011년부터 학력 철폐 열린채용 'A그레이드'를 통해 고졸 이상 학력자는 누구나 지원할 수 있도록 했다. 면접은 인적성 · 역량 · 외국어 · 토론 · 임원면접을 하루 동안 보는 '원스톱 면접'을 시행한다. 상반기부터 도입한 '스펙태클'(스펙을 전혀 보지 않는 채용방식) 전형도 계속한다.

포스코는 지원 때 직무에세이를 작성하고 면접에서는 국가직무능력표준(NCS) 기반의 직무적합성

평가를 한다. 지원 학력을 철폐해 고졸자도 지원할 수 있도록 했다. '1000자 역사에세이'도 치른다.

2013년부터 인·직성검사(HAT)를 없앤 한화는 계열사별로 다양한 면접을 본다. 한화갤러리아는 8주 인턴십, 한화생명·무역은 1박2일 면접, 한화손해보험은 1주일 심층면접, 한화 호텔&리조트는 인턴 실습을 면접에 포함해 총 6주간 실습면접을 진행한다.

'2020 그레이트 CJ' 비전을 내세운 CJ는 글로벌 역량을 갖춘 인재를 뽑는다. KT는 지역거점 대학 출신 우수 인재 채용, 특이한 경험과 전문자격증 보유자를 뽑는 '달인채용'을 운영한다. 현장면접 '스타오디션'은 지방대학에서도 시행할 예정이다.

신세계는 인문학적 소양을 갖춘 '실전형 인재'를 선호한다. 지원 단계부터 경영지원, 영업 등 직무를 선택토록한 뒤 프로페셔널 인턴십을 거쳐 선발한다. 현대백화점은 현장 리크루팅과 대학에서 추천받은 사람에게만 지원자격을 준다. 4~12주 인턴을 통해 정규직으로 전환한다. GS의 모든 계열사는 인·적성시험 때 한국사를 평가한다. 효성도 실무형 인재 선발을 위해 서류전형에서 불필요한 가족사항, 사진란을 삭제하고 어학, 학점 제한을 없앴다.

P•A•R•T

03

취업실전

03

취업준비

실 전 취 업 론

CHAPTER

01

채용정보 수집

1 취업사이트

요즘은 인터넷의 보급과 발달로 취업사이트가 많이 생겨나고 있다. 직종에 관계없이 모든 취업정보를 제공하는 취업포털사이트가 있는 반면 전문분야의 취업정보만을 제공하는 전문취업사이트도 운용되고 있다.

표 1 우리나라 취업사이트		
구분	사이트명	홈페이지
취업포털사이트	인크루트	www.incruit.com
	고용정보워크넷	www.work.go.kr
	잡코리아	www.jobkorea.co.kr
	사람인	www.saramin.co.kr
	헤어애드	www.hairad.co.kr
	제니엘	www.zeniel.net
	잡이스	www.jobis.co.kr
	코리아잡	www.koreajob.co.kr
	인디드	kr.indeed.com
	커리어	www.career.co.kr
	스카우트	www.scout.co.kr
	잡플레닛	www.jobplanet.co.kr
	에프엠잡	www.fmjob.com
	파인드잡	www.findjob.co.kr
	앤잡	www.njob.net

	헬로우잡	www.hellowjob.com
	KBSjob	www.kbsjob.co.kr
	커밋	www.commeet.co.kr
포털사이트	네이버취업	http://m.naver.com
전문취업사이트	건설워커 (건설 부동산 취업정보 전문 사이트, 토목, 건축, 인테리어, 전기분야 등 채용정보 제공)	www.worker.co.kr
	미디어잡 (매스컴 분야 취업포털, 언론, 신문, 잡지, 출판, 방송 등 구인구직 정보 제공)	www.mediajob.co.kr
	월드잡 (해외전문취업사이트)	www.worldjob.or.kr
	피플앤잡 (외국계 기업 채용 전문사이트, 취업, 구인, 구직, 헤드헌팅, 해외근무, 산휴대체, 경력직, 커리어 컨설팅)	www.peoplenjob.com
	메디컬잡 (의료, 의약분야 취업정보사이트)	www.medicaljob.co.kr
	어카운팅피플 (회계전문 취업사이트, 경리전문 취업사이트, 회계취업, 경리취업, 경영기획, 재무회계, 관리회계, 세무회계)	www.acountingpeople. co.kr
	아이티커리어 (IT 구인구직 사이트, 웹프로그래머, 디자이너, 개발자 등 정보 제공)	www.itcareer.co.kr
	샵스태프 (판매직 전문 취업사이트, 판매직, 판매사원, 샵마스터, 샵매니져 등 구인구직 정보 제공)	www.shopstaff.co.kr
	게임잡 (게임분야 취업 전문 사이트, 애니메이션, 프로그래밍, 그래픽, 구인, 구직 정보 제공)	www.gamejob.co.kr
	사무잡 (사무직 취업 전문 사이트, 구인, 구직, 아르바이트 정보, 사무직 교육 및 커뮤니티 제공)	www.samujob.or.kr
	에듀스 (대기업 취업 전문 사이트)	www.educe.co.kr
	트레이드인 (무역 취업정보 전문업체, 무역사무, 해외영업, MD, MR, 통번역 구인구직 정보 제공)	www.tradein.co.kr
	패션스카우트 (패션분야 취업 리쿠르팅 전문 사이트, 디자이너, 샵마스터, 디스플레이어, 코디네이터 안내)	www.fashionscout.co.kr

	콘잡 (건설분야 취업정보 제공 사이트, 토목, 조경, 건축,플랜트, 기계 등 정보안내)	www.conjob.co.kr
	시설잡 (시설관리 취업 사이트, 채용정보, 구인, 구직, 시설관리 동영상, 전기, 기계, 소방, 방재, 영선, 공무)	www.sisuljob.com
	하이브레인넷 (교수초빙, 연구원, 강사, 대학원생모집, 연구비지원, 해외연수 등 안내)	www.hibrain.net
	이앤지잡 (이공계 취업정보 사이트, 기계, 전기전자, 제조, 생산, 기술직 등 구인구직 정보 제공)	www.engjob.co.kr
	알앤디잡 (이공계 취업 전문 사이트, 연구소 전문인력, 병역특례, 석박사지원제도, 청년인턴 안내)	www.rndjob.or.kr
	디자이너잡 디자인 취업포털사이트	www.designerjob.co.kr
	푸드잡24 외식업구인구직사이트	www.foodjob24.com
	미용인잡 이용취업포털	www.miyonginjob.com
	루키잡 (외국계기업 채용 전문사이트)	www.imrookie.co.kr
	어센더즈 (외국계기업 채용 전문사이트)	www.ascenders.co.kr
아르바이트 포탈사이트	알바몬	www.albamon.com
	알바천국	www.alba.co.kr
	알바인쿠르트	alba.incruit.com
	알바세상	www.avts.co.kr
공기업 취업 사이트	고시넷	www.gosinet.co.kr
	이그잼	www.exam.co.kr
무역협회	일자리지원센터	www.jobtogether.net

요즈음 많은 기업들이 인터넷을 통하여 인력을 모집하고 있다. 기업 입장에서도 지원서 제작비와 이를 처리하는 시간 및 인력을 절약할 수 있으며 구직자들도 편리하게 많은 취업관련 정보를 얻을 수 있고 채용사이트를 통해 직접 지원도 할 수 있기 때문에 취업사이트를 많이 이용하고 있다.

구직자가 취업사이트를 최대한 활용하기 위해서는 ▲ 자신에게 맞는 정보를 스크랩해 두는 것이 바람직하다. 취업사이트 중에는 수많은 취업정보 가운데 자신이 필요로 하는 정보를 선별해 스크랩해 둘 수 있는 서비스를 제공하는 곳이 많다. ▲ 평소 등록한 이력서를 자주 업그레이드 하는 것이 좋다. 대부분의 기업들은 취업포털을 통해 「이력서 지원 서비스」를 받고 있기 때문에 취업준비생들은 취업을 희망하는 기업의 모집 마감이 얼마 남지 않아도 짧은 시간 내 지원할 수 있다. ▲ 이력서 기록에 성의를 다하여야 한다. 흔히 범하기 쉬운 오류는 인터넷에 자신의 이력서 등이 공개되면 개인정보의 유출이 있을 수 있다는 생각 때문에 자신의 이력서를 성의 없이 입력하는 사람들이 많다. 기업이 지원자를 대면하기 전까지는 이력서로 그 사람을 판단할 수밖에 없다는 점을 염두에 두고 성실하게 이력서를 작성한다. ▲ 가능하면 동영상 이력서로 자신을 소개하면 훨씬 강한 인상을 줄 수 있다. 요즘 미국에서는 동영상 이력서를 많이 제출한다. (예 : 영화 '인턴') ▲ 온라인 추천서를 첨부하여 자신의 경쟁력을 높이도록 한다. 지도교수, 아르바이트나 인턴 근무했을 당시 상사에게서 추천서를 받아 이력서에 첨부해 제출토록 한다. ▲ 외국어로 작성된 이력서로 글로벌 인재라는 인상을 심어 준다. 국문 외에도 영문 또는 일문 이력서도 작성하는 등 취업사이트 내 다양한 이력서 서비스를 활용, 직종마다 차별화된 맞춤이력서를 작성해 둔다. ▲ 통합검색엔진서비스로 채용공고를 최대한 빨리 찾도록 한다. 이 서비스를 가진 사이트에서는 국내 주요 취업사이트에 등록된 채용정보를 구직자가 원하는 업종별, 직종별로 검색해서 제공해 준다. ▲ 휴대폰을 취업 매개체로 활용한다. 일부 취업사이트들은 수시 채용이 늘면서 정보 접근 속도를 높이기 위해 「모바일 채용 서비스」를 만들어 두고 있다. 또한 휴대폰을 통한 이력서 전송도 가능하다. ▲ 취업경쟁률을 수시로 체크한다. 경쟁률 실시간 확인 기능을 이용하면 해당 기업의 학력별·경력별·희망연봉별 지원자의 통계를 확인할 수 있다. ▲ 취업포털 어플을 미리 다운로드 받아 놓는 것도 좋은 방법이다. 알람 서비스를 통해 실시간으로 채용정보를 확인할 수 있음은 물론이고 지원도 가능하다. ▲ 상당히 많은 인력을 모집하는 대기업들은 개별 홈페이지에서 입사지원을 받고 있는 경우가 많다. 이 경우는 일반 취업사이트에 비해 다소 까다로운 절차를 거치기 때문에 간혹 실수하는 사람들이 많다. 지원 후에는 자신의 지원내용이 정확하게 접수되었는지를 확인하는 것이 필요하다. 모집 인원규모가 큰 기업일수록 접수 막바지에 지원자가 몰리는 경우가 많다. 이때는 컴퓨터 에러가 자주 발생될 수 있다는 점을 염두에 두어야 한다. 따라서 시간 여유를 갖고 지원토록 한다. ▲ 취업사이트를 이용할 때는 대부분 채용정보가 동일하게 올라와 있기 때문에 지명도 있는 두 개 정도의 사이트를 활용한다.

너무 많은 사이트를 활용하다 보면 지원 후에 관리해야 할 일정과 시기를 놓칠 수 있다. 또 사이트 내에 기업의 채용시스템이 제공되고 있는 사이트를 선택하는 것이 바람직하다. 그 외 ▲ 취업사이트뿐 아니라 최근에는 자체적으로 상시채용 인재풀을 구축하고 있는 기업들도 있는 만큼, 지원을 희망하는 기업의 홈페이지를 수시로 방문해 최신 정보를 얻고 이력서 내용을 자주 업데이트하는 것뿐만 아니라, 향후 어느 직무에 채용 계획이 있는지 등의 정보를 체크해 수시채용 기회를 잡도록 한다.

취업사이트는 편리하게 많은 취업정보를 얻을 수 있다는 장점이 있는 반면 이와 같은 사이트가 난립하다보니 경우에 따라 허위 구인광고나 취업사기로 피해를 보는 사례가 발생하기도 한다. 고용노동부에 의하면 허위 구인광고·취업사기 사례로 ▲ 유령회사를 만들어 구인광고를 내고 구직자를 모집한 후 개인정보를 빼내 유출하는 사례 ▲ 윤락행위의 사업을 목적으로 허위 사업장 명칭 및 업무내용을 게재해 구직자를 모집하는 사례 ▲ 정규직 모집 구인광고를 하면서 면접 시 프리랜스 근무형태로 유도해 물품판매를 강요하는 사례 등 다양하게 나타나고 있으므로 주의가 필요하다.

2 채용박람회

최근 취업난이 심화되면서 고용노동부, 지자체, 국방부 및 경제단체등이 주최하는 채용박람회[1]가 전국에서 연간 40~50차례 개최되고 있다. 매년 3월 말쯤 그 해에 개최되는 채용박람회 일정이 공개되는데 한국전시산업진흥회(www.akei.or.kr)나 한국전시주최자협회(www.keoa.org) 홈페이지 또는 우리나라에서 개최되는 채용박람회 종합안내 홈페이지인 잡815(www.job815.com)를 방문하면 그 일정을 파악할 수 있다. 채용박람회는 KINTEX, 코엑스 등 전시장에서 주로 개최되나 시청, 체육관, 병영(兵營) 등에서 개최되기도 한다. 최근에는 대기업의 협력사 채용박람회, 유통기업 파트너 채용박람회 등 개별 대기업들이 협력사들을 위해 단독으로 채용박람회를 개최하기도 한다.

대부분 채용박람회는 대기업(공기업 포함) 채용관, 중견·중소기업 채용관 및 기

---

1 취업박람회와 채용박람회가 혼용되고 있는데 취업박람회는 기업소개와 함께 해당 기업의 채용절차를 설명하는 박람회이고 채용박람회는 현장에서 채용을 위한 면접을 진행하는 박람회이나 실제로는 큰 차이가 없다. 그러나 직업안정법 시행령에서는 채용박람회라는 용어가 사용되고 있다.

타 프로그램관으로 구분하여 개최된다. 채용박람회에 참가하는 대기업 및 공기업은 주로 채용설명의 장으로 행사를 운영하며 현장에서 직접 채용하는 경우는 매우 드물다. 많은 중견·중소기업들은 실제로 현장에서 인력을 채용하거나 최소한 1차 면접을 현장에서 보고 추후 별도 면접을 하거나 기타 채용과정을 거쳐 채용을 결정한다. 그러나 경우에 따라 인력이 늘 부족한 분야의 일자리이거나 별로 매력적이지 못한 연봉 및 근로조건을 제시하는 기업들도 있으므로 부스 방문 전에 검색을 해보고 성장가능성이 있는 취업자리인지 등을 따져 볼 필요가 있다. 기타 프로그램관에서는 방문 구직자들에게 자기소개서 및 면접 특강, 적성검사, 취업관련 컨설팅 등을 서비스 한다.

실제로 채용박람회를 통해 취업에 성공한 사람도 있고 공연히 발품만 파는 시간낭비라고 생각하는 사람도 있다. 설사 채용박람회를 통해 실제 채용되는 비율이 그리 높지 않다하더라도 한자리에서 짧은 시간동안 부스에 나온 많은 기업들의 취업관련 정보를 수집할 수 있고 취업실무자에게 그동안 궁금했던 점을 직접 문의할 수 있으며 현장에서의 1차 면접을 통해 쉽게 접할 수 없는 실전경험을 쌓을 수 있다는 점에서도 채용박람회장 방문을 시간낭비로만 치부할 수는 없다.

채용박람회를 100% 활용할 수 있는 방법으로는 ▲ 박람회에 가기 전에 채용정보를 미리 확인해두는 것이다. 대부분의 채용박람회는 해당 사이트에 박람회 참가기업과 채용공고 등을 미리 공개하므로 사전에 관심 있는 기업들에 대해 알아본 후, 기업이 제시한 준비서류(이력서, 자기소개서 등)를 잘 기재하고 준비해서 방문하도록 한다. ▲ 박람회에 참가한 기업의 부스를 방문하기 전에 문의할 사항을 미리 정리하여 가도록 한다. 상담자는 많은 구직자들을 상대해야 하기 때문에 한 사람에게만 많은 시간을 할애할 수 없다. 각 기업별 질의서를 갖고 가도록 한다. ▲ 참가기업과 사전예약이 필요한 경우도 있다. 참가업체에 따라서는 사전예약을 한 구직자에게만 면담 또는 면접의 기회를 주기도 하므로 반드시 사전에 확인토록 한다. ▲ 현장에서 직접 채용하는 기업의 부스를 방문할 계획이라면 면접 준비를 하고 가야 한다. 복장도 정장차림으로 하고 그 기업의 홈페이지를 방문하여 해당 기업과 산업에 대해 공부를 하고 가는 것이 바람직하다. ▲ 통상 취업박람회는 오전 10시부터 오후 5시까지 진행되는데 구직자들이 몰리는 오후 1시부터 3시 사이는 피하는 것이 좋다. 보다 여유 있는 상담을 원한다면 오전 중에 방문하도록 한다. 운이 좋다면 1:1 집중 컨설팅도 받을 수 있다. ▲ 박람회에 가기 전에 온라인을 통해 사전등록을 한다. 사전

등록 없이 현장에서 등록을 하게 된다면 오랫동안 입구에서 기다려야 하는 경우도 있다. ▲ 채용박람회에서는 각 기업의 채용 홍보 관련 자료를 많이 배포한다. 이런 자료들을 잘 모아오도록 한다. ▲ 눈높이를 낮춘다. 진정으로 빠른 취업을 원한다면 남들이 다 가고 싶어 하는 대기업, 공기업만을 고집할 것이 아니라 중견·중소기업으로의 취업도 적극적으로 생각해보며 현장 채용을 목적으로 박람회에 참가한 기업들을 우선순위로 만나보고 원서를 접수하거나 면접에 응하도록 한다. ▲ 인턴 기회를 잡아라. 설사 정규직 자리가 아니더라도 인턴 채용을 계획하고 있는 기업들이 있다면 여기에 적극 참여하여 단기간 인턴기회를 통해 경력을 쌓아두도록 한다. ▲ 취업준비생들 간 인적네트워크를 구성하라. 박람회장에 가보면 비슷한 연령대의 취업준비생들을 많이 만나게 된다. 이들과 취업동아리를 구성하여 취업정보도 교환하고 모의 면접 및 프리젠테이션 등을 연습해보기도 한다.

표 2 채용박람회장에서 기업에 대한 문의사항 예시
▪ 채용계획 및 절차
▪ 신입직원 선발 시 기업의 주안점, 입사 지원 관련 Tip
▪ 채용 시 지원자 우대사항
▪ 입사를 위해 어떻게 준비해야 하는지?
▪ 지원자 스펙이나 합격자 수준
▪ 입사 후 담당하는 업무
▪ 직무별 직원 수
▪ 연봉
▪ 연 평균 임금상승률
▪ 인사제도(승진, 교육 및 훈련, 해외파견 등) 및 복지수준
▪ 근무처 - 서울, 수도권, 지방, 해외(지방 및 해외 근무 시 사택 제공 여부)   * 특히 해외 파견 시 가족 동반 허용 여부
▪ 출퇴근시간
▪ 본사, 지사 간 순환근무 여부
▪ 기업문화 또는 사내분위기
▪ 기업 구성원의 남녀비율
▪ 정년 및 평균 근속연수(희망퇴직, 명예퇴직, 전직 등)
▪ 계열회사 정보
▪ 인턴 채용계획 및 지원자격
▪ 노사관계
▪ 기업홈페이지에서는 파악할 수 없는 기타 사항

3 인적네트워크

요즘은 인터넷의 발달과 보급 그리고 채용과정의 투명성으로 인해 공공부문은 물론이고 대부분의 민간부문에서도 채용관련 정보를 공개하고 공정하게 인재를 선발하고 있으나 중견·중소기업들이나 외국계 기업들 중에는 아직도 비공개로 인맥을 통해 채용하는 경우도 많이 있다. 따라서 친인척, 친지, 지도교수 및 평소 알고 지내는 친구, 선후배들을 통해 일자리를 소개 또는 추천 받아 입사하는 사례도 여전히 존재한다. 또 어떤 기업들은 인력 수요가 발생했을 때 인재를 확보하는 방법으로 내부직원을 통한 사내추천제를 많이 활용하기도 한다. 관심기업에 근무하는 학교 선배나 지인 등 다양한 루트의 인맥이 있으면 이런 기회를 잡을 확률이 더욱 높아진다. 평소 본인의 구직상황을 적극적으로 알리도록 하고, 취업을 원하는 분야의 동호회 등 커뮤니티 활동으로 인맥을 넓히는 것도 좋다. 결원이 발생했을 때 정보를 획득하거나 추천을 받는 등 더 많은 취업 기회를 얻을 수 있음은 물론, 향후 업계 동향 등의 정보를 얻는 데 도움이 될 것이다. 이미 근무하고 있는 지인을 통해 그 회사의 성장가능성과 회사 문화, 직원들에 대한 대우 등을 파악할 수 있을 뿐 아니라 채용된 후의 자신의 모습을 상상할 수 있을 것이다.

또한 과거에 비해 많이 줄어들기는 했지만 기업들 중에는 대학 학과사무실이나 산학협력단으로 인재추천을 요청해 오기도 한다. 취업준비생이라면 이런 정보를 속히 취득하여 지도교수로부터 추천을 받는 것도 중요하며 이를 위해서는 평소 착실한 학생이라는 평가를 받아야 한다. 일례로 2009년, 암만무역관 관장으로 근무하던 필자는 사업차 요르단을 자주 방문했던 충북 음성군 소재, 아스팔트 및 콘크리트 플랜트 생산기업인 S사(암만무역관 지사화사업 참가사) 전무에게 암만무역관으로 파견되어 착실하게 인턴 근무를 하고 있던 대전 출신의 한 인턴을 추천해서 그 회사에 취업시킨 적도 있다. S사는 매우 건실한 중견기업일 뿐 아니라 직원들에게는 회사 내 기숙사까지 제공하는 등 복리후생도 우수하고 회사도 대학캠퍼스와 유사할 정도로 넓고 쾌적한 환경을 갖고 있어 그 인턴은 지금도 만족하며 근무하고 있다. 최근에는 취업준비생들간 동아리를 구성하거나 블로그를 통해 서로 취업 정보를 교환하고 서로들 모의면접 및 발표 연습도 하는데 이는 매우 바람직한 취업준비 활동이라고 할 수 있다.

그림 1 취업을 위한 '인맥' 관련 기사 I(이투데이 2011.10.26)

신입구직자, 취업 인맥 활용 "긍정적"

신입구직자 5명 중 2명은 인맥을 활용해 취업을 요청해 본 적이 있는 것으로 나타났다.

26일 취업포털 인크루트가 신입구직자 426명을 대상으로 설문조사를 실시한 결과에 따르면 전체 응답자의 39.4%가 구직활동을 하면서 인맥에게 도움을 요청한 적이 있다고 밝혔다.

주로 도움을 요청하는 지인은 △친척(43.5%)이 가장 많았다. 뒤를 이어 △학교 선·후배(19.0%) △교수님(선생님)(18.5%) △친구(10.7%)가 차지했다.

경력자에 비해 인맥을 활용한 취업이 쉽지 않은 가운데에서도 도움을 구한 이유에 대해서는 △취업이 어려워 절박한 마음에(56.0%)라는 응답이 절반 이상을 보였다. 도움을 받은 신입구직자 중 42.3%는 실제로 면접까지 봤던 것으로 나타나 채용시장에서 인맥이 미치는 영향이 큰 것으로 분석됐다.

신입구직자들은 인맥을 통한 취업에 대해 인맥을 보유하고 활용하는 것도 능력이니 상관없다는 반응이 75.6%로 절대 우위를 차지했다. 또한 인맥을 통해 취업할 수 있는 기회가 생긴다면 수락하겠다는 응답도 89.2%에 달했다.

한편 인크루트는 커리어 네트워크 서비스인 '인크루트 인맥(nugu.incruit.com)'과 소셜이력서 등 인맥을 활용할 수 있는 서비스를 선보이고 있다.

'인크루트 인맥'에서는 자신의 인맥이 올리는 취업정보를 실시간으로 볼 수 있고, 입사를 원하는 기업(관심기업)을 설정하거나 채용공고를 통해 인사담당자와 바로 인맥을 맺을 수도 있다.

그림 2 취업을 위한 '인맥' 관련 기사 II(한경닷컴, 2012. 1. 11)

직장인 58.4% 취업 위해 '인맥' 쌓으려 노력

취업포털 인크루트가 시장조사 전문기관 이지서베이와 직장인 500명을 대상으로 설문조사를 실시한 결과, 직장인 58.4%는 취업을 위해 인맥을 쌓으려고 노력했던 것으로 나타났다.

실제 이들이 현재 일자리를 얻기 위해 한 가장 성공적이었던 구직활동으로 '인터넷'(26.8%)을 가장 많이 꼽았지만 ▶ '업무 상 지인'(16.4%) ▶ '입사를 희망하는 직장의 지인'(11.6%) ▶ '친구나 친지'(11.2%) ▶ '가족'(3.6%) ▶ '교수나 교사'(3.4%) 등 직접적인 '인맥'을 활용해 취업에 성공했다는 응답도 많았다. 그밖에 ▶ '학교나 학원의 취업정보 제공 및 알선'(8.4%) ▶ '신문, TV, 벽보 등 매체 광고'(8.4%) ▶ '직접 탐문'(5.6%) ▶ '공공 직업 안내소'(2.8%) ▶ '사설 직업 안내소'(1.0%) ▶ 기타(0.8%) 등의 활동들이 뒤이었다.

취업을 위한 인맥구축 노력은 역시 취업에 인맥이 중요하게 작용한다고 느끼고 있기 때문인 것으로 보인다. 취업에 인맥이 얼마나 중요하다고 생각하는지를 묻자, 대다수라고 볼 수 있는 87.2%가 중요하다(▶ '다소 중요하다' 45.0%, ▶ '매우 중요하다' 42.2%)고 답했다. 중요하지 않다(▶ '별로 중요하지 않다' 2.6%, ▶ '전혀 중요하지 않다' 0.6%)는 의견은 3.2%에 불과했다(▶ '보통이다' 9.6%).

그렇다면 이들은 취업 인맥을 쌓기 위해 어떤 노력을 했을까? (복수응답)

▶ '입사를 희망하는 직장의 지인 등 관계자에게 연락'(66.1%)을 취했다는 이들이 가장 많았다. ▶ '봉사활동, 기업 서포터즈 등 대외활동'(19.9%)이나 ▶ '취업 희망 업계 세미나 참여'(19.2%)를 통

해 발을 넓히고자 했다는 의견도 적지 않았다. 그 밖에 ▶ '학교 동아리 활동'(13.0%) ▶ '취업 스터디 참가'(12.7%) ▶ 기타(2.4%) 등의 의견도 나왔다.

이들 중 대부분은 인맥구축을 위해 별도의 비용도 부담하고 있었다. 취업 인맥을 쌓기 위해 노력을 했다고 답한 292명 중 92.1%가 '취업 위한 인맥 구축 활동에 비용이 들었다'고 답한 것. 때문에 오프라인을 통한 인맥활동에 부담을 느낀다는 직장인이 42.5%로 적지 않았다.

인크루트 이광석 대표는 "인맥의 소개와 추천을 통한 취업을 바라보는 인식이 과거 백, 줄, 낙하산 등과 같이 부정적인 것에서 점차 합리적인 방식이자 개인의 역량으로 보는 긍정적인 시각으로 바뀌고 있다"고 말했다.

자기소개서 작성

1 자기소개서 문항

요즘은 인터넷의 보급과 발달로 채용규모가 큰 기업들은 채용사이트로 자기소개서 양식과 문항을 주고 제한된 글자 수 내로 작성하여 등록하도록 하고 있다. 그러나 별도 채용사이트를 운영하지 않는 기업들(주로 중견·중소기업)은 자기소개서를 작성하여 이메일로 송부하도록 한다. 이들 기업들 중에는 문항 또는 항목을 미리 제시하고 작성토록 하여 자기소개서를 제출받는 경우도 있고 지원자가 임의로 작성하여 제출토록 하는 기업들도 있다.

대부분의 기업들이 요구하는 자기소개서 항목으로는 ▲ 성장과정(또는 가정환경) ▲ 성격소개(또는 성격 장단점) 및 교우관계 ▲ 학창시절 ▲ 생활신조(또는 가치관) ▲ 살아오면서 실패한 경험과 극복방법 ▲ 과외활동 ▲ 특별한 체험이나 남다른 성취 ▲ 취미 및 특기 ▲ 업무능력(또는 직무강점) ▲ 직업관 ▲ 직무 경력에 관한 사항 ▲ 어떤 식으로 취업 준비를 해 왔나? ▲ 지원동기 ▲ 지원한 직무를 본인이 잘 수행할 수 있다고 생각하는 이유 ▲ 당사가 본인을 채용해야 하는 이유 ▲ 입사 후 포부 등이다.

채용 기업들이 자기소개서의 항목별 제목을 제시하면 지원자는 그에 맞추어 작성하면 되나 항목이 주어지지 않고 지원자가 임의로 작성해야 하는 경우, ▲ 성장배경 ▲ 성격(장단점) ▲ 직무강점(경력 및 특기사항) ▲ 지원동기 ▲ 입사 후 포부가 가장 일반적인 자기소개서 항목이라 할 수 있다. 그러나 최근 자기소개서는 종전의 정형화된 문항보다는 직무능력과 대처능력 및 윤리관을 파악하기 위한 구체적인 문항으로 변화하고 있다. 특히, NCS 기반 채용 시 자기소개서 문항은 채용기관의 기능과 성격을 반영하여 ▲ 의사소통능력 ▲ 직무경력 및 경험 ▲ 조직이해능력 및 기여도 ▲ 대인관계능력 ▲ 문제해결능력 ▲ 전문성 ▲ 자원관리능력 ▲ 직업윤리와 관계된 문항으로 구성된다.

표 1 가장 일반적인 자기소개서 문항	
자 기 소 개 서 성명 : ○○○	
성장과정	"장녀죠?"하고 확인하려 드는 사람이 있습니다. 어떤 사람들은 "외동딸 같은데…"라고도 합니다. 저는 장녀처럼 어떨 때에는 의젓하고 때론, 외동딸처럼 새침을 떨기도 합니다. 하지만 외동딸은 아닙니다. 의젓한 군인이신 아버지와 쾌활하신 어머니의 두 남매 중 차녀로 태어났습니다.
성격	"미모의 아름다움은 눈만을 즐겁게 하나, 아름다운 미소는 상대방의 영혼을 매료시킨다." 이 문구는 제가 항상 살면서 되뇌어 왔던 말입니다. 항상 웃고 있어서 때로는 실없이 보인다는 소리도 듣습니다. 하지만 잘 웃는 성격 때문에 처음 만난 사람과 또 쉽게 친해지고, 활동적이고 적극적으로 보인다고 합니다. 또한 책임감이 너무 강해 하루에 주어진 일과를 마치지 못하면 다른 일을 하지 못합니다. 이러한 면에서 약간 융통성이 없는 듯 한 단점으로 보일 수 있지만, 저는 긍정적인 마음으로 확실하고 깔끔하게 마무리하는 저의 이 성격이 좋습니다.
경력 및 특기사항	-21세기의 보람 찬 화이트데이- 이력서에 썼던 것처럼, 많은 아르바이트 경험과 마케터 경험이 있지만, 저에게 가장 기억에 남는 것은 친구 한 명과 적은 용돈을 모아 사탕을 팔았던 일입니다. 화이트데이가 되기 1달 전 친구와 저는 적게나마 용돈을 벌고 좋은 경험이 될 것이라고 생각해서 사탕과 포장지 등을 사서 포장하기 시작했습니다. 처음에는 친한 친구들에게 팔기도 하고 모르는 사람들에게 중고 책을 팔면서 함께 얹어서 팔기도 하였습니다. 그러다가 남은 사탕이 너무 많아서 고민하던 중, 기대 없이 블로그에 사탕 만드는 법과 함께 포장한 사탕을 판다는 문구를 넣었습니다. 그런데 하루 뒤 사탕을 사겠다는 사람이 나타났고, 그 사람의 수는 늘어났습니다. 저희는 투자했던 돈의 6배 이상의 수익을 올릴 수 있었습니다. 이러한 경험으로 저는 블로그에 기재할 때, 상품을 어떤 식으로 광고해야 소비자들의 관심을 받을 수 있는지를 알게 되었습니다. 또한 UCC공모전을 나갔던 일도 있습니다. 학교 내에서 팀을 만들어 공모전에 참가했었는데 많이 떨어졌습니다. 하지만 상심하지 않고 끈기 있게 노력한 결과 대전광역시에서 주관하는 UCC공모전에서 우수상을 받게 되었습니다. 이 공모전에 수상하여 학교 학과 홈페이지에 저의 이름이 실리게 되었고 가족들도 무척 좋아하였습니다. 제가 한걸음씩 나아가는 모습이 부모님 눈에 예쁘게 보이셨나 봅니다. 그런 모습을 보면서 저 또한 뿌듯했습니다.
지원동기	평소 귀사의 실적에 대해 여러 매체를 통해 접하여 ○○회사라면 제가 좀 더 큰 꿈을 펼치고 글로벌한 사람이 될 수 있을 것이라는 생각이 들었습니다. 제가 귀사에 입사하면 그동안 학교에서 배운 전공에 대한 지식과 개인적인 경험을 바탕으로 팀과 회사의 발전을 위해 항상 노력할 것입니다. 또한 제 개인의 발전에도 게을리 하지 않고 항상 배우고자 하는 마음으로 인해 제가 있는 분야에서 능력을 인정받는 최고의 인재가 되고 싶습니다. 귀사에서 제 가치를 높이길 희망합니다.
입사 후 포부	자신의 가치는 누군가에 의해 제시되는 것이 아니라 스스로 만들어 가는 것이라고 생각합니다. 귀사의 일원으로서 제 자신의 가치를 높일 수 있길 바랍니다.

표 2 CJ제일제당 자기소개서 문항

자기소개서 문항	항목 의도
1. CJ제일제당 및 선택한 직무에 대한 지원동기는 무엇인가요? (1,000자 이내) ① 선택한 직무에 관심을 갖게 된 계기 ② 본인이 지원직무를 잘 수행할 수 있는 이유(본인의 강점, 준비, 관련경험 근거) ③ 영업사원으로서의 Vision과 포부를 반드시 포함하여 구체적으로 작성해주세요.	지원동기, 직무동기, 입사 후 포부
2. 여러분의 열정과 책임감으로 한계를 극복하여 최고의 성과를 낸 경험에 대해 다음 내용을 포함하여 작성해 주세요. (1,000자 이내, 대학시절 혹은 졸업 후 경험으로 작성하되 직무와 무관해도 무방함) ① 상황에 대한 설명 ② 한계를 극복하기 위해 노력했던 과정 및 결과 ③ 배운 점	직무역량
3. Food Sales 직무를 수행함에 있어서 예상되는 어려움을 작성하고, 그에 대한 본인만의 해결책을 제시해주세요. (1,000자 이내)	직무역량

표 3 삼성그룹 자기소개서 문항

자기소개서 문항
① 삼성취업을 선택한 이유와 입사 후 회사에서 이루고 싶은 꿈을 기술하십시오. (700자 이내)
② 본인의 성장과정을 간략히 기술하되 현재의 자신에게 가장 영향 끼친 사건, 인물 등을 포함하여 기술하시기 바랍니다. (작품 속 가상인물도 가능 1,500자)
③ 최근 사회이슈 중 중요하다고 생각되는 한 가지를 선택하고 이에 대한 자신의 견해를 기술해 주시기 바랍니다. (1,000자 이내)

표 4 현대자동차 자기소개서 문항

자기소개서 문항
① 본인의 삶 중에 기억에 남는 최고의 순간과 의미, 향후 원하는 삶(1,000자 이내)
② 본인이 회사를 선택할 때의 기준, 현대자동차가 그 기준에 적합한 이유(1,000자 이내)
③ 해당 직무 분야에 지원한 이유와 선택 직무에 본인이 적합한 이유(1,000자 이내)

표 5 LG전자 자기소개서 문항

자기소개서 문항
① 본인이 가진 열정과 역량에 대하여 (본인이 지원한 직무와 관련된 경험 및 역량, 관심사항 등 자신을 어필할 수 있는 내용을 기반으로 자유롭게 기술해주시기 바랍니다) 1,000자 이내
② 본인이 이룬 가장 큰 성취경험과 실패경험에 대하여 (본인의 인생에서 가장 큰 성취의 경험과 실패의 경험을 적고, 그 경험을 통하여 본인이 느끼고 배운 점에 대하여 자유롭게 기술해주시기 바랍니다) 500자
③ 본인의 10년 후 계획에 대하여 (본인이 지원한 직무와 관련된 본인의 계획, 꿈, 비전에 대하여 기술해주시기 바랍니다) 500자

표 6 현대중공업 자기소개서 문항
자기소개서 문항
① 자기소개(중요사항을 중심으로 간략히 기재) (25Line, 2,500Byte 이내)
② 주요경력활동(세부전공 내용 중심으로 기술) (15Line, 1,500Byte 이내)
③ 지원동기, 희망업무(중요사항을 중심으로 간략히 기재) (15Line, 1,500Byte 이내)

표 7 한전 KDN 자기소개서 문항(NCS 기반)	
자기소개서 문항	
직무경력 및 경험기술서	① 한전 KDN에 입사하기 위해 어떠한 노력을 하였는지 본인의 경력 또는 경험 등을 기반으로 상세히 기술하여 주십시오. - 직무경력이 있는 경우는 직무영역, 활동·경험·수행내용, 본인의 역할 및 구체적 행동, 주요성과에 대하여 작성하여 주시기 바랍니다. - 직무경력이 없는 경우는 본인의 학교교육 또는 직업교육 내용에 대하여 작성하여 주시기 바랍니다. 글자 수는 500자 이상 1,000자 이내로 입력하여 주시기 바랍니다.
조직이해능력 및 기여도	② 본인이 생각하는 한전 KDN이라는 조직의 역할과 책임은 무엇이며, 한전 KDN 직원이 되었을 때 조직의 가치창출에 어떻게 기여할 수 있는지 본인의 경험에 기초하여 기술하여 주십시오.
문제해결능력	③ 2개 이상의 중요한 가치, 원칙 등이 충돌하는 상황에서 전략적으로 해결한 경험에 대하여 기술하여 주십시오. 당시 어떠한 상황이었으며, 일을 해결하는 과정에서 발생한 어려움을 어떻게 극복하였는지 구체적으로 기술하여 주십시오.
전문성	④ 지원 분야에 관련된 본인의 직무전문성을 향상시키기 위해서 어떠한 노력을 하였는지 최근의 사례를 구체적으로 기술하여 주십시오. 그러한 노력을 하게 된 계기는 무엇이며, 결과적으로 본인이 지원한 분야에 어떤 도움이 되었는지 구체적으로 기술하여 주십시오.
윤리의식	⑤ 직장인으로서 특히 공공기관 직원으로서 윤리의식이 왜 중요한지 본인의 가치를 중심으로 기술하여 주십시오.

2 자기소개서 작성 유의사항

자기소개서는 자신의 상품가치를 설명함과 동시에 자신의 모습을 보여주는 거울이라고 할 수 있다. 자기소개서는 취업의 첫 관문인 서류전형에서 가장 중요한 합격 또는 불합격 판단의 근거가 되며 면접과정에서도 자기소개서 내용의 진실성 검증에 초점을 맞추는 기업들도 많다. 따라서 자기소개서는 자신에 대한 첫인상이라는 점에 유념하고 역량, 의지 및 열정을 진솔하게 기술하여 자신의 가치를 최대한 잘 제시하여야 한다.

자기소개서를 잘 작성하기 위해서 평소 해야 할 일과 작성 착수 전에 해야 할 일은 ▲ 평소 자신의 업적, 경험 등에 대한 목록 만들어 두기 ▲ 입사지원을 희망하는 회사에 대해 파악하기(경영이념, 비전과 가치, 투자업종, 장기전략 등) ▲ 채용회사가 속한 산업에 대해 공부하기(장단기 국내외시장상황, 경쟁기업들의 동향) ▲ 채용회사의 인재상 파악하기 ▲ 채용회사의 홈페이지를 방문하여 CEO 인사말 정독하기 등이다. 평상시 자기 관리를 철저히 한 취업준비생들도 막상 자기소개서를 작성하려고 하면 그동안 준비했던 자신의 업적, 경험 등이 모두 다 떠오르지 않는다. 따라서 평소부터 이력서나 자기소개서에 기재할 사항이 생겨난다면 목록을 만들어 그때마다 업데이팅 해두도록 한다. 또한 평소 입사를 원하는 기업의 홈페이지를 자주 방문하여 그 기업과 해당 기업이 속한 산업에 대한 기초지식과 정보를 축적하도록 한다. 또한 그 기업 CEO 인사말에서 그 기업이 추구하는 가치를 알 수 있고 홈페이지에 수록되어 있는 인재상을 보면 그 기업이 채용하고자 하는 이상적인 직원상을 파악할 수 있다. 이와 같은 기초정보를 토대로 자기소개서 작성 준비를 한다. 준비가 완료되면 그 기업이 추구하는 핵심가치와 필요로 하는 인재상에 맞는 나의 역량을 구체적으로 증명해 보일 수 있도록 작성해야 한다.

　　일례로 「동아쏘시오그룹」의 회장 인사말을 보면 이 기업이 추구하는 가장 높은 가치는 사회적 책임을 다하는 것이며 채용하고자 하는 가장 이상적인 인재는 창의적이고 협동하며 봉사할 줄 아는 사람이라는 것을 알 수 있다. 따라서 ▲ 사회적 책임 ▲ 창의 ▲ 협동 ▲ 봉사라는 4개 키워드를 중심으로 자신의 역량과 입사 후의 포부 등에 반영하고 입사 후 자신이 어떻게 기여할 것인지를 녹여내야 한다. 또한 입사 지원을 희망하는 기업에 다니는 지인이 있다면 그 지인으로부터 해당 기업이 평소 강조하는 핵심가치와 중장기전략에 대해 들어보는 것도 자기소개서 작성 시 인용할 키워드 발굴에 많은 도움이 된다.

그림 1 「동아쏘시오 그룹」CEO 인사말과 인재상

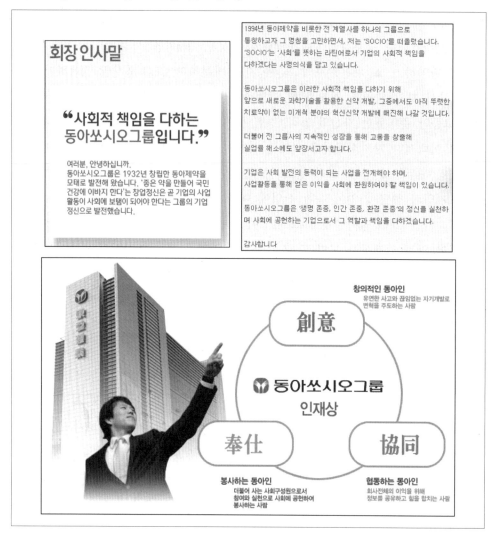

자기소개서 작성 시 유념해야 할 사항을 자기소개서 쓰기 전과 후, 형식, 표현, 내용 등으로 분류하면 다음과 같다. 우선 자기소개서 쓰기 전과 후에 유념해야 할 사항을 제시한다. ▲ 시간적 여유를 갖고 작성해야 한다. 시간에 쫓겨 작성하게 되면 논리적이지도 못할 뿐 아니라 자기소개서에 담아야 할 자신의 역량을 충분히 표현하지 못할 수도 있다. 자기소개서에 무엇을 어떻게 표현하여 작성할 것인지 다소 느긋하게 생각하고 정리할 시간이 필요하다. ▲ 초고 작성을 마쳤다면 여러 번 첨삭과정을 거쳐 최종 완성본을 만든다. 수차례 읽어보고 비논리적이거나 미진한 부분이 있다면 계속 고쳐나간다. ▲ 최종 완성본이 작성되었으면 지인(친구, 선배, 교수, 교내

취업담당자 등) 또는 전문가로부터 감수를 받도록 한다. 자신이 쓴 자기소개서를 반복해서 읽다보면 수정 또는 보완이 필요한 부분도 모르고 그냥 넘어가버릴 수도 있다. 제3자가 객관적으로 읽어보면 고쳐야 할 부분을 많이 발견하게 될 것이며 전문가가 감수하면 훨씬 더 우수한 자기소개서로 변모할 수도 있다. ▲ 남이 대신 작성해준다든가 남의 것을 베끼지 않도록 한다. 대필하거나 남의 글을 베낀 자기소개서는 금세 탄로가 난다. 본인이 직접 쓰지 않은 글은 아무리 감추려 해도 본인의 생각이 반영되어 있지 않기 때문에 전후맥락이 어색할 뿐 아니라 면접에서 몇 마디 더 물어보게 되면 답변을 제대로 못해 망신당할 수도 있으므로 주의해야 한다. ▲ 제출된 자기소개서의 사본을 보관하여 내용을 기억하고 면접 시에도 지참토록 한다. 비록 자신이 작성하였다고 하더라도 모두 기억하지 못할 수도 있다. 따라서 자기소개서를 여러 번 읽어보고 자신이 작성한 내용을 모두 기억토록 해야 면접 때 자기소개서 내용과 다른 말을 하지 않게 된다.

다음은 형식면에서 유념해야 할 사항이다. ▲ 맞춤법, 띄어쓰기, 어법에 어긋나지 않도록 작성한다. 이런 부분에서 실수를 하게 되면 아주 치명적인 손상을 받게된다. 우선 성의가 없을 뿐 아니라 부주의한 사람으로 평가받게 된다. 특히 표준어가 아닌 사투리, 인터넷 약어, 신조어 등을 사용하지 않도록 주의한다. ▲ 한자나 외래어를 사용해야 할 경우, 확인을 거쳐 정확하게 사용한다. 틀린 한자나 맞지 않은 외래어를 사용하게 되면 오히려 감점 요인이 될 수 있다. ▲ 단순나열, 다닥다닥 붙여 쓰거나 동어를 반복하여 사용하지 않도록 한다. 문단을 적정하게 구분하고 소제목을 달 수 있다면 이를 활용한다. 또한 굳이 동어(同語)를 사용해야 한다면 유사 의미를 갖은 다른 단어로 대체토록 한다. ▲ 지원회사에서 제시한 글자 수를 반드시 지키도록한다. 대부분 인터넷으로 자기소개서를 접수 받는 회사들은 각 항목별로 최대 글자 수를 제시하며 이 글자 수를 넘기게 되면 입력이 되지 않는 경우도 있다. 설사 더 입력이 가능하다고 하더라도 당초 제시된 글자 수 내에서 작성해야 한다. 작성 글자 수 제한이 없다고 해서 마냥 길게 쓴다고 좋은 것이 아니다. 간결하고 적당한 분량으로 작성토록 한다. ▲ 호칭, 종결어미, 존칭어 등에 주의하고 일관된 표현을 쓴다. 존대표현과 반말표현을 혼용한다거나 무생물에 대해 존칭어를 쓴다든가 (예:상사로부터 전화가 오셨을 때) 하는 일이 없도록 한다. ▲ 깔끔하고 단정하게 정리해서 작성한다. 할 수 있다면 글자체, 글자 크기, 명암, 선 및 색들을 조화롭게 활용하고 사진이나 동영상을 첨부하는 것도 개성 있는 자기소개서가 될 수 있다.

다음은 표현면에서 유념해야 할 사항이다. ▲ 진실되게 작성한다. 없는 사실을 허위로 작성하거나 과장하게 되면 다 들어나게 되어 있다. 자기소개서는 있는 그대로의 사실을 토대로 작성되어야 한다. ▲ 추상적인 표현이나 과다한 수사법은 지양한다. 자기소개서는 간결하고 명료해야 하며 객관적으로 작성되어야 한다. 감성에 호소한다든가 오해의 소지가 있거나 불확실한 내용을 담아서는 안 된다. 너무 강한 부사, 형용사 등은 사용하지 않는다. ▲ 자신을 극단적으로 미화시키지 않는다. 자기소개서가 아무리 자신의 상품가치를 내세우는 데 목적이 있다 하더라도 객관적인 근거없이 자신의 능력과 장점을 서술하는 것은 금물이다. 또한 '자신있다' '확신한다'라는 표현도 남발하면 마이너스다. ▲ 한 문장을 너무 길게 쓰지 않는다. 문장을 너무 길게 쓰면 문맥이 흐트러질 수도 있고 읽는 사람도 지루해진다. 한 개 문장은 70글자 이내로 작성토록 한다. ▲ 중언부언(重言復言)을 하지 않도록 한다. 한 개 문장으로 설명할 수 있는 사안을 핵심 없이 여러 문장으로 뻥튀기 하지 않도록 한다. ▲ 「귀사」라는 용어를 쓰지 않는다. 지원회사는 거래처가 아니다. 반드시 정확한 회사명으로 표기한다.

마지막으로 가장 중요한 내용면에서 유념해야 할 사항이다. ▲ 자신의 경험을 지원하는 업무와 연결해서 작성토록 한다. 자신의 직무와 관계없는 경험들을 잡화상처럼 나열하지 않도록 하고 특화된 역량을 구체적인 경험을 토대로 작성한다. ▲ 기업에서 필요로 하는 인재상에 맞는 역량을 구체적으로 증명해 보인다. 왜 나를 채용해야 하는지 내가 왜 그 자리에 있어야 하는지 그 사유를 객관적이고 명확하게 제시한다. ▲ 면접에서 나를 보고 싶게 만들어라. 이를 위해 제일 먼저 눈에 띄는 제목을 짓도록 하고 독창적이면서 나만의 스토리를 담아내야 한다. ▲ 지원하는 회사에 대해 많이 연구했고 입사하고 싶은 진정성을 느낄 수 있도록 작성한다. 지원회사의 홈페이지를 정독한 후, CEO의 경영철학, 핵심가치를 이해하고 자신이 입사하면 이를 실현하기 위해 어떤 자세로 근무할 것인지 각오와 함께 신입사원 지원자로서 그 회사 발전을 위해 평소 갖고 있던 조언이나 아이디어를 제시하는 것도 바람직하다. ▲ 나를 중심으로 작성한다. 그룹이나 동아리 등 단체활동에 묻어가기보다 그 안에서 자신의 역할, 리더십을 설명하는 것이 더 중요하다. ▲ 어떻게 실무지식을 쌓았는지도 기술한다. 직무 관련 직접경험이 없다 하더라도 회사나 해당 직무의 실무지식 습득과정과 업계 전반의 흐름이나 다른 사업과 연관해서 입체적이고 융합적인 정보를 갖게 된 과정을 기술한다.

표 8 자기소개서 작성 관련 전문가들의 조언

- 『자기소개서는 자신의 이야기를 쓰는 것인 만큼 정답이 없지만 다른 사람과 차별화할 수 있는 자신만의 이야기를 구체적으로 쓰라』
- 『취업 담당자들은 성의 없이 작성한 소개서나 베낀 소개서를 충분히 구별할 수 있기 때문에 자신만이 경험한 이야기를 진솔하게 풀어가는 게 훨씬 낫다』
- 『직접 경험이 없을 경우, 해당 직무와 관련된 정보나 지식을 습득하기 위해 어떤 노력을 했는지 설명하는 게 낫다』
- 『아는 게 많아야 소개서 내용도 충실해진다』
- 『미사여구를 사용한 긴 문장보다 간결한 문장을 쓰는 것이 낫고, 중언부언 하지 않으려면 소제목을 붙여가며 소개서를 쓰는 게 좋다』
- 『결과보다는 결과를 얻기 위해 어떤 과정을 거쳤는지 설명하는 게 중요하다. 과정을 설명하다 보면 문제해결 능력과 창의성, 도전정신 등을 두루 평가할 수 있으며 소개서 내용은 기업이 판단하는 것이기 때문에 지원자가 뚜렷한 근거없이 결과만 설명하면 거부감을 준다』
- 『자기소개서는 나라는 상품을 극대화할 수 있도록 핵심키워드를 정리한 후 나열하는 것이 바람직하다』
- 『입사하려는 회사에 대한 공부는 필수적이다. 인재상과 기업의 핵심가치를 기억하라』
- 『자신의 장점과 비전을 회사에 대한 지식이나 업무와 연결해 작성하고 면접에서 만나고 싶은 지원자라는 인상을 심어주는 게 가장 기본이다』

표 9 정형화된 자기소개서 항목별 작성 유의사항

문항	작성 요령
성장과정	• 출생에 관한 이야기부터 순서대로 늘어놓기 보다는 자신이 지원하는 회사와 관련된 짧은 에피소드를 시작으로 자연스럽게 풀어간다. • 지루한 느낌이 들지 않도록 개성있게 작성한다. • 터닝포인트(예 : 가정환경을 극복한 사례)가 있었던 일만 기술한다. • 가치관이 형성된 계기와 그것을 자신이 지원하는 직무와 연결하여 자신과 기업이 한층 더 발전할 수 있다는 것을 보여준다. • 성장과정에서 지원한 직무에 관심을 갖게 된 계기를 기술한다.
성격	• 자신의 성격을 표현할 때에는 단정적인 표현을 하기 보다는 구체적인 일화를 통해 본인 성격의 장단점을 기술한다. • 장점만 소개하지 말고 자신의 단점도 솔직하게 시인하되 이를 극복하기 위해 어떤 노력을 하고 있는지 서술한다. • 기업이 원하는 인재상과 연결하는 것이 중요하다.
경력 및 특기사항	• 지원하고자 하는 일에 연관되어 있는 업무만 기재한다. • 구체적인 활동경험과 그로 인한 성과물이 드러나도록 증명해 보인다.
지원동기	• 자신의 강한 의지를 담되 지원하려는 기업에 대한 사전 지식을 바탕으로 작성한다. • 자신이 이 회사를 지원하기 위해 어떠한 준비와 노력을 했는지를 기술한다. • 평소에도 지원회사에 대해 관심이 많았다는 점을 사례를 들어 기술한다. (예 : 회사 광고)
입사 후 포부	• 지원 직무에서 내가 이룰 수 있는 목표를 제시하고 목표를 이루기 위한 구체적인 방법을 제시한다.

03

이력서 작성

1 이력서 양식

취업을 원하는 사람은 지원회사에 자신의 이력서를 반드시 제출해야 하는데 이력서에는 자신의 학력, 경력, 기술 및 취득자격증 등을 명시하는 것이 본래 취지이다. 구미선진국에서도 직원 채용 시 이력서[1] 제출을 요구하나 우리나라와는 달리 ▲ 이력서라는 별도의 정해진 양식이 없으며 A4지 여러 장에 자신 이름, 연락처, 학력, 경력 및 취득자격증, 대외활동 등을 명시하며 ▲ 사진이 부착되어 있지 않고 ▲ 가족관계 기재란이 없으며 ▲ 결혼 여부, 심지어 성(性)도 구분하지 않는다. 또한 ▲ 신체관련 정보 기재란도 없다. 이들 국가에서는 직무와 관련이 없는 정보는 일체 적지 못하도록 되어 있다. 대신 이력서와 함께 전 직장상사, 교수 등 타인의 추천서를 같이 제출한다. 최근 구미선진국에서는 추천인이 추천서를 해당 기업으로 직접 이메일을 발송토록 하는 기업이 늘고 있다. 추천서는 이력서와 함께 지원자를 평가하는 가장 중요한 근거가 된다. 또한 일부 기업은 채용 결정 전, 지원자의 전 근무처에 재직 시 지원자의 역량과 근무 자세에 대해 직접 문의하기도 한다.

최근 한국도 개인정보법 시행 이후 주민등록번호 대신 생년월일만을 기재하도록 법제화하고 있지만 여전히 개인 신상에 관한 정보를 요구하는 기업들이 많이 있는데 속히 시정되어야 할 사항이다. 실제 몇 해 전, 대한상의가 500개 기업을 대상

---

1 이력서를 영어로는 CV(Curriculum Vitae) 또는 Resume라고 한다.

으로 설문조사를 실시한 결과, 조사 대상 기업의 98.2%가 생년월일, 26.8%가 주민등록번호, 21.6%가 키와 몸무게, 13.6%가 가족 직업을 기재하도록 요구한 것으로 나타났다. 정부에서도 이러한 사례가 발생하지 않도록 [그림 1]과 같은 표준이력서[2] 사용을 권장하고 있으나 아직도 [그림 2]와 같이 신체나 가족사항을 기재하고 심지어 결혼유무를 표시하는 이력서가 널리 통용되고 있다. 채용사이트를 통해 접수하는 기업의 경우, 별도 이력서 없이 사이트에서 주어진 양식에 따라 입력하면 되나 별도 이력서를 요구하는 기업의 경우, 인터넷을 통해 서식제공 서비스사로부터 양식을 유료로 다운로드 받아 제출토록 한다. 최근에는 보기 좋고 개성을 살려 컬러로 제작된 이력서 양식을 판매하기도 한다.

---

2 그러나 이 양식에도 여전히 주민등록번호 기재란이 있다.

그림 1 고용노동부 추천 이력서 양식

고용노동부 추천 이력서

표준 이력서 (입사 지원서) 양식						
지원분야			접수 번호			
성명						
주민등록번호						
현주소						
연락처	전화			이메일		
	휴대폰					
원하는 근무지						
취업가능연령	법정 취업가능연령 이상입니까? (해당되는 곳에 √ 하시오.) □ 예 □ 아니오					
직무관련 학교교육	초등학교부터 학교교육을 받은 총년수? ○○년					
	최종학년 □ 고졸이하 □ 고졸 □ 초대졸 □ 대학원 수료 □ 대학원졸					
	전공 부전공					
직무관련 직업교육						
직무관련 기술 (자격증,언어능력, 기계사용 능력 등)						
직무관련 총 경력 (년,개월)	근무기관	기관명	직위	담당업무	사용한 기계/설비 등	본인관리하 에 있던 직원수와 식위(해당하 는 경우)
직무관련 기타경험 (워크샵세미나 참석 및 자원활동등 포함)						
병력 관련	병력 의무에 대하여 해당되는 곳에 √ 하시오 □ 병력필 (기간:) □ 병력미필 또는 면제					

의 사항은 사실과 틀림없음을 확인합니다.

지원 날짜 :

지원자 :   (인)

그림 2 현재 통용되고 있는 이력서 양식

이 력 서

희망연봉	만원

사 진 3 * 4	성 명		(한문)			
	주민번호		생년월일			
	주 소					
	전화번호		E-MAIL			
	핸 드 폰		결혼유무			
	가족사항		주거사항			

학력	입학년월	졸업년월	학 교 명	전 공	졸 업 구 분	소재지

경력	근 무 기 간	직 장 명	직 위	담 당 업 무	비 고

신체	신장	체중	시력	혈액형	병역	구분	병과	계급	소속부대
	cm	kg				복무기간			

가족사항	관계	성명	연령	근무처	직위	동거	외국어	언 어	능 력
								공인시험	점 수

OA능력	워드 (한글/MS워드)	자격사항	취득일자	종 류	등급
	프리젠테이션(파워포인트)				
	스프레드시트 (엑셀)				
	인터넷활용				

상기 내용은 사실과 다름없음을 확인합니다.

년 월 일

작 성 자 : (인)

2 이력서 작성 유의사항

이력서는 단 한 장에 자신의 모든 것을 표현할 수 있어야 한다. 따라서 이력서는 자기소개서의 요약본이라 할 수 있으며 자기소개서 작성 시 토대가 되는 자료이다. 자필로 이력서를 작성하라는 말이 없는 경우 컴퓨터를 이용해 작성해도 무방하다. 요즘은 자필로 이력서를 작성하라는 경우는 거의 없지만 자필로 작성하라는 조건이 있다면 최대한 깔끔하게 작성토록 한다. 이력서 작성 시 가장 중요한 것은 솔직함이다. 허위 또는 과장내용을 적게 되면 당연 합격 취소가 된다. 이력서 작성 시 유의사항을 나열하면 다음과 같다. ▲ 이력서 빈칸을 남김없이 쓰도록 한다. 그러나 주민등록번호 기재는 현행법 위반이므로 요구하는 기업도 없겠지만 혹 요구한다면 생년월일로 대신한다. ▲ 표준어를 사용한다. 비속어, 약어, 신조어 등을 사용하지 않도록 한다. ▲ 이력서 사진은 단정한 최근 사진으로 사용한다. 단정한 옷차림과 헤어스타일로 약간의 미소를 머금은 사진을 사용한다. 캐주얼한 복장에 야외촬영사진, 셀카나 스냅사진 등은 이용하지 않는다. ▲ 모든 내용은 과장 없이 솔직하게 기재한다. 허위사실이나 과장된 내용은 나중에 다 밝혀지며 불합격처리 요인이 된다. ▲ 가족관계는 한자어를 사용한다. 요즘 가족관계를 기재하라는 이력서가 점차 줄어들고 있지만 요구 시 가족사항의 '관계'란에 부(父), 모(母), 형(兄), 제(弟), 자(姉), 매(妹) 등으로 표시한다. ▲ 학력란은 고등학교부터 기재한다. 대부분 대학교부터 쓰는 경우가 있는데 고등학교부터 쓰도록 한다. ▲ 경력이 될 수 있는 것은 모두 기재한다. 사소한 경력이라도 직무에 도움이 되는 일이라면 구체적으로 서술하는 것이 좋다. 그러나 직무와 관계없는 아르바이트 경력 등은 별 도움이 되지 않는다. 구미선진국에서는 자신의 몸값을 높여 자주 이직하는 것을 당연한 것으로 여기지만 우리나라의 경우, 잦은 이직은 부정적으로 평가받을 수도 있으니 신중하게 생각해보고 기재한다. ▲ 경력란은 최근에 있었던 일부터 시간 순으로 작성하되 간단명료하게 써야 한다. 짧은 시간 내에 자신의 인적사항을 파악할 수 있도록 시간 순으로 핵심 위주로 작성한다. ▲ 직무관련 교육, 기술이나 기타 경력란도 최대한 활용한다. 학교 교육 이외 연수/직업교육 경력, 자격증, 수상경력, 대내외적 활동 등 자신의 능력이나 장점을 돋보이게 할 수 있는 사항들을 복잡하지 않고 간결하게 정리하여 작성한다. ▲ 이력서 작성 후 여러 차례 교정을 본다. 오탈자, 잘못 적은 숫자, 어색한 문장 등은 없는지 수차례 확인을 거친다. 사소한 실수는 치명적이기 때문이다.

요즘 기업들은 채용 시 온라인으로 이력서를 접수받기도 하고 신규직원을 채용할 때는 채용전문 웹사이트에 올라와 있는 구직자들의 이력서를 검색하는 경우도 많다. 따라서 웹사이트에 등재되어 있는 수많은 이력서들 중에서 자신의 이력서가 인사담당자들의 눈에 띌 수 있도록 이력서 제목을 참신하게 다는 것이 중요하다.

CHAPTER 04

면접 전략

1 면접 준비

면접은 여러 명의 면접위원이 지원자 1명 내지 복수의 지원자들을 상대로 실시하는데 보통 3~4명의 면접위원이 한번에 4~5명 정도의 지원자를 대상으로 실시하는 경우가 가장 일반적이다. 면접 일이 잡히면 그전에 본인이 이미 제출한 자기소개서를 여러 번 정독하고 예상 질문에 대한 답변을 생각해 간다. 특히 직무 능력 관련 경험이나 업무 수행 시 상황대처 방법을 주로 묻기 때문에 이에 대한 답변을 준비토록 한다. 아울러 자기소개서는 한정된 페이지 또는 글자 수 내에서 축약하여 작성한 것이므로 충분히 자신의 뜻을 표현할 수 없을 수도 있겠지만 면접 때는 다소 여유 있게 자기소개서로 다 쏟아낼 수 없었던 자신의 직무역량, 성격의 강점, 회사에 대한 열정(Royalty), 앞으로의 포부 등을 보충 설명할 수 있는 기회로 활용하도록 한다. 또한 그 회사 홈페이지를 다시 한번 방문하여 그 기업의 경영이념, 가치관 그리고 인재상 등을 파악한다. 특히 CEO 인사말을 반드시 읽어보도록 하고 키워드를 몇 개 찾아내 면접 때 활용토록 한다. 아울러 그 기업이 속한 산업의 국내외 시장동향 및 향후 전망에 대해서도 숙지함으로써 회사를 위해 이미 준비된 신입사원이라는 인상을 심어주도록 한다. 취업준비생이나 인턴희망자들 중에는 자신에 관한 질문에는 답변을 곧잘 하지만 자신이 지원하는 기업이나 인턴 프로그램에 대한 이해(정보)없이 면접에 임하다 보니 면접위원이 해당 기업 및 산업 또는 인턴 프로그램과 관련된 질문을 하면 제대로 답변을 하지 못하는 경우가 흔히 있다. 그러면 면접위원들은 지원자가 지원 기업에 대해 또는 인턴 프로그램에 대해 제대로 알지도 못하고 지원한 것으로 평가하게 되며 따라서 좋은 점수를 줄 리가 없다.

또한 영어 면접 시 세련된 영어 표현도 중요하지만 설득력 있는 논리의 중요성을 강조하고 있다. 비논리적인 유창한 영어보다는 서툴지만 논리적인 영어에 더 높은 점수를 준다. 또한 영어 면접 때 너무 복잡하고 수준 높은 문장을 구사하기보다는 간결하면서도 명확한 표현을 하는 것이 더 중요하다. 영어 면접 준비 요령으로는 ▲ 영어문화권의 사고방식, 습관 및 예절 등을 숙지하기 ▲ 지원직종에서 많이 쓰는 영어단어 외우기 ▲ 예상 질문을 뽑아 친구와 전화로 연습하기 ▲ 자신의 응답내용을 녹음해 교정하기 ▲ 표현이 안 떠오르더라도 우리말로 하지 않기 ▲ 자신감 갖기 등이다.

면접 때 복장과 헤어스타일은 이력서 사진과 크게 벗어나지 않도록 한다. 이력서 사진과 전혀 다른 모습으로 면접에 임하게 되면 더 좋은 모습이든 나쁜 모습이든 면접위원들에게 헷갈리는 인상을 주기 때문이다. 면접장에는 수험표와 신분증은 물론이고 자신이 제출했던 이력서와 자기소개서 사본을 지참하도록 한다. 또한 면접시간보다 여유 있게 면접장에 도착하도록 하며 설사 너무 일찍 도착했다면 면접장 부근 커피숍에서 기다리다 면접장으로 들어갈지언정 지각은 바로 퇴짜라는 점을 유념해야 한다. 면접장이 처음 가보는 곳이라면 면접일 전에 장소를 확인하고 거주지에서 어떤 교통편으로 가야 할지 그리고 그곳까지 가는 데 시간이 얼마나 걸리는지 미리 파악해보는 것이 좋다. 특히 지방에서 올라오는 취업준비생의 경우, 면접시간에 늦는 일이 종종 있는데 이는 치명적인 손상을 주게 된다. 일부 기업들은 지원자가 늦게 도착하면 면접 기회조차 주지 않으며 설사 기회를 준다하더라도 면접위원들은 그 지원자를 시간도 제대로 지키지 못하는 불성실한 사람으로 낙인찍게 된다. 면접장에는 최소 30분 전에 도착하여 차분하게 머릿속에 들어 있는 예상 질문에 대비하여 준비해 간 답변을 되새기며 마음의 안정을 찾도록 한다. 자신의 이름을 호명할 때까지 대기실에서 기다리되 면접장에 들어가기 전, 머리와 옷매무새를 다시 한번 점검한다. 면접장에 들어가기 전 스스로 '잘될 것이다, 난 할 수 있다' 등의 자기최면을 걸어본다. 가방, 책 등은 인사관련 실무자에게 맡기도록 하고 핸드폰은 반드시 끄고 들어간다.

2 면접장에서의 유의사항

    누구나 면접장에서는 긴장이 되고 떨리기 마련이다. 면접은 지원자가 지원회사의 임직원들과 대면하게 되는 최초의 순간이다. 이 짧은 순간에 자신이 갖고 있는 모든 역량과 본 모습을 100% 보여주기 위해서는 자신감을 갖고 면접에 임해야 하며 사전준비를 철저히 해서 가는 것이 실수를 줄이는 가장 확실한 방법이다.

    우선 면접장에 들어가면 ▲ 최대의 예의를 갖춘다. 면접위원들은 면접에 많은 경험이 있기 때문에 지원자가 처음 의자에 앉는 순간 50% 이상을 벌써 평가하게 된다. 의자에 앉는 모습, (잘생기고 못생기고의 차원이 아닌) 외모와 이미지 (얼굴 표정에서 묻어나는 자신감)가 그래서 중요하다. 의자에 앉기 전, 다소곳하게 목례를 하고 다리는 붙이며 허리는 펴고 팔은 자연스럽게 무릎에 놓는다. 면접이 끝나면 다시 목례를 하고 바른 자세로 면접장을 나온다. ▲ 자연스런 표정과 함께 시선은 정면을 주시한다. 절대로 경직된 표정을 지어서는 안되며 밑을 굽어본다든가 시선을 어디에 둘지 몰라 이쪽 저쪽을 왔다 갔다 하는 불안한 모습을 보이지 않도록 한다. 정면을 주시하기가 어색하다면 면접위원들의 코, 입 주변 또는 옷깃을 주시한다. 밝은 표정을 짓되 어색하지 않다면 약간의 미소를 보이는 것도 괜찮다. ▲ 면접위원이 묻는 말에 자신있게 대답한다. 실수를 하지 않으려고 식상한 답변을 하는 것보다 패기 넘치는 지원자가 훨씬 보기 좋으며 반드시 자기 생각을 담아 답변토록 한다. 그러나 자신감과 건방짐은 엄연히 다르다. '~한 것 같아요.' 또는 '제 느낌에는 ~'과 같은 불명확한 말투는 신뢰감을 주지 못한다. ▲ 답변은 핵심 위주로 간결하게 한다. 모든 질문에 대한 핵심을 파악하고 답변 시 결론이나 강조점을 먼저 말한다. 중언부언 또는 동문서답을 하지 않도록 하며 주어진 시간 내 명료하게 답변한다. 외워서 이야기하는 것을 심사위원들은 가장 싫어한다. 오래 답변은 하였으나 결론이 모호하고 도무지 무슨 말을 하는 건지 파악이 곤란한 논리 없는 답변은 최악의 답변이다. ▲ 잘 모르는 질문을 받았을 때에는 솔직히 잘 모르겠다고 답변한다. 잘 모르거나 깊이 생각해보지 않은 사안을 질문 받았을 때 솔직히 모른다고 인정하되 노력하는 모습을 보여주는 것이 낫다. 이야기를 꾸며내지 말고 '시간을 준다면 파악해서 다시 말씀드리겠다.' 또는 '입사할 때까지 자세히 알아보겠다'는 자세가 중요하다. ▲ 뻔한 답변보다는 개성있게 답변한다. 천편일률적인 답변보다는 다소 황당하더라도 개성있고 재치있는 답변, 나름 아이디어를 발휘한 답변이 더 임팩트를 줄 수 있다. 입사 후 열심히 근무하겠다는 답변보다는 구체적으로 뭘 어떻게 하겠다는 실례를 드는 것이 중요하다. ▲ 면접위원이 다그치거나 코너로 몰아가더라도 당황하지 않는다. 간혹 면접위원들이 지원자에게 면박을 준다든가 당황스럽게 만드는 경우가 있는데 이는 위기상황을 어떻게 빠져나오는가를 보기 위함이니 당황하지 말고 진솔되게 답변한다. 면접위원의 질문이 이해가지 않는다면 다시 물어 질문을 완전히 이해한 후 답변한다.

표 1 인사담당자들이 말하는 뽑고 싶지 않은 지원자
▪ 연봉 등 조건에만 관심을 보이는 지원자
▪ 면접시간에 지각하는 지원자
▪ 말끝을 흐리는 지원자
▪ 면접관의 시선을 회피하는 지원자
▪ 자세가 좋지 않고 산만한 지원자
▪ 성의 없이 대답하는 지원자
▪ 면접 시 불필요한 제스처 및 추임새를 사용하는 지원자
▪ 회사의 기본정보 파악이 부족한 지원자
▪ 말을 할 때마다 한숨을 쉬는 지원자
▪ 단정하지 못한 옷차림의 지원자

표 2 대기업 인사담당자들의 면접 관련 조언
현대자동차
현대차는 모든 자기소개서를 반드시 다 읽어본다. 자신이 좋아하고 잘할 수 있는 일이 뭔지, 현대차에 왜 입사해야 하는지 등에 대한 진지한 고민이 필요하다.
SK
지원 분야에서 하는 업무와 업무 수행에 필요한 역량이 무엇인지 분석하고, 본인이 필요한 역량을 충분히 갖추고 있다는 것을 드러내는 것이 중요하다.
롯데
자기소개서는 사실적 표현이나 정량적 계수를 이용해 신뢰를 주는 것이 좋다.
LG하우시스
한 자기소개서 중 '나는 퀴리부인이 되고 싶다'는 문구가 가장 인상적이었는데, 자소서를 제대로 쓰려면 이처럼 임팩트 있는 단어를 고르는 것이 중요하다.
한화
면접에서 자신감 있는 모습을 보여주면 입사 후에도 적극적이고 자신감 있게 일할 것이라는 기대가 생겨 플러스 요인이 된다.

LG유플러스
자기소개서든 면접이든 거짓말은 조금만 이야기해보면 쉽게 들통 나기 마련이다. 오히려 입사자가 '남들 다하는 동아리 회장 한번 못 해봤지만…' 이라고 솔직히 이야기를 시작하면 '어, 그래?'하고 듣게 된다.
LG이노텍
면접에서 잘못된 정보를 바탕으로 지나치게 단정적인 주장을 하거나 과도한 아는 척은 좋지 않다.

최근에는 토론면접을 보는 기업들도 늘어나고 있다. 토론면접은 찬반 토론 위주로 전공이나 업무, 시사와 관련된 토론을 진행하며 합의를 이끌어내는 방식이다. 토론면접에서는 토론에 이기는 것을 목적으로 두지 말고, 다른 사람과 상호소통하고 있다는 인상을 주고, 논리적으로 발언해야 한다. 심사위원들은 토론 시 어느 주장이 이기느냐 하는 것은 중요하지 않다고 강조한다. 결론에 이르기까지의 과정을 더 눈여겨본다. 그러므로 논리적 비약을 만들어 가면서까지 주장을 관철시킬 필요는 없다. 오히려 팽팽하게 맞서는 의견들을 조정해 가는 리더십은 높은 점수를 받는다.

따라서 ▲ 자기 의견을 논리적이고 설득력이 있도록 간결하게 결론부터 말하고 ▲ 독선적인 표현을 삼가며 ▲ 독창적인 시각으로 현실성 있는 대안을 내놓도록 한다. 또한 ▲ 자신의 발언이 정답이라고 과도하게 우기지 말고 ▲ 남의 의견도 잘 경청하는 자세를 보이며 ▲ 토론장에서 나온 각 의견을 수렴하여 최적의 결론(합의)을 도출하도록 한다. 특히 ▲ 이야기하는 상대방과 눈을 맞추고 집중해서 들으며 때로는 메모하는 자세도 필요하다. 토론을 주도하겠다는 마음으로 팀워크를 해치거나, 다른 사람의 질문에 나서거나, 튀는 행동은 하지 않도록 주의한다. 일반적으로 토론면접의 평가요소는 [표 3]과 같이 주도성, 협동성, 공헌도 등이다.

표 3 집단토론면접 평가표 예		
평가요소		착안내용
주도성	득점	• 토론에 영향을 끼치는 발언을 했는가? • 논점사항에 대해 적절한 의견제시가 있었는가? • 적절한 항목에서 다음 단계로 토론을 진행했는가? • 선두에 나서 발언을 했는가?
	감점	• 남의 발표 내용을 좇아 의사를 발표했는가? • 의견개진이 주목을 받지 못했는가? • 묻기 전에는 의견을 발표하지 않았는가?

협동성		• 남의 의견을 묻지 않고 자기 말만 했는가?
	득점	• 토론이 단절되지 않도록 노력했는가? • 남에게 좋은 의견을 끌어냈는가? • 집단의 목표를 우선했는가?
	감점	• 자기 주장만 앞세웠는가? • 남의 의견이나 기분은 제쳐놓았는가? • 목표에 어긋나는 방향으로 비판했는가? • 자기논조에 의거, 목표를 잃었는가?
공헌도	득점	• 적절한 논점을 제시했는가? • 핵심사항에 핵심의견을 제시했는가? • 논점 해결에 도움이 되는 지식을 제공했는가? • 난잡한 토론을 풀고 의견을 한곳으로 모았는가?
	감점	• 논점에서 벗어나는 의견이 나왔는가? • 주제와 다른 의견이 나왔는가? • 나왔던 논조를 반복하지 않았는가? • 핵심을 벗어나 엉뚱한 방향으로 토론을 끌고 가지 않았는가?

직원채용 시 토론면접과 함께 프레젠테이션 면접을 실시하는 기업도 있는데 프레젠테이션 면접은 지원자의 전문성을 평가하기 위해 실시된다. 면접위원 앞에서 자신의 주장을 펼쳐야 하는 것이기 때문에 지원자들이 가장 부담스러워하는 방식이다. 그러나 프레젠테이션 면접은 다른 면접과는 달리 사전에 준비할 수 있다는 장점이 있다. 프레젠테이션을 잘 하는 방법은 ▲ 발표를 시작할 때 목차(발표 순서)를 정리해서 제시할 것 ▲ 도입부에서 문제제기는 간단히 할 것 ▲ 주어진 시간을 충분히 활용할 것 ▲ 명확한 결론을 낼 것 ▲ 결론을 낸 뒤 전체적인 내용을 다시 한번 간략히 정리할 것 ▲ 자신 있는 목소리로 발표할 것 ▲ 파워포인트 화면을 너무 복잡하게 제작하지 말 것 ▲ 추측성 자료를 사용하지 말고 근거를 뒷받침할 수 있는 충분한 자료를 제시할 것(특히 설문조사 결과나 인터뷰를 근거 자료로 활용하는 것도 좋음) ▲ 바른 자세로 발표하되 손동작은 중요한 순간에만 간단히 할 것 ▲ Q&A를 포함시키고 맨 마지막 화면은 '감사합니다. 끝'으로 맺음 할 것 등이다. 프레젠테이션을 통해 참신한 아이디어를 논리적으로 당당하게 설명하기 위해서는 많은 연습을 필요로 한다. 또한 평소 주요 종합일간지 경제기사와 경제전문지를 통해 면접시험을 보는 회사의 관련기사를 꼭 읽어보도록 한다. 왜냐하면 회사에 대한 지식이 있어야 어떠한 질문에도 당황하지

않을 수 있기 때문이다.

기업별 면접 방식은 조금씩 다르다. 대부분 기업들은 면접시험 응시자에게 주제를 제시하고 30~40분 안팎의 시간을 준다. 응시자는 이 시간 동안 문제를 파악해 10분간 발표한다. 발표가 끝나면 면접위원들의 질문이 이어진다. 면접에 등장하는 주제와 과제는 기업 성격과 직무에 따라 달라진다. 그러나 프레젠테이션 주제는 대부분 전공과 관련되어 있다. 따라서 면접 기술이 아무리 뛰어나더라도 전공 지식이 부족하다면 발표 내용이 실제보다 부풀려졌다는 점이 쉽게 드러난다.

해외취업

실 전 취 업 론

월드잡플러스(World Job+)

1 월드잡플러스 주요사업

최근 청년들의 해외진출에 대한 관심과 수요가 크게 증가하고 있는 반면, 종전 해외진출 관련 정보는 프로그램 주관 부처 및 시행기관별로 산재해 있었다. 현재 한국산업인력공단에서는 청년들의 해외취업, 창업, 인턴 및 봉사 등의 해외진출 관련 정보를 통합적으로 보여주는 정보망인 월드잡플러스(www.worldjob.or.kr)를 운영하고 있다. 월드잡플러스의 주요기능으로는 ▲ 취업, 연수, 인턴, 창업 모집공고 ▲ 해외취업 알선 ▲ 구인 구직자 화상면접 시스템 ▲ 대륙별 국가별 커뮤니티 ▲ 긴급 문의사항 실시간 고객응대 ▲ 구직자 홍보 ▲ 진출희망자 멘토링 ▲ 해외진출정보 SNS 메쉬업 ▲ 해외유망직종 ▲ 경력정보 및 수료정보 통합관리 ▲ 월드잡플러스 다국어 지원 ▲ 증명서 관리 ▲ 취업애로청년층 지원 ▲ 해외취업성공장려금 지원 ▲ 국가정보, 비자정보, 해외안전정보 등 해외진출정보 확인부터 지원, 면접, 학습까지 전 과정을 지원하고 있다.

그림 1 월드잡플러스 홈페이지 전체 메뉴

그림 2 해외진출 통합정보사이트 월드잡 메인 페이지

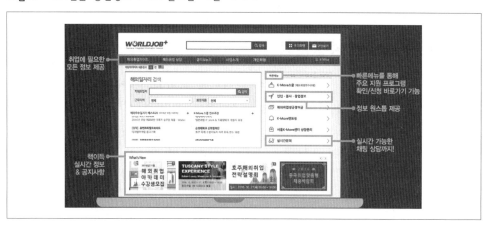

그림 3 월드잡플러스 해외진출준비에 필요한 정보 찾기

해외취업가이드 메뉴에서 주요국가 해외취업전략, 국가별 기본정보, 유망직종 등 정보, 해외취업성공수기, 어학능력 및 역량 진단테스트까지 준비과정에 필요한 정보를 확인할 수 있다.

그림 4 월드잡플러스 해외 일자리 직접 검색해보기

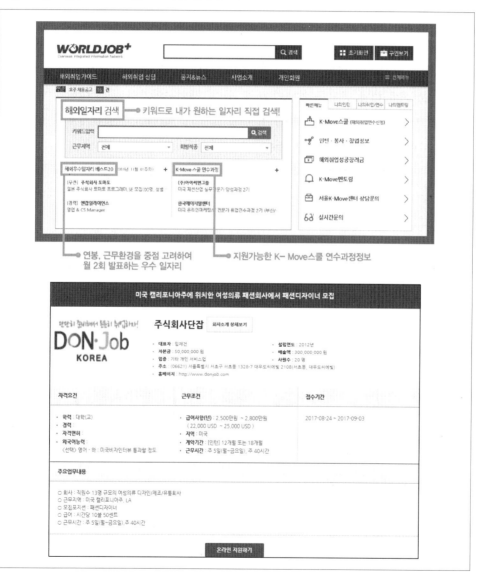

(1) 해외취업알선소개[한국산업인력공단]

대한민국 인재채용을 희망하는 해외업체와 해외취업을 희망하는 구직자를 연결시켜주는 사업이다. 구직자들에게는 월드잡을 통해 구인 중인 해외기업에 직접 지원할 수 있도록 정보를 제공하고 있으며 구인기업에게는 구인조건에 적합한 구직자를 모집하여 알선해주고 있다. 구직자는 월드잡 개인회원 가입 후 이력서 및 자기소개서를 작성하여 진행 중인 모집공고에 따라 지원하면 된다. 또한 모집 중인 지원공고 구인조건에 부합하는 경우 작성한 이력서를 '공개하기'로 설정한 인재에 한해 SMS나 Email로 해당 공고를 안내받을 수 있다. 해외구인기업 등록 대상은 다국적기업, 현지로컬기업, 국내기업 현지법인, 한상(韓商) 등 대한민국 인력채용을 희망하는 기업으로 근무지가 해외인 기업 등이다.

그림 5   알선프로세스

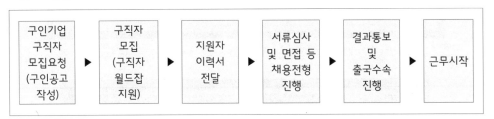

그림 6   구직지원과정(월드잡에서 구인중인 해외기업에 직접 지원할 수 있도록 구인정보를 제공)

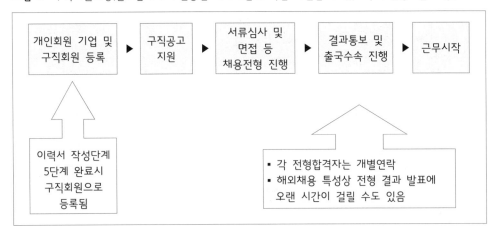

그림 7   구인지원과정(구인 조건에 적합한 구직자를 모집, 알선 서비스를 제공)

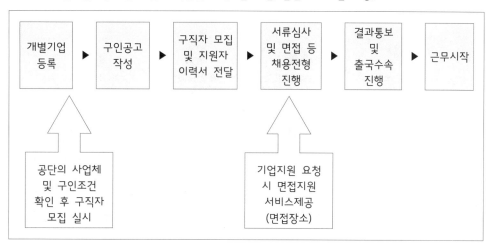

(2) 해외취업성공장려금 지원[한국산업인력공단]

한국산업인력공단에서는 해외취업에 성공한 도전적인 청년의 원활한 현지 정착과 장기근속을 위해 해외취업성공장려금을 지원하고 있다. 지원금액은 해마다 바뀌는데 2017년의 경우, 취업자 지원금우대국가 <동남아, 중남미, 중동, 유라시아, 아프리카 등 신흥국과 선진국분류 26개국[1]을 제외한 모든 국가>에서의 취업자는 1인당 400만원, 그 외 국가는 200만원을 1차 및 2차로 구분하여 양분 지급한다.[2] 단, 취업애로청년층은 취업국가 구분 없이 400만원을 지원한다. 지원대상은 만 34세 이하로 본인, 부모 및 배우자 합산소득 8분위 이하이고 고시된 일자 이후, 월드잡플러스 사전 구직등록을 통해 취업한 자이며 취업인정 기준은 ▲ 취업비자 취득 ▲ 연봉 1,500만원 이상 ▲ 근로계약 1년 이상이다. 그러나 단순노무직종은 지원에서 제외된다. 사업예산 범위 내에서 신청 후 승인 순(선착순)으로 지원한다.

---

1 그리스, 네덜란드, 노르웨이, 뉴질랜드, 덴마크, 독일, 룩셈부르크, 미국, 벨기에, 스웨덴, 스위스, 스페인, 싱가포르, 아이슬란드, 아일랜드, 영국, 오스트리아, 이스라엘, 이탈리아, 일본, 캐나다, 포르투갈, 프랑스, 핀란드, 호주, 홍콩 등 26개국.

2 취업 1개월 후 반액, 6개월 후 나머지 반액을 지원한다.

그림 8　해외취업성공장려금 지원 절차

이와 별도로 국외 유료직업소개사업을 수행하는 해외취업알선기관에서 해외기업의 구인정보를 제공하고 유료로 취업알선을 진행하는 건에 대하여 한국산업인력공단에서는 알선수수료 200만원 또는 300만원을 지원해준다(알선기관에 직접 지급).

(3) 해외취업연수[한국산업인력공단]

해외진출을 희망하는 청년을 대상으로 맞춤형 교육과정을 제공하여 연수를 실시하고 연수비 일부를 국비로 지원하는 사업이다.

그림 9　연수비 일부 국비 지원 절차

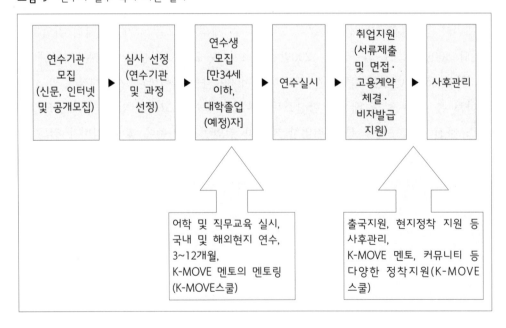

표 1 연수기관의 자격요건

- 국내기관일 경우, 신청일 현재 국외 유·무료직업소개사업자로 법적 등록요건을 갖추고 있는 자 또는 공단과 MOU를 체결한 자
- 해외기관일 경우, 신청일 현재 아래의 어느 하나에 해당하는 자로서 공단과 MOU를 체결한 자
  1) 해당국가 직업소개(알선) 관련 법적 등록요건을 갖추고 있는 자
  2) 해당국가 교육(훈련) 관련 법적 등록요건을 갖추고 있는 자
  3) 해당국가 비영리기관 등
- 대학과정은 대학교(전문대학 포함)로서 연수과정 운영을 위하여 지자체 또는 학교 등 자체적으로 정부 지원금의 20% 이상 대응투자가 가능해야 함
- 연수과정 계약금액에 대해 계약보증(이행보증보험가입)이 가능한 기관

표 2 K-Move 스쿨 세부조건

사업개요	K-MOVE스쿨(장기/단기)	
소개	• 끼와 열정을 가진 청년이 해외에서 꿈과 비전을 펼칠 수 있도록 지원 • 대한민국이 강점이 있거나 또는 글로벌 수준에 이르지 못한 직종을 발굴하여 특화된 맞춤형 연수를 통한 해외진출 지원	
참여기준	**구분**	**내용**
	민간	• 대한민국 국민으로서 아래 요건 어느 하나에 해당 하는 자 ⅰ) 만 34세 이하로 해외취업에 결격사유가 없는 자(30% 범위 내에서 연령 초과하여 모집가능) ⅱ) 구인업체가 요구한 채용조건(연령 등)에 부합하는 자
	대학	• 대한민국 국민으로서 만 34세 이하 미취업자로서 사업참여 학교의 졸업자 또는 최종학년 재학 중인 자로 연수종료 후 졸업 및 해외취업이 가능한 자 • 최종학교(대학교 이하) 휴학생 참여 불가
연수비 지원	• 장기 : 1인당 최대 800만원 • 단기 : 1인당 최대 580만원 ※ 신흥국가는 90% 지원, 연수대상자 10% 이내 부담<신흥국가 : 중동, 아프리카, 중남미, 아시아(일본·싱가포르·필리핀 제외) 국가로 해외취업이 활성화 되어 있지 않는 국가>	
연수기간	• 장기 : 6~12개월 • 단기 : 3~6개월 미만	
제한사항	**구분**	**내용**
	공통 제외 기준	• 공단의 해외취업연수과정(공단 인턴 포함) 수료 후(중도탈락자포함) 연수개시일 기준 최근 1년 이내에 있는 자 또는 참여 중에 있는 자 • 연수종료 후 취업률 산정기간 내 졸업 및 해외취업이 불가능한 자 • 연수 참여(예정)일 기준 고용보험가입 또는 개인사업자 등록 중인 자 * 단, 이사장이 필요하다고 인정하는 경우 일용직·단시간근로자·시간제근로자 등 포함 • 해외 연수 및 취업을 위한 비자발급이 불가한 자 • 연수 참여(예정)일 기준 해외여행에 제한이 있는 자 • 연수개시일 1년 이내에 8개월 이상 연수, 취업국가에 해외체류 사실이 있는 자 * 단, 해외 유학생대상 연수과정에 대해서는 예외 인정

개별기준	만 34세 이하 ※ 해외구인업체의 구인조건 및 취업가능성을 고려하여 개설인원의 30% 범위 내에서 연령을 초과하여 모집 가능 ※ 대학 프로그램 참여자는 졸업자 또는 최종학년 재학중인 자 (출국 및 연수종료 후 취업률 산정 기간 내 졸업이 가능한 자)

이 사업은 한국산업인력공단이 직접적인 연수나 취업알선을 하지 아니하고 외부 전문연수기관을 공개모집·선정한 후, 관련 사무를 위탁하여 운영하는 방식이며 연수분야는 IT, 비즈니스, 자동차 분야 등 해외취업이 가능한 모든 분야나 지역별 수요 동향에 따라 수시로 변동된다.

표 3 K-Move 우수과정 리스트 (예)

연수과정	기간
글로벌 청년사업가 양성과정	11개월 (국내 1~3개월 국외 8~10개월)
ICT 소프크웨어 전문가과정	6~8개월 (국내)
미국 해외취업 글로벌 물류무역전문가 연수과정	4개월 (국내)
싱가포르 2년 취업비자취득 호텔실무자 취업 연수과정	5개월 (국내)
호주 유아교육교사 자격취득 양성과정	5개월 (국외)
해외 건설 플랜트 현장 관리자과정 (사우디)	5개월 (국내)
중국 비즈니스 중간관리자 연수과정	5개월 (국외)
캐나다 무역 비즈니스 분야 전문인력 취업연수	4개월 (국외)
일본 취업약정 기계설계전문가 인력양성과정	4개월 (국내)
SMART Cloud 마스터 과정	10개월 (국내)
일본향 웹/모바일 프로그래머 양성과정	4개월 (국내)

그림 10 K-Move 스쿨 신청방법

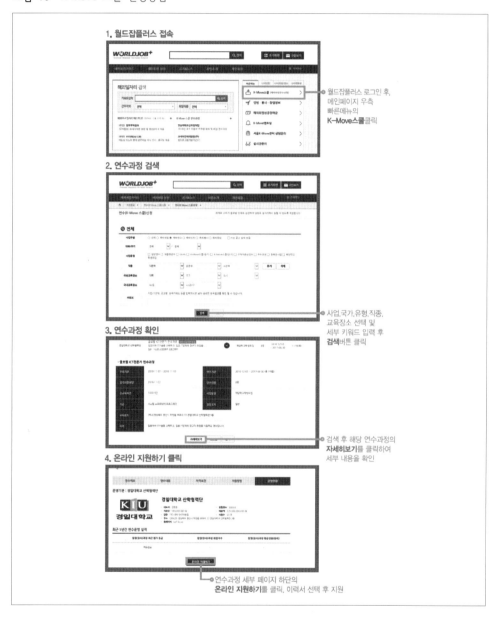

그림 11 K-Move 스쿨 관련 기사(국제뉴스 2016.3.5.)

노동부. 교육부터 취업까지로 원스톱

고용노동부와 한국산업인력공단은 청년들의 해외취업을 지원하기 위해 해외기업의 구인 수요에 맞춰 인력을 양성하는 K-Move스쿨 장·단기 프로그램 84과정, 청해진 대학 6과정, 총 90개 과정을 우선 선정하고, 3월부터 본격적으로 1,880명의 연수생을 모집한다.

K-Move스쿨에 참여하면, 취업에 필요한 직무와 어학교육 뿐 아니라, 해외취업에 필요한 진로상담부터 취업알선까지 종합적인 지원서비스를 받을 수 있어 막연하게만 생각했던 해외취업의 꿈을 이룰 수 있다. 특히 이번에는 대학 저학년 때부터 해외취업을 체계적으로 준비할 수 있도록 「청해진 (청년해외진출)대학」이라는 중장기 통합 프로그램을 마련하여, 배재대·대구보건대 등 6개 대학(135명)에서 처음으로 운영하게 된다. 또한 금년부터 취업성과가 높은 6~12개월의 장기과정 중심으로 개편하였으며, 현재 승인인원도 장기과정(58개 과정, 1,360명)이 단기과정(26개 과정, 385명)의 3배 이상이다.

국가별로는 일본(23개 과정, 710명), 호주(22개 과정, 395명), 미국(19개 과정, 355명) 순으로 과정이 개설되었으며, 직종별로는 인력수요가 높은 일본 IT 과정(JSL 인재개발원 'ICT소프트웨어 전문가과정' 등 18개 과정, 615명)이 대폭 개설됐다. 그 외에도 싱가포르 '호텔 정규직 취업연수과정, 호주의 유아교육교사 자격취득 양성과정, 중국의 비즈니스 중간관리자 연수과정, 미국 산업그래픽 양성과정' 등 국가별로 다양하게 개설 됐다.

연수생 참가자격은 대한민국 국민으로 만 34세 이하의 미취업자로 해외취업에 결격사유가 없는 구직자이며, 대학과정은 해당학교의 졸업자 또는 최종학년 재학 중인 경우에 가능하다. 「청해진 대학」의 예비자 과정은 해외구인기업 주문형 교육, 어학 교육 등 해외취업 역량 증진 및 기반 조성 프로그램으로 해당학교 1~3학년 재학생도 참여 가능하다.

연수생 모집일정 및 연수기간은 과정별로 운영되며, 해외통합정보망 사이트인 월드잡플러스 홈페이지에서 확인하고 신청할 수 있으며, 3월 이후 신규로 개설하는 연수과정도 연중 수시로 확인 및 신청이 가능하다.

(4) 해외인턴사업[3][교육부]

대학생들에게 다양한 해외 현장실무 기회를 제공하여 경력 및 진로설계를 돕고 이를 통해 글로벌 감각을 갖춘 핵심인재를 양성하는 청년해외진출 지원사업이다.

---

3 Ⅱ 취업준비 제1장 인턴경력 쌓기 2. 인턴종류 및 참여방법 참조.

표 4 해외인턴사업별 리스트

시행기관	인턴과정명
한국대학교육협의회	대학 글로벌 현장실습
한국전문대학교육협의회	전문대학 글로벌 현장실습
국립국제교육원	한미대학생연수(WEST)
KOICA	국제(ODA) 청년 인턴
농촌진흥청	글로벌 농업인재 양성
법무부	청년법조인 해외진출
외교부	외교부 재외공관 공공외교 현장 실습
기획재정부	한국수출입은행(EDCF) 해외인턴
한국무역협회	글로벌 무역인턴십

(5) 해외봉사(World Friends Korea)[한국국제협력단(KOICA)]

해외봉사 프로그램으로는 ▲ 코이카봉사단 ▲ IT봉사단 ▲ 청년봉사단(KUCST, PAS) ▲ 과학기술지원단 ▲ 퇴직전문가 ▲ 태권도평화봉사단이 있다.

1) 코이카봉사단(http://kov.koica.go.kr/hom/)

월드프렌즈 코이카봉사단은 도움의 손길을 기다리는 지구촌 이웃들과 우리의 발전경험을 나누고 그들의 경제사회 발전을 지원하는 개발도상국에 대한 주요 무상 원조사업의 하나로 외교부 산하기관인 한국국제협력단(KOICA)에서 담당하고 있다. 코이카봉사단은 만 20세 이상 대한민국 국민이면 누구나 지원할 수 있는 2년간의 장기 해외봉사프로그램이다. 교육, 보건의료, 정보통신, 행정제도, 농어촌개발, 산업 에너지, 환경 분야 관련 50여 개의 다양한 직종에서 연평균 1,600명 내외의 봉사단 원을 파견하고 있다. 일반적으로 파견되는 단원의 형태 외에도 NGO와 협력하여 파 견하고 있는 월드프렌즈 NGO봉사단, 경상북도와 협력하여 파견하는 월드프렌즈 새마을리더 봉사단, KOICA와 산학협정을 체결한 일부 대학과 연계하여 파견하는 산학협력봉사단 등의 프로그램이 있다. 지원절차는 지원서제출 → 1차 전형 → 2차 전형→ 적격심사 → 합격자 발표 → 교육 → 해외봉사활동(2년간)이다.

2) IT 봉사단(https://kiv.nia.or.kr/front/main/main.do)

대학생, 일반인 등으로 구성된 월드프렌즈 IT 봉사단은 파견된 개도국에서 IT 교육, IT프로젝트를 수행함과 아울러 글로벌 마인드 함양을 통해 국내 고학력 이공계 인력의 글로벌 경쟁력 향상을 도모하기 위한 프로그램이다. 파견시기와 기간은 7~8월(단기 1개월, 중기 2개월), 9~11월(중기 2~3개월)이며, 4인 1팀(IT담당 2명, 언어 담당 1명, 문화담당 1명)으로 구성되어 컴퓨터, 인터넷교육, PC 및 네트워크 정비, 홈페이지 제작지원, IT Korea 및 우리 문화 홍보, IT분야 인적 네트워크 구축 등의 봉사활동을 수행한다.

3) 청년봉사단(KUCST, PAS)(http://kucss.or.kr/)

한국대학사회봉사협의회는 1996년 전국 대학과 전문대학이 회원이 되어 바람직한 대학 사회봉사 문화 창달을 목적으로 창립되었다. 동 협의회는 이러한 목적에 충실하기 위한 방안의 하나로 한국청년 해외봉사단을 파견하고 있다. 젊은 세대의 해외진출을 위한 '글로벌 청년 프로젝트' 이행 과제인 한국청년 해외봉사단은 해외봉사를 통해 청년(대학생)들의 나눔과 배려의 봉사의식 저변을 확대하고, 타문화 이해와 다양성을 수용하며 국제친선 및 국가 브랜드 이미지를 향상시키기 위한 목적으로 파견하고 있다. 한국어 및 한국 문화 교육, 영어 교육, 태권도 교육 등의 '교육봉사' 이외에 로봇 교육, 컴퓨터 교육, 농업 교육, 의료 및 보건 교육, 재활치료 교육 등 '특화 봉사'로 파견되어 활동하고 있으며, 학교 및 현지기관 시설 개보수, 지역환경미화 등의 노력 봉사뿐 아니라 현지 대학생들과의 문화교류 등도 진행하고 있다. 대학생으로서 창의적인 봉사활동과 함께 현지 대학생들과의 교감을 바탕으로 한, 공동 활동 등을 수행하는 것이 특징이다.

4) 과학기술지원단

우수 과학기술 인력을 선발, 개도국내의 대학 및 연구소에 파견하여 교수 및 연구원으로 봉사토록 지원함으로써 우리나라의 과학기술 발전경험과 노하우를 개도국과 공유하여 과학기술 발전에 기여하고 있다. 기본 1년 간 파견하며 연장희망자에 한해 평가를 거쳐 1년 연장이 가능하다. 이 프로그램 참가자에게는 정착 및 이전금, 왕복항공료, 보험료 등을 지원한다. 활동분야로는 생물학, 생명공학, 화학, 전자/전기, 정보통신, 에너지, 환경공학, 지질학, 수산, 농식품, 산업공학, 재료공학, 기계공학, 해양연구, 약학, 물리학 등 과학기술 전 분야이다.

(6) 해외창업[창업진흥원]

창업진흥원에서는 창업 초기기업 중 해외시장 진출을 목표로 하는 기업에게 현지 시장조사 및 타당성 검토에 필요한 보육, 멘토링, 법인설립 비용 등을 지원하는 글로벌 창업기업 육성사업을 실시하고 있다. 해외창업 지원 프로그램 중 첫 번째 지원 프로그램은 「해외 현지 창업·진출 지원」이다. 이 프로그램은 창업 초기 단계부터 글로벌 시장을 겨냥한 기업을 집중적으로 지원하여 글로벌 창업스타 기업으로 육성하는 것을 목표로 한다. 지원 대상은 예비 창업자와 3년 미만의 창업기업들이다. 지원 내용은 1개월간 국내에서 사업모델 현지화를 위한 이론 및 실습 프로그램을 제공한 후 3개월 간 해외 현지 엑셀러레이팅 프로그램 참여 기회가 주어진다.

그림 12 해외 현지 창업·진출 지원 절차

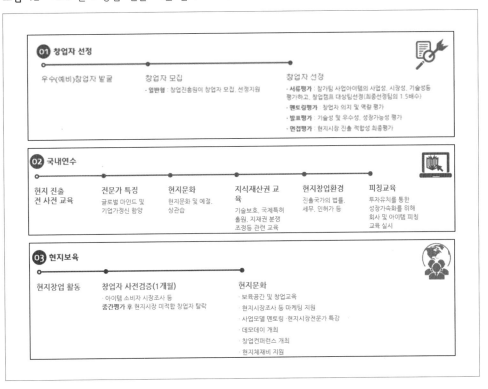

표 5 글로벌 창업기업 육성사업 지원내용	
구분	지원내용
현지체류	사무소 공간, 숙소, 항공권
창업프로그램	전문가 특강, 멘토십 프로그램, 네트워킹, 컨퍼런스 참가 등 지원, 창업자 현지창업 활동 계획 수립 및 관리
투자유치	국내 창업자와 현지 투자자의 IR 개최 등
사업화 자금	법인설립, 지재권출원, 마케팅 등 비즈니스 활동을 위한 비용을 팀당 최대 1천만원 한도에서 지원

참여방법은 K-STARTUP 홈페이지(www.k-startup.go.kr)에서 모집공고를 확인한 후 「K-STARTUP 홈페이지 회원가입＞온라인 신청서 작성 및 제출서류 업로드＞접수확인 및 접수증 출력」으로 하면 된다.

두 번째 지원은 「외국인 기술창업 지원」으로 재외동포[4] 또는 외국인 중 예비창업자 또는 3년 미만의 외국인 창업자, 귀환 유학생을 지원하는 프로그램이다. 시제품 제작, 마케팅 등 창업활동에 필요한 창업자금[5](최대 5천만원)과 멘토링, 창업교육 등이 제공되며 창업비자 취득도 지원한다.

지원절차는 서류평가 → 국내 일반교육(2개월) → 대면평가 및 액셀러레이터[6]와 매칭 → 최종선정 → 국내 특화교육(1개월) → 해외보육(1개월)으로 진행되고, 해외보육 1개월 후 법인설립, 해외투자유치 등의 성과를 보이는 우수 팀은 2개월의 추가 현지보육을 받게 된다.

그림 13　월드잡플러스 개편 관련 기사(중앙일보 2015. 11. 18.)

분산된 해외취업 정보 한 곳에 모아 서비스

고용노동부와 한국산업인력공단이 올해 5월 해외취업 정보제공 사이트였던 월드잡을 해외통합정보망월드잡플러스로 개편했다. 월드잡플러스 관계자는 "국내 취업에 비해 해외현지 취업에 관한 정보를 제공하는 곳이 많지 않아 해외취업을 고려하는 취업준비생이 어려움에 부딪힌다"면서 "이를 개선하기 위해 청년 해외진출의 효과적인 지원을 위한 통합정보 제공서비스 기반을 구축했다"고 설명했다.

---

4 재외동포는 재외국민, 외국 국적 동포를 말한다.
5 창업자금은 국내인과 공동창업을 한 경우에만 지원된다.
6 창업자를 발굴, 투자뿐만 아니라 3~6개월 동안 투자자·고객 지향형 성공 제품을 만들도록 교육과 상담, 네트워킹 등을 지원하는 전문기관/기업을 의미한다.

월드잡플러스는 각 부처·시행기관별로 분산된 14개 기관의 사업을 통합하고 8개 기관과 연계해 총 22개 기관의 27개 해외진출 관련 사업 정보를 제공하고 있다. 해외취업·연수·인턴·봉사·창업 등의 정보를 홈페이지 메인화면에서 확인할 수 있다. 국가별 공고현황도 보여줘 확인 후 바로 지원할 수 있다. 국가별 취업 필수정보인 생활정보·유망직종·비자·법·제도 등에 대한 지원도 강화했다. 특히 SNS매쉬업(트위터·페이스북)을 메인화면에 구성해 각 부처에서 제공하는 해외진출 정보의 실시간 확인이 가능하다.

월드잡플러스는 온·오프라인서비스를 통합하는 가교 역할을 하고 있다. 대표적인 사례가 케이무브(K-Move) 사업이다. 이 사업은 청년들의 해외진출을 위해 정부가 수행하고 있는 것이다. 월드잡플러스는 케이무브 사업의 프로그램 중 하나인 케이무브스쿨과 케이무브멘토링 등의 오프라인 프로그램에 대한 정보와 간편 지원 기능을 제공하고 있다.

월드잡플러스 측은 얼마 전 모바일 애플리케이션을 신규 출시했다. 가장 중요한 호환성 문제를 해결하기 위해 하이브리드 앱 개발 방식을 채택했다. 네이티브 웹과 모바일 웹 앱의 장점을 혼합한 것이다. iOS와 안드로이드 등 주요 운영체제 모두에서 지원이 가능하고 익스플로러·크롬·사파리 등 다양한 브라우저에서 호환이 가능하도록 했다. 해외진출을 위한 종합포털이란 특성에 맞게 해외에서도 쉽게 접속하거나 설치할 수 있게 했다. 영어·중국어·일본어 등 다국어 서비스도 갖췄다.

2 K-Move 멘토링

K-Move 멘토링이란 해외취업을 희망하는 청년들이 원활한 해외취업 및 정착을 할 수 있도록 현지 전문가, 해외취업 성공 청년 등으로 구성된 멘토들이 해당국 취업에 필요한 역량, 준비사항, 현지정보 및 노하우를 멘토링 방식으로 전달해주는 제도이다. 현재 국내외에 거주하는 전자, 금융, IT, 교육, 컨설팅, 법률 등 각 분야의 전문가와 해외취업 성공청년들로 구성된 멘토들이 이 프로그램에 참여하여 각자 자신의 멘티들에게 온라인[7] 또는 오프라인[8]으로 해외취업 태도 및 자세, 현지 생활정보, 해당국 주요 기업 채용방식, 문화적 유의사항 등 생생한 정보를 제공하고 이력서 작성 및 면접 스킬 등 해외취업 노하우, 구인기업에서 원하는 글로벌 역량 등을 조언해주고 있다. 해외진출에 대한 꿈과 도전정신이 풍부한 34세 이하 청년이라면

---

[7] 온라인 멘토링 방법 : 월드잡플러스 홈페이지의 멘토링 커뮤니티를 통해 진행.

[8] 멘토-멘티 간 만남의 장, 직무 멘토링, 해외현지 멘토링 등 다양한 행사 개최.

누구나 멘티로 참가할 수 있으며 연중 모집하고 있다. 멘티 신청방법은 월드잡플러스 메인 → 상단메뉴 → 해외취업 상담 → K-Move 멘토링 → 멘토 찾기 → 맨토링 커뮤니티 페이지에서 멘토 확인 후 신청순으로 진행하면 된다.

그림 14 K-Move멘토링

표 6 멘토의 구분 및 주요 멘토링 내용		
구분	정의	멘토링 주요 내용
내국인 멘토	현지 체류경험을 바탕으로 국내 해외취업희망자들에게 본인의 해외취업 팁, 노하우를 온-오프라인 멘토링을 통해 멘티에게 전수하는 멘토	▪ 해외취업 태도 및 자세, 현지 생활정보 등 정보 제공 ▪ 취업상담
외국인 멘토	본국의 문화에 익숙한 외국인으로 직접 외국의 인사채용시스템 등에 대해 보다 생생한 정보를 전달하는 멘토	현지 공용문화, 글로벌매너, 소셜스킬 습득
또래 블러거 멘토	갓 취업한 현지 거주 또래 청년으로 온라인 매체를 통해 본인의 일상 등을 또래의 눈높이에서 정보를 제공하는 멘토	해외현지 생활정보, 근무기업 소개, 근무환경

멘티는 자신의 멘토로부터 온라인 및 오프라인을 통해 해외취업에 관한 각종 정보와 조언을 받을 수 있을 뿐 아니라 국내·외 멘토-멘티 만남의 장, 멘토 특강, 동영상 및 자료집 제공 등 각종 서비스를 받게 된다. 또한 우수 멘티들에게는 우수 멘티 시상, 현지 멘토링 및 기업탐방 참가기회 제공, 멘토 특강 참여, 우수사례집 발간 등의 혜택이 주어진다.

또한 해외 현지 네트워크를 활용해 양질의 일자리를 발굴하고 해외 취업 및 현지 정착을 지원하기 위해 11개국[9] 해외 코트라 무역관에 K-Move센터를 운영하고

---

9 미국 실리콘밸리, 일본 도쿄, 인도네시아 자카르타, 중국 베이징, 베트남 호치민, 아랍에미레이트 두바이, 독일 프랑크푸르트, 호주 시드니, 캐나다 밴쿠버, 싱가포르, 브라질 상파울루.

있다. 이곳에서는 해외일자리 발굴, 해외 취·창업 지원 및 사후관리 업무를 담당하고 있다.

표 7 해외취업성공 10계명

▪ 해외취업에 대한 환상을 버려라.
▪ 자신의 적성과 특기를 고려하라.
▪ 목표를 세워라.
▪ 해외취업에 가장 중요한 역량 3가지를 갖추었는지 살펴라.
  - 적극적인 자세, 빠른 적응력, 해당국 언어구사
▪ 해외취업관련 정보를 최대한 수집하라.
  - 월드잡플러스, 코트라, 무역협회, 코이카
▪ 이력서 및 추천서를 잘 준비하라.
▪ 자신감을 가져라.
▪ 취업국과 취업 직장 문화를 존중하라.
▪ 좋은 친구들을 많이 사귀어라.
▪ 건강하라.

최근에는 전국에 있는 주요 대학을 순회하며 찾아가는 K-Move 멘토링도 개최하고 있다.

그림 15 찾아가는 K-Move멘토링 관련 기사(정책브리핑)

한국산업인력공단, "찾아가는 K-Move 멘토링" 개최

고용노동부(장관 이기권)와 한국산업인력공단(이사장 박영범)은 18일 한국외국어대학교를 시작으로, "찾아가는 K-Move 멘토링" 대학 순회 행사를 개최한다. 이번 멘토링 행사는 11월부터 내년 1월까지 서울, 대구, 부산, 충청 등 7개 권역 소재의 대학에서 총 10회 열리며, 해외취업을 위한 영문이력서 및 커버레터 작성법, 국가별·직무별 해외취업 전략 등 실질적인 정보와 노하우를 제공할 예정이다. "찾아가는 K-Move 멘토링"의 첫 스타트를 끊는 한국외대에서는 K-Move 멘토가 해외취업 준비 가이드를 주제로 해외취업을 위한 마음가짐, 글로벌 인재의 조건 등을 공유한다.

특강 멘토로는 최근 JTBC『비정상회담』등을 통해 큰 인기를 끌고 있는 이탈리아 출신 방송인 "알베르토 몬디(Alberto Mondi)"와 EBS 라디오 English gogo 진행 및 KBS 연예가중계 인터뷰어로 활약 중인 "엔젤라 김"이 참석하여 해외취업 준비를 위한 진솔한 스토리를 들려줄 계획이다. 바로 다음날 개최되는 "제2차 찾아가는 K-Move 멘토링 - 서울시립대"는 중국지역 해외취업 전략을 주제로 진행되며, 중국지역 K-Move 멘토를 비롯하여 김태원 구글 코리아 팀장 등 총 4명이 강연자로 참석한다. 행사 참여는 월드잡 플러스(www.worldjob.or.kr) 및 K-Move 멘토링 블로그(www.kmovementoring.com)를 통해서 신청할 수 있다. 이번 전국 대학 순회 멘토링 행사는 그간 주로 서울, 부산 등 주요 대도시에서 열렸던 K-Move 멘토링 행사에 시간, 거리적 제약으로 참석할 수 없었던 해외취업 희망청년들을 위해 기획되었다.

올해 들어 해외취업지원 서비스를 공급자 중심이 아닌 수요자 중심으로 대대적인 개편을 하면서 일어난 변화다. 행사는 내년 1월까지 순차적으로 진행된 후 참가자들의 만족도 조사 및 성과 분석을 바탕으로 '16년 개최 규모가 결정될 예정이다. 공단 박영범 이사장은 "찾아가는 전국 대학 순회 멘토링 행사를 통해 보다 많은 학생들이 해외취업의 가능성을 인지하고, 그에 관한 생생한 정보를 얻을 수 있기를 바란다"고 말했다.

　　K-Move 멘토링은 해외진출을 희망하는 청년들에게 해외취업·창업의 경험이 있는 선배들의 정보와 노하우를 보다 실질적으로 제공하고자 2013년에 처음 출범한 프로그램으로, 현재 약 187명의 멘토와 1,021명의 멘티가 열성적으로 활동하고 있다. 이 밖에도 한국산업인력공단은 끼와 열정을 지닌 청년들이 글로벌 인재로 거듭날 수 있도록 해외진출포털 월드잡을 통한 해외취업 상담 및 알선, 맞춤형 연수를 제공하는 K-Move 스쿨, 현지에서 실무 경험을 쌓은 후 해외취업으로 연계하는 해외인턴, 현지 정착을 지원하기 위해 제공되는 최대 300만원의 해외취업성공장려금 등 청년들의 해외진출을 돕기 위한 다방면의 지원을 하고 있다.

K-Move 조기창 멘토 인터뷰

Q. KOTRA에서 근무하시며 다양한 국가에서 근무하셨을텐데요, 국내근무와 해외근무에는 어떤 차이가 있을까요?

저는 91~94년까지 영국 런던/97~02년까지 터키 이스탄불/03~07년까지 미국 뉴욕/09~12년까지 요르단 암만에서 근무를 했습니다.

말씀드린 대로 다양한 문화와 환경 속에서 생활을 하다보니 다이나믹한 생활을 할 수 있습니다.

세계를 보는 눈이 넓어지고 다양한 외부문화를 보게 되지요.
그렇다 보니 외국인에 대한 이질감도 없고 국제화 마인드가 저절로 생기고, 이런 부분을 장기적으로 봤을 때는 자녀의 교육에도 상당히 좋은 것 같아요.

국가별로 근무를 하면서 각 국가별 환경에 맞는 매니징 기법이 확실히 생깁니다.
예를 들면 중동/유럽/미국 현지직원관리방법이나, 바이어들과 만났을 때 바이어를 관리하는 방법 등이죠.

Q. 해외에서 근무하시며 멘토님께서 가장 힘드셨던 순간과 극복방법은 무엇인가요?

제가 터키에 있었을 때, 터키인이 운영하는 국제학교에 자녀들을 보냈어요.
그 국제학교가 갑작스럽게 도산을 하게 되었죠. 터키는 우리나라와는 다르게 사기업 형식으로 학교가 운영되고 있어서 자녀들이 다시 다닐 학교를 구하는 것에 곤욕을 치뤘습니다.

또 다른 순간은 우리나라와 제도가 다르기 때문에 현지직원 관리 면에서 현지직원의 불만토로 등으로 인해 해결하는 방법에 제약이 존재해 힘들기도 했습니다.

하지만 해외 생활은 내가 꿈꾸듯 핑크빛만 있는 것이 아니에요.
인프라가 취약할 수도, 질병이 많을 수도 있죠. 항상 미래를 보고 희망을 가지려고 노력했어요.

Q. 멘토님이 생각하시기에 최근 해외취업 전망이 좋은 국가는 어디이고 직무에는 무엇이 있을까요?

해외취업을 고려하면서 생각 할 부분은 내가 취업하고 싶은 국가가 필요로 하는 자격이나 요건을 갖추는 것이에요.

사우디아라비아, 쿠웨이트 같은 중동의 걸프 연안에 부유한 산유국은 의료진을 자국충당으로 하지 않아요. 굳이 힘들여 공부하지 않고 돈으로 인력을 불러들이죠.

그러나 같은 중동이지만 산유국이 아닌 요르단은 자원이 인적자원뿐이니까 열심히 공부해서 의사 면허를 받는 친구들이 많아요.
의사면허를 딴 요르단 사람들이 사우디아라비아, 쿠웨이트쪽으로 가면서 인력의 수급이 서로 맞아떨어지죠.

이처럼 그 국가가 필요로 하는 인력이 무엇인지를 잘 알아야 해요.
선진국 취업을 위해선 부족한 부분의 인력분야를 뚫어야 하는 거죠.
권해주고 싶은 해외취업 방법 중 하나는 우리나라 해외 법인 기업 취업이에요.
예를 들어 삼성전자의 레반트 법인 같은 곳인데, 레반트 연안은 떠오르는 시장으로 주목 받고 있어요.

법인이라면 그 국가의 회사이기 때문에, 거기서 근무할 한국인을 많이 채용합니다.
해외로 나가있는 현지법인을 많이 찾아보세요.

경우에 따라 외국인들의 취업 문호를 개방하는 국가도 있고, 외국인에 취업을 제한을 두는 국가도 많기 때문에 "정보"가 제일 중요합니다.

첫 번째, 적극적인 자세와 긍정적 마인드
두 번째, 그 국가의 취업환경이나 외국인들에게 까지 문호가 개방되어 있는 분야 등 취업 관련 정보 수집,
세 번째, 현지어 구사 능력입니다.
그러나 무엇보다 적극적인 자세와 긍정적인 마인드를 거듭 강조하고 싶어요.

영어도 일종의 언어죠.
언어라고 하는건 끊임없이 매일매일 하는 게 중요해요.
언어가 갑자기 느는 경우는 잘 없으니까요.

현지에 가셔서도 그 나라를 사랑하게 되면 언어 습득이 훨씬 용이해집니다.
꾸준히 지속적으로 공부하라고 말씀 드리고 싶네요.

이력서의 관점이 우리나라와 외국, 특히 미국에서는 상당히 달라요.
외국에서는 상상하지 못하는 개인정보를 우리나라에선 많이 기입하죠.(신체사이즈/가족상황 등)

해외취업을 위한 이력서에는 학력과 커리어를 위주로 기록을 해요.
현지직원 채용을 위해 이력서를 볼 때 한 가지 특이했던 점이 우리나라에서는 짧은 기간 동안 경력이
많은 지원자는 직장을 자주 옮겨 다닌다는 부정적 인상을 주는 데에 반해, 해외에서는 자신의 몸값을
높이기 위한 커리어를 쌓는 것이 가장 중요하다고 생각해서 잦은 경력사항을 이상하게 생각하지 않고,
오히려 당연시 합니다.

그렇기 때문에 외국회사에 이력서 제출할 때에는 자기의 모든 과거의 경력과 경험을 최대한 자세히 기
술하는 것이 제일 중요해요.

여러 번 바뀌거나 잦은 경력이 있다면 그걸 그대로 잘 적어야 해요.

그리고 해외에서는 추천서를 중요하게 생각해요.

이전에 근무한 직장 상사나 학교의 은사 등을 찾아가 추천서를 많이 붙여서 제출하죠.

따라서 어떠한 경험을 하던 간에 좋은 이미지를 남겨야 불이익이 없겠죠.
자신의 커리어와 함께 평가가 따라간다는 점을 유념하시면 좋겠습니다.

면접에서는 가장 중요한 것이 자신감입니다.

저는 면접위원으로서 경험이 많이 갖고 있는데요,
자신이 아는 것이 많음에도 불구하고 분위기에 휩쓸려 경직된 자세로 임하면 패닉상태에 빠져 자기실력 발휘를 못하게 돼버리죠.
그렇기 때문에 편안한 마음가짐도 중요합니다.

그리고 면접을 보는 회사의 정보와 그 회사와 관련된 산업 등에 관한 사전 공부가 필요합니다.

Q. 멘토님께서는 KOTRA에서 많은 인턴들의 면접을 보신 것으로 알고 있습니다.
  멘토님을 거쳐간 인턴들 중 기억에 남는 인재가 있었다면 소개 부탁드립니다.

2009년 5월22일 금요일. 날짜도 안 잊어버려요.
인턴면접을 보러 온 친구 한 명이 매우 인상적이였죠.
말도 조리 있게 잘하고 예의도 발라서 인상이 좋았거든요.

인턴이 선발 된 후에 제가 암만 무역관장으로 가면서 암만을 근무지로 신청하라 권했어요.

사람을 보는 눈은 비슷하여 주요르단 대사님도 일을 잘한다고 칭찬할 정도로 업무능력이 좋았어요.
그래서 12월말까지 연장 근무를 제안하여 함께 일을 했죠.
요르단은 우리나라 최대 중고차 수입국이거든요.
요르단에 있으면서 많은 중고자동차나 자동차 부품 바이어들을 많이 만났습니다.

그 결과 이 인턴은 국내에 돌아와 유수의 H자동차 계열에 자동차부품 수출 중동담당자로 취업을 했습니다.

대학에서 독일어를 전공한 친구인데 암만무역관에서 6개월간 짧은 인턴생활이 직장 운명을 바꾼 셈입니다.

또 다른 예로 제가 터키 이스탄불에 있던 당시에 제가 앞서 말했던 해외취업에 필요한 3가지 요건을 갖춘 친구가 인턴으로 왔습니다.

이 친구는 인턴기간을 끝내고 귀국하였는데 얼마 있다가 이스탄불무역관 지사화 사업 담당 자리가 생기자 제가 이 친구를 정식 현지직원으로 채용해버렸죠.
십수년이 지난 지금은 터키에 거주하면서 교포 무역인으로서 성공적인 삶을 살아가고 있답니다.

Q. 인턴이나 정규직 취업 후 직장생활을 하는데 명심해야 할 점이 있다면 조언 부탁드립니다.

청년들을 보면 우리 때보다 훨씬 영어도 잘하고 아는 것이 많아요.
하지만 인턴들을 보면서 아쉬웠던 것이 문장력이 많이 떨어지는 거 같아요.
책을 많이 읽고 자주 글을 써봐야 해요.
말은 잘하는데 글로 자신의 생각을 조리있게 표현하지 못하죠.
코트라에서 인턴으로 일하게 되면 시장보고서를 작성하거나 국내 중소기업들과 서신을 많이 교환하게 되는데 이때 논리성 있는 문장력이 중요합니다.

예를 들어 그 인턴이 어떤 바이어를 만나고 바이어의 생각을 우리 기업들에게 이메일로 전해줘야 하는데 문장력이 없다 보니 도무지 무슨 말을 전하려고 하는지 그 내용을 이해할 수 없어요.
대부분 인턴들이 말로는 잘하는데 글로 쓰라면 영 아닌 경우가 많아요.

그리고 상사에 대한 최소한의 예의, 선배에 대한 예우 등도 조금은 가지고 있는 게 좋고,
무엇보다도 가장 중요한 것은 배우겠다는 적극적 자세입니다.

Q. 멘티들이 K-Move 멘토링을 100% 활용하는 방법이 무엇이라고 생각하시나요?

인턴이든 취업이든 프로그램에 지원을 하거나 자신이 원하고자 하는 방향에 대해서 멘토와 멘티간의 커뮤니케이션이 원활하게 이뤄질 수 있도록 적극적인 태도를 가지면 좋겠습니다.

멘토에게 사전정보를 얻고 과정에 응했다면, 더 좋은 결과를 얻을 것이기 때문이죠.
Tip을 얻을 수 있는 좋은 기회를 K-Move멘토링을 통해 이용하시길 바랍니다.

[출처] [K-Move 멘토를 만나다 1탄] 조기창멘토를 만나다 | 작성자 K Move 멘토링.

그림 16 해외취업, 아는 만큼 성공한다.(서울경제 2017.8.14.)

[해외취업, 아는 만큼 성공한다] 언어·직무능력 키우고
… 구직매칭 플랫폼 적극 활용을

해외 취업 전략

△코트라와 구인·구직 매칭 플랫폼 등 해외 취업 연계·지원 서비스 활용

△신입보다 경력직 선호 경향 맞춰 실무 경험을 쌓아라

△어학 점수보다 실전에서 쓸 수 있는 회화 실력을 길러라

△국내 자격증과 기술을 활용하면 해외 취업 문이 더 넓어진다

△영문 이력서 작성과 취업비자 발급 등 기초도 꼼꼼히 챙기자

자료:잡코리아

불투명한 국내 취업 전망 속에 해외 일자리로 눈을 돌리는 구직자가 늘고 있다. 올해 2월 취업포털 잡코리아가 한식재단과 함께 20세 이상 성인 남녀 1,001명을 대상으로 조사한 결과 '기회가 되면 해외 취업을 하고 싶다'는 응답자가 96.8%에 이르는 것으로 조사됐다. '현재 해외 취업을 위해 준비하는 것이 있다'는 응답자도 45.9%로 전체 응답자의 절반에 가까웠다. 어느덧 자리 잡고 있는 해외 취업에 앞서 꼭 알아둬야 할 전략과 팁을 살펴본다.

먼저 코트라(KOTRA)의 해외 취업 연계 프로그램을 눈여겨볼 필요가 있다. 코트라는 일본을 비롯한 해외 취업, 외국인투자기업 채용 등 해외 연계 일자리를 제공하면서 실질적인 정보 전달을 위한 관련 프로그램도 운영한다. 올 8월에는 일본 취업을 위한 '도쿄채용박람회 K-move 잡페어'가 예정돼 있다. 코트라는 케이무브(K-move)센터와 해외 취업 거점 무역관을 통해 해외 구인 수요를 발굴하고 있으며 국내 구직자와의 화상 면접, 현지 채용 시스템에 따른 채용 정보 등을 지원하고 있다. 일본의 경우 나고야와 도쿄, 오사카, 후쿠오카의 4개 지역으로 나눠 지역별 인터넷 카페를 운영하며 현지 채용 정보를 교류하도록 돕고 있다.

구인·구직 매칭 플랫폼도 적극 활용할 필요가 있다. 해외 취업이 하나의 흐름으로 자리 잡으면서 각 플랫폼은 그에 맞는 정보와 서비스를 제공하고 있다. 예를 들어 잡코리아는 지난해부터 양질의 해외지역 채용공고를 엄선해 한눈에 보여 주는 '해외취업 채용공고 서비스'를 운영하고 있다. 해외 지역별로 분류된 채용공고를 미국, 아시아, 중동, 중국 등 9개 지역으로 나눠 제공하며 구직자들의 편의를 높였다. 해외 취업에 관심이 있는 구직자라면 이곳에 올라오는 정보를 꼼꼼히 살펴보는 게 도움이 된다.

해외 기업 취업에서 가장 중요한 것 중 하나가 실무경험이다. 해외 기업 채용의 특징은 경력직 선호다. 신입사원을 뽑더라도 실무에 바로 투입이 가능한 '경력 같은' 구직자를 선호한다. 따라서 지원하는 분야의 실무능력이 검증되는 경험을 강조하는 것이 유리하다. 국내 동종 업계에서 인턴십이나 아르바이트를 해보거나 다양한 대외활동을 통해 실제 업무를 해봤는지를 이력서에 구체적으로 기재하는 것이 좋다.

해외 취업의 기본은 어학능력이다. 해외 취업은 단순히 일자리를 구하는 것을 넘어 생활환경과 문화 등 모든 것이 바뀌는 경험이다. 업무에서뿐 아니라 새로운 환경에 적응하기 위해서도 상당 수준의 어학능력은 반드시 갖춰야 한다. 이때 어학능력은 토익처럼 점수화된 것을 의미하는 게 아니다. 실전에서 완벽하게 구사할 수 있는 수준의 회화 실력이 보다 중요하다. 영어 문법은 서류를 작성하거나 보고서를 작성하는 데 어려움이 없는 정도면 적당하다.

국내 자격증도 해외 취업의 '열쇠'가 될 수 있다. 해외 취업이 가장 활발한 직업 중 하나가 간호사다. 국내 간호사 수요가 많은 미국의 경우 별도로 미국 국가시험(NCLEX-RN)에 합격해야 한다. 이때 미국 국가시험에 응시하기 위해서는 국내 간호사 자격증을 먼저 따야 한다. 또 정보기술(IT) 프로그래머와 웹그래픽 개발, 소프트웨어 개발 등 IT 직군에 대한 외국의 러브콜도 늘고 있다. 일본의 경우 2000년대 초반 IT 인력 양성 부족으로 최근 IT 직군의 인력이 필요한 상황이다. 일본 정부는 해외 인력들의 입국심사를 완화하는 정책을 통해 해외 인력을 적극적으로 유치하고 있다. 한국 자격증을 취득한 사람의 경우 한일 IT 기술자격 상호인증으로 비전공자라도 일본 취업비자 발급 조건을 충족할 경우 취업이 가능하다.

영문 이력서를 작성할 때는 작은 차이를 조심해야 한다. 영문 이력서를 미국에서는 'Resume'라고 하고 영국에서는 'Curriculum Vitae(C.V)'라고 한다. 그 외 일부 국가에서는 'Personal History'라고도 한다. 영문 이력서는 국내 기업처럼 자기소개서의 특정 주제를 주지 않고 정해진 양식이 없는 경우가 대부분이다. 이 경우 일반적으로 직무능력을 강조한 순서로 작성하는 'Functional Resume'와 최근 경력을 시작으로 경력 중심으로 작성하는 'Chronological Resume'로 구분된다. 어떤 순서로 작성하건 현재를 가장 위에 적고 과거 경험은 아래에 적도록 한다. 이력서 전체 내용을 요약하는 'summary'에는 채용하는 직무에서 필요로 하는 역량을 표현하는 단어를 꼭 포함해야 한다. 본인의 역량과 연계해 확신을 줄 수 있도록 강조해야 함은 물론이다.

기고문 해외취업을 위한 이력서 작성 시 새겨야 할 사항

멘토 : 코트라 알제무역관장 조기창 (담당지역 미국)

우리나라도 새 정부가 들어서면서 공무원 채용시험에서 학력·가족관계 등 직무능력과 무관한 요소를 배제하는 블라인드 채용 방식이 적용될 예정이라는 뉴스를 접하면서 만시지탄(晩時之歎)이지만 참 잘된 정책이라는 생각이 들었다.

10여 년 전, 필자가 코트라 뉴욕무역관 부관장 재직 시, 현지직원들을 수차례 채용한 적이 있었는데 제출된 이력서를 살펴보니 그동안 필자가 알고 있었던 우리나라 방식의 이력서와는 너무도 달랐다. 당시 제출된 이력서에는 지원자 사진은 물론이고 신체나 가족과 관련된 항목은 찾아볼 수 없었다. 그 후 본사로 돌아와 비록 비정규직이었지만 몇몇 직원을 채용할 기회가 있었는데 지원자들이 제출한 이력서를 보고 놀란 점이 한두 가지가 아니다. 남성의 경우, 검정색 또는 곤색 양복, 여성은 흰색 또는 베이지색 계통의 브라우스에 검정색 정장, 그리고 머리를 올린 얼굴 등 마치 사관학교 다니는 생도들과 같은 일류적인 모습의 사진이 붙어있었고 신장, 몸무게 심지어는 시력까지 포함된 신체정보와 직무와는 아무 상관없는 가족관계(부모님과 형제의 직업과 학력까지 표기)가 표기된 이력서들도 있었다. 지금도 이와 같은 이력서 제출을 요구한다면 이것은 요즘 화두가 되고 있는 소위 채용기업의 '갑'질이라고 생각한다. 다른 구미선진국에서는 상상도 못할 이력서이다. 선진국, 특히 미국에서는 성별, 나이, 피부색, 종교 등의 이유로 인사에 불이익을 주는 것은 절대 용납되지 않는다.

따라서 해외취업을 원하는 구직자들은 우선 우리나라와 같은 방식의 이력서는 잊어야 한다. 선진국에서 통용되는 이력서 양식과 구체적인 작성법은 월드잡 홈페이지나 시중에서 구할 수 있는 해외취업 안내책자를 보면 잘 알 수 있을 것이다. 다만 필자가 영국, 터키, 미국 등 무역관에서 근무하는 동안 현지직원들이 제출한 이력서를 보면 공통점이 자신들의 경력을 아주 상세히 기재한다는 것이다. 사실 우리나라에서는 구직자가 직장을 자주 옮겨다니는 것을 좋은 눈으로만 보지는 않는 경향이 있기 때문에 일부러라도 이직(吏職) 경험이 많은 구직자들은 경력에서 많은 부분을 제외하기도 한다. 그러나 구미선진국에서는 이직을 결코 부정적으로만 보지 않는다. 얼마든지 본인의 몸값을 높여 자신에게 유리한 직장으로 옮기는 것을 당연한 것으로 여긴다. 실제 필자가 뉴욕무역관에서 현지직원을 채용할 때 대학교 졸업후, 사회에 나온 지 3년 정도 된 젊은 직원이었는데 경력난이 매우 화려하였고 매번 더 좋은 직장과 직위로 옮긴 점을 자세히 기술하고 있었다.

아울러 우리나라와 또 다른 점은 이력서에 반드시 추천인과 추천서가 함께 제출된다는 점이다. 추천서는 보통 학교 은사나 전(前) 직장의 상사 심지어는 성직자가 써준 것도 있었다. 물론 선진국의 경우에도 이력서에 개인의 기술(Skill) 및 수상(受賞), 대외활동 등은 기본적으로 포함되어 있으며 이것도 자세히 서술되어 있다.

또 한 가지 중요한 것은 채용기업이 지원자가 전에 근무했던 직장에서 어떻게 평가받고 있는지를 확인한다는 점이다. 1990년대 초, 필자가 영국에서 근무할 때 조사업무를 담당했던 David라는 착실한 현지직원이 있었다. 그런데 영국인이었던 이 직원이 뉴질랜드 출신의 여성과 결혼하여 뉴질랜드로 가기로 했다며 사직서를 제출했다. 무역관 입장에서는 놔주기 싫을 만큼 아쉬운 직원이었지만 새로운 삶을 뉴질랜드에서 시작하겠다니 축하해 줄 도리 밖에 없었다. 그 후 몇 달이 지나 뉴질랜드의 한 회사 인사담당자가 필자에게 국제전화로 David라는 사람이 코트라 런던무역관에 근무한 적이 있었는지 그리고 직무능력과 인간성이 어떠했는지를 물어왔다. 물론 필자는 우리도 떠나보내고 싶지 않을 만큼 우수한 직원이었다고 설명해주었는데 이 전화를 받고 선진국의 인사채용 시스템에 감탄하지 않을 수 없었다.

이러한 사례는 무엇을 시사하는지 곰곰이 생각해봐야 한다. 설사 더 좋은 직장에서 일하기 위해 현 직장을 떠난다 하더라도 평소 성실하고 최선을 다하는 좋은 인상을 남겨야 한다는 점이다. 이제 이 회사를 언제 보겠냐며 불성실한 이미지를 남기고 가면 이러한 행실이 언제 나의 발목을 잡을지 모른다는 점을 확실히 인식하고 항상 최선을 다하는 자세를 갖는 것이 중요하다.

실전 해외취업

1 해외취업방법

　해외취업방법은 정부 지원을 통한 해외취업방법과 민간을 통한 해외취업방법
이 있다. 먼저 정부 지원을 통한 해외취업방법으로는 첫째, 월드잡플러스 사이트를
방문하여 「일자리찾기」를 통해 원하는 일자리를 선택하여 지원하는 방법이다. 이
방법을 활용하기 위해서는 먼저 월드잡플러스의 회원으로 가입하고 이력서를 작성
하여야 한다. 이 사이트에는 한국인을 채용하려는 전 세계 구인회사 및 코트라가 발
굴한 채용인콰이어리가 등재되어 있다.

그림 1 월드잡플러스의 구인공고 바로지원하기

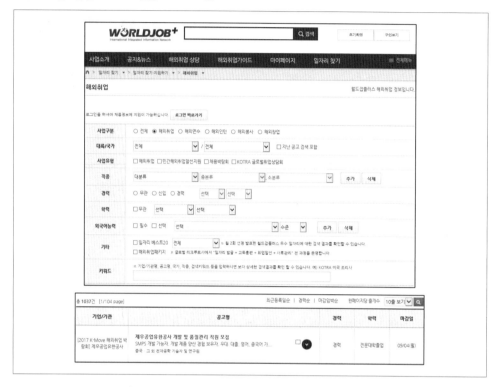

코트라는 40여 개 무역관에서 한국인재에 대한 구인수요가 있는 해외구인처를 발굴하여 해외취업을 지원하고 있다. 특히, 정부는 2015년 12월부터 취업 여건이 양호한 일본, 베트남 호치민, 미국 뉴욕, 호주 시드니 등 공관 17곳에 해외취업지원협의체를 설치 운영하고 있다. 협의체는 재외공관장을 단장, 코트라 무역관장을 부단장으로 이외에 유관기관과 현지 진출 기업 등으로 구성되어 있다.

표 1 해외취업지원무역관	
해외취업센터	도쿄, 두바이, 밴쿠버, 베이징, 시드니, 실리콘밸리, 싱가포르, 자카르타, 프랑크푸르트, 호치민, 뉴욕, 오사카, 홍콩, 멕시코시티, 나고야, LA, 리야드
해외취업거점	함부르크, 후쿠오카, 멜버른, 상하이, 쿠알라룸푸르, 하노이, 도하
해외취업지원	토론토, 오클랜드, 디트로이트, 프놈펜, 암스테르담, 런던, 스톡홀름, 뉴델리, 모스크바, 바르샤바, 양곤, 첸나이, 상파울루, 이스탄불, 쿠웨이트, 광저우, 장저우

둘째, 코트라가 해마다 개최[1]하는 「글로벌 취업상담회」에 참가[2]한다. 이 행사는

---

1 통상 연간 상하반기 2차례 개최한다.

해외 유망기업과 구직자간 1 : 1 면접 기회를 제공하는 취업상담회와 해외취업 전략 소개 및 주요기업 채용정보를 소개하는 취업설명회로 이루어진다. 참가신청은 사전면접과 현장면접 등 2가지 방법이 있다. 이 중 사전면접은 월드잡플러스 홈페이지 (www.worldjob.or.kr)에서 온라인으로 기한 내 지원하는 것이다. 사전면접 신청방법은 [월드잡플러스 회원가입] → [로그인] → [개인회원] → [일자리 찾기/지원하기]→ 사업유형 중 [KOTRA 글로벌 취업상담회]에 체크 후 [검색버튼]을 클릭한다. 그 다음 원하는 기업을 확인한 후 [온라인 지원하기]를 클릭하여 이력서를 접수한다. 사전신청기간에 월드잡플러스에 올라오는 박람회 구인공고는 방한후보기업(참가후보기업)의 구인공고이다. 코트라 본사는 이력서 접수가 마감된 후, 자체 심사과정을 거쳐 방한선정기업(참가확정기업)을 발표한다. 선정되지 않은 기업의 경우, 박람회와 상관없이 개별 기업별 채용 프로세스(월드잡 구인건)로 채용이 진행된다. 합격자 발표 후 상담회에 이력서를 갖고 참석하여 면접을 진행한다.

표 2 해외취업설명회 주요내용

구분	주요 내용	일정 및 모집인원
대학으로 찾아가는 해외취업설명회	해외취업의 전반적인 사항 설명	연간 약 100회
해외취업 국가별 전략설명회	원하는 나라의 해외취업 준비 전략 설명	국가별 일정 상이
찾아가는 K-Move멘토링	경험자들의 해외취업 정보 제공	별도 공지
Kotra 글로벌 취업설명회	해외기업과의 1:1 면접 주선	상하반기 각 1회

그림 2 글로벌 취업상담회 사전면접 신청방법

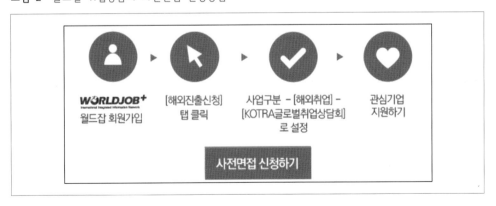

---

2 해외취업을 희망하는 청년은 누구나 참여할 수 있다.

그림 3 글로벌 취업상담회 모습

한편, 현장면접은 ❶ 등록작성대에서 참가신청서 작성, 안내데스크에 제출 후 입장 ❷ 면접 희망 기업부스로 이동 ❸ 부스 주변 진행요원에게 현장면접 신청(이름, 연락처 기입) 순으로 이루어진다. 현장면접을 원하는 지원자는 면접 희망기업의 수만큼 이력서(국문/영문)를 준비해야 하고 특히 일본기업 지원 시에는 일문 이력서를 반드시 지참하여야 한다. 그러나 참가기업 사정에 따라 현장면접이 진행되지 않는 경우도 있다.

또한 코트라는 국내에서뿐 아니라 일본, 베트남 등 현지에서도 채용박람회를 개최하고 있다. 코트라는 현지 채용박람회 개최를 통해 한국인재 채용을 희망하는 현지기업을 대상으로 한국인재(유학생, 해외교포)에게는 1:1 면접기회를, 국내 구직자에게는 화상 면접을 지원하고 있다.

그림 4 코트라 해외현지 채용박람회 관련 기사(아주경제 2015. 12.3, 2016. 3. 14)

코트라, 한-베트남 채용박람회 개최
이재영 기자 (leealive@ajunews.com) | 등록 : 2015-12-03 02:24 | 수정 : 2015-12-03 02:24

아주경제 이재영 기자 = 코트라는 베트남 진출 국내기업의 우수 인재 채용을 위한 '한-베트남 채용박람회 2015'가 4일(현지시간) 호치민 니코 사이공 호텔에서 개최된다고 전했다. 이번 박람회에는 현지 투자진출 기업 46개사와 한국 및 베트남 인력 950여명이 참가한다.

베트남은 우리 제조 기업들이 글로벌 생산 거점으로 활용하기 위해 지속적으로 투자를 늘려나가는 곳이며, 향후 내수 소비시장을 겨냥한 유통, 서비스 기업들의 진출도 활발한 곳이다. 또한 올해 5월 한-베 FTA 정식 서명, 10월 TPP(환태평양경제동반자협정) 타결 등으로 양국 간 경제협력의 분위기가 고조되고 있다. 이러한 진출 기업의 증가 추세와 더불어 한국 청년 인력에 대한 수요도 급증하고 있어, 해외 취업을 희망하는 국내 청년 구직자들에게는 새로운 취업 기회가 되고 있다.

코트라, 16일 일본 오사카서 '한국인재 채용박람회' 개최
김봉철 기자 (nicebong@ajunews.com) | 등록 : 2016-03-14 11:00 | 수정 : 2016-03-14 08:46

아주경제 김봉철 기자 = 코트라(KOTRA)는 오는 16일 일본 오사카에서 '한국인재 취업박람회'를 개최한다고 14일 밝혔다.

채용설명회 및 면접, 취업 세미나, 취업 멘토링 등으로 구성된 이번 행사는 국내 청년 인재에게 일본 글로벌 기업 취업 기회를 제공하기 위해 마련됐다.

이번 취업박람회에는 교세라(전자부품), 히다치조선(기계, 플랜트) 같은 제조 기업 6개사, 돈키호테(유통), 스위스포트재팬(공항서비스), 한난(상사) 등 유통·서비스 기업 12개사, 그리고 한국기업 지상사인 효성, 한국타이어, 한샘, 대우저팬 등 총 22개사가 참여한다.

또한 102명의 한국인 유학생과 일본 취업시장에 도전하기 위해 한국에서 건너온 52명 등 총 154명의 구직자가 참가한다.

민간을 통한 해외취업방법으로는 한국산업인력공단에서 공고한 해외취업알선기관으로부터 해외기업의 구인정보를 유료로 제공받아 취업하는 것이다. 이 경우 공단에서는 알선기관에게 직접 알선수수료 200만원 또는 300만원을 지원해준다. 단, 취업비자 발급 대행, 도착 후 픽업서비스 등 알선업체별로 제공하는 부가서비스에 대해서는 개인이 그 실비를 부담해야 하며, 월드잡플러스에 게시된 공고 이외의 다른 채용공고에 대해서는 지원금이 지급되지 않는다.

표 3 월드잡플러스가 인정한 민간해외취업알선기관(예)

기관명	참가기관 홈페이지주소
(주)지에이치알(GHR)	http://ghr.or.kr
글로벌인	http://globalin.kr
월드잡인포	http://cafe.naver.com/dhn7
(주)프로액티브러닝	http://www.hospitalitykorea.com
(주)단잡	http://www.donjob.com
(주)월드인턴	http://www.worldintern.com
JSL 인재개발원	http://www.jslhrd.com
(주)국제인력개발원	http://www.ihrd.co.kr
제이커리어	http://www.jcareer.co.kr
(주)플러스커리어코리아	http://www.pluscareer.net
(주)해외인턴쉽교류센터	http://www.globalinternship.org
(주)글로벌터치코리아	http://global-touch.com
(주)제니엘	http://www.zeniel.co.kr
강동엔클렉스 온라인서비스	http://kdnclex.com
(주)아이비코리아	http://www.recruitivy.com
(주)리엔에스티	http://www.kmonster.net

표 4 글로벌 및 주요 국가별 구인/구직 사이트

구분	명칭	홈페이지 주소
전세계	Adecco	http://www.adecco.com
전세계	JAC	http://jac-recruitmentasia.com
전세계	PASONA	http://www.pasona.com
전세계	켈리서비스	http://www.kellyservices.com
EU	EURES	https://ec.europa.eu/eures/page/homepage?lang=en
영국	Reed	http://www.reed.co.uk
독일	The Local	http://www.thelocal.de/jobs
중동	bayt	http://www.bayt.com/
중국	chinajob	http://www.chinajob.com
싱가포르	Contact Singapore	https://cs.amris.com/wizards_v2/cs/index.php
홍콩	Recruit.com	http://www.recruit.com.hk
캐나다	canadajobs	http://www.canadajobs.com
멕시코	Opcion Empleo	http://www.opcionempleo.com.mx
미국	USAJOBS	https://www.usajobs.gov
호주	seek	http://www.seek.com.au

2 영문이력서 작성법

영문이력서를 미국에서는 Resume라고 하고 영국에서는 Curriculum Vitae, 줄여서 C.V라고 부른다. 그 밖에 Personal History라고도 한다. 제목을 붙일 때 희망하는 회사가 미국계인가 영국계인가에 따라 구별하여 사용하면 된다. 제3부 취업실전 제3장 이력서 작성법에서도 언급했듯이 영문이력서는 우리나라 이력서와 상당부분이 다르다. 우선 영문이력서에는 규격화된 서식이 없다. 사진, 가족사항, 신체관련 정보, 희망연봉도 적을 필요가 없다. 그러나 학력, 경력, 수상 및 기술(Skill), 대외활동, 추천인 등을 상세히 기재한다. 특히, 직무에 대해 자신의 경험과 자격이 얼마나 만족시키고 있는가를 강조한다. 보통 A4지 1~2페이지 정도로 작성한다.

그림 5 영문이력서 양식

[Your Name]

[Street Address], [City, ST ZIP Code]•[phone]•[e-mail]

Objective

[Describe your career goal or ideal job.]

Education

[Dates of attendance] [School Name] [City, ST]

[Degree Obtained]

- Completer or Major (i.e. Veterinary Science or Certificate in Cosmetology)

Coursework:

Academic Awards/Achievements:

Experience

[Dates of employment] Organization Name [City, ST]

[Job Title]

- [Job responsibility/achievement]
- [Job responsibility/achievement]
- [Job responsibility/achievement]

[Dates of employment] Organization Name [City, ST]

[Job Title]

- [Job responsibility/achievement]
- [Job responsibility/achievement]
- [Job responsibility/achievement]

Computer Skills

- List your computer skills here

Involvement/Activities

- Activity/Dates
- Activity/Dates
- Activity/Dates

References

References are available on request.

*Taken from Microsoft Office 2007, High School Student Resume Template

1) 인적사항(Personal Identification)

이력서의 맨 윗부분에 이름, 생년월일, 현주소 등 기본 인적 사항을 기재한다. 생년월일을 월, 일, 년 순으로, 주소는 번지, 통, 반, 구(면), 시(도) 순으로 끝에 우편번호를 기입한다.

2) 직업목표(Professional Objective)

직업목표를 밝히는 부분으로 희망직무(종), 분야, 부서를 기재한다. 이때는 해당 기업의 부서기구(Organization Chart)를 알아보고 희망하는 해당 부서가 있는지 여부를 확인한다. 확인할 수 없을 경우, 자신의 적성과 전공을 활용할 수 있는 분야에서의 근무를 희망한다고 기술한다. 특히, 이 부분은 1~2문장으로 짧게 작성한다.

3) 학력(Educational Background)

재학기간, 학교명, 위치, 전공, 학위 종류 등을 최종 졸업학교부터 적되 졸업학점은 유리하면 기재한다.
- 영어영문학 학사
  B.A (Bachelor of Arts) in English Literature
- 기계공학과 석사
  M.S.(Master of Science) in Mechanical Engineering,
- 의학 박사
  M.D

4) 경력(Work Experience)

학벌이나 자격증보다는 경력, 능력을 중시해서 채용하는 외국인 회사에 지원할 경우 가장 중요한 부분이다. 최근 경력부터 역순으로 기재하되 근무기간, 회사명, 소재지, 직위, 직무내용 등을 구체적으로 적는다. 기업에서 필요로 하는 내용과 관련 있는 경력 위주로 기술한다. 재직기간이 아무리 짧더라도 지원하는 직무와 관련 경력이라면 모두 기재하도록 한다.

5) 기술 및 수상(Skills/Achievement)

수상기록 및 국가 공인 자격증, 면허증 발급, 컴퓨터 활용 능력 등을 기재한다.

6) 대외활동(Special Activities)

학창시절 동아리 및 대내외적 활동을 기술한다. 기업들은 이를 통해 지원자의 조직력, 협동심, 지도력 등을 파악하게 된다.

7) 추천인(References)

추천인이라고 해서「신원보증인」이라기보다는 본인의 능력이나 자질에 대해 동의해 줄 수 있는 제3자를 말한다. 외국기업에서는 추천 시 추천인을 명시하도록 하는데 추천인은 주로 교수, 前직장 상사, 선배 등이며 이들의 성명, 직위, 직장, 전화번호, 이메일 주소가 기재되어야 하고 보통 2~3명 정도의 추천인을 수록한다. 단, 추천인의 사전 허락을 얻어야 한다.

표 5 영문이력서 작성 시 유의사항

- 읽는 사람이 알아보기 쉽게 작성한다.
- 최근에서 과거 순으로 작성한다.
- 학력은 대학전공을, 경력은 담당업무를 중요하게 언급한다.
- 작성 후, 반드시 꼼꼼하게 체크한다. (오탈자, 문법오류 등)
- 1인칭 주어 "I"를 생략하고, 복수의 "S"와 시제에 주의한다.
- 나이, 성별, 가족관계, 신체관련정보 등 불필요한 정보는 기재하지 않는다.
- 경력란에 전직 회사명을 원어로 정확히 쓰고. 담당 업무를 상세히 기술한다.
- 외국어 능력 (proficiency of foreign languages)을 기술하라. 어학 점수 및 해외 연수 경험을 기재한다.
- Skills는 자격증, 지원직종과 관련된 것을 기술한다.
- References는 추천인으로서 name, company, contact number를 2~3명 정도 적시한다.
- 외국인 회사는 직종 중심으로 인재 채용이 이루어지므로 직업목표 (Objective)와 자격을 기술하는 것이 플러스 요인이 된다.
- 외국계 기업의 Resume는 구체적 & 현실적이어야 하므로 문장이 아니라 간결한 어구로 표현한다. 내용은 간결하게 A4 용지 한두 장에 다 들어가게 한다.
- 이름은 16폰트, 메인 텍스트는 11폰트로 하고 글자체는 Times New Romans, Arial, Verdana, Lucida Sans, Helvetica 등이 적합하다.

그림 6 영문 자기소개서

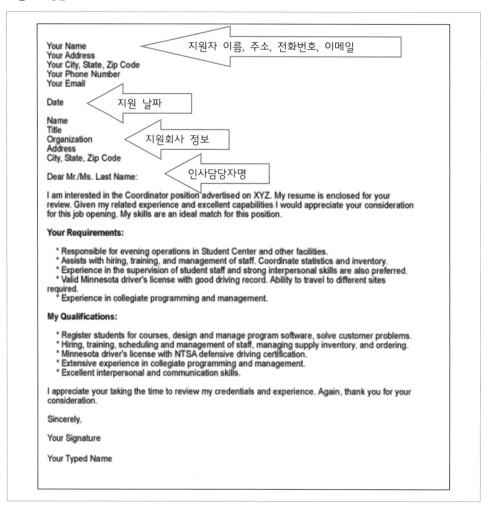

커버레터(자기소개서)에 들어가야 할 필수항목으로는 제일 상단에 지원자 이름, 주소, 전화번호와 이메일을 기재하고 밑에 지원날짜, 지원회사정보(회사명, 부서, 주소) 등이다.

도입 부문에는 이 편지를 쓰는 이유를 밝힌다. 이때 수신인을 "관계자에게 To whom it may concern"이 아닌 인사 담당 부서 Department of Human Resources 인사담당자 Personnel Manager로 명기하되 인사 담당자가 누군지 알고 있다면 가능한 실명으로 적고, 본인이 지원하는 직위(직무)도 명시한다.

본론 부문에서는 지원자가 자격요건이나 업무능력에 어떻게 부합하는지 설명하며 본인이 갖고 있는 기술이나 경력 등이 현재 지원하는 직무에 어떻게 연결되는지 자세히 서술한다. 이때 인사 담당자를 설득할 수 있도록 기술하는 것이 중요하며 뒷받침할 증빙 서류 등이 있다면 첨부하도록 한다. 한 문장 또는 한 단락 안에 한꺼번에 담지 말고 몇 개의 단락으로 나눠서 읽기 편하게 기술하는 것이 바람직하다.

끝 부문에서는 인사 담당자에게 감사를 표시하고 신속한 연락이 가능한 연락처를 명시한다. 또한 전문가다운 태도로 끝을 맺도록 한다.

(예) Sincerely, Regards, Thank you for your consideration

월드잡플러스에서는 개인회원을 대상으로 누구나 무료로 전문 컨설턴트를 통한 영문 이력서 첨삭 서비스를 제공하고 있다. 횟수는 회원별로 2회 가능하며, 월별 선착순 300건으로 진행된다. 이력서에 등록한 내용은 비공개로 담당 컨설턴트만 조회 가능하며 주요 제공 서비스는 ▲ 시제, 전치사, 관사, 단수 복수 구분 교정 ▲ 스펠링, 문체 및 문장구조 개선 ▲ 표준 영문법에 의거한 구두점 및 글자체(볼드/이탤릭 등)의 통일성 교정 ▲ 영문으로 이해하기 힘들거나 부자연스러운 문장에 대한 개선안 제시 등이다. 「WorldJob+ 홈페이지 > 해외취업가이드 > 영문이력서 첨삭신청」으로 들어간다.

그림 7 영문이력서 첨삭신청

P·A·R·T

05

청년취업지원 프로그램

실 전 취 업 론

청년취업성공패키지
(www.work.go.kr)

1 사업개요

(1) 개념 및 지원대상

청년취업성공패키지는 정부가 심화되는 청년 고용문제를 완화하고자 18~34세 청년층을 대상으로 '진단 및 상담 → 의욕증진 및 능력개발 → 알선'에 이르는 취업의 全 과정을 최장 1년 기간 내에서 통합 제공하는 새로운 형태의 청년일자리를 찾아주는 복지제도이다. 이 제도를 이용할 수 있는 지원대상자는 만 18~34세 사이의 청년 중 ▲ 고교, 대학, 대학원 마지막 학년 재학생[1] ▲ 대졸이상 미취업자 ▲ 영세자영업자(연매출액 8천만원~1억5천만원 미만) ▲ 고용촉진특별구역 및 고용재난지역 등에 거주하는 이직자 ▲ 맞춤특기병[2] 등이다. 대상자 선정은 연령기준과 대상기준, 종전 이 프로그램에 참가했다가 중도 포기한 적이 있었는지 등을 종합적으로 확인하여 최종 결정하며 신청서 접수일을 기준으로 7일 이내 선정결과 및 상담일정 등을 통지한다.

---

1 고등학교·대학(원) 등 재학생의 경우 마지막 학년이 되는 해 1월 1일 또는 7월 1일부터 참여 가능 (최종 2개 학기 재학 중인 자 참여가능. 고교 재학생 참여자는 나이 무관). 단, 패키지 참여 중 상급학교 진학 시 기간만료로 종료 처리.

2 취업성공패키지 II유형 참여 요건을 갖춘 17~24세의 육·해·공군 현역병 입영대상자 중 고등학교 졸업(예정) 이하 학력(대학중퇴자 포함)의 비진학자로서 지방병무청장의 추천(의뢰)을 받은 자.

(2) 주요내용

단계	단계별 주요내용
사전 단계	온·오프라인, 모바일을 통해 제공되는 자가진단을 통해 취업의욕 및 직무능력을 기준으로 6가지 유형으로 분류, 향후 취업지원 경로 설정에 활용 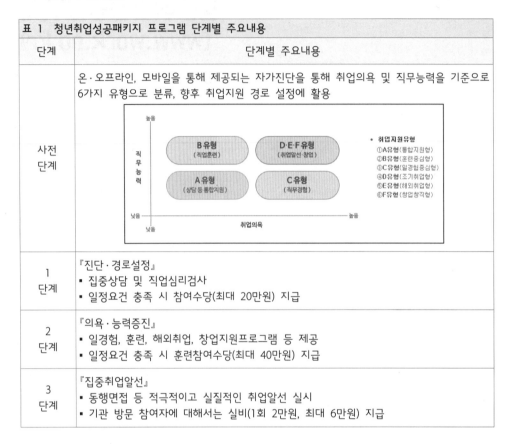
1 단계	『진단·경로설정』 ▪ 집중상담 및 직업심리검사 ▪ 일정요건 충족 시 참여수당(최대 20만원) 지급
2 단계	『의욕·능력증진』 ▪ 일경험, 훈련, 해외취업, 창업지원프로그램 등 제공 ▪ 일정요건 충족 시 훈련참여수당(최대 40만원) 지급
3 단계	『집중취업알선』 ▪ 동행면접 등 적극적이고 실질적인 취업알선 실시 ▪ 기관 방문 참여자에 대해서는 실비(1회 2만원, 최대 6만원) 지급

표 1 청년취업성공패키지 프로그램 단계별 주요내용

2 취업지원내용

(1) 개요

『청년 취업성공패키지』는 최장 1년의 기간 내에서 지원대상자에게 단계별 통합적인 취업지원 프로그램을 제공한다.

그림 1 청년취업성공패키지 개요

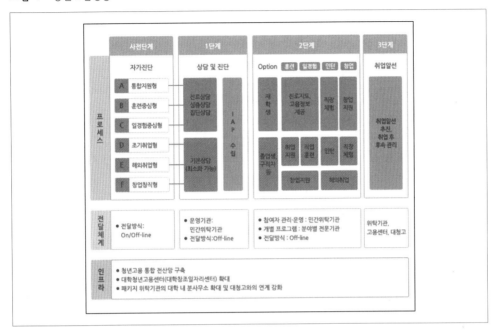

(2) 단계별 지원내용

1) 사전단계(자가진단)

사전단계에서는 워크넷(www.work.go.kr)을 접속하여 회원가입 후, 참여 신청하고 승인을 받게 되면 참여자 스스로 인터넷이나 모바일을 통해 자가진단을 실시한다. 이를 통해 취업준비생의 취업과 관련된 지식, 업무 숙련 경험(일 경험, 어학능력, 공모전 및 직업훈련 경험, 자격증 보유 여부), 구직에 대한 태도 및 활동(구직 횟수, 취업지원기관 이용 경험), 배경 정보(연령, 건강상태, 생계부양 의무)를 바탕으로 취업에 관한 기초적인 준비 정도(취업의욕 및 직무능력)를 간편하게 파악할 수 있으며 이러한 진단 결과를 바탕으로 A유형(통합지원형), B유형(훈련중심형), C유형(일경험중심형), D유형(조기취업형), E유형(해외취업형), F유형(창업창직형) 등 6가지 유형으로 분류한 후 취업지원 경로 설정에 활용하게 된다.

자가진단은 「통합지원」, 「직업훈련」, 「인턴십」, 「취업준비활동」, 「해외취업」, 「창업」 등 6단계로 구성되며 지원자 스스로 인터넷, 모바일 등 온라인 또는 고용센터를 직접 방문하여 실시할 수도 있다.

❶ 1단계 【통합지원】

1. 귀하께서는 장기휴학을 경험한 적이 있습니까? (장기휴학 : 1년 이상)
   예 ( ) 아니오 ( )

2. 귀하께서는 최종 출신 학교를 졸업하지 않고 수료 혹은 자퇴하였습니까?
   예 ( ) 아니오 ( )

3. 귀하께서는 재학중 진로 및 구직과 관련하여 구체적인 목표를 수립했었습니까?
   예 ( ) 아니오 ( )

4. 귀하께서는 지난 6개월 간 구직을 몇번 시도했었습니까?
   ( )회

5. 귀하께서는 공무원 혹은 공공기관 취업을 준비한 경험이 있습니까?
   예 ( ) 아니오 ( )

6. 귀하께서는 진로와 관련하여 상담을 받아본 경험이 있습니까?
   예 ( ) 아니오 ( )

7. 귀하께서는 미취업 상태일 때, 경제적인 문제를 주로 어떻게 해결하였습니까?
   (1) 부모님 지원
   (2) 아르바이트
   (3) 기타

❷ 2단계 【직업훈련】

8. 귀하께서는 직업훈련을 받은 경험이 있습니까?
   예 ( ) 아니오 ( )

9. 귀하께서는 전공과 다른 직업을 희망했습니까?
   예 ( ) 아니오 ( )

10. 귀하께서는 단기간 취업했던 경험이 있습니까? (단기간 : 6개월 이하)
    예 ( ) 아니오 ( )

11. 귀하께서는 취업하기에 충분한 능력을 갖추고 있었다고 생각하십니까?
    예 ( ) 아니오 ( )

12. 귀하께서는 취업을 위해 직업관련 교육훈련을 받을 필요성이 있다고 생각하십니까?
    예 ( ) 아니오 ( )

13. 귀하께서는 구직 활동 시 구직 실패에 희망 직무에 대한 능력 부족이 기인했다고 생각하십니까?
예 ( ) 아니오 ( )

14. 귀하께서는 취업 후 이직을 하게 된다면, 현 직장 직무와 다른 직무를 희망하시겠습니까?
예 ( ) 아니오 ( )

❸ 3단계【인턴십】

15. 귀하께서는 인턴십을 수행한 경험이 있습니까?
예 ( ) 아니오 ( )

15-1. 귀하께서 인턴십을 수행한 경우, 그 기간은 몇 개월이었습니까?
( ) 개월
15-2. 귀하께서 수행한 인턴십이 본인이 취업을 희망하는 직무와 연관된 것이었습니까?
예 ( ) 아니오 ( )
15-3. 귀하께서 수행한 인턴십은 채용을 전제로 한 것이었습니까?
예 ( ) 아니오 ( )

16. 귀하께서는 중소규모 기업에서 직무 관련 경험을 쌓는 인턴십을 수행할 의향이 있습니까?
예 ( ) 아니오 ( )

17. 귀하께서는 취업 전 취업을 하기에 본인의 직무 관련 경험은 어느 정도였다고 생각하십니까?
(1) 매우 많았다
(2) 많았다
(3) 보통이다
(4) 적었다
(5) 매우 적었다

❹ 4단계【취업준비활동】

18. 귀하께서는 고용센터 혹은 학교 취업센터를 이용한 경험이 있습니까?
예 ( ) 아니오 ( )

19. 귀하께서는 취업캠프 또는 취업프로그램에 참여한 경험이 있습니까?
예 ( ) 아니오 ( )

20. 귀하께서는 취업 희망 직무 관련 자격증이 있습니까?
예 ( ) 아니오 ( )

21. 귀하께서는 취업 관련 사교육(자기소개서, 면접, 직무적성검사 등)을 받은 적이 있습니까?
예 ( ) 아니오 ( )

22. 귀하는 토익 등 공인 어학 점수를 보유하고 있습니까?
예 ( ) 아니오 ( )

23. 귀하께서는 공모전 수상 경험이 있습니까?
예 ( ) 아니오 ( )

❺ 5단계【해외취업】

24. 귀하께서는 취업 전 해외에 체류한 기간이 얼마입니까?
( ) 개월

25. 귀하의 부모, 형제, 자매가 해외에 체류하고 있거나 장기간 해외에 체류한 경험이 있습니까?
(적어도 1년 이상)
예 ( ) 아니오 ( )

26. 귀하께서는 어학연수 경험이 있습니까?
예 ( ) 아니오 ( )

27. 귀하께서는 해외취업을 구체적으로 생각해본 적이 있습니까?
예 ( ) 아니오 ( )

28. 귀하께서는 해외 인턴 혹은 취업과 관련한 정보를 찾아본 경험이 있습니까?
예 ( ) 아니오 ( )

29. 귀하께서는 해외취업의 기회가 주어진다면 응할 의향이 있습니까?
예 ( ) 아니오 ( )

30. 귀하께서는 해외에서 일하기에 적합한 역량(어학능력)을 갖추고 있습니까?
예 ( ) 아니오 ( )

❻ 6단계【창업】

31. 귀하께서는 기업가정신 창업교육을 받은 적이 있습니까?
예 ( ) 아니오 ( )

32. 귀하께서는 실제 창업을 해 본 경험이 있습니까?
예 ( ) 아니오 ( )

33. 귀하께서는 창업 관련 프로젝트(창업 경진대회, 동아리 등)를 수행한 경험이 있습니까?
예 ( ) 아니오 ( )

34. 귀하께서는 창업한 기업을 탐방한 경험이 있습니까?
예 ( ) 아니오 ( )

35. 귀하께서는 취업을 할 수 있으나 취업보다 창업을 희망합니까?
예 ( ) 아니오 ( )

36. 귀하께서는 창업을 시작할 수 있는 아이템이 있습니까?
예 ( ) 아니오 ( )

37. 귀하께서는 창업 관련 지식(법률, 창업절차, 자금조달, 상권분석 등)을 갖고 있습니까?
(1) 매우 그렇다
(2) 그렇다

(3) 보통이다
(4) 그렇지 않다
(5) 전혀 그렇지 않다

38. 귀하께서는 창업한다면 성공할 자신이 있습니까?
    (1) 매우 그렇다
    (2) 그렇다
    (3) 보통이다
    (4) 그렇지 않다
    (5) 전혀 그렇지 않다

39. 귀하께서는 창업 관련 교육에 참여할 의향이 있습니까?
    (1) 매우 그렇다
    (2) 그렇다
    (3) 보통이다
    (4) 그렇지 않다
    (5) 전혀 그렇지 않다

❼ 결과보기

그림 2 청년취업성공패키지 자가진단 및 결과보기

자가진단에 응하게 되면 곧 이어 [그림 2]와 같이 응답자에 맞는 순위별 서비스유형을 제시하는 「결과보기」를 수신하게 된다. 이때 적용되는 서비스유형은 6가지가 있으며 [표 2]와 같이, 제시된 유형에 맞는 단계별 취업지원을 받게 된다.

그림 3 자가진단 유형분류

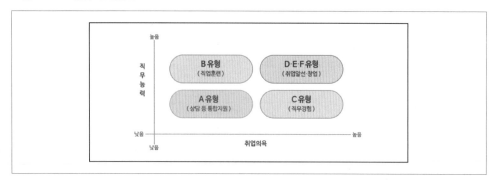

표 2 유형별 취업지원경로

유형	취업지원경로
A유형(통합지원형)	1단계(직업의욕고취) → 2단계(훈련, 일 경험) → 3단계(집중 취업알선)
B유형(훈련중심형)	1단계 → 2단계(직업훈련) → 3단계
C유형(일경험중심형)	1단계 → 2단계(인턴, 일경험) → 3단계
D유형(조기취업형)	1단계 상담 후 바로 3단계로 연계
E유형(해외취업형)	1단계 상담 후 인력공단 등 해외취업지원 기관으로 연계
F유형(창업창직형)	1단계 상담 후 중소벤처기업부, 창조경제혁신센터 등으로 연계

표 3 유형별 개념, 특징, 연계서비스

A유형(통합지원형)	
개념	장기구직, 공무원시험준비, 최종학교 중퇴 등 여러 요인으로 인해 취업목표 및 의지가 부족하여 취업 목표설정부터 취업 알선까지의 종합적 지원이 필요한 청년층
특징	• 취업의 필요성 및 목표의식 부재 • 취업을 희망하지만, 구직절차 및 방법, 구체적 취업 목표 부재 • 장기구직, 공무원 시험 및 고급 자격증시험 등을 장기간 준비했으나 실패로 인해 직업 목표 및 구직의지 부족
연계 서비스	• 취업사관학교 훈련비용, 자립수당 지원
B유형(훈련중심형)	
개념	전공과 다른 분야의 취업 희망, 전직, 능력부족으로 인해 취업에 애로를 가지며 취업에 직업훈련이 요구되는 청년층
특징	• 취업목표 및 희망 직종 설정완료 • 전공과 다른 취업, 이전 직장과 다른 분야 취업을 위하여 새로운 직무능력 요구 • 직업훈련을 통한 직무능력 제고 이후 취업으로 연계 가능

연계 서비스 연계 서비스	• 맞춤특기병제
	   입대 전 기술훈련 및 전역 후 취업지원
	• 기술·기능인력 양성
	   미래 고부가가치 산업에 필요한 기술·기능인력을 양성하기 위한 교육훈련 프로그램 (훈련기간 1년)

	- 일학습병행제
	기업이 취업을 원하는 청년을 학습근로자로 채용하여 체계적인 프로그램에 따라 현장에서 가르치고 이수자의 역량을 산업계가 평가하여 자격을 인정하는 제도
	- 청년취업아카데미
	우수 기업이 요구하는 직무역량에 대해 기업·사업주단체·대학·민간 우수훈련기관이 대학과 협력하여 교육과정을 설계하고 대학 청년에게 무료로 교육과정을 제공함으로써 협약기업 등으로 취업을 연계 지원하는 프로그램
	- 고용디딤돌
	대기업과 공공기관이 자체 우수 프로그램 또는 시설을 활용하여 유망직종을 중심으로 청년에게 고품질의 교육훈련(직업훈련 및 인턴)을 실시하고 수료생에 대해 협력업체 등 우수기업 채용 및 창업을 적극 지원하는 프로그램
	- 내일배움카드 훈련
	취업이나 창업을 원하는 15세 이상 미취업자라면 누구나 '내일배움카드'를 발급받아 필요한 교육·훈련과정을 직접 선택하여 수강 가능
	- 기술·기능습득을 위한 무료 직업훈련
	중요산업분야에서 필요로 하는 우수인력을 길러내기 위해 3개월 이상의 중·장기 훈련 무료 실시

C유형(일경험중심형)

개념	직무경험 부족으로 인해 취업에 어려움을 겪는 청년층으로, 취업을 위해 희망 직무에 대한 직무경험이 필요한 청년층
특징	- 취업목표 및 희망직종 설정 완료 - 취업을 위해 기업에서 요구하는 요건(학점, 어학능력, 자격증 등)이 갖추어졌으나 일 경험 및 직무경험 부족 - 직무경험 부족으로 인한 취업실패 경험 - 과거 일 경험이 희망직무와 무관한 것으로 취업에 도움이 되지 않음 - 일 경험을 통한 직무경험 축적 이후 취업으로 연계 가능
연계 서비스	- 강소기업 탐방프로그램 우리 지역의 강소기업을 직접 방문하여 해당 산업에 대한 이해 및 기업의 근무여건 등을 체험하고 강소기업에 필요한 인재상을 알아 볼 수 있는 프로그램 - 청년취업인턴제 3개월동안 기업에서 인턴 근무 후 정규직전환도 되고, 취업지원금(최대 300만원)도 받을 수 있는 제도

D형(조기취업형)

개념	취업 목표설정, 직무경험, 어학능력 등 취업에 필요한 요건 등이 모두 갖추어진 상태로, 구직활동 지원을 통해 곧바로 취업하고자 하는 청년층
특징	- 취업목표, 직무경험, 직무능력, 자격증, 어학능력 등 취업요건을 모두 갖추어 곧바로 취업이 가능한 상태 - 취업활동 및 구직활동에 대한 능력 다소 부족 - 구직활동 도움을 통해 곧바로 취업 연계 가능

E유형(해외취업형)

개념	해외 장기체류 경험 등을 통해 해외생활에 대한 거부감 및 두려움이 낮고, 언어의 애로가 없으며 해외취업 및 해외 인턴십을 희망하는 청년층
특징	- 국내취업보다 해외취업을 희망하거나, 해외취업에 거부감 및 두려움 낮음 - 본인 혹은 부모, 형제·자매가 장기간(6개월 이상) 현지체류 경험이 있어 현지생활에 두려움 부재

	• 현지 생활 및 업무에 필요한 언어능력 갖춤 • 해외취업을 통한 장기체류 및 이민 고려
연계 서비스	• 취업애로 청년층 해외취업 지원 해외취업 소요비용 지원 • 해외인턴 사업 해외인턴 비용지원 • 해외취업 성공장려금 해외취업 성공 후 신흥국은 최대 400만원, 선진국은 최대 200만원을 지원 받아 현지정착 및 장기근속을 할 수 있도록 돕는 지원프로그램 • K-Move 해외진출을 희망하는 청년들에게 필요한 역량, 준비사항, 현지정보 등 멘토링으로 지원
F유형(창업창직형)	
개념	창업 및 창직활동을 수행한 경험이 있거나 취업보다 창업 및 창직을 희망하는 청년층
특징	• 창업 및 창직활동 수행경험 보유 • 기업가 정신 및 창업교육 경험 보유 • 창업, 창직을 위한 아이디어 및 아이템 보유 • 창업 및 창직관련 법률 및 제도 등 관련지식 보유 • 취업보다 창업 및 창직을 희망
연계 서비스	• 창직인턴제 인턴기간 약정임금 50%, 창업·창직 지원금 지원 • 창업인턴제 창업 준비과정 중, 벤처·창업기업에서 대학생, 대학원생 등에게 현장 근무의 기회를 제공하고, 창업시에는 사업화 자금을 지원하여 청년 예비창업자의 창업성공을 위한 프로그램 • 청년창업사관학교 젊고 혁신적인 청년창업 CEO를 양성하기 위해, 우수 창업아이템을 보유한 청년(예비)창업자를 선발하여 전국 5개의 창업사관학교(안산, 천안, 광주, 경산, 창원) 내의 창업 준비 공간에서 창업계획수립부터 최종 사업화까지 창업의 전 과정을 일괄적으로 지원하는 프로그램

2) 1단계(진단·경로 설정단계)

1단계는 진단·경로 설정단계로서 자가진단 결과를 바탕으로 개인별 취업지원계획을 수립하며 집중 상담과 직업심리검사 등을 실시함으로써 참여자와 담당자간 심리적 유대관계를 형성하여 향후 취업지원이 원활하게 이루어질 수 있도록 유도하는 단계이다. 이 단계는 상담, 직업심리검사, 개인별 취업지원계획(IAP : Individual Action Plan) 수립으로 구성된다.

표 4   1단계(진단·경로 설정단계) 구성

진단·경로 설정단계 구성		
상담	초기상담	위탁기관 담당자가 지원대상자와 직접상담을 통해 취업이력과 취업역량 등 지원자의 개인정보를 파악
	집단상담	성공적인 취업을 위해 구직활동에 필요한 다양한 기술을 향상(이력서 클리닉, 면접요령)시키고, 자신에 대한 긍정적인 측면을 발견하여 취업희망을 고취시키는 프로그램
직업심리검사		지원대상자의 심리적 속성을 파악하여 적합한 직업을 선택하도록 도와주기 위한 검사로서, 구직준비도검사 → 직업선호도검사 순으로 진행
IAP 수립		자가진단 및 심리검사, 상담 결과 등을 감안하여 개인별 특성이 반영된 개인별 취업지원계획(IAP : Individual Action Plan) 수립

3) 2단계(의욕·능력 증진단계)

2단계는 의욕·능력 증진단계로서 IAP에 반영된 취업경로에 따라 실질적 취업 역량을 증진시키기 위해 [표 3]과 같은 세부프로그램에 참여하여 취업성공에 대한 믿음을 고취하고 적극적으로 취업역량을 개발할 수 있도록 지원받게 된다.

표 5   청년취업성공패키지 프로그램 <예>

- 일경험
  청년취업인턴제, 강소기업탐방프로그램 등
- 해외취업
  K-move 스쿨, K-move 멘토링, 해외취업알선 등
- 훈련
  내일배움카드제, 국가기간전략직종훈련, 청년취업아카데미, 각 부처별 전문인력양성사업 등
- 창업지원
  중소벤처기업부 창업지원프로그램, 창조경제혁신센터, 사회적기업가 육성사업 등

4) 3단계(집중취업 알선단계)

3단계는 집중취업 알선단계로서 청년 취업성공패키지의 마지막 과정으로 전체 프로그램 운용의 성공여부를 결정짓는 단계이다. 이 단계에서는 1단계 상담결과, 2단계 취업지원 프로그램 참여 이력 등을 감안, 적정 구인처를 발굴하여 알선하며[3] 지원대상자가 동행면접을 희망할 경우, 민간위탁기관 담당자는 면접일 전에 모의면

---

3 취업알선 서비스 제공기간은 3개월의 기간 내에서 실시하는 것을 원칙으로 하되, 이전단계 기간을 감안하여 대상자별로 탄력적으로 운영한다.

접을 실시하고 면접당일 지원자와 동행하여 면접장에서 도움을 준다.

그림 4 집중 취업알선 실시기간

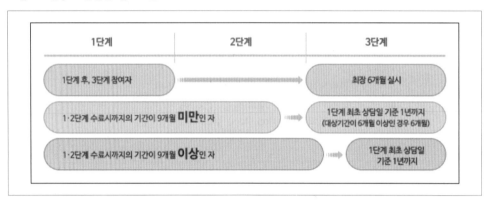

1~3단계 참여 중 취(창)업하게 된 경우4와 초기상담일을 기준으로 최장 1년의 서비스 종료기간이 만료된 경우에는 더 이상의 취업지원 서비스를 제공하지 않는다. 패키지 1단계 과정에 성실히 참여하여 IAP를 수립하고 1단계를 수료한 참여자에게 식비 및 교통비 등 참여수당을 지급하며 취업성공패키지 참여자로서 직업훈련에 참여 중인 자에 대해 지급요건에 따라 훈련기간 동안 생계부담 완화 차원에서 훈련참여지원수당과 훈련장려금을 지급한다.

3 신청방법 및 시기

온라인 신청방법은 워크넷 접속(www.work.go.kr) → 청년취업성공패키지 클릭 → 회원가입 → 자가진단 → 참여신청을 하면 되며 오프라인 신청방법은 고용센터, 위탁기관, 대학청년고용센터 등을 방문5하여 담당자와 상담한 후 안내에 따라 진행한다. 언제나 신청이 가능하며 신청서 제출일로부터 14일 이내 지원대상자 선정여부에 대해 결과를 통지받을 수 있다.

선정된 지원대상자는 자신이 거주하고 있는 지역의 민간위탁기관을 선택한다.

---

4 고용노동부에 의하면 관계자는 "정부가 추진 중인 여러 취업 관련 프로그램 중에서 가장 대표적인 프로그램이 취업성공패키지 프로그램"이라고 소개하면서 "현재 취업희망자의 90% 이상이 이 프로그램을 통해 취업에 이르고 있다"고 전했다(MECONOMY 뉴스 2016. 3. 3.).

5 운영기관은 청년취업성공패키지 사이트에서 검색할 수 있다.

민간위탁기관이 정해졌다면 프로그램 이수를 위해 예약을 한 후 방문 상담을 받으면 된다. 민간위탁기관은 지원자에 따라 맞춤형 취업지원서비스를 체계적으로 제공할 수 있는 취업지원 역량이 있는 기관으로, 관련 분야 경력이 있는 전문 상담사가 취업취약계층의 개인별 취업목표 설정과 직업훈련 등을 지원하게 된다. 이 외에도 직업능력 향상을 돕고 맞춤형 일자리 소개 등의 취업지원 서비스를 제공하게 된다.

그림 5 청년취업성공패키지 신청방법

청년취업아카데미
(www.myjobacademy.kr)

1 사업개요

　　고용노동부와 산업인력공단은 극심한 취업난 해소를 위해 공동으로 취업 연계 교육 제공을 위한 「청년취업아카데미」를 운영하고 있다. 청년취업아카데미란 기업, 사업주단체(조합, 협회 등), 대학 또는 민간우수훈련기관이 직접 산업현장에서 필요한 직업능력 및 인력 등을 반영하여 청년 미취업자들에게 대학 등과 협력을 통해 연수 과정 또는 창조적 역량 인재과정(창직과정)을 실시한 후 취업 또는 창직, 창업활동과 연계시키는 사업을 말한다.

　　최근 고학력 미취업자수는 크게 증가하고 있는 반면, 산업계 수요와 거리가 있는 대학 교과과정으로 인해 정작 기업들은 필요로 하는 인력을 구하지 못해 신규직원보다 경력자를 선호하는 현상이 심화되고 있다. 따라서 이들 문제를 해결하기 위해 실무역량을 갖춘 인재를 양성함으로써 학교 교육과 취업 현실 간의 차이를 좁혀 일자리 부조화를 해소하기 위한 방안으로 청년취업아카데미가 운영되고 있다.

　　청년취업아카데미는 기업, 사업주단체, 대학 및 민간우수훈련기관 등 운영기관이 대학과 협력을 통해 취업 희망 청년<재학생, 졸업(예정)자>들을 선발하여 실제 업무능력 등을 반영한 연수과정 실시 후 참여기업에 취업을 연계시키는 구조로 운영되고 있다.

그림 1 청년취업아카데미 운영구조

교육과정은 크게 장기과정, 단기과정 및 창직과정 등 3개 과정이 있으며 과정 유형별 연수대상 기본요건 및 내용은 [표 1]과 같다.

표 1 청년취업아카데미 과정유형 및 연수시간			
과정유형	연수대상 기본요건	연수시간	과정설계
장기과정	대학졸업예정자로 수료 후 6개월 이내 취업이 가능한 자	600시간 내외	NCS기반
단기과정	대학재학생 <(4년제) 2~3학년, (2,3년제) 1학년 2학기~>	200시간 내외	NCS기반
창직과정	대학재학생 또는 수료 후 6개월 이내에 취업이 가능한 대학 졸업예정자 * 단, 참여자 중 대학졸업예정자 비율이 50% 이상이어야 함	200~600 시간 내외	

* 우선선발 고려사항 : 저소득층 학생의 경우 연수과정 정원의 30% 이내에서 우선선발 가능

과정유형	유형별 내용
장기과정	졸업예정자 대상 인문계 친화 직종 중심의 통합연수프로그램(교육+현장실습+멘토링, 600시간 내외) 제공을 통해 인문계 등 비전공자에게 다양한 분야의 경력개발 기회 제공으로 취업역량 강화
단기과정	대학재학생 <(4년제) 2~3학년, (2,3년제) 1학년 2학기 → 대상 기초예비과정(교육 + 현장체험, 200시간 이내)을 통해 다양한 직무이해와 기초직무훈련을 제공할 수 있도록 프로그램 설계
창직과정	대학졸업예정자가 문화, 예술, 콘텐츠 분야 등에서 창조적인 활동(200~600시간 내외)을 통해 취업, 창업, 창직으로 연계될 수 있는 다양한 분야를 발굴하여 프로그램 제공 * 졸업예정자가 50% 이상이 되도록 구성하여야 함

그림 2 청년취업아카데미 프로그램 예시

청년취업아카데미의 교육과정은 6개월 내외(1일 8시간 이내)이며 이론교육이 아닌 취업희망청년, 기업과 사업주 단체가 요구하는 기본공통역량 및 전문역량을 강화한 수요자 중심의 실무교육으로 구성된다. 강사진 역시 현장 전문가 중심으로 이루어져 있다. 또한 협력대학 재학생의 경우, 청년취업아카데미 과정을 학점으로 인정받는다. 아울러 교육과정 수료 후 6개월까지는 약정 취업률에 따라 운영기관이 적극적으로 취업연계 활동을 하게 되며 수료 후 1년까지 고용유지율과 경력루트를 추적 관리하도록 권유하고 있다. 연수 후 취업률은 평균 70% 이상을 기록하고 있다.

그림 3 공통역량훈련 교육내용 예시

공통역량훈련			
구분	내용	강사	시간
멘토아카데미 (멘토링, 워크샵, 취업캠프 등)	➤ 취업역량교육(취업스킬 멘토링) ➤ 협약기업 CEO 및 선배 멘토링 ➤ 비즈니스 매너 ➤ 조직리더십 ➤ 노사문화 ➤ 이미지 메이킹 ➤ 이력서, 자기소개서 코칭, 모의면접	멘토 특강강사	40
직업기초능력	➤ 직업윤리, 의사소통능력	특강강사	4
실무특강	➤ 산업체 현장전문가 특강	참여기업 현장실무자	9
현장연수	➤ 참여기업 현장체험 및 현장실습	참여기업 관리자	16

청년층 일자리 창출과 안정적인 취업지원을 위하여 고용노동부와 한국산업인력공단이 주관하는 '청년취업아카데미사업' 운영기관으로 선정된 'KISE취업아카데미'에서는 2016년 위와 같은 기본 공통 역량 연수과정을 진행하게 됩니다.

교육생 모집은 아카데미 기관에 한하여 진행하게 되는데 확정된 교육생들의 명단을 작성해 강의 개시 전, 산업인력공단에 제출하면 공단 측에서 자격 적격 여부를 재확인하여 부적격자에 대해서는 과정 개시 후 1개월 이내 퇴소 조치를 내리게 된다. 아카데미의 특성상 각 기관에서 운영이 되고 있지만 프로그램의 전반적인 진행과정은 실무 기초, 자소서 특강 및 클리닉, 직접 산업 현장을 둘러보는 현장탐방과 실무를 직접 경험해 볼 수 있는 3, 4주간의 인턴십으로 구성돼 있다. 또한 과정을 수료 후에 기업과의 매칭 시스템을 통해 수강생들을 실무에 투입시키고 있다. 청년들에게 가장 중요할 수 있는 아카데미 수강 교육비는 정부와 운영기관에서 지원하며, 아카데미 교육생은 전액 무료로 수강할 수 있다.

그림 4 청년취업아카데미 관련 기사(뉴시스 2016.4.7)

산업인력공단-부산가톨릭대, '청년 취업아카데미' 약정 체결

한국산업인력공단 부산남부지사는 부산가톨릭대학교와 청년취업아카데미사업 약정을 체결했다고 7일 밝혔다.

청년취업아카데미는 대학 졸업예정자·졸업자를 대상으로 '대학·기업·사업주단체·우수훈련기관'이 주도가 되어 산업 현장에서 요구하는 수요자 중심의 인재를 양성하는 프로그램이다.

부산지역의 청년취업아카데미 운영기관은 부산가톨릭대학교, (재)부산디자인센터, (사)한국선박관리업협회, 부산경영자총협회이며 IT, 디자인, 선박 운항전문인력 등 지역적 특성을 살리고 현장의 인력수요를 반영한 교육과정으로 구성되어 있다. 또한 청년취업아카데미는 운영기관, 대학, 참여기업이 협약을 맺고 실무교육에서부터 취업까지 지원하며 70% 이상의 취업률을 목표로 하고 있다.

부산가톨릭대학교는 빅데이터 기반 안드로이드 프로그래밍 전문개발자 양성과정을 운영, 해당 과정은 산업현장 수요를 반영해 2013년도부터 운영 중에 있으며, 수료생은 협약기업으로의 취업까지 원스톱 체계로 운영된다. 자세한 사항은 한국산업인력공단 부산남부지사 지역일학습지원센터(051-620-1934)로 문의하면 안내를 받을 수 있다.

---

2 운영기관 및 교육대상

청년취업아카데미 운영기관은 ▲ 기업주도형 ▲ 사업주단체주도형 ▲ 대학주도형 ▲ 민간우수훈련기관주도형 등 4가지가 있는데 교육생을 모집 선발하고, 실무교육(이론＋현장)에서 취업까지를 담당하게 된다. 기업주도형은 기업체(대기업 또는 중소기업 등)가 주도가 되어 취업아카데미를 운영하는 유형이며 사업주단체형은 업종별 관련 산업 발전을 위하여 법령 등에 의해 설립된 사업주를 구성원으로 하는 단체(협회, 조합, 협의회 등)가 주도가 되어 취업아카데미를 운영하는 유형이다. 대학주도형과 민간 우수훈련기관 주도형 역시 각각 교육부 장관으로부터 인가받은 대학과 관련 규정에 따라 우수훈련기관으로 선정된 훈련기관이 주도가 되어 운영하는 유형이다. 이들 운영기관들은 재학생에 대하여 아카데미 과정을 학점으로 인정한다는 내용의 MOU를 대학과 체결해야 하며, 협약기업1으로 우선 취업 연계한다는 약정을 기업과 체결해야 한다.

표 2 청년취업아카데미 기관 및 운영형태

구분	① 기업 주도형	② 사업주 단체형	③ 대학 주도형	④ 민간우수 훈련기관주도형
기관(주체)	기업	사업주단체	대학	민간우수훈련기관
운영방법 (참여형태)	대(중소)기업+ 협력업체+대학	사업주단체+ 기업(회원사)+대학	대학+협약기업	민간우수훈련기관+ 대학+협약기업
교육대상	대학재학생(4년제) 2,3학년(2,3년제) 1학년 2학기부터 및 졸업예정자			
기본요건	• 재학생에 대하여 아카데미 과정을 학점으로 인정한다는 내용의 MOU를 대학과 체결함 • 협약기업으로 우선 취업 연계한다는 약정을 기업과 체결			
취업률	아카데미 수료 후 6개월 취업률 개선 정도			

교육대상자는 ① 교육과정 수료 후 6개월 이내 취업이 가능한 대학졸업예정자(단, MOU를 체결한 소속 학생은 교육과정에 대하여 학점으로 인정받는다.), ② 4년제 대학 2~3학년 및 2,3년제 대학의 경우, 1학년 2학기부터 재학 중인 대학생들이다.2 모집 및 선발주체는 청년취업아카데미 기관(홈페이지 기관 리스트 참조)이며 저소득층 학생의 경우 연수과정 정원의 30% 이내에서 우선선발이 가능하다. 교육생 수료기준은 아카데미 특성에 맞게 자체 출결관리 기준(수료기준, 출석률, 중도탈락 등)이 적용되며 교육생은 졸업 후 취업사실을 증명할 수 있는 취업 증빙서류를 아카데미 운영기관에 제출해야 한다.

---

1 협약기업이란 해당기업의 신규 인력수요가 발생할 경우, 취업아카데미를 통하여 배출되는 연수생을 적극 우대하는 등의 내용으로 운영기관과 취업지원에 관한 협약을 체결한 기업을 말한다.
2 인문계 특화 단기과정만 가능.

표 3 기관 교육과정 구조

과정(코스)명	인원	교육기간(교육시간)	교육실시기관	취업처(참여기업 등)
○○○ 과정	○○명	6개월(500시간)	A대학	a기업, b기업 등
○○○ 과정	○○명	6개월(500시간)	B대학	c기업, d기업 등
○○○ 과정	○○명	6개월(500시간)	A대학	e기업, f기업 등
아카데미 합계	200명	6개월(500시간)		

3 기관 및 협력학교, 신청방법

교육생들을 모집 및 선발하여 실무교육에서 취업까지 연계해주는 기관은 광역 시도마다 설치되어 있으며 거의 모든 대학들이 학생들의 취업을 도우며 청년취업아카데미 과정을 학점으로 인정해주는 MOU를 체결하고 있다.

그림 5 청년취업아카데미 서울소재 기관 및 협력학교 <예>

그림 6 청년취업아카데미 신청화면

　　청년취업아카데미 과정 신청을 위해서는 먼저 홈페이지(www.myjobacademy.kr)를 방문하여 회원에 가입한 후, 지역별 운영기관의 교육과정과 일정을 체크한 다음 홈페이지 상단 「기관 및 교육신청」→「교육과정신청」으로 들어오면 된다. 구직자

(실업자) 지원 과정 통합 화면의 훈련유형에서 「청년취업아카데미」를 선택하고 훈련지역, 훈련과정명, 훈련시작일 및 훈련기관명을 입력한 후 검색하여 희망 훈련과정을 신청한다. 해당과정을 운영하는 기관의 홈페이지를 방문하면 보다 자세한 내용을 파악할 수 있고 문의도 할 수 있다. 회원은 1개의 교육과정을 신청 및 수강한 상태에서는 다른 과정을 신청 또는 수강할 수 없으며 정원이 다 모집되면 조기에 마감할 수 있다.

수요자 중심 맞춤과정 심화교육 <예>

청년취업아카데미

세부운영계획서

[오픈소스기반 빅데이터분석(기초)]

사단법인 한국정보과학진흥협회

세부운영계획서

1. 연수과정 : 오픈소스기반 빅데이터분석(기초)

2. 연수기간 : 2016년 6월 20일 ~ 2016년 12월 20일

3. 연수시간 : 총 200시간

4. 연수장소 : 호서대학교

5. 연수교과과정

▷ 공통역량훈련(40시간)

구분	내용	강사	시간
멘토아카데미 (멘토링 등)	- 기초역량교육 (단기과정 취지 이해) - 협약기업 CEO 멘토링 (연수분야 미래전망 등) - 협약기업 실무자 멘토링 (연수분야 직무이해 등) - 선배 멘토링 (연수생활 관계증진 및 선배의 경험담) - 이미지메이킹	멘토 특강강사	40
계			40

※ 공통역량훈련시간은 참여기업의 업무일정과 참여대학의 학사일정의 조율을 통해 차후 세부일정 (시간표)을 지정함.

▷ 직무역량훈련(160시간) [연수기간 : 2016. 06. 20 ~ 2016. 08. 19]

NO	과목	교육내용	강사	시간
1	기초프로그래밍	- 프로그래밍의 개요 - 프로그램 코딩 - C 언어 기본문법 - JAVA 기본문법 - 기초실습 프로그래밍		60
2	데이터베이스이론	- 데이터베이스의 개요 - 데이터베이스의 저장 - 데이터베이스의 개념 - 데이터 모델링과 개체-관계 모델 - 관계형 데이터베이스 - 데이터베이스 관리 언어		20

3	DB설계	- 관계형 데이터베이스 - 설계목적 - 전문용어 - 개념적인 개요 - 프로세스 시작 - 기존 데이터베이스 분석 - 테이블 구조 설정 - 키 - 필드 명세	40
4	SQL	- SQL과 SQL*Plus의 개념 - SQL의 기본 - SQL*Plus 명령어 - SELECT로 특정 데이터 추출하기 - SQL 주요 함수 - 그룹 함수 - 조인 - 서브쿼리	40
계			160

6. 연수과정 일정표

구분	기간(일시)	장소	비고
사업설명회	3월 ~ 5월초	연수대학	세부일정 (연수대학과 협의 후 결정)
면접	5월초 예정	연수대학	
OT	개강 전	연수대학	
워크샵	6월 24일~6월 25일	추후공지	1박 2일 예정
직무역량훈련	6월 20일~8월 19일(주5일 수업)	연수대학	
멘토링	2016년 6월 20일~2016년 12월 20일	연수대학 협약기업 등	
수료식	2016년 12월 20일	추후공지	

※ 일정 및 장소는 변경될 수 있습니다.

CHAPTER

03

청년내일채움공제
(www.work.go.kr/youngtomorrow)

1 사업개요

　　청년내일채움공제는 청년에게 장기근속과 목돈마련의 기회를, 기업에게는 우수 인재 확보의 기회를 제공하기 위해 도입된 제도로 중소·중견기업체에 정규직으로 취업한 청년들의 장기근속을 위해 2016년 7월부터 고용노동부와 중소벤처기업부가 공동으로 운영하고 제도이다. 청년, 기업, 정부가 공동으로 공제금을 적립하여 2년간 근속한 청년에게 성과보상금 형태로 1,600만원(＋이자)의 만기공제금을 지급한다.

그림 1 청년내일채움공제 사업절차

그림 2 청년내일채움공제 공제금 납입체계

지원대상은 만 15세 이상 34세 이하로 중소·중견기업에 정규직으로 취업한 청년근로자[1]이다. 군필자는 복무기간에 비례하여 참여제한 연령을 연동하여 적용하되 최고 만 39세로 한정한다. 기업은 고용보험 피보험자수 5인 이상 중소·중견기업(소비향락업 등 일부 업종 제외)이나 벤처기업, 청년 창업기업 등 일부 1인 이상~5인 미만 기업도 참여가 가능하다.

그림 3 청년내일채움공제 정부지원 프로세스

---

1 학력 제한은 없으나, 정규직 취업일 현재 고등학교 또는 대학 재학중인 자는 가입할 수 없음. 다만 다음 각 호의 어느 하나에 해당하는 자는 가입 할 수 있음. ① 대학의 마지막 학기 재학(마지막 학기 직전 방학 포함)중인 졸업예정자(수료자 포함) ② 방송·통신·방송통신·사이버·야간 대학에 재학중인 자 ③ 고등학교 졸업예정자로서 마지막 학기 교육과정 종료 후 취업한 자(3학년 출석일수 이수한 후로서, 동계방학 중에 취업한 경우도 인정).

지원내용을 살펴보면 청년의 경우, 본인이 2년간 300만원(매월 12만 5천원)을 적립하면 정부(취업지원금 900만원)와 기업(400만원, 정부지원)의 지원금이 공동으로 적립되어 2년 후 만기공제금으로 1,600만원＋이자를 수령할 수 있게 된다.

이 제도를 통해 청년은 최소 2년간 동일 사업장에서 근무하면서 실질적 경력 형성의 기회를 잡을 수 있고 본인 납입금 대비 5배 이상을 수령하여 미래 설계의 기반을 마련할 수 있다. 또한 2년 만기 후 중소벤처기업부의 내일채움공제[2](3~5년)로 재가입 또는 연장가입 시 최대 7년의 장기적인 목돈 마련이 가능해진다.

기업은 2년간 채용유지지원금 700만원을 정부로부터 지원받게 되며(이 중 400만원은 청년의 장기근속 지원을 위해 적립, 따라서 기업에 대한 순지원금은 300만원) '인재육성형 기업자금' 등 중소벤처기업부 49개 지원사업 평가 또는 선정 시 우대를 받게 된다. 잦은 이직으로 인력난이 심각한 중소기업들은 청년내일채움공제 제도를 통해 우수인력을 고용유지 할 수 있는 기회로 활용할 수 있게 된다.

한편, 정부는 2018년 하반기부터, 기존 제도에 신규취업대상자 3년형과 기존재직자 대상 5년형을 신설하였는데 신규취업대상자 3년형은 청년 본인이 3년간 600만원을 납입하면 정부가 1,800만원, 기업이 600만원을 보태어 3,000만원(＋이자)의 목돈을 마련할 수 있는 제도이다. 다만 기존 2년형 청년내일채움공제는 신규채용자를 대상으로 하지만 3년형 청년내일채움공제는 생애최초 취업자로 범위가 더 한정된다. 또한 기존재직자 대상 5년형은 2년 이상 재직한 청년 근로자가 내일채움공제 가입 시 근로자는 월 12만원씩 5년간 720만원, 정부 720만원, 기업 1,500만원(5년간 월 25만원)을 부담하는 방식이다. 그러나 2018년 개편된 3년형 청년내일채움공제와 5년형 기존재직자 대상 제도는 2021년까지 한시적으로 운영될 예정이다.

---

2 청년내일채움공제와는 별도로 중소기업진흥공단이 '중소기업 인력지원 특별법'에 따라 중소기업 핵심인력의 장기재직과 우수인력 유입을 위하여 운영하는 정책성 공제제도임. 중소기업 사업주와 핵심인력이 공동으로 적립한 공제금을 5년 이상 장기재직한 핵심인력에게 성과보상금 형태로 본인 납입금 대비 3배 이상(세전) 수령하게 됨. 즉 청년내일채움공제는 취업자를, 내일채움공제는 재직자를 대상으로 함.

그림 4 내일채움공제 및 청년내일채움공제 주요 내용

	청년내일채움공제	3년형 청년내일채움공제(신설)	내일채움공제	청년형 내일채움공제(신설)
주관부처	고용부	고용부	중기부	중기부
목적	청년근로자 장기근속 및 자산형성		핵심재직인력 장기재직 촉진	
가입대상	신규채용자 (청년)	생애최초 취업자 (청년)	재직근로자	재직근로자 (청년)
가입기간	2년	3년	5년	
납입비율	근로자:기업:정부 = 1:1.3:3	근로자:기업:정부 = 1:1:3	근로자:기업 = 1:2(이상)	근로자:기업:정부 = 1:2(이상):20만원
적립금액	2년간 1600만원 (청년 300만원+ 기업 400만원+ 정부 900만원)	3년간 3000만원 (청년 600만원+ 기업 600만원+ 정부 1800만원)	5년간 2000만원 이상 (청년 720만원+ 기업 1500만원)	5년간 3000만원 이상 (청년 720만원+ 기업 1500만원+ 정부 720만원)

청년내일채움공제 사업과 관련, 기관별 수행 업무는 [표 1]과 같다.

표 1 기관별 수행 업무

구분	수행업무
고용노동부	• 청년공제 사업 시행계획 수립 • 사업시행 총괄 및 사업공고
고용센터	• 정부지원금 지급·관리 • 운영기관, 실시기업 지도·관리 • 부정수급 조사·처분
운영기관	• 사업안내, 홍보 및 수요 발굴 • 기업·청년의 자격확인 및 접수 • 정부지원금 신청대행 • 공제부금 적립 관리
중소벤처기업부/중진공	• 중소벤처기업부 시행 기업혜택 관리 • 청약 승낙, 해지 등 계약관리 • 공제부금 수납 및 기금 운용 • 공제금 및 해지환급금 지급

2 가입 및 해지

중소기업과 핵심인력(「중소기업 인력지원 특별법」 제2조 6호에 해당하는 근로자로서, 청년공제에 가입한 청년)은 정규직 전환(채용)일 전후 30영업일 이내에 공동으로 청약을 신청한다. 이때 약관동의, 전자서명법에 따른 공인전자서명이 필요하다. 신청방법은 워크넷−청년공제(www.work.go.kr/youngtomorrow)에서 온라인으로 신청하면 된다.

　핵심인력은 정규직 전환일로부터 매월 125,000원씩을 납입해야 하는데 매월 5일, 15일, 25일 중 선택할 수 있으며 지정한 본인계좌에서 자동이체3 출금된다. 한편 참여 중소기업은 정규직 전환일로부터 1개월, 6개월, 12개월, 18개월, 24개월 후 기업에 지원되는 채용유지지원금(기업에 대한 정부지원금 총액 2년간 700만원) 중 400만원을 정부가 중진공에 직접 적립한다. 이때 참가 기업은 각 납부 월(1,6,12,18,24월분) 임금 지급 후 5일 이내 운영기관에 채용유지지원금 지원신청서를 제출하여야 한다.

표 2 중소기업 기여금					
지원주기 (정규직 전환 이후)	1개월	6개월	12개월	18개월	24개월
지원금 (누적액)	45만원 (45만원)	70만원 (115만원)	95만원 (210만원)	95만원 (305만원)	95만원 (400만원)
지급방식	정부가 중진공의 기업명의 가상계좌로 적립 * 취성패 I : 기업이 중진공에 자동이체 적립				

　또한 정부는 2년간 정규직 전환일로부터 1개월, 6개월, 12개월, 18개월, 24개월 후, 총 5차례에 걸쳐 900만원을 적립해준다. 해당 청년인력은 각 납부월 입금 수령 후 5일 이내 '취업지원금 신청서'를 운영기관에 제출하고 운영기관은 지원 자격 등을 확인한 후 5일 이내 정부에 신청하며 정부는 핵심인력의 가상계좌(중진공 발급)에 직접 입금한다.

표 3 정부 지원금					
지원주기 (정규직 전환 이후)	1개월	6개월	12개월	18개월	24개월
지원금 (누적액)	75만원 (75만원)	150만원 (225만원)	225만원 (450만원)	225만원 (675만원)	225만원 (900만원)

　동 제도에 참여하고 있는 청년이 공제부금을 납입할 수 없다고 인정될 시4 해

---

3 현재 자동이체가 가능한 은행은 * 시중은행(8개) : 국민, 기업, 신한, 스탠다드차타드(SC), 외환, 하나, 한국씨티 * 지방은행(6개) : 경남, 광주, 대구, 부산, 전북, 제주, * 특수은행(6개) : 농협중앙회, 산업은행, 수협중앙회, 새마을금고, 신협중앙회, 우체국 등 총 20개 금융기관이다.

4 * 핵심인력의 병역의무(산업기능요원 근무 포함) 이행 – 해당기간, * 육아휴직 – 해당기간, * 업무 상재해 – 6개월 이내, * 개인질병 – 6개월 이내, * 사업장 내 취업규칙, 단체협약 등에 정한 무(유)급 휴직 – 6개월 이내 * 회사 사정으로 인한 휴업 등 – 6개월 이내 이상의 사유가 종료되지 않을

당기간 범위 내 공제부금 납입 중지가 가능하다.

　　청약신청 후 정규직 전환일이 되면 계약이 성립하며, 계약 설립 후 1개월 이내에 취소가 가능하다. 계약취소 시 핵심인력 공제납입금 및 취업지원금은[5] 전액 핵심인력에게 환급되지만 중소기업 기여금은 전액 정부에 반환된다. 한편 공제계약의 취소가능기한 이후부터 공제계약이 소멸하기 전에는 언제든지 공제계약 해지가 가능하다. 해지 시 핵심인력 공제납입금은 전액 핵심인력에게 환급되며 취업지원금은 해지사유와 해지시기에 따라 핵심인력에게 차등 지급된다. 단, 핵심인력의 귀책사유로 해지할 경우에는 최대 12개월까지의 지원금만 지급된다.

　　공제금은 정규직 전환 이후 공제가입기간(24개월) 이상 장기 재직한 핵심인력에게 지급되며 정규직 전환일로부터 24개월간 '핵심인력 공제납입금, 취업지원금, 중소기업 기여금'이 모두 적립된 경우 중소기업진흥공단에 신청하여 지급받게 된다. 만기이자는 공제계약 성립일부터 공제사유 발생일까지의 기간에 적용하는 이자율로 연복리로 계산하여 지급되는데 지급이율은 연복리, 변동금리[6](매분기 변동, 내일채움공제 홈페이지 공시)로 산출된다.

　　또한 공제가입기간 이상 장기재직하여 공제사유가 발생한 경우, 「내일채움공제」로 재가입[7] 또는 연장가입[8]이 가능하며 이 경우 가입기간은 3~5년이다.

시에는 중지기간 연장이 가능하며, 동 중지기간 만큼 공제 가입기간은 연장됨.

5　선발취소의 경우 취업지원금은 정부에 반환됨.

6　2018년 1분기 현재 청년내일채움공제 연 이자율은 1.31%임.

7　재가입 : 핵심인력은 만기 후 공제금을 수령하고, 내일채움공제 가입절차에 따라 재가입하여 공제부금 적립

8　연장가입 : 핵심인력은 만기 후 공제금을 수령하지 않고 가입기간을 연장하여, 내일채움공제 가입절차에 따라 추가 공제부금 적립

기타 지원 프로그램

1 일경험 프로그램(재학생 직무체험) (www.work.go.kr/experi)

인문·사회·예체능계열 대학(전문대 포함) 2~3학년 재학생들에게[1] 산업현장 일경험 기회를 제공함으로써 조기 진로준비 및 입직기간 단축을 위해 마련된 재학생 직무체험 프로그램이다. 참여학생들은 단순 업무보조가 아닌 동기부여와 직업의식 고취, 기업문화 경험 및 직무관련 문제 해결 등을 학습프로그램으로 수립하여 이행하게 된다. 참여기간은 1일 6~8시간으로(주 40시간 이내) 1~3개월 범위[2]이며 체험기관(기업 등)은 5인 이상 기업(대기업 포함, 5인 미만 벤처 가능), 공공·교육기관, 비영리법인 등이다. 참여학생은 근로자가 아닌 '일경험수련생'으로서의 지위를 갖게 되며 체험장소는 체험기관의 사업현장 또는 교육시설이다. 고용노동부의 사업공고를 통해 선정된 운영기관(대학 또는 민간운영기관)은 체험과정 기획, 학생모집 및 체험기관 발굴, 직무체험 운영 등을 총괄하며 체험기관은 전담자 지정, 학습프로그램 수립·운영, 직무체험 결과 피드백, 학생관리 등 전체 체험과정을 관리하게 된다.

---

1 최종학기 재학생도 참여 가능하나, 주 전공이 공학계열은 참여 제외.
2 학생, 기업, 대학 간의 합의로 3개얼 이상 체험은 가능하나 초과기간은 정부지원 제외.

그림 1 일경험 프로그램(재학생 직무체험) 관리과정

사전직무교육(대학)	학습프로그램(기업)	사후관리(대학)

▪ 사전 직무교육(8시간) 필수
 - 5일 이내 분할교육 가능
 - 집체(3시간 이상)+사이버
▪ 직장생활 관련 프로그램 구성
 - 진로탐색, 취업준비
 - 직업현실, 직낭매너 및 직장
  문화 등에 대한 이해
	▪ 직무체험 전담자 지정
	 - 기업 내 HR 업무담당자
	 - 학습프로그램 수립·운영
	 - 학생면담, 출석관리 등
	▪ 학습프로그램 수립·운영
	 - 체험목적 및 분야 구체적
	  적시
	 - 동기부여와 직업의식 고취 등
	▪ 학습일지 작성
		▪ 직무체험 만족도 조사
		 - 직무체험 만족도 및 소감
		  조사
		 - 체험기업에 대한 만족도
		  조사
		▪ 우수사례 발굴·확산
		 - 학교, 교수 참여, 기업
		  발굴 등
		 - 반기별 10건 이내 사례
		  선정·공유

▪ 운영실태 모니터링 정례화 ▪ 고용센터 : 반기 1회 대학 점검 : 기업을 월 1회 점검 ▪ 일경험 수련생 보호가이드라인('16.2) 준수 지도	▪ 운영기관 평가 반영 ▪ 지침 위반 시 제재조치

이를 위해 정부는 운영기관에게 사전직무교육 및 현장 모니터링 등의 용도로 파견학생 1인당 월 1만원을, 체험기업에게는 학습프로그램 운영지원비(1인당 월 40만원)와 관리자 지원금(1인당 월 7만원) 등 학생 1인당 월 47만원을 지원한다.3 또한 참여학생은 대학과 기업이 매칭하여 1인당 월 40만원 이상 연수지원비를 지급받는다. 이때 대학은 재정여건 등에 따라 자율적으로 매칭이 가능하며, 참여기업은 1인당 월 40만원 외 학생에게 추가지급도 가능하다.

2 내일배움카드[www.hrd.go.kr〉구직자(지원안내)〉 내일배움카드제(구직자)]

내일배움카드제란 현재 구직 중에 있는 전직실업자(고용보험가입이력이 있는 자) 및 신규실업자(고용보험가입이력이 없는 자)를 대상으로 훈련 상담을 통하여 훈련목적, 훈련필요성, 대상자 적격 여부를 판단한 후, 적격자에게 일정한 금액을 지원하고 그 범위 내에서 본인이 주도적으로 직업능력개발훈련에 참여할 수 있도록 하고 훈련이력 등을 개인별로 통합 관리하는 제도이다.

---

3 2018년 기준 지원내역이며 학습프로그램 운영지원비 40만원, 관리자 지원비 7만원이다.

그림 2 내일배움카드제 개념

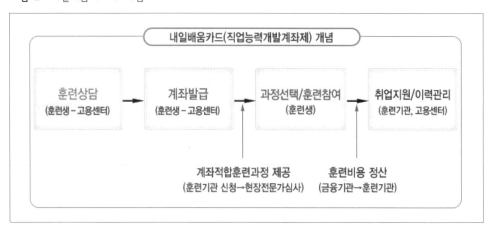

내일배움카드제 지원대상은 ▲ 구직신청을 한 만 15세 이상의 실업자 ▲ 사업기간이 1년 이상이면서 연매출액이 1억 5천만원 미만인 개인사업자 또는 특수형태 근로종사자 ▲ 비진학 예정의 고교 3학년 재학생(소속학교장의 인정 필요) ▲ 다음연도 9월 1일 이전 졸업이 가능한 대학(교) 재학생 ▲ 농·어업인으로 농·어업 이외의 다른 직업에 취업하려는 사람과 그 가족 ▲ 1개월 간 소정근로시간이 60시간 미만 (주 15시간 미만 포함)인 근로자로서 고용보험 피보험자가 아닌 사람 ▲ 군 전역예정인 중·장기복무자 ▲ 결혼이민자와 이주청소년, 난민인정자 등이다.

내일배움카드의 일반실업자 등은 계좌발급일로부터 1년간 200만원 한도, 취업성공패키지 지원사업 1유형 참여자는 1년간 300만원 한도로 지원받게 된다. 다만 불가피한 사유없이 훈련과정을 미수료한 경우가 2회 이상인 사람과 계좌발급일로부터 6개월 이내 훈련 미수강자, 부정 출결로 제적을 당한 사람은 계좌 재발급 계좌한도를 50% 감액한다. 이후 단위기간(1개월)별 소정훈련일수의 80% 이상을 출석하면 훈련생들에게는 1일 훈련시간이 5시간 미만인 경우 월 최대 5만원(2,500원×출석일수), 5시간 이상인 경우 월 최대 116,000원(5,800원×출석일수)의 훈련장려금이 지급된다.[4]

---

4 실업급여(구직급여)를 지급받거나 훈련종료 후 30일까지 수강평을 입력하지 않는 경우 등에는 훈련장려금이 지급되지 않는다.

표 1 내일배움카드 훈련비 지원내역		
지원대상		훈련비 지원율
일반실업자 등		최대 200만원까지 훈련비의 20~95% 지원 (훈련비의 5~80% 및 지원한도를 초과하는 금액은 자비부담
취업성공패키지 참여자	2유형	최대 200만원까지 훈련비의 50~95% 지원 (훈련비의 5~50% 및 지원한도를 초과하는 금액인 자비부담)
	1유형	최대 300만원까지 훈련비의 전액 또는 90% 지원 (지원한도를 초과하는 훈련비는 자비부담)

그림 3 내일배움카드(구직자) 진행절차

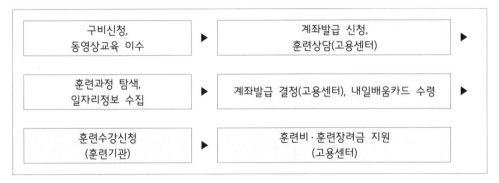

그림 4 내일배움카드 지원절차

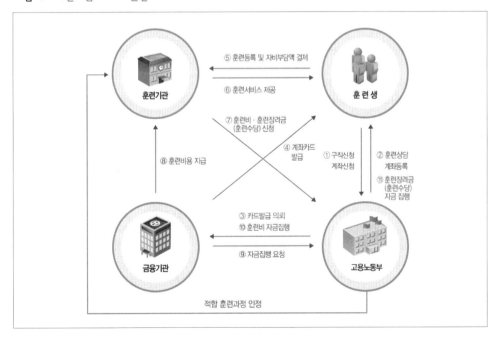

훈련생은 거주지 관할 고용센터를 방문하여 1차 기초상담을 통해 신청대상여부 확인, 훈련참여에 필요한 지참서류 및 요건을 확인한다. 기초상담을 받지 않고 본인이 필요한 서류를 지참하여 2차 상담을 곧바로 할 수 있으나, 요건 미비로 재방문할 수 있으므로 고용센터를 우선 방문하여 기초상담을 받는 것이 바람직하다. 고용센터에서 훈련목적, 훈련필요성,5 대상자 적격 여부를 판단한 후, 적격자6로 판정되면 필요서류7를 갖추어 2차 심층상담을 하게 된다. 이때 개인훈련계획서를 작성한 후 계좌등록을 한다. 그 후 농협이나 신한카드에서 계좌카드를 발급받은 후8 훈련기관에서 본인 부담금을 결제한 후 훈련과정을 수강할 수9 있으며, 국비지원 금액은 대상자에 따라 상이할 수 있다.

---

5 훈련상담을 통해 취업(창업)계획 구체성, 훈련 필요성, 취업의 시급성 등을 심사한 후 대상자로 선정되면 국비지원으로 훈련과정을 수강할 수 있으나 취업의지 없이 자기계발, 경력 쌓기 등을 목적으로 참여할 수 없다.

6 고용센터를 방문하기 전, www.hrd.go.kr에서도 내일배움카드제 신청자격여부를 확인할 수 있다. 일반대학/대학원(휴학생 포함)은 자격이 없다. 단 졸업예정자는 예외.

7 2차 심층상담 시 필요한 지참서류 및 요건
   ❶ 동영상 시청HRD-Net(www.hrd.go.kr) 개인회원 가입 후 "내일배움카드제 훈련안내 동영상 시청" → 시청확인증 출력
   ❷ 구직신청 ① 워크넷(www.work.go.kr) 개인회원 가입 후 이력서 작성 → 구직신청 → 구직인증 (고용센터) ② 직업심리검사(고용센터에서 요구한 경우) → 결과출력
   ❸ 훈련과정 탐색HRD-Net(www.hrd.go.kr) 접속하여 내일배움카드제(실업자) 훈련과정을 검색 → 훈련기관 방문상담(비용, 과정내용, 시설 등) → 훈련과정탐색결과표 작성(선택사항)
   ❹ 구비서류 : 신분증, 개인정보 수집이용 동의서, 내일배움카드발급신청서, 동영상 시청 확인증(출력), 본인명의 통장(신한, 농협, 우리, 제일, 우체국 중 1개)
   ❺ 대상자별 추가 증명자료 <예 : 대학졸업예정자의 경우, 졸업예정증명서＋해당학교 졸업학점과 총 이수학점 취득여부가명시된 증명서(성적증명서, 최종학기 이수증명서 등)>

8 계좌카드 신청 후 수령까지 최소 2주 정도 기간이 소요되며 계좌카드 수령한 이후 수강이 가능하다. 계좌카드를 체크카드로는 즉시 발급 가능하며 발급 다음날부터 사용 가능하다.

9 수업시작 전과 종료 후 본인의 계좌카드로 출석을 체크한다. 지각, 조퇴 또는 외출 3회 시 1일 결석 처리/지각, 조퇴 또는 외출로 1일 훈련시간의 50% 미만 참여 시 결석으로 처리/예비군·민방위 훈련, 취업·창업을 위한 시험, 입사시험, 기능경진대회, 경조사 등의 사유로 훈련을 참여하지 못한 경우 출석으로 인정 훈련시작일부터 1개월 단위마다 출석률이 80% 이상인 경우 훈련장려금을 지급한다.

그림 5 훈련과정검색

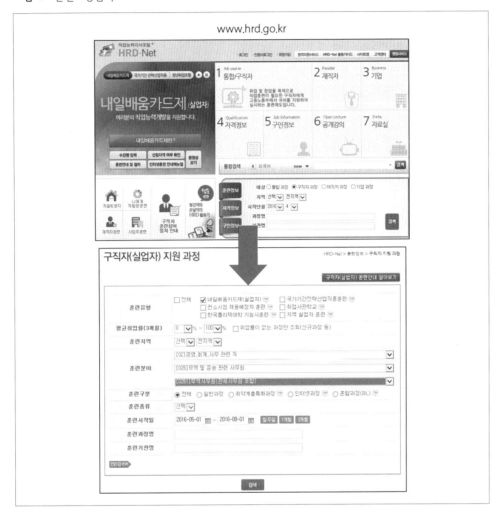

3 국가기간·전략산업직종 훈련[www.hrd.go.kr〉 구직자(지원안내)〉국가기간전략산업직종훈련]

국가기간·전략산업직종 훈련이란 국가기간산업 및 전략산업 중 인력부족 직종과 산업현장의 인력수요 증대에 따라 인력양성이 필요한 직종에 대하여 기술·기능인력의 양성·공급으로 기업의 인력난을 해소하기 위해 실시하는 훈련 제도이다. 국가기간 및 전략산업 직종은 훈련수요조사, 연구결과 등에 따라 매년 고용노동부장관이 선정하여 고시한다. 훈련과정 수강료는 전액 무료이며 대상자에 따라 훈련장

려금10을 지급받을 수 있다. 이 훈련의 지원대상자는 ▲ 고용노동부 고용센터, 지방
자치단체 등 직업안정기관에서 구직을 등록한 15세 이상 실업자 ▲ 사업기간이 1년
이상이면서 연매출액이 1억 5천만원 미만인 개인사업자 또는 특수형태근로종사자
▲ 비진학 예정의 고교 3학년 재학생(소속학교장의 인정필요) ▲ 다음 연도 9월 1일
이전 졸업이 가능한 대학(교) 재학생 ▲ 농어업인으로서 농어업 이외의 다른 직업에
취업하려는 사람과 그 가족 ▲ 1개월간 소정근로시간이 60시간 미만(주 15시간 미만
포함)인 근로자로서 고용보험 피보험자가 아닌 사람 ▲ 군 전역예정인 중장기복무자
▲ 결혼이민자와 이주청소년, 난민인정자 등이다.

그림 6 국가기간·전략산업직종 훈련

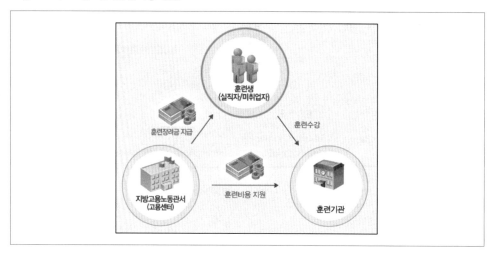

그림 7 훈련참여절차

---

10 훈련장려금은 1개월 단위 출석률이 80% 이상인 경우에만 최대 316,000원이 지급되며 중도편입/중
   도탈락/조기취업한 경우 출석일수가 100분의 80 이상인 훈련생은 일할 계산된다(취업성공패키
   지 참여 훈련생은 10만원 추가 지원).

훈련생은 거주지 관할 고용센터를 방문[11]하여 상담을 받아야 한다. 이 과정은 훈련참여 대상자를 선발하기 위하여 직업경력, 직업능력수준, 취업희망분야, 직업훈련 경험 등 직업훈련 필요성에 관한 훈련상담을 받는 단계이다. 훈련상담 후 국비지원 대상자로 선정된 경우 훈련직종, 훈련참여시기 등을 확정하여 '국가기간·전략산업 직종훈련 대상자 확인서'를 발급받게 된다. 다음 희망하는 훈련과정을 실시하는 훈련기관을 방문하여 수강을 신청한다. 훈련과정이 종료되거나 수강을 포기한 경우, 훈련과정 종료일 및 수강을 포기한 날의 다음 날부터 30일 이내에 HRD-Net 시스템에 수강평을 입력하며 훈련 도중 또는 훈련종료 후 취업한 경우에는 반드시 훈련기관 및 관할 고용센터에 취업사실을 통보한다. 훈련과정 검색방법은 내일배움카드제와 동일하다.

그림 8 국가기간전략산업 지원관련 기사(중부일보 2016. 2. 18)

국가기간전략산업직종 직업교육생 입학식개최
전자설계제어, 출판디자인 과정 뜨거운 호응속 출범

고용노동부가 주관하고 한국산업연수원이 실시하는 2016년도 국가기간전략산업 훈련과정의 전자설계제어과, 출판디자인과 2개 반에 60명의 직업교육생에 대한 입학식이 17일 열렸다. 국가기간전략산업이란 정부에서는 산업체에 인력이 절대 부족한 직종을 선정해 인력양성에 필요한 비용과 31만원의 수당 등을 국비지원하고 기술이 없는 잠재노동 실업자에게 직업교육의 기회를 제공함으로서 인력수급을 원활히하여 국가 및 지역 산업의 건전한 발전을 모색하고자 우수한 직업훈련기관을 선정하여 기능인 양성훈련을 실시하는 제도이다.

한국산업연수원은 국가기간전략산업 우수기관으로써 2016년 5개 과정(스마트LED, 전자회로설계, 출판디자인, 태양광전기시공, 전기자동제어설계)을 고용노동부에서 위탁 승인 받아 훈련을 실시하고 있다. 태양광전기공사과, 전기자동제어과가 지난달 19일 1차로 출발했으며, 17일 전자시스템제어과, 출판인쇄과 입학식을 진행했다. 스마트 LED 시스템과, 전자시스템제어과, 태양광전기시공과, 전기자동제어설계 는 내달 3일 입학을 앞두고 있다.

충북직업전문학교 전기자동제어 과정에 입학한 한 훈련생은 "친구가 2015년 과정을 수료하고 좋은 직장에 취업한걸 보고 조금 늦었지만 나도 기술인으로써의 취업을 희망해 지원 했다"고 말했다.

---

11 고용센터 방문 전 준비사항 : ❶ 동영상 시청HRD-Net(www.hrd.go.kr) 개인회원 가입후 "국가기간전략 산업직종 훈련안내 동영상시청" → 최근 시청일 확인 ❷ 구직신청워크넷(www.work.go.kr) 개인회원 가입 후 이력서 작성 → 구직신청 → 구직인증(고용센터 인증시까지 최소 1일 소요) ❸ 훈련과정 탐색HRD-Net(www.hrd.go.kr) 접속하여 국가기간전략산업직종 훈련과정을 검색 → 훈련기관 방문상담(과정내용, 시설 등) → 훈련상담신청서 작성 ❹ 구비서류 : 신분증, 훈련상담신청서, 개인정보 수집 이용 동의서, 졸업예정 관련 확인서(해당자에 한함)

한국산업연수원은 최근 5년간 취업률이 83%를 달성한 기관으로써 충북도의 핵심산업인 '태양광, 전기 분야 및 LED, 전자분야, 출판디자인분야'에 대한 직업교육을 실시해 취업을 시키고 있어 인력확보를 어려워하는 기업과 취업이 어려운 취업준비생의 미스매치를 해결하여 지역의 고용안정에 많은 도움이 되리라 기대하고 있다.

지역특화청년무역전문가양성사업(GTEP)

실 전 취 업 론

01

무역전문가 양성사업(GTEP) 개요
(www.gtep.or.kr)

1 사업 개요

GTEP(Glocal Trade Experts incubating Program)이란 산업통상자원부와 한국무역협회가 산업과 지역에 대한 전문역량이 융합된 선진형 무역전문인력을 양성하여 무역업계에 공급함으로써 한국경제의 안정적인 성장기반을 구축하기 위해 실시하고 있는 무역전문가 양성 프로그램이다. 이 프로그램은 2007년 「글로벌무역 전문가 양성사업」이라는 명칭으로 처음 실시되다가 2014년 제7기부터 「지역특화청년무역전문가 양성사업」으로 명칭이 변경되었으며 2017년 3월, 제10기 수료생까지 배출하였다.

GTEP은 산·학·관 연계형 지역특화 교육, 무역실무 및 현장교육을 실시하는 프로그램이다. 이에 따라 산업통상자원부는 주관기관으로서 사업을 총괄하며 국비를 지원하고 한국무역협회는 위탁기관으로 기본교육, 현장실무 컨설팅교육, 국고 관리 등 사업운영 전반을 담당한다. 한편 선정된 대학은 참여학생 모집, 심화교육, 수출입 현장실습 및 「지역특화청년무역전문가 양성사업단」을 운영하며 지자체는 사업단을 지원하고 협력업체는 현장실습 교육기회를 제공한다.

그림 1 GTEP 추진체계

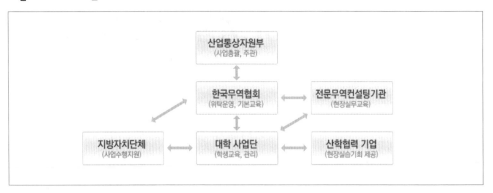

산업통상자원부에서는 전국 5개 권역에서 20여 개 대학을 선정하여 동 프로그램을 통해 15개월 동안 총 420시간 이상 소정의 교육을 마친 대학생들을 대상으로 엄격한 평가를 거쳐 「지역무역전문가 인증서」를 수여하고 있다. 이 프로그램에 참가한 대학생들은 중국, 동남아, 중남미, 중동, 아프리카 등 특화지역의 언어, 상관습, 법령 및 무역실무 지식을 겸비한 맞춤형 지역전문인재로 거듭나게 된다.

이 프로그램에 참여를 희망하는 대학들의 신청자격은 고등교육법 등에 의한 4년제 대학이면서 420시간 교육과정에 대해 15학점 이상의 학점 부여와 연간 5,000만 원 이상 현금을 매칭펀드 형식으로 조성이 가능한 대학으로 대학 내에 산학협력단(처)가 설치되어 있어야 한다. 특히 ▲ 무역·국제통상 관련학과 설치 대학 ▲ 연차평가결과 추진성과가 우수한 대학 ▲ 이머징마켓 지역을 특성화하고자 하는 대학 ▲ 본 사업을 위해 산학협력교수를 선발 활용하고자 하는 대학은 선정 시 우대한다. GTEP 참여 학교로 선정된 대학은 사업단장 1인, 지도교수 1~5인 및 지원팀장 1인으로 하는 「지역특화청년무역전문가 양성사업단」을 구성해야 하며 2학년 이상의 재학생으로 최소 25명 이상을 참가시켜야 한다. 학생 선정은 전공, 어학, 인성 및 성별 등을 고려하여 사업단이 자체 평가기준에 의거 선정하되 저소득층과 취업취약계층은 우대토록 한다. 그러나 참가학생의 중도 교체는 불가능하다.

지원기간은 3개 기수 기간 동안이나 GTEP 사업운영규정에 의거, 선정취소 및 중도 탈락도 가능하다. 정부에서는 지원기간 동안 선정된 대학에 사업단 운영 인건비 및 산학협력단(처) 간접비, 전시회 등 산학협력 현장마케팅 실습비, 지역특화·심화교육비 및 현장실무컨설팅 등을 지원하되 사업기간 동안 대학도 연간 5,000만원 이상 현금을 매칭펀드 형식으로 조성할 의무가 주어진다. 아울러 매년도 연차평가 및 기수별 최종평가 결과에 따라 사업단의 중도탈락[1] 및 차년도 예산을 차등 지원 받게 된다.

교육방법은 정규학기 운영을 원칙으로 하고 계절학기 운영을 병행할 수 있다. 교육시간은 15개월[2]간 420시간 이상(15학점 이상)이며 사업단은 소정의 교육시간에 대해 학점부여 계획서를 제출하여야 한다.

표 1 교육과정 및 시간·주관기관

교육명		교육시간	주관기관
기본교육	집체	50시간(학점자율)	사업단
심화교육	지역특화과정	90시간 이상(3학점 이상)	사업단
	정규무역과정	90시간 이상(6학점 이상)	
	특별과정	50시간 이상(학점자율)	
	소계	230시간 이상(9학점 이상)	
현장무역실무컨설팅		(교육시간 및 학점자율)	전문컨설팅사
무역현장마케팅실습		140시간 이상(6학점 이상)	사업단
계		420시간 이상(15학점 이상)	

GTEP 참여대학 선정절차는 1차 서류검토 후 사업단선정위원회[3]에서 최종 선 정하게 되는데 선정기준은 사업계획의 적정성, 특화지역에 대한 교육 계획, 추진능 력 및 의지, 성과활용 및 기대효과 등이다. 그러나 지역특화 청년 무역전문가양성사 업 기간은 변동될 수 있다.

---

1 사업수행이 불가능하다고 판단되거나, 2년 연속 하위평가 대학은 중도에 탈락시킨다.
2 사업의 시작일과 종료일은 특정한 사정이 없는 한 매년도 1월 1일부터 다음 연도 3월말까지로 한다.
3 선정위원회는 산업부, 위탁기관 및 사업 관련기관 등의 관계자로 구성하되 위원장 1인을 포함하여 9인 이내로 구성한다.

구 분	교육 시간	1차 연도												2차 연도		
		1	2	3	4	5	6	7	8	9	10	11	12	1	2	3
기본교육(사업단, 학점자율) - 집체교육 50h	50h															
심화교육(사업단, 9학점) - 지역특화과정(90시간, 3학점) - 정규무역과정(90시간, 6학점) - 특별과정(50시간)	230h															
현장실무컨설팅(전문컨설팅사, 학점자율) - 현장실무 및 특화지역 시장진출보고서 작성	자율															
무역현장마케팅실습(사업단, 6학점) - 산학협력, 전시회 참가 등	140h															

표 2 연차별 교육추진 계획

그림 2 GTEP 수료식 관련 기사(경인일보 2016.4.1)

산기대 GTEP 사업단·학생 '정부 표창'

한국산업기술대학교(총장·이재훈) GTEP사업단 소속 직원과 학생들이 '제9기 지역특화청년무역전문가양성사업(GTEP) 수료식'에서 사업유공자로 선정돼 정부 표창을 받았다. 산업통상자원부와 한국무역협회가 주관한 이번 시상식에서는 윤종원 한국산업기술대 GTEP사업단 사업지원팀장과 황지영(생명화학공학과 4년)씨가 산업부장관상을, 김푸름(기계설계공학과 3년) 씨는 한국무역협회장상을 각각 수상했다. 이번 시상은 GTEP사업 참여를 통해 청년무역전문가 양성과 중소기업의 해외 판로 확대에 기여한 유공자를 포상하고 격려해 사업성과의 확산을 도모하기 위해 마련됐다. 한편 지난해 후발주자로 출범한 한국산업기술대 GTEP사업단은 지역 수출중소기업들과 긴밀한 파트너십을 구축해 중남미 지역을 중심으로 9차례 전시회 참가만으로 누적 6만4천 485달러의 높은 수출성과를 거두는 등 우리 중소기업들의 수출시장 확대를 견인해 왔다.

2 세부교육 프로그램

(1) 기본교육《총 50시간 – 학점자율》

기본교육은 표준교육 프로그램 및 교재에 따라 사업단이 자율교육으로 실시한다. 교육 프로그램은 무역이론, 수출입시뮬레이션 교육 등 무역실무와 산업 및 지역

정보를 겸비한 예비무역전문가를 육성하기 위한 필수 기본교육 교과과정으로 구성
되며 총 50시간(3일)으로 실시하되 학점은 사업단이 자율적으로 정한다. 교육 종료
시 이론평가 및 조별발표를 실시해서 교육성과를 측정하며 평가결과 미수료 요원은
더 이상 GTEP 사업에 참여할 수 없게 된다.

표 3 무역실무 커리큘럼 예	
분류	주요교육과정
기초필수	▪ 수출입절차개요 ▪ 한달만에 끝내는 무역실무 핵심정리
거래선 발굴	▪ 글로벌 e마케팅 완전정복 ▪ 무역마케팅 ▪ 바이어를 사로잡는 전시마케팅
계약체결/서식	▪ 무역계약 ▪ 무역계약 전문가 ▪ 영문무역서식 ▪ 협상의 원 포인트 레슨
계약이행	▪ 대금결제전문가(비신용장) ▪ 대금결제전문가(신용장) ▪ 무역업체가 꼭 알아야 할 외국환거래제도 ▪ 무역운송보험 ▪ 수출물품확보 ▪ 수출입대금결제 ▪ 수출입부대비용의 효율적인 관리방안 ▪ 통관관세환급
사례 및 실전	▪ 사례로 배우는 실전무역실무 ▪ 성공으로 이끄는 무역창업 노하우 ▪ 아는 만큼 앞서가는 FTA 활용전략과정 ▪ 해설과 함께하는 무역서류 작성기법

그림 3 GTEP 기본교육

(2) 심화교육《총 230시간 이상 - 9학점 이상》

심화교육은 각 사업단이 주관기관이 되어 실시하며 지역특화과정, 정규무역과정 및 특별과정 등 3개 코스로 이루어져 있다.

❶ 지역특화과정(90시간 이상, 3학점 이상)은 특화지역에 대한 교육커리큘럼을 수립하여 각 사업단에서 자율적으로 시행하는데 ▲ 지역 상관습 ▲ 기본 언어 ▲ 관세 및 각종 수출입제도 ▲ 이문화 시장진출 전략 ▲ 성공사례 연구 등 특화지역 전문가 양성을 위한 전문적이고 체계적인 내용으로 교육해야 한다. 지역특화과정을 90시간 이상 진행 시 특별과정 이수교육시간 단축이 가능하다.[4]

❷ 정규무역과정(90시간 이상, 6학점 이상)은 무역학 또는 통상학 부전공 수준의 교육이 가능하도록 사업단 참여학생은 사업단내 개설된 전공과목을 필수 수강해야 되는데 무역학 또는 통상학 전공자는 기 수강 과목일 경우, 수강을 인정하여 참여학생들의 부담을 경감해주고 비전공자는 무역학 또는 통상학 부전공 수준의 교육이 가능하도록 필수 수강하여야 한다.

권장 과목
경제학원론, 무역실무, 무역영어, 신용장, 국제운송론, 국제마케팅, 다국적기업론, 외환론, 해외시장조사론, 관세론, 무역법규, 무역사례, 해외전시마케팅론

❸ 특별과정(50시간 이상, 학점 자율)은 사업단이 정규 교과과정 이외의 분야에 관한 교육을 특강형식으로 자율적으로 실시한다. 교육내용은 전자무역(필수, 8시간 이상), FTA 활용(필수, 기재부의 대학 FTA, 무역아카데미의 FTA School,[5] 관세청의 FTA원산지관리사 과정 중 택일), 취업·창업, 국제무역환경, 비즈니스 협상, 테이블 매너 등과 관련된 강좌를 사업단별로 선택하여 실시한다.[6]

---

4 지역특화과정＋특별과정 : 총 140시간 이내.

5 FTA 개요, 품목분류 방법 및 RISK 관리, 수출기업의 FTA 원산지증명 및 활용, 원산지증명 관련 서류의 작성, 원산지인증수출자제도, FTA 특혜관세의 적용, 원산지 사후검증 등을 공부한다.

6 그러나 사업단 내 기 개설된 강좌를 활용할 경우 국고 및 대응자금의 지원 대상에서 제외됨.

(3) 현장실무컨설팅 교육《시간 및 학점 자율》

현장실무컨설팅 교육은 학교별 전담컨설턴트가 산학협력 기업과의 사전컨설팅부터 실전무역 현장 활동까지 전 단계에 걸쳐, 단계별 활동계획서 및 진행상황, 결과 점검 등 지속적으로 온/오프라인 컨설팅을 시행하는 과정이다. 배정시간 및 학점은 사업단에서 자율적으로 정한다.

1) 사례

❶ 현장실무 이론교육 : 기본교육을 이수한 참가학생들을 대상으로 특화지역에 대한 현장 실무능력 습득을 위해 지역전문컨설턴트가 각 사업단을 방문하여 현장실무 이론교육을 실시하며 주요 교육 내용은 ▲ 협력업체 발굴 및 기업컨설팅 요령 ▲ 특화지역 시장조사 및 바이어 발굴 ▲ 실전 수출마케팅 기법 ▲ 특화지역 시장진출 보고서 작성법 등이다.

❷ 현장컨설팅 : 사업단 내 팀을 구성하여(1팀당 2~3인) 지역전문 전담 컨설턴트가 산학협력 기업과의 사전컨설팅부터 실전 무역현장 활동까지 전 단계에 걸쳐, 단계별 활동계획서 및 진행상황, 결과 점검 등 지속적인 온/오프라인 밀착 컨설팅을 제공하게 된다.

　* 기업방문사전컨설팅 ⇒ 특화지역시장조사 ⇒ 실전마케팅활동
　　⇒ 바이어 Follow up 활동 ⇒ 현장컨설팅 활동

❸ 특화지역 시장진출보고서 작성 : 각 팀별 산학협력 활동기업의 산업, 제품과 관련 특화지역 진출 방안에 대한 활동보고서이며 산학협력기업체에 제출하여야 한다. 학생참여도, 시장진출보고서가 협력기업 특화지역 진출과 관련하여 얼마나 충실하게 작성되었는지를 평가[7]하여 수료기준에 반영한다.

---

7 무역현장 마케팅 실습의 참여도 및 지원 내역을 평가한다.

그림 4 시장진출보고서 예

(4) 무역현장마케팅실습《140시간 이상 – 6학점 이상》

각 사업단별 관내 협력업체를 선정하여 해외마케팅 플랜 수립, 바이어 발굴, 계약체결에서 대금회수에 이르는 일련의 수출입실무 실습 활동을 수행함으로써 현장실무 능력을 배양한다. 산학협력기업에 대한 협약, 지원내역 및 진행상황, 결과 등은 산학협력기업 관리시스템(GTEP포털 내 구축)에 반드시 기록한다.

그림 5 GTEP 현장실습 예(전시회참가, 시장개척실습)

무역현장마케팅실습의 일환으로 전시회, 상담회 등에 참가하고 산학협력 국내외 기업에서의 단기 현장실습 근무 등을 통해 총괄적인 현장실무를 실시한다. 이 프

로그램의 참가자격 요건은 기본교육(50시간)을 이수한 학생으로 2~3인 1팀으로 구성하여 합동 실습하는 것을 권장한다. 이외 현장마케팅실습 확인서 및 근무증명서 등으로 교육시간을 인정하되 1개 협력업체당 30시간 이상 실습을 필수조건으로 한다.

표 4 2016년 하반기 GTEP참가 주요대학 해외전시회 참가 현황

대학교명	참가 전시회명	주요성과
제주대	홍콩미용박람회, 상해국제식품박람회, 인도네시아 국제식품박람회, 청도어업박람회	
충북대	홍콩 HOMEX, 뭄바이선물용품전(GIFTEX), 인디아 키친&욕조 박람회	
전북대	두바이건축박람회	250만 달러 수출계약
인하대	두바이유기식품전시회, 말레이시아 COSMO BEAUTY 20	50만 달러 상담
산기대	홍콩뷰티박람회, 멕시코뷰티전시회	
순천향대	베트남국내우수제품박람회	
경주동국대	중국프리미엄소비재전, 중앙아시아국제섬유기계전, Japan Home Show	325만 달러 계약 (국제섬유기계전)
목포대	광저우추계수출입상품교역회(캔톤페어) 북미 코스모프로프 라스베가스국제미용전시회	
영산대	중국서부국제박람회	
청주대	멕시코뷰티엑스포	55만 달러 가계약
호원대	우간다국제무역전시회	
한국해양대	함부르크국제조선 및 해양기자재박람회	
한국외대	모스크바식품전시회	
강원대	베트남 국제식음료 및 식품가공기기전, 베트남공작기계박람회	
계명대	밀라노소비재박람회, 타이페이국제발명전시회, 상해 국제 스포츠용품 박람회, 북경 K-Style Fair 2016	190만 달러 수출계약 (밀라노소비재전) 7만 위안 직매, 13만 7천 달러(중국)
신라대	태국K-Beauty박람회	
광주대	북경 국제선물, 프리미엄 및 가정용품 전시회	

그림 6 인하대 GTEP, 싱가포르 전시회 참가 관련 기사(머니투데이 2016. 2. 29.)

인하대 GTEP, 싱가포르서 K-beauty 마케팅 나서

인하대학교(총장 최순자) 지역특화청년 무역전문가 양성 사업단(GTEP, 단장 박민규)은 지난 24~26일 '싱가포르 뷰티아시아 2016(Beauty Asia 2016)' 전시회에 참가했다고 29일 밝혔다.

인하대 GTEP는 싱가포르 현지 사전시장조사와 제품 분석을 통해 수출기업화 대상인 라펜, 에스테르 코스메틱, 퍼퓸라이퍼 등 국내 27개 중소기업과 산학협력을 체결했다. 인하대 GTEP 소속 학생들은 전시회 전 SNS와 인터넷 마케팅, 고객 관리를 통해 100여 명의 바이어 발굴과 수출 상담 50건을 달성했다. 또 전시회 현장에서는 무역전반 업무를 직접 담당하며 전문 무역인으로 외국인 바이어들과 고객들을 응대했다.

이들은 540건의 바이어 상담을 통해 200만 달러 상당의 수출상담실적을 이뤘으며, 바이어들로부터 뜨거운 호응을 얻어 샘플로 가져간 기업 제품들을 모두 판매했다. 더불어 SNS를 통해 전시회 현장에서 즉시 판매를 체결하는 성과도 이뤘다. 학생들이 LS화장품 제품을 웨이보에 올린 것을 바이어가 보고 전시회 현장에서의 미팅을 통해 제품구입을 완료했다.

인하대 GTEP 김학용(국제통상학과 3학년) 팀장은 "현재 무역 1조 달러 재진입에 적신호가 켜진 상황에서 내수기업의 수출기업화가 1조 달러 달성을 위한 돌파구"라며 "GTEP 협력기업의 수출기업화를 촉진시키기 위해 현장에서 열심히 뛰었다"고 말했다.

인천 및 수도권 지역 무역전문 인력 양성을 위해 힘쓰고 있는 인하대는 산업통상자원부가 시행하는 GTEP사업에 10년간 지속적으로 참여하고 있으며, 매년 높은 수출실적 및 전국 GTEP 24개 대학 가운데 최고의 취업률을 기록하고 있다.

3 학생 수료기준 및 지역무역전문가 인증제도

(1) 학생 수료기준

GTEP 전 교육과정을 이수한 참가학생을 대상으로 출석률 및 교육실적 등을 기준으로 총 70점 이상을 획득한 경우 수료자격을 부여한다.

표 5 GTEP 평가항목 및 산식		
평가항목	배점	평가산식
기본교육종합평가(필수)	12	무역실무 평가점수 × 0.12
공인외국어 점수(필수)	20	TOEIC 성적 × 0.02
GTEP교육 학점 평균(필수)	10	(학점 평균/4.5) × 10
무역관련 자격증 취득(선택)	10	1등급 10점, 2등급 8점, 3등급 6점
현장실무컨설팅 평가	10	컨설턴트 정량 및 정성평가
산학협력 중소기업 현장실습(필수)	28	참가시간 × 0.2
인성 및 기여도(필수)	10	사업단장 정성평가(교육참가율, 인성 등을 종합평가)
합계	100	

　기본교육에 대한 평가는 기본교육 성적으로 하되, 1등급 자격증을 취득 시 종합평가점수에 가산점을 부여할 수 있다. 외국어 성적은 TOEIC 또는 이에 상응하는 외국어 점수로 평가할 수 있으나 무역영어 1급 자격증 취득 시 750점을 부여할 수 있다. 또한 학점은 기본교육을 제외한 사업단에서 실시하는 GTEP 교육에 한한다. 무역관련 자격증 취득과 관련 분류는 [표 6]과 같다.

표 6　무역관련 자격증 분류	
1등급	국제무역사, 외환관리사, FTA원산지관리사
2등급	무역영어(1급), 물류관리사, 유통관리사, 수입관리사
3등급	무역영어(2급), 기타 무역관련 자격증

　이와 함께 가점제를 실시하고 있는데 최대 10점 범위 내에서 포상 1건당 5점을 부여할 수 있다. 그러나 포상은 기관장 명의로 발급한 경우에 한하며, 산업협력단, 사업단 및 협력업체 등 내부적으로 수상한 경우는 제외된다.

지역특화청년무역전문가양성사업 수료증

제　호

수　료　증

소　속 :
성　명 :

　귀하는　년　월부터　년　월까지 실시된 제　기 지역특화청년무역전문가양성사업의 모든 교육과정을 이수하였기에 이 증서를 드립니다.

년　월　일

산업통상자원부장관　　○　○　○

(2) 지역무역전문가 인증제도

지역특화청년무역전문가 인증제도란 GTEP으로 배출되는 인력의 질적 수준을 제고하기 위해 GTEP 수료자 중 엄격한 평가 기준을 적용하여 이론과 실무측면의 최정예 인재만을 대상으로 산업통상자원부 장관 명의의 「지역무역전문가 인증서」를 수여하는 제도이다. 동 인증서의 평가항목은 [표 7]과 같다.

표 7 지역무역전문가 인증평가항목			
구분		심사항목	기준
무역/ 지역특화	공통	GTEP과정	수료
		학업성적	3.70 이상(4.5 만점으로 환산)
		수출입 실적	소속팀 무역계약 체결 1건 이상과 수출실적 2,000달러 이상
		지역전문가	산학협력업체의 '특화지역 시장진출보고서' 1건 이상 작성
자격 시험	자격증 (선택)	국제무역사, 외환관리사, FTA원산지관리사 중 택일	자격증 취득
		무역영어 1급 + 기타 무역관련 자격증	* 기타 무역관련 자격증 취득 - 물류관리사, 유통관리사 (2급 이상), 수입관리사
	외국어 (선택)	영어	- TOEIC 850 이상
		기타 외국어	위 영어에 상응하는 기준 적용

인증서를 취득한 수료자에게는 무역협회가 운영하는 '글로벌 무역인턴십 연수생'으로 선발 시 우대하며 인력추천 DB에 최우수 인재로 등재하여 취업을 지원한다.

<u>지역무역전문가 인증서</u>

제 호

지역무역전문가 인증서
CERTIFICATE OF REGIONAL TRADE SPECIALIST

소   속(UNIVERSITY) :
성   명(NAME) :

위 사람은 산업통상자원부 주관 지역특화청년무역전문가양성과정을 이수하였고, 특히 외국어 성적이 우수하고 수출부문에서 상당한 성과를 거두었기에 이 증서를 수여합니다.

This is to certify that the above person has successfully completed Glocal Trade Experts incubating Program for 15 months, with all the requirements satisfied.

년   월   일

산업통상자원부장관   ○ ○ ○

The Minister of Trade, Industry & Energy

GTEP 평가 및 성과

1 사업단 평가

동 사업 위탁기관인 한국무역협회는 사업 수행 5~6개월 후, 사업 평가관리를 위해 필요하다고 판단되는 경우, 서면 또는 현장 방문을 통해 실태를 점검할 수 있다. 이때 점검항목은 당해 연도사업의 계획대비 추진실적, 사업비 관리 및 사용 현황 등이다.

사업단에 대한 최종 성과 평가는 매 기수 사업종료 시점에 이루어지며 각 사업단은 사업 최종보고서와 성과활용계획서를 당해 기수 협약 종료일로부터 1개월 이내에 제출하여야 한다. GTEP사업단 평가위원회[1]에서는 사업단이 제출한 최종보고서와 성과활용계획서에 대한 서류검토, 자체 성과지표에 따른 성과 평가 등을 토대로 최종 평가를 하게 된다.

표 1 성가 평가항목		
구분	성과지표	지표속성
(교육성과) 참여학생의 전문역량 강화	수료율	핵심지표
	교육 만족도	핵심지표
	기업체 실무 기여도	핵심지표
	실무능력 향상도	일반지표

---

1 평가위원회는 산업통상자원부, 위탁기관 등의 관계자로 구성하되 위원장 1인을 포함하여 9인 이내로 구성한다.

(인력공급) 중소기업에 인력공급 확대	산학협력 활동 참여 정도	핵심지표
	수출기여 정도	일반지표
	기업의 사업 참가 만족도	핵심지표

최종 평가결과에 따라 차년도 사업예산 배정금액을 차등 지급하여(±2천만원, 상하위권 각각 5개 대학) 하위평가 대학 및 수료율 미달(최저기준 70%) 대학은 개선계획서를 제출하여야 한다. 아울러 대학의 개선계획서를 검토한 후 하위 평가사업단의 중도탈락 여부를 결정하게 된다.

그림 1 GTEP 평가 우수대학 관련 기사(숭실대 홍보팀)

숭실대 GTEP(글로벌무역전문가양성사업단) 3기,
기본교육평가 전체1위

'07, '08년도 종합평가 1위 등 국제통상학 부문 최고 대학으로 발돋움

숭실대 글로벌무역전문가양성사업단(단장 이성섭 국제통상학과 교수, 이하 GTEP) 3기 재학생 28명은 전국 25개 대학 GTEP가 참여한 올해 기본교육 평가에서 당당히 1위를 차지했다. GTEP는 지식경제부와 무역협회가 주관하는 차세대 무역전문인 양성 프로젝트로, 현재 25개 대학이 선발되어 제3기 사업이 진행 중이다. 무역협회는 지난 7월 6일부터 11일까지 강원도 평창에서 전국 25개 대학 GTEP 3기를 대상으로 기본교육을 실시했다. 이를 토대로 실시한 평가에서 숭실대 GTEP는 3년 연속 종합 1위를 차지했다.

단장인 이성섭 교수는 이번 평가 결과에 대해 "전국 25개 대학만이 참여하는 본 사업단에 선정되는 것도 쉽지 않은 일인데, 이 안에서도 1위를 했다는 것은 대단한 성과이자 영예"라며 "GTEP와 같은 국가사업을 통해 숭실대가 기업들로부터 신뢰를 얻는 것은 물론, 학생들이 취업을 하는 데도 많은 도움을 받을 수 있을 것"이라고 강조했다. 계속되는 성과에 대해 이 교수는 "지도교수님들이 무역 현장에서 필요한 노하우와 맞춤교육으로 학생들을 적극적으로 지도하고 있다"라며 "학생들은 열의를 가지고 수업에 임하는 것은 물론, 각국에서 열리는 무역전시회와 무역협회 주관 해외인턴프로그램에도 적극 참여하고 있다"고 덧붙였다.

본교 GTEP는 이성섭 단장을 필두로 국제통상학과 한재필, 이병문, 구기보 교수가 지도교수로 참여하고 있으며, 지식경제부로부터 1년간 1억5천만 원의 예산을 지원받고 있다. 이 예산은 학생들의 현장 및 실무 교육을 위해 모두 사용된다. 본교 GTEP는 작년 2기 학생들이 종합평가 1위를 차지하여 3년간 이 사업 참여를 보장받았다. 본교 GTEP는 수료자에 대해 △지식경제부장관의 무역전문가 인증서 수여 △무역전문가 인증서 취득자에 대한 인센티브 강화 △모든 교육과정(기본/심화/현장교육 등)의 학점인정 △교육과정 중 국내전시회 및 해외전시회 참가 및 참관 등의 혜택을 부여하고 있다.

2 참가대학으로 선정되기 위한 노하우

산업통상자원부에서는 3개 기수를 주기로 GTEP 참가대학을 선정하고 있는데 일정기준을 충족한 대학을 권역별 배정범위 내에서 먼저 선정[2]한다.

표 2 GTEP 권역별 배정 대학 수

지역구분	권역별 배정 수	비고
서 울	2~3개 대학	서울
수도권	3~5개 대학	인천, 경기, 강원
충청권	3~4개 대학	대전, 충남북
전라권	2~3개 대학	광주, 전남북, 제주
경상권	3~5개 대학	부산, 대구, 울산, 경남북
합 계	13~20개 대학	

사업단 모집 공고상에 명시된 신청자격을 갖춘 대학들을 대상으로 1차 서류검토 후, 사업단선정위원회에서 최종선정을 하게 된다. 이에 따라 사업 참가 신청대학들은 「신청기관서약서」와 「표준사업계획서」가 첨부된 「사업참가신청(계획)서」를 기한 내 제출해야 한다. 「표준사업계획서」에 포함되어야 할 내용은 [표 3]과 같다. 「사업참가신청(계획)서」의 경우, 참가대학 선정 시는 물론이고 목표관리 및 평가서에도 활용될 중요한 자료이므로 치밀하게 작성되어야 한다. 따라서 대학교의 현실과 역량을 무시한 무리한 사업계획이나 부실 사업계획은 선정에서 제외될 가능성이 높으며 설사 선정되었다 하더라도 추후 예산배정에서 불이익을 받거나 심지어 사업단 지정 취소로 이어질 수도 있으므로 유의해야 한다. 또한 사실과 다르게 작성될 경우, 지원 취소 및 향후 5년간 산업통상자원부에서 실시하는 인력양성사업 참여에 제한을 받게 된다.

---

2 역대 선정대학 수: 1기(19개 대학), 2기(19개 대학), 3기(25개 대학), 4기 이후부터 24개 대학.

표 3 표준사업계획서 포함내용

주요 내용	세부 내용
❶ 신청기관 개요	
❷ 책임자 인적사항	▪ 총괄책임자(사업단장) ▪ 지도교수
❸ 신청기관 지원 사무실 및 전용강의실 환경	
❹ 신청기관 지원가능 사무용 집기	
❺ 본 사업을 통한 최종 목표 및 성과활용 계획	
❻ 특화지역 선정 및 지역특화사업 계획	▪ 지역선정 ▪ 지역특화사업 계획
❼ 세부사업 추진 내용 및 일정	▪ 학점인정 계획 ▪ 심화교육의 운영 방안 ▪ 국내외 전시회 참가 및 국내전시회 참관계획 ▪ 산학협력체결 계획 ▪ 소속 대학생 지원현황 및 사업단 선발 학생에 대한 향후 지원계획 ▪ 대응투자(Matching Fund) 마련 방안 ▪ 지역특화청년무역전문가 양성 사업성과 홍보목표와 계획 ▪ 학생모집에 대한 계획 및 선발 기준 ▪ 사업종료 시 성과계획 ▪ 기타 사항

선정에서 좋은 평가를 받기 위한 각 항목별 작성 시 유의사항은 다음과 같다.

1) 신청기관 개요

본 사업 공고 상 산학협력단(처) 설치는 의무사항이고 무역·국제통상관련 학과 설치 대학은 선정 시 우대를 받게 된다. 따라서 국제통상관련 학과가 미설치된 학교는 설치 후 신청을 하든가 미설치로 인한 불이익을 감수해야 한다.

2) 책임자 인적사항

1인의 총괄책임자(사업단장)와 1~5인의 지도교수 인적사항을 기재하는데 총괄책임자는 종전 공기업이나 기업체에서 무역관련 현업 경험이 있는 (산학협력단) 교수를 지정하는 것이 바람직하다. 특히 해외마케팅을 목적으로 해외 체류 경험이 풍부한 교수라면 금상첨화이다. 또한 가능하면 지도교수 역시 산업통상자원부, 한국무역협회 및 지역 산업체들과 유대관계가 있는 무역·국제통상 관련 학과 교수로 지정한다. 학문적인 업적이 훌륭하고 이론에 해박하더라도 업계나 비즈니스 현황에 대한 감각과 실무경험이 부족하다면 현실성 있는 사업개발과 지도에 어려움이 따를 수 있다.

3) 신청기관 지원 사무실 및 전용강의실 환경

「지역특화청년무역전문가 양성사업」만을 위해 배정된 전용사무실, 전용강의실, 전용실습실의 각각의 전용면적/수용인원, PC보유 대수, 인터넷 회선 수 및 전화선번호를 기재한다. 동 사업에 참여하는 학생 수(최소 25명)를 감안하여 충분한 공간과 PC 및 인터넷 환경 등을 확보하도록 한다.

4) 신청기관 지원가능 사무용 집기

「지역특화청년무역전문가 양성사업」만을 위해 전용공간에 비치할 수 있는 집기의 기자재명, 규격, 수량, 구입일, 용도 및 구입금액을 기재한다. PC, 전화, 팩스, 프린터 등 기자재 및 사무실 비품을 비롯하여 학생들이 자료를 발표할 때 필요한 빔프로젝터, 스크린, 포디엄, 마이크, 음향시설 등을 마련해야 한다. 해외바이어와 화상상담도 가능한 시설을 갖추고 있다면 더 바람직하다.

5) 본 사업을 통한 최종 목표 및 성과활용 계획

최종 목표와 성과활용 계획은 <요약>과 <본문>을 포함하여 각 1장 이내로 작성한다. 추상적이고 현학(玄學)적인 내용보다는 가시적인 목표와 구체적 활용계획이 명시되어야 한다. 가능하면 최종목표는 투입(사업 수행을 위해 필요한 자원), 과정(사업 수행 방법), 산출(사업 수행을 통해 산출한 결과) 및 결과(사업을 통해 얻은 실제 성과)를 계량화하여 구체적으로 제시하며 성과활용 계획은 사업의 취지[3]에 맞게 동 사업을 통해 양성된 지역특화청년무역전문가를 어떻게 활용하여 우리나라의 수출 확대에 기여토록 할 것인가를 설명한다.

6) 특화지역 선정 및 지역특화 사업 계획

❶ 특화지역 선정

특화지역 선정은 중남미, 중동/아프리카, 동구/중앙아시아, 동남아, 중화권 및

---

3 「지역특화청년무역전문가 양성사업」의 추진 목적 : 산업과 지역에 대한 전문역량이 융합된 선진형 무역전문인력을 양성, 무역업계에 공급함으로써 한국경제의 안정적인 성장기반을 구축한다.

기타 중 한 지역을 골라 중점 추진국가를 명기하고 지역선정사유를 기술한다. 제시된 지역은 북미, 유럽 및 일본 등과 같은 기존시장이 아닌 신흥시장인 것이 특징이다. 많은 대학들이 특화지역 선정 시 비용이 적게 드는 가까운 지역으로 선정하려는 경향이 많은데 가능하면 [표 4]와 같은 사항을 고려하여 선정하도록 한다.

표 4   특화지역(국가) 선정 시 고려사항
▪ 산학협력대상 수출기업들의 의견을 반영하여 선정한다.
▪ 산학협력 중소기업들이 자주 출장 가는 지역인지 고려한다.
▪ 해당지역(국가)에 대한 지역특화 심화교육을 수행할 수 있는 경험 많은 강사 확보가 가능한 지역을 선정한다.
▪ 학교 졸업생들이 많이 진출하여 동문의 협조를 받을 수 있는 국가인지 고려한다.
▪ 사업단 참여교수 중 종전 체류 또는 방문한 경험이 있는 국가로 선정한다.
▪ 코트라나 현지진출 국내기업의 지원을 받을 수 있는 지역인가를 고려한다.
▪ 해당지역의 공용어를 고려한다(제2외국어권이라면 학생들의 현장실습이 어려워진다).
▪ 이미 개발된 지역보다는 추가 시장개척의 여지가 있는 신흥시장 위주로 고려한다.
▪ 주어진 예산으로 사업수행이 가능한 지역인지 고려한다.
▪ 가시적인 성과가 예상되는 전시회 주최국인지 고려한다.
▪ 해당 지자체에서 무역사절단, 해외전시회 파견 계획이 있는 지역인지 고려한다.
▪ 경제위기나 테러위험에 노출되어 있는 국가인지 고려한다.
▪ 학생들의 현지 출장 시 비자 발급에 문제가 없는 국가인지 고려한다.
▪ 타 대학들이 선택하지 않는 차별화된 국가인지 고려한다.
▪ 매번 선정한 지역(국가)이라면 새로운 국가를 선정해 본다.
▪ 해당지역(국가)에 대한 충분한 시장조사가 가능한지를 고려한다.
▪ 다양한 특화사업 개발이 가능한 지역(국가)인지를 고려한다.
▪ 지역특화상품의 수출전망이 좋은 시장인지 고려한다.
▪ 지역(국가) 선정 시 해당 지역 근무 경험이 있는 코트라 직원이나 무역관의 자문을 받아본다.
▪ 코트라 국가정보(http://news.kotra.or.kr)를 방문하여 선정 전, 후보국들에 대해 사전 조사를 실시한다.

코트라는 해외시장뉴스(http://news.kotra.or.kr)를 통해 총 95개국의 국가정보를 인터넷상에서 누구나 무료로 열람할 수 있도록 서비스하고 있으며 최근에는 영상물로도 각국의 주요 정보를 제공하고 있다. 코트라 국가정보는 국가일반, 경제, 무역, 투자, 비즈니스 참고사항 등 5개 항목으로 구분되며, 대항목 아래 50개 세부 목차로 분류된다. 세부 목차 정보들은 항목별 pdf 화일 형태로 작성되어 있고 출력도 가능하다.

그림 2   코트라 글로벌윈도우 국가정보 항목

국가 일반	· 국가 개요	· 정치사회동향	· 한국과의 주요 이슈
경제	· 경제지표 DB · 지역무역협정 체결현황	· 경제동향 및 전망	· 주요 산업동향
무역	· 수출입동향 · 대한 수입규제동향 · 지식재산권 · 시장 특성 · 주요 전시회 개최일정	· 한국과의 교역동향 및 특징 · 관세제도 · 통관절차 및 운송 · 바이어 발굴 · 수출 성공실패사례	· 수입규제제도 · 주요 인증제도 · 수출유망품목 · 상관습 및 거래 시 유의사항 · 수출 시 애로사항
투자	· 투자환경 · 한국기업 투자동향 · 주요 투자법 내용 · 진출형태별 절차 · 투자진출 시 애로사항 · 금융제도	· 투자 인센티브제도 · 한국기업 진출현황 · 투자방식 · 투자법인 철수 및 청산 · 노무관리제도 · 외환관리 및 자금조달	· 외국인 투자동향 · 투자진출 성공실패사례 · 투자진출형태 · 투자입지여건 · 조세제도
비즈니스 참고정보	· 물가정보 · 이주정착 가이드 · 출입국 및 비자제도 · 유관기관 웹사이트	· 취업유망분야 및 유의사항 · 생활여건 · 관광, 호텔, 식당, 통역 · KOTRA 무역관 안내	· 비즈니스 에티켓 · 취향정보 · 출장 시 유의 및 참고사항

❷ 지역특화사업 계획

㉠ 심화교육 지역특화과정

표 5 「심화교육 지역특화과정」 입력양식

과목명	강사 (소속)	시간 (H)	개설 시기	주요 교육내용

한편 지역특화사업계획 중 심화교육 지역특화과정은 그 지역을 대상으로 비즈니스 경험이 풍부한 기업체 인사나 코트라 해외무역관 근무경험자를 초빙하여 교육을 실시하는 것이 가장 바람직하다. 특히 산학협력중소기업의 CEO나 수출담당 임직원을 초빙하여 해당 국가의 현장경험을 들어보는 것은 GTEP 과정 학생들에게 간

접체험의 기회를 제공하게 된다. 또한 선정지역에서 3~4년간 무역관 근무 경험이 있는 코트라 직원들은 누구보다도 현지 시장에 대해 종합적이고 많은 정보를 갖고 있으므로 이들을 초빙하여 강의를 의뢰한다. 코트라 아카데미에서도 지역전문가 과정을 개설하여 해당 지역 무역관 근무 경험자들(관장 및 관원)을 연사로 활용하고 있다.

　　지역전문가가 되기 위해서는 최소한 코트라 국가정보 항목 중 ▲ 한국과의 교역동향 및 특징 ▲ 시장특성 ▲ 상관습 및 거래 시 유의사항 ▲ 바이어 발굴 방법 ▲ 관세제도 ▲ 통관절차 및 운송 ▲ 수출유망품목 ▲ 비즈니스에티켓 ▲ 출장 시 유의 및 참고사항 ▲ 수출 성공·실패사례 정도는 파악하고 있어야 한다.

책소개

* 저자 : 조기창 전 암만무역관장

『요르단 비즈니스 세계로 들어가기』는 불과 3년 만에 우리나라 수출이 3배 이상 늘어난 국가, 한국 중고차의 1/3이 수출되는 시장, 한국 가전제품이 시장점유율 1위를 차지하는 시장, 또 다른 새로운 중동 시장인 레반트의 관문인 요르단에 대한 각종 정보를 제공한 책이다. 요르단이 어떤 나라인지, 요르단의 중요성을 설명하며 출장 시 알아둬야 할 사항을 소개한다. 또한 문화, 시장공략법, 기업하기, 어학연수 가기 등 다양한 정보를 담았다.

표 6　필자가 요르단 근무 후 발간한「요르단 비즈니스 세계로 들어가기」주요 수록 내용

소제목	세부항목
요르단은 어떤 나라	국가개요, 역사, 정치 및 외교, 경제, 우리나라와의 관계, 사회, 종교, 문화 및 교육
왜 요르단인가?	레반트 국가의 중요성, 요르단을 주목해야 하는 이유, 요르단에서 날개 단 한국 상품, 요르단에서 활약하고 있는 국내기업
요르단으로 출장가기	방문시기, 현지 휴일 및 근무시간, 비자 취득, 항공편, 공항 안내, 입국 심사, 세관 심사, 출국 심사, 항공사 연락처, 무역관 위치, 화폐 및 환전, 교통, 렌트카 및 운전방법, 특사배달, 호텔 및 게스트하우스, 식당, 패스트푸드점, 요르단 팁 문화, 통역, 현지 영어 구사정도, 치안, 기후, 전기 전압, 병원 및 약국, 비즈니스물가, 요르단 특산물, 은행, 신용카드, 공관/교민/지상사현황, 육로로 인근국가기, 요르단에서 무역분쟁 해결법, 요르단 긴급전화, 간단한 아랍어, 요르단 관광명소
요르단 비즈니스 문화 이해하기	국민 성향 및 기질, 비즈니스 에티켓, 요르단 바이어로 부터 초대 받았을 때, 현지인들의 여가, 문화적 금기사항, 여성의 사회적 지위, 소비습관, 바이어 상담 거래 시 유의사항, 라마단의 모든 것, 요르단의 할랄문화

요르단 시장 공략법	시장 및 소비특성, 요르단 시장공략 10계명, 요르단에서 히트예상 10개 품목, 요르단에서는 난망 시 되는 10개 품목
요르단에서 기업하기	외국인 직접투자 기본방침, 외국인 직접투자동향, 한국기업의 투자동향, 외국인 투자유치 제도, 투자진출전략, 외국인 직접투자관련 유관기관 및 주요 Contact Point, 한국기업 유망투자 분야 및 진출전략, 현지직원 채용 및 관리, 조세제도, 이주정착안내
요르단으로 어학연수 가기	어학연수과정, 출국 전 확인사항, 현지생활, 한국 유학생 상황 및 사이트

표 7 심화교육 지역특화과정 예

과목명	주요교육내용
해당국의 이해	해당국 정치, 경제, 사회, 역사, 문화 등에 대한 개괄적인 소개
경제동향 및 전망	해당국 주요 거시경제 동향, 전망과 경제정책 및 문제점에 대한 소개
주요 산업 동향	해당국 주요 산업 발전과정 및 현황과 경제에서 차지하는 비중 등을 소개
수출입동향	해당국 수출입 품목, 금액 추이, 주요 교역국가들 간의 비중 등을 소개하며 한국과의 교역동향도 분석
수입규제제도	해당국 수입금지, 제한제도와 비관세장벽, 외환제도 등을 소개
관세제도	해당국 관세율과 대외개방도 등을 소개
주요인증제도	의약품, 전기·전자제품 등을 비롯하여 인증을 필요로 하는 품목을 해당국으로 수출 시 요구되는 인증종류와 그 발급 방법 등을 소개
통관절차 및 운송제도	통관절차와 유의사항, 항만/공항의 여건 등을 소개
수출유망품목	우리나라의 해당국에 대한 수출유망품목과 진출확대방안을 소개
시장특성	소비자들의 소비성향, 유통구조, 수입의존도 등 해당시장의 특성을 파악
시장조사 방법	해당국에서의 신규진출 및 시장 확대를 위해 우리 기업들이 필요로 하는 정보수집 방법에 대한 연구
상관습 및 거래 시 유의사항	바이어들의 구매동향, 지불방법, 거래조건 등을 연구하고 거래 시 우리 기업들이 유의해야 할 사항을 소개
주요전시회	해당국에서 개최되는 주요 유망전시회와 참가 방법 및 예상성과 등을 연구
수출성공, 실패사례	우리나라 기업들의 해당국 수출에서의 성공사례와 실패사례를 소개하고 그 원인, 극복 방법 등을 연구
진출확대방안	독점바이어, 다수바이어, 현지공장건설, 현지직영유통업체 운영, 간접수출방법 등 현지 진출 확대 방안에 대한 연구
투자환경 및 인센티브	해당국에서의 외국인 투자환경과 제공되는 인센티브 등을 파악
외국인투자 유치제도	외국인투자동향, 한국기업투자동향 및 진출현황, 주요 투자법 및 절차, 애로사항 등을 소개
사업관리	현지 투자 시 노무관리, 조세제도, 외환관리 및 자금조달, 철수 시 유의사항 등을 연구
비즈니스 에티켓	해당국 국민들 기질 및 성향을 소개하고 특히 바이어들과 비즈니스 시 지켜야할 현지 에티켓을 소개
생활여건	해당국으로 파견 나가 주재할 시 알아두어야 할 현지 생활여건
출입국 및 비자제도	공항출입국 절차 및 비자 획득 방법에 대한 소개
출장 시 유의사항	출장 시 준비물, 치안, 호텔, 교통 및 현지에서 유의할 사항 등을 소개

기초 현지 비즈니스어(語)	해당국에서 수출상담 시 꼭 알아두어야 할 기초 현지어를 습득
국내지원제도소개	해당국 진출을 위해 중앙정부 및 지자체로부터 받을 수 있는 지원 프로그램 소개
외부기관 연수 프로그램 소개	코트라, 무협 등 외부기관에서 실시하는 해당국 관련 연수 프로그램 소개

또한 심화교육 지역특화과정 세부 운영계획 수립 시 코트라 아카데미나 무역협회 무역아카데미에 개설된 지역전문가 양성과정 커리큘럼도 참고한다.

표 8 코트라 아카데미 인도네시아 지역전문가 과정 강의주제

강의주제
▪ 인도네시아 시장의 기회와 도전 - 인도네시아 지역 시장개관 - 인도네시아 지역 정보 수집 및 활용방안
▪ 현장에서 본 인도네시아 리스크 분석 - 인사, 노무 관련 리스크 분석 및 관리방안
▪ 인도네시아 온라인 유통시장 진출전략 - 온라인 유통 시장진출 관련 핵심 정보공유 및 성공사례
▪ 인도네시아 투자계약과 실무 - 비즈니스 계약 절차 및 이해 - 협상전략 활용방안
▪ 인도네시아 금융제도 100% 활용법 - 인도네시아 투자환경 - 인도네시아 금융거래 및 외환관리
▪ 인도네시아 진출 전략 맞춤형 컨설팅 - 사업전략 수립을 위한 가이드라인 제시 - 인도네시아 시장 진출 체크포인트 수립 및 맞춤 컨설팅

표 9 코트라 아카데미 이란지역 과정 강의주제

강의주제	내용
이란시장 이해	▪ 이란 경제/산업 개관 시장동향 분석 ▪ 유망진출 분야 및 진출전략
지원사업 소개	▪ 코트라 기업지원서비스 ▪ 기관별지원제도 ▪ 기업애로상담사례
이란 시장 성공 포인트	▪ 시장진출 관련 핵심 정보공유 및 성공사례 전달
이란 비즈니스 문화	▪ 이란 비즈니스 문화코드 이해 ▪ 현지 비즈니스 상관습 등
이란 프로젝트 시장현황	▪ 이란 프로젝트 시장 현황 ▪ 분야별 프로젝트 발주 동향 및 전망

표 10   코트라 아카데미 미국 주재원사관학교 강의 주제
강의 주제
▪ 현지국 경제동향 ▪ 현지국 문화, 정치, 역사 등 이해 ▪ 현지 생활정착 가이드 ▪ 현지 채용 및 인사 노무 관리 ▪ 현지 법인 및 운영 ▪ 현지 조세제도 이해 ▪ 현지 마케팅 실무 및 사례 ▪ 현지 물류환경 및 통관 실무 ▪ 비즈니스 매너 및 의전 이해

    ⓒ 특화지역 산학협력대상 업체 지원 계획

표 11 「특화지역 산학협력대상 업체 지원 계획」 입력양식

기업명	품목	소재지	대상국가	주요 산학협력 내용	비고
			* 특화지역		
			* 기타지역		

산학협력대상 업체에 대한 정보를 입력하되 GTEP사업의 취지를 이해하고 협력할 의지가 있는 업체, 특화지역에서 지원성과가 예상되는 업체위주로 선정한다. 주요 산학협력 내용은 기간 중 지원 가능하고 성가가 기대되는 국내외전시회 참가, 무역사절단, 수출상담회, 화상(사이버)상담회, 온라인마케팅지원, 시장조사지원, 영문카탈로그 및 홈페이지 제작지원, 각종 통번역서비스, 선정업체를 방문하는 개별바이어 안내 및 지원, 단기현장실습 등에서 선택하도록 한다.

    ⓒ 특화지역 세부 해외현장마케팅활동 참여계획

표 12 「특화지역 세부 해외현장마케팅활동 참여계획」 입력 양식

세부 활동명	국가(도시)	기간	업체수	파견인원
	* 특화지역			
	* 기타지역			

참가 예정 해외전시회명, 무역사절단 및 수출상담회 명칭을 기재한다.

7) 세부사업 추진 내용 및 일정

Ⅰ. 각 교육별 학점인정 계획에 대해 기술하십시오.

주관기관에서 제시한대로 학점인정 계획을 작성하되 참여학생들의 부담을 덜어주고 적극적인 참여를 유도하기 위해 대학에 의한 자율학점의 경우, 최대한 학점으로 반영해준다.

- 기본교육(50시간, 학점자율)
- 심화교육(230시간 이상, 9학점 이상)
  - 지역특화과정(90시간 이상, 3학점 이상)
  - 정규무역과정(90시간 이상, 6학점 이상)
  - 특별과정(50시간 이상, 학점자율)
- 현장실무컨설팅 교육(시간자율, 학점자율)
- 산학협력 중소기업 현장실습(140시간 이상, 6학점 이상)

Ⅱ. 사업단 자율로 운영되는 심화교육(230시간 이상, 9학점 이상)의 운영방안을 기술하시오. 　※ 교내외 강사 활용방안 포함

지역특화교육은 선정지역 외부전문가를 초빙하여 시장특징, 마케팅방안, 상관습 및 비즈니스 문화 등에 대해 강의토록 하며 특히 해당지역과 풍부한 비즈니스 경험이 있는 산학협력기업 위주로 수출기업의 CEO 또는 무역실무자의 성공, 실패사례를 소개토록 한다. 정규무역과정에서는 무역실무, 해외전시마케팅, 해외시장조사론 과정 중에서 이수토록 하고 특별과정에서는 필수과목인 전자무역과 FTA활용을 포함하여 코트라, 무역협회, 무역보험공사, 중소기업진흥공단 등 수출지원기관 직원들을 초빙하여 기관별 주요사업에 대한 특강을 실시한다.

Ⅲ. 국내외 전시회 참가 및 국내 전시회 참관 계획을 기술하시오.

코트라 해외무역관의 추천을 받거나 코트라가 운영하는 전시포탈사이트인 GEP(Global Exhibition Portal : www.gep.or.kr)을 방문하여 최적의 해외전시회를 발굴 후 참가 계획을 수립한다. 해외전시회 참가 전, 참여 학생들을 대상으로 반드시 전문가를 초빙하여 「해외전시회참가기법」에 대한 강의를 듣도록 한다. 국내전시회는 한국전시회주최자협회(www.keoa.org)나 국내 주요전시장의 홈페이지를 방문하여 적격 국내전시회를 발굴하되 국내전시회 중에는 수출과는 관계없이 내수시장 개척을 목적으로 개최되는 전시회도 다수 있음을 유념한다.

국내외전시회참가계획서에는
- 해당전시회 선정사유
- 참가계획(추진일정, 파견자별 업무분장, 성과목표 - 상담바이어수/성약액/정보수집건수, 사전마케팅활동, 홍보물 제작, 전시품 수집 및 운송계획, 현지활동계획 - 부스운영/부대행사 참석/시장정보수집, 성과분석 등)
- 예상성과
- 소요예산
- 향후 성과제고 방안(부족했던 점, 개선이 요구되는 점 등)
- 사후관리방안 등이 제시되어야 한다:

국내외전시회 참관계획서에도
- 참관전시회개요
- 참관전시회 특징
- 신상품소개 및 시장트렌드
- 주요참가업체 및 개최규모
- 전시장 분위기

• 부대행사소개 및 참관소감 • 향후 전시회 참가 시 예상성과 등을 기술한다.
IV. 산학협력체결계획을 기술하시오.
산학협력기업은 GTEP사업을 이해하고 사업에 적극 참여하며 대학교에서 선정한 특화지역(국가)으로의 수출가능성이 높은 기업을 중심으로 선정한다. 더 나가 향후 GTEP 참여 학생들을 채용할 계획(의향)이 있는 기업이라면 더 바람직하다. 산학협력체결계획은 대학-기업-지자체(또는 지역상공회의소)가 상호 협력과 지원을 통해 성과를 거양할 수 있도록 세 당사자 간의 협조가 필수적이란 점에 유념하여 3자간 MOU를 체결하도록 한다.
V. 소속 대학생의 지원 현황 및 사업단 선발 학생에 대한 향후 지원계획을 기술하시오.
지원현황에 대해서는 사실 위주로 기술하고 사업단 선발 학생에 대한 향후 지원계획에는 ▲ 무역자격증 취득 ▲ 어학능력 향상 ▲ 취업률 제고 및 사후관리 ▲ 국내외 인턴파견 ▲ 취업준비반 우선 참가기회 제공 ▲ 산학협력기업 우선 추천 ▲ 코트라 아카데미 또는 무역아카데미 수강 기회 부여 ▲ 취업준비 장학금 지급 등 최종 취업이 이루어질 때까지 지원계획을 기술한다.
VI. 대응투자(Matching Fund) 마련방안을 기술하시오.
대학 자체자금, 지자체 자금, 기타(동문회, 협력업체 기부자금/사업단 자체수익) 등 대응투자방안을 기술한다.
VII. 지역특화청년무역전문가 양성사업 성과에 대한 홍보 목표와 계획을 기술하시오
대외 언론매체에 대한 홍보실적 예상목표 및 계획을 제시한다. 이를 위해 평소 지역 언론과의 관계를 긴밀하게 유지하고 보도자료 배포를 통해 기사화를 요청한다.
VIII. 학생 모집에 대한 계획 및 선발 기준을 기술하시오.
최소 요건인 25명 이상을 모집하되 무역 및 국제통상을 전공한 고학년 학생을 위주로 선발한다. 아울러 수료조건인 TOEIC 유효성적 750점 이상 보유한 학생 중 본 프로그램을 완전하게 수료할 의지와 역량을 갖추었는지를 엄격히 심사토록 한다. 또한 저소득층과 취업취약계층도 선발 시 배려토록 한다.
IX. 사업종료 시 성과계획을 기술하시오
계량적인 예상 성과계획을 기술하되 현실과 역량을 감안하지 않고 무리한 목표를 책정함으로써 불이익을 받지 않도록 유념한다.
X. 기타 다음 사항을 기술하시오
사실에 근거해서 기술한다.

3 사업성공요인

GTEP 사업의 성공요인은 학생, 특화지역 선정 그리고 프로그램의 내용과 구성에 달려있다고 할 수 있다. 우선 이 프로그램에 참여를 희망하는 학생은 사업에서 요구하는 최소한의 자질과 자세를 갖추고 있어야 한다. 즉 미래의 수출역군이 되기 위해 본 과정 수료에 필요한 외국어 성적 및 무역실무와 관련된 기초지식을 보유하고 있어야 한다. 아울러 GTEP 참여 학생으로 선정된 후 중도 포기할 경우, 본인뿐만 아니라 사업단 전체가 피해를 본다는 점과 산학협력업체에 현장실습을 나가 불성실한 근무태도를 보이거나 파견학생의 역량이 현저하게 떨어지게 되면 학교 전체 이미지에 심각한 악영향을 줄 수 있다는 점을 인식해야 한다. GTEP의 교육과정 중 상당분야는 외부전문가들의 특강으로 구성된다. 일부 학생들 중에는 외부전문가 강의 때 불성실한 수강 태도 등 실망스런 모습을 보이는 경우가 종종 발생하고 있다. 따라서 학생 선발 때, 엄격한 면접과 심사, 지도교수들의 추천을 거쳐 적극적으로 본 프로그램에 참여할 준비와 자세를 갖추고 있는 발전 가능성이 있는 학생들로 엄선해야 한다.

표 13 GTEP에 참여시켜서는 안 될 학생 유형
▪「지역특화청년무역전문가 양성사업」에 대해 확고한 의지가 결여된 학생
▪ 수출전문역군으로 성장 할 생각이 빈약한 학생
▪ 최소한의 영어 성적을 보유하고 있지 않은 학생
▪ 무역실무, 경제학원론 등 기초과목의 취득학점이 없는 학생
▪ 팀 화합에 기여하지 못하고 불화를 일으키는 학생
▪ 평소 결석이 잦은 학생
▪ 수업태도가 불량한 학생(수업에 집중하지 못하는 학생)
▪ 기본 예의를 지키지 못하는 학생
▪ 적극적이지 못하고 항상 방관자적인 자세를 취하는 학생
▪ 해외전시회 참가를 수학여행 정도로 생각하는 학생
▪ 취업 의지가 부족한 학생
▪ 모험과 개척정신이 결여되고 안락함만을 추구하는 학생
▪ 문장력이 떨어지고 논리적이지 못한 학생

다음은 특화지역(국가)을 잘 선정해야 한다. 아무리 학생의 자질이 우수하고 좋은 프로그램을 개발했다 하더라도 지역선정이 잘못되면 소기의 성과를 올릴 수 없다. 단순히 지리적으로 가깝고 예산이 절감된다는 점만을 우선 고려하여 선정하게 되면 프로그램 개발도 어려울 뿐 아니라 기대했던 성과에서 멀어지게 된다.

표 14 특화지역(국가) 선정 요건
▪ 해당 지역전문가 초빙이 가능한 지역(국가)
▪ 다양한 사업개발이 가능한 지역(국가)
▪ 수출성약 달성이 가능한 지역(국가)
▪ 코트라로부터 지원을 받을 수 있는 지역(국가)
▪ 산학협력업체들의 수출이 많이 이루어지고 있는 지역(국가)
▪ 시장조사가 용이한 지역(국가)
▪ 다른 대학들과 차별화를 기할 수 있는 지역(국가)

▪ 참가 성과가 기대되는 전시회가 개최되는 지역(국가)
▪ 현지 파견 시 학생들이 언어문제를 겪지 않을 지역(국가)
▪ 비자발급, 치안상태, 경제위기 등에 문제가 없는 지역(국가)

마지막으로 특화지역(국가) 공략을 위한 실효성 있는 다양한 프로그램(사업)을 개발해야 한다. 틀에 박힌 이론 위주의 프로그램보다는 취업 후 업무에 바로 적용할 수 있는 실무교육으로 프로그램을 구성하고 [표 15]와 같이 차별화된 사업, 공동추진 가능 사업, 신규사업, 다양한 간접경험을 쌓을 수 있는 사업 위주로 프로그램을 개발하도록 한다.

표 15 바람직한 프로그램 유형
▪ 수출확대에 도움이 되는 사업
▪ 단기간에 수출성약을 이룰 수 있는 사업
▪ 학생들이 팀워크를 이루어 성과를 달성할 수 있는 사업
▪ 주어진 예산으로 수행할 수 있는 사업
▪ 하나의 사업으로 학생들에게 많은 분야의 경험을 갖게 할 수 있는 사업
▪ 산학협력업체 및 지자체등과 공동으로 추진할 수 있는 사업
▪ 코트라의 지원을 받을 수 있는 사업
▪ 다른 대학들과 차별화를 기할 수 있는 사업
▪ 교수와 학생들이 아이디어를 짜내 개발한 신규사업
▪ 학생들이 다양한 간접 경험을 할 수 있는 사업
▪ 수출의 전반적인 흐름을 파악할 수 있는 사업
▪ 학생들의 역량에 맞는 사업

4 해외전시회 참가 문제점 및 개선방안

GTEP에 참가하고 있는 거의 대부분의 대학들이 「무역현장마케팅실습」의 일환으로 해외전시회에 학생들을 파견하여 현장 경험을 쌓게 하면서 그 성과를 대내외에 홍보하고 있다. 해외전시회는 짧은 시간에 많은 바이어들과 효과적인 상담을 할 수 있고 생생한 많은 시장정보도 얻을 수 있기 때문에 가장 효율적인 마케팅 수단임에는 틀림없다. 그러나 해외전시회에 대한 준비부족과 무지, 미숙한 현지 상담활동 그리고 거의 손도 못 대고 있는 후속지원 등으로 봐서 각 대학들이 홍보하는 만큼 성과가 이루어지고 있는지는 생각해 볼 문제이다. 해외전시회 참가대학들은 전시회 참가를 통해 적게는 수천달러4에서 많게는 수백만 달러의 상담실적을 올렸다고 홍보하지만 과연 그 액수만큼 실제 오더로 이어지는지는 확인되지 않고 있다. GTEP 참여 학생의 해외전시회 참가에서 발생되고 있는 문제점들과 그 개선방안을 제시하자면 다음과 같다.

첫째, 성과가 예상되는 전시회인지에 대한 면밀한 검토가 제대로 이루어지지 않은 채 참가전시회가 선정되기도 한다. 대학들이 파견하는 전시회는 지역적으로는 대부분 중국, 베트남, 태국 등 중화권 및 동남아권으로 편중되어 있으며 품목도 화장품이 압도적으로 많다. 전시회 선정은 산학협력업체들이 많이 참가하는 전시회, 해당 지자체에서 참가 계획이 있는 전시회 그리고 코트라를 통해 무역관이 추천하는 전시회 중에서 선정하는 것이 바람직하다. 참가 품목도 산학협력업체들이 많이 취급하는 품목으로 하되 너무 전문적인 지식을 필요로 하는 품목은 학생들이 부담스러워 할 수 있으므로 상담하기 용이한 품목으로 다변화하도록 한다.

둘째, 상담할 전시품에 대한 충분한 이해 없이 학생들이 참가하고 있다. 상품에 대한 충분한 연구와 지식 없이 해외전시회에 참가한다면 상담이 제대로 이루어질 리가 없다. 전시회 참가하기 전, 전시품을 제공할 기업으로 학생들을 보내 상품에 대해 충분히 배워오도록 하고 바이어와 상담 시 중점 설명해야 할 사항, 바이어로부터 파악해 와야 할 사항, 바이어의 예상 질의에 대한 답변 등을 포함하여 상담요령을 반드시 숙지시킨 후, 전시회에 파견해야 한다. 가능하다면 해외전시회 참가에 앞서 국내전시회를 먼저 참가해보는 것도 경험 축적에 도움이 된다.

셋째, 해외전시회 참가에 앞서 해외전시전문가로부터 교육을 받지 않고 참가하고 있다. 수출경험이 많은 기업인들도 해외전시회 참가에 앞서 사전마케팅활동, 현지시장에 대한 이해, 전시품 운송 및 진열방법, 바이어와 상담방법, 상담일지 작성요령, 바이어 문의사항에 대한 답변 요령, 전시회에서 자주 하는 실수, 후속조치 등과 관련된 해외전시회마케팅 과정을 자주 수강하고 있다. 하물며 수출업무를 이제 막 배우고 있는 학생들이라면 해외전시회 관련 이론이 아닌 실무교육을 반드시 받고 참가토록 해야 한다.

넷째, 학생들의 역할분담이 이루어지지 않은 채 참가하고 있다. 통상 한 개 부스에 3~4명의 학생이 한조가 되어 투입되는데 각자 역할 분담이 정해져 있지 않아 바

4 해외전시회에서 수천달러 상담실적을 올린 것으로 발표하는 것은 현장직매일 가능성이 높다. 그러나 선진국에서 개최되는 대부분의 전시회에서는 현장직매를 허용하지 않기 때문에 주의해야 한다.

이어가 부스로 들어오면 서로 바이어에게 다가가 상담을 진행하려고 하기 때문에 우왕좌왕 해지는 경우가 많다. 상담을 주도하는 학생, 상담내용을 기록하는 학생, 시범(Demonstration)을 보여주는 학생, 부스를 청결하게 정리하는 학생 또는 부스 내 방객 대상 설문조사 등으로 각자 역할을 정해 돌아가면서 효율적으로 상담을 진행토록 한다.

다섯째, 전시회 기간 내내 상담에만 매달리는 경향이 있다. 학생들에게는 상담 경험도 중요하지만 전시회 기간 중 시장조사(시장트랜드 및 신상품 파악), 다른 참가업체들의 부스디자인 및 전시기법 파악, 부대행사 참석(세미나, 우수상품 특별전시장 참관, 체험관 방문 등) 등에도 시간을 할애하도록 한다.

여섯째, 전시회 관련 실무경험이 없이 지도교수 1명 정도가 인솔하여 참가하고 있다. 따라서 전시회에서 돌발상황[5]이 발생하거나 상담과정에서 학생들이 처리(답변) 방법을 몰라 당황해 할 때 이를 즉각 해결 또는 조언해 줄 수 있는 실무경험이 많은 교수가 인솔하도록 하고 가능하다면 산학협력업체 실무자가 동행토록 한다.

일곱째, 해외전시회 참가 후 연계 활동이 미흡하다. 대부분 전시회가 폐막되면 바로 귀국하는데 전시회 종료 후, 관할 무역관을 방문하여 현지 시장상황에 대해 설명을 듣는다든가 현지 유통시장, 현지진출 국내기업 및 유망바이어, 자매결연 대학 또는 유관기관 방문 등을 연계토록 한다.

여덟째, 대내외 홍보를 너무 의식하다 보니 전시회 종료 후 자의적으로 상담실적을 집계하여 발표하는 경향이 있다. 전시회 참가 후 이제 막 무역에 대해 배우는 학생들이 처음 전시회에 나가 수백만 달러의 상담성과를 거양한 것으로 발표하지만 실제 수출로 이어질 지는 미지수이다. 따라서 학생들이 자의적으로 집계하지 못하도록 계약액과 상담액 집계에 대한 명확한 지침(기준)을 주도록 한다. 일반적으로 계약액과 상담액의 구분은 [표 16]과 같다. 아울러 계약액 및 상담액 집계표를 미리 준비하여 갖고 가도록 한다.

---

5 전시품 미도착, 지연도착, 통관불허, 손망실/도난, 파견학생 사고, 부스파손 등 해외전시회 참가 시 예상치 못한 돌발상황이 종종 발생한다.

표 16	계약액과 상담액에 대한 기준 예시
계약액	• 현장에서 현금을 받고 직매한 건
	• 현장에서 선금을 받은 건
	• 명확하게 주문할 상품명과 수량, 결제조건 등이 확정되어 6개월 안으로 주문이 확실 시 되는 건
	• 샘플 오더 건
	• 내방바이어로부터 카운터 샘플을 받았으며 보다 구체적인 상담을 위해 바이어의 한국 방문이 확실한 건
	• 주문서에 바이어가 서명한 건
	• 전시회 참가 전부터 진행되어 오던 건으로 전시장에서 오더가 최종 확정된 건
상담액	• 바이어의 요구조건을 수용한다면 주문이 예상되는 건
	• 1년 이내로 주문을 기대할 수 있는 건
	• 시장테스트 기간을 요구하는 건
	• 추후 협상여지에 따라 성사가 예상되는 건
	• 에이젠트 계약 체결 시 연간 예상 수입액
	• MOU 체결 시 제시된 건

아홉째, 전시회를 마치고 돌아와서 후속지원이 부실한 경우가 대부분이다. 실습 학생들이 수출기업들을 대신하여 전시회에 참가했기 때문에 전시장에서의 상담 결과를 해당 국내기업에게 정확하게 전달하고 실제 오더로 연결되도록 철저한 후속 지원이 이루어져야 한다. 이를 위해 학생들은 상담일지를 정확하게 작성하는 요령을 배워야 할 것이며 실제 오더로 이어지기 위해 상담 시 바이어로부터 파악해야 할 사항을 확실하게 인식해야 한다.

표 17	무역계약에 필요한 8가지 기본조건
	❶ 품질조건 ❷ 수량조건 ❸ 가격조건 ❹ 포장조건
	❺ 선적조건 ❻ 보험조건 ❼ 결제조건 ❽ 중재조건

일반적으로 무역계약에서 필요한 8가지 기본조건은 [표 17]과 같다. 이러한 조건이 파악되어야 [그림 3]과 같은 계약서 작성이 가능해진다.

그림 3 수출계약서 샘플

【영문】

Agreement on General Terms and Conditions of Business

This Agreement entered into between The ABC CO.,Inc., New York(Hereinafter called as the Buyer), and The Korea Trading Co., Ltd., Seoul, Korea(hereinafter called as the Seller) witness as follows:

(1) Business : Both Seller and Buyer act as Principals and not as Agents.

(2) Samples and Quality : The Seller is to supply the buyer with samples free of charge, and the quality of the goods to be shipped should be equal to the sample on which an order is given.

(3) Quantity : Weight and Quantity determined by the seller, as set forth in shipping documents, shall be final.

(4) Prices : Unless otherwise specified, prices are to be quoted in U.S. Dollars on C.I.F New York basis.

(5) Firm Offers : All firm offers are to remain effective for three days including the day cabled. Sundays and National Holidays shall not be counted as days.

(6) Orders : Except in cases where firm offers are accepted all orders are to be subject to the Seller's final confirmation.

(7) Packing : Proper export standard packing is to be carried out, each set bearing the mark XXX with port mark, running numbers, and the country of origin.

(8) Payment : Draft is to be drawn at 30d/s for the full Invoice amount under Irrevocable Letter of Credit which should be issued in favor of seller immediately documents attached, namely, Bill of Lading, Insurance Policy, Commercial Invoice and other documents which each contract requires. The others shall be governed and interpreted under the UCP 600.

(9) Shipment : Shipment is to be made within the time stipulated in each contract. The date of Bill of Lading shall be taken as conclusive proof of the day of shipment. Unless expressly agreed upon, the port of shipment shall be at the port of Busan, Korea.

(10) Marine Insurance : All shipments shall be covered on All Risks including War Risks and S.A.C.C. for the invoice amount plus 10(ten) percent. All policies shall be made out in U.S. Dollar and claims payable in New York.

(11) Force Majeure : The Sellers shall not be responsible for the delay in shipment due to force majeure, including mobilization, war, strikes, riots, civil commotion, hostilities, blockade, requisition of vessels, prohibition of export, fires, floods, earthquakes, tempest and any other contingencies, which prevent shipment within the stipulated period, In the event of any of the aforesaid causes arising, documents proving its occurrence of existence shall be sent by the Sellers to the Buyers without delay.

(12) Delayed Shipment : In all cases of force majeure provided in the Article No. 11, the period of shipment stipulated shall be extended for a period of twenty one(21) days. In case shipment within the extended period should still be prevented by a continuance of the causes mentioned in the Article No. 11 or the consequences of any of them, It shall be at the Buyer's option either to allow the shipment of late goods or to cancel the order by giving the Sellers the notice of cancellation.

(13) Claims : Claims, if any, shall be submitted within fourteen(14) days after arrival of goods at destination. Certificated report by recognized surveyors shall be sent by mail without delay.

(14) Arbitration : All claims which cannot be amicably settled between Seller and Buyer shall be finally settled by arbitration in Seoul, Korea in accordance with the Commercial Arbitration Rules of the Korea Commercial Arbitration Board and under the Laws of Korea. The award rendered by the arbitrator shall be final and binding upon both parties concerned.

(15) Trade Terms : Unless specially stated, the trade terms under this contract shall be governed and interpreted by the latest Incoterms 2010.

(16) Governing Law : This Agreement shall be governed as to all matters including validity, construction and performance under and by United Nations Convention on Contracts for the International Sale of Goods(1980).

This Agreement shall be valid on and after May 5, 2011

(Buyers) ABC Co.,Inc.,   (Sellers) Korea Trading Co.,Ltd.(signed)
(signed)

【한글】

일반거래조건 협정서

본 협정서는 미국 뉴욕 소재의 ABC무역상사(이하 매수인이라 칭함)와 한국 서울소재 한국무역상사(이하 매도인이라 칭함)와의 사이에 체결된 것으로서 다음과 같이 협정한다.

(1) 거래 : 거래는 매매당사자 모두 본인 대 본인으로 하며 대리인으로 하는 것이 아님.

(2) 견본 및 품질 : 매도인은 매수인에게 무료로 견본을 제공함과 동시에 선적상품의 품질은 주문의 기초가 된 견본과 대체로 일치할 것.

(3) 수량 : 중량 및 수량은 운송서류에 기재된 것으로 한다.

(4) 가격 : 가격은 별도로 정한 경우를 제외하고는 C.I.F New York 조건으로 미 달러로 견적한다.

(5) 확정오퍼 : 모든 확정청약은 타전일을 포함하여 3일간 유효한 것으로 한다. 다만 일요일과 국경일은 제외된다.

(6) 주문 : 확정 Offer를 인수한 경우 이외의 모든 주문은 매도인의 최종확인을 필요로 한다.

(7) 포장 : 적절한 수출표준포장으로 포장하고 각 차량에는 화인으로서 XXX표시에 도착항 표시, 일련번호 및 원산지를 기입할 것.

(8) 결제 : 환어음은 매매계약체결 직후에 매도인을 수익자로 하여 개설되는 취소불능신용장에 의거하여 송장금액에게 대하여 일람 후 30일불로 발행한다.
또한, 운송서류 일체, 즉 선화증권, 보험증권, 상업송장 및 매매계약에서 요구하는 기타 서류를 첨부한다.

(9) 선적 : 선적은 각 계약에서 정해진 기일 이내에 한다. 선화증권의 발행일을 선적일로 간주하고 별도 합의가 없는 한 선적항은 한국의 부산항으로 한다.

(10) 해상보험 : 모든 선적품은 송장금액의 110%를 보험금액으로 하여 전쟁위험과 파업 위험을 특약한 전 위험 담보조건으로 부보 한다. 모든 보험 증권은 미국달러 화로 표시하고 뉴욕 지급으로 작성한다.

(11) 불가항력 : 매도인은 불가항력으로 인한 선적지연에 대하여 책임을 지지 않는다. 불가항력에는 동원, 전쟁, 파업, 폭동, 적대행위, 봉쇄, 선박의 징발, 수출금지, 화재, 홍수, 지진, 폭풍우 및 그 밖에 지정기일까지 선적을 불가능하게 하는 우발적인 사고를 포함한다. 이상과 같은 사유가 발생한 경우에는 매도인은 그와 같은 사유의 발생이나 존재를 증명하는 서류를 지체 없이 매수인에게 송부한다.

(12) 선적지연 : 제11조에 열거한 모든 불가항력인 경우에는 선적기일이 21일간 연장된다. 연장된 선적기일까지도 제11조의 사유가 계속되거나 또는 그 결과로서 선적이 불가능할 경우에 매수인은 선적지연을 허락하거나 또는 전보로 매도인에게 취소통지를 함으로써 주문을 취소할 수 있는 선택권을 가진다.

(13) 손해배상청구 : 손해배상청구는 상품이 목적지에 도착한 후 14일 이내에 타전한다. 그리고 지체 없이 신용 있는 감정인의 증명서를 우송한다.

(14) 중재 : 매매당사자간에 원만한 해결이 되지 않는 모든 클레임은 대한민국 서울시에서 대한상사중 재원의 상사중재규칙 및 대한민국 법에 따라 중재에 의하여 최종적으로 해결한다. 중재인의 판 정은 최종적인 것으로 당사자 쌍방에 대하여 구속력을 가진다.

(15) 거래조건 : 별도로 정한 경우를 제외하고는 이 계약의 거래조건은 최근 Incoterms 2010에 준거 한다.

(16) 준거법 : 본 계약의 유효성, 성립 및 이행에 관한 준거법은 UN국제물품매매법협약(CISG)에 준거 된다.

본 협정서는 2011년 5월 5일부터 유효하다.

ABC 무역상사   한국무역(주)
(서명)   (서명)

마지막으로 전시회 종료 후, 참가성과 분석이 미흡하다. 참가전시회 성과가 기대에 못 미쳤다면 그 원인은 무엇이고 개선방안은 무엇인지에 대해 자체토론을 거쳐 기록으로 남겨야 한다. 그래야 후배 기수들이 선배 기수들의 실수를 되풀이 하지 않을 것이고 개선을 거쳐 더 좋은 성과를 기대할 수 있을 것이다. 아울러 성공사례도 발굴하여 그 요인이 무엇이었는지를 기록으로 남기도록 한다.

그림 4   GTEP 참가대학의 해외전시회 성과 관련 기사

인하대 GTEP, 중소기업 수출지원 결실
'싱가포르 뷰티아시아' 참가 540건 · 200만달러 상담 실적

 인하대학교 지역특화청년 무역전문가 양성사업단(GTEP)이 한국 뷰티 중소기업의 동아시아 진출을 도왔다. 인하대 GTEP는 최근 '싱가포르 뷰티 아시아 2016(Beauty Asia 2016)' 전시회에 참가해 바이어 상담 540건 등 200만 달러 상당의 수출상담 실적을 올렸다고 1일 밝혔다. 인하대 GTEP는 전시회 전 국내 뷰티업체인 라펜, 에스테르 코스메틱, 퍼퓸라이퍼 등 27개 중소기업과 산학협력을 체결하고 싱가포르 현지 사정에 맞는 사전시장조사와 제품 분석을 진행하는 등 전시회를 준비했다. 특히 지속적으로 SNS와 인터넷 마케팅을 펼친 결과 전시회 참가 전 100여 명의 바이어 발굴과 수출 상담 50건을 달성했다. 전시회 현장에서는 무역 전반 업무를 담당하며 외국인 바이어 등을 응대해 좋은 반응을 얻었고, 샘플로 준비한 뷰티 제품을 모두 판매하는 성과를 올렸다. 인하대 GTEP

김학용씨(국제통학학과·3년)는 "내수기업이 수출 시장에 진출할 수 있도록 돕는 것이 무역 1조 달러를 달성할 수 있는 돌파구라고 생각한다"며 당찬 자신감을 보였다. 한편, 인하대는 10년 동안 GTEP를 운영하고 있으며, 전국 GTEP 24개 대학 중 최고의 취업률을 기록하고 있다.

한남대 GTEP사업단, 해외 수출상담 실적 '150만달러'

한남대는 교내 지역특화청년무역전문가 양성사업단(이하 GTEP사업단)이 지난 4일부터 나흘간 베트남 호치민시에서 열린 '2015년 베트남 한국유통상품전'에 참가해 150만달러 이상의 수출상담 실적을 올렸다고 9일 밝혔다. GTEP사업단은 ▲맥스웨이브(충전기) ▲에코바이오(화장품) ▲스킨리더(화장품) ▲대덕랩코(화장품) ▲더에스(액션캠) ▲페인트팜(스크린페인트) ▲비가림(차양막) ▲세레코(화장품) 등 8개 협력사 제품으로 전시회에 참여했다. 특히 전시회 전 GTEP사업단 소속 학생들은 사전 바이어 접촉과 현장을 방문한 소비자를 대상으로 한 마켓테스트 등을 도맡으며 수출 상담 실적을 주도했다. 이를 위해 GTEP사업단은 전시회가 열리기 두 달 전부터 아이템을 선정하고 부스 운영계획, 물품 배송, 현지 마케팅 구상, 바이어 접촉 등 전 과정을 기획·실행해 왔다. 이 과정에서 페인트팜과 비가림 제품은 현지 바이어들로부터 호평을 받으며 선풍적 인기몰이를 했고 기업 '퓨쳐테크'와 현장 상담을 통해 긍정적 반응을 보인 'KTH'와는 현지 판매 대리점 계약을 체결하는 성과를 거뒀다.

무역현장마케팅실습을 위한
단위사업 수행요령

1 해외전시회

(1) 해외전시회의 장·단점

해외전시회 참가는 수출시장 개척을 위한 많은 해외마케팅 수단 중 가장 효과적인 수단으로 알려져 있다. 짧은 시간에 한 장소에서 많은 바이어들과 상담할 수 있으며 다양한 시장정보를 수집할 수 있고 인적 네트워크도 강화할 수 있기 때문이다. 이런 이유로 우리나라뿐 아니라 세계 각국은 자국 기업의 수출진흥을 위해 해외전시사업을 적극 지원하고 있다. 특히, 정부 보조금 지급과 불공정한 무역거래를 엄격히 규제하고 있는 WTO 체제하에서도 중앙 및 지방정부의 해외전시회 지원은 허용되고 있다. 실제 해외전시회에 나가보면 선후진국을 막론하고 많은 국가들이 국가관을 구성하여 대거 참가하고 있으며 특히 미국이나 중국과 같이 규모가 큰 국가에서는 중앙정부보다는 주(州)나 성(省)단위로 단체관을 구성하여 참가하기도 한다.

해외전시회 참가가 기업들에게 가져다주는 혜택을 살펴보면 우선 해외전시회는 기업들에게 구매 촉진의 기회를 제공한다. 대부분의 기업들은 전시회를 통해 기존 바이어로부터 추가 오더를 받고 신규 바이어들을 발굴할 목적으로 전시회에 참가한다. 코트라 조사에 의하면 국내 중소기업들은 해외전시회 1회 참가 시 평균 50

명 내외의 바이어들과 상담하며 1~5건 가량의 거래가 이어지는 것으로 나타났다.

또한 해외전시회는 신제품, 신기술을 소개하고 시장반응을 테스트할 수 있는 기회를 제공한다. 실제 삼성전자나 LG전자는 매년 세계적인 가전제품 전시회인 라스베가스 가전제품박람회(CES)와 바르셀로나 모발월드콩그레스(MWC)에 대규모로 참가하여 많은 참관객들의 기대를 모으며 신제품을 선보이고 있다. 아울러 자사의 CEO나 고위 임원들을 파견하여 현지에서 영향력 있는 비즈니스맨들과 네트워킹 및 협력의 기회를 모색하기도 한다. 일반 중소기업들도 해외전시회 참가를 통해 최신 시장정보를 입수할 수 있다. 많은 기업들이 신제품을 전시하기 때문에 신제품 동향, 경쟁기업들의 마케팅 전략 등을 파악할 수 있고 많은 바이어들과 상담하는 과정에서 바이어들의 생각 및 시장 흐름을 접하게 되며 또한 부대행사로 개최되는 각종 세미나 참석을 통해서도 시장정보를 얻을 수 있다. 이와 함께 자연스레 자사 제품에 대한 경쟁력도 함께 파악할 수 있게 된다.

그림 1 해외전시회는 가장 효과적인 마케팅수단이다.

해외 유명전시회에는 세계 각국으로부터 영향력 있는 유력 바이어들이 대거 참가할 뿐 아니라 많은 일반인들도 찾아오므로 전시회 참가를 통해 기업 브랜드를 강화하고 이미지를 집중적으로 홍보할 수 있다. 예를 들어 모터쇼의 경우, 수십만 명에서 적어도 수만 명의 참관객들이 몰려들기 때문에 많은 자동차 제조업체들이 모터쇼 참가를 통해 신차를 선보이고 자사 브랜드를 널리 알리고 있다. 전시회를 통한 홍보는 인쇄매체나 방송에 비해 비용도 상대적으로 적게 들 뿐 아니라 홍보 효과도 훨씬 큰 것으로 조사되고 있다.

대기업들뿐 아니라 중소기업들도 유명 해외전시회에 참가함으로써 언론을 상대로 홍보 기회를 잡을 수 있으며 이러한 언론 홍보는 추후 바이어와의 상담에 적극 활용할 수도 있다. 이외 많은 기업들은 해외전시회를 통해 직원들의 경험을 축적시키고 마케팅 능력을 함양시키기 위한 교육 훈련 차원에서 참가하기도 한다. 아울러 비록 전시회 참가가 기업 사정상 어렵더라도 그동안 꾸준히 참가해 온 전시회에 불참하게 되면 기존 거래선이나 경쟁기업들로부터 부정적인 평가를 받을 수 있다는 우려를 불식시키기 위해 꾸준히 참가하는 기업들도 있다. 또한 지금까지 참가해 온 전시회에 어떤 이유로 불참한 후 나중 다시 참가할 경우, 지금까지의 좋은 부스 위치에서 불리한 위치로 배정받을 수도 있기 때문에 기업들의 전시회 불참을 주저하게 만들기도 한다.

이와 같은 다양한 장점에도 불구하고 해외전시회는 다른 해외마케팅수단에 비해 많은 비용을 투입해야 한다는 점에서 중소기업들에게는 큰 부담이 되고 있다. 미국이나 유럽에서 개최되는 전시회는 참가비도 매우 비쌀 뿐만 아니라 유명 전시회 개최기간 중에는 항공임과 호텔비가 천정부지로 오르고 전시품을 선박이나 항공편으로 운송해야 하는 등 부대비용도 많이 든다는 단점이 있다. 또한 인기있는 해외전시회의 경우, 치열한 경쟁률 때문에 부스 배정을 받지 못해 참가를 포기할 수밖에 없는 경우도 있고 원하는 위치 또는 원하는 만큼의 부스 배정이 어려울 수도 있다. 이밖에 해외전시회에 참가하기 위해서는 많은 시간과 인력 투입이 요구된다. 다른 마케팅 수단과는 달리 해외전시회 참가를 위해서는 최소 1년 전부터 준비해야 하며 매번 참가 시마다 새로운 상품을 개발하여 출품하여야 바이어들의 관심을 끌 수 있다는 점도 참가기업들에게 부담으로 작용된다.

(2) 해외전시회 참가 준비

UFI 통계에 따르면 전 세계에서 연간 3만천여건의 전시회가 개최되고 있는 것으로 나타났다. 따라서 신규 전시회를 찾고 있는 기업들은 이 많은 전시회 중 어느 전시회를 참가해야 좋은 성과를 올릴 수 있을지 고민이 되지 않을 수 없다. 물론 코트라가 관리하고 있는 전시포탈 사이트인 GEP(www.gep.or.kr)을 방문하면 코트라 해외무역관이 발굴한 유망전시회와 중앙정부 및 지자체에서 참가 예정인 해외전시회 관련 정보를 검색할 수 있다. 그러나 개별기업이 단체참가가 아닌 자체적으로 전시회를 선정하여 참가하려 한다면 해당 전시회가 자사의 전시회 참가목적과 목표에 부합되는지를 살펴야 한다. 수출을 목적으로 참가하는 전시회의 경우, 아무리 참관객이 많다 하더라도 참관객 대부분이 전문바이어가 아닌 일반인들이라면 큰 성과를 기대할 수 없기 때문이다. 또한 개최국 이외 해외에서 얼마나 많은 참가업체와 참관 객들이 오는지도 파악해야 한다. 이러한 데이터는 해당 전시회의 국제화 정도를 설명해 주기 때문이다.

어떤 전시회에 참가할 것인가 못지않게 중요한 것이 어떤 제품을 갖고 나갈 것이냐를 결정하는 것이다. 전시회에 꾸준히 참가한다 하더라도 매년 똑같은 제품을 출품한다면 바이어들의 큰 주목을 받을 수 없다. 무엇보다도 제품의 품질, 가격, 디자인, 기술 개발, 아이디어 면에서 경쟁력을 갖추어야 하며 매년 이들 분야에서 업그레이드된 제품을 출품하여야 한다.

해외전시회에 참가하더라도 바이어가 자사 부스로 찾아오기를 기다리기보다는 사전 마케팅 활동이 반드시 필요하다. 기존 거래하고 있는 바이어에게 가장 먼저 전시회 참가 사실을 알리고 약속 시간을 잡는다. 그리고 참가기업이 이미 확보하고 있는 바이어 명단—특히 종전 전시회에서 만났던 바이어—도 활용하며 부족할 경우에는 해당 전시회에 종전 참가했거나 이번에 참가하는 업체들을 대상으로 사전 마케팅 활동을 전개한다. 이들 명단은 전시회 홈페이지에서 검색하거나 주최자가 종전 발간했던 참가업체 디렉토리에서 얻을 수 있다. 흔히들 전시회 참가기업들을 경쟁상대로만 인식하는 경우가 많은데 참가업체들 중에는 다른 공급업체로부터 상품을 조달받아 전시회에 나오는 업체들도 많이 있다. 즉, 참가업체들이 모두 제조업체는 아니다. 설사 제조업체라 하더라도 부품을 외부로부터 조달받아 생산하는 기업들도 많이 있으므로 이들과 상담하다 보면 의외로 협업의 길이 열릴 수도 있다. 따라서 전시회에 참가하기 전, 이들 업체들을 대상으로 전시회 기간 중 미팅을 하자는 초청장을 보낸다면 어느 바이어들보다 쉽게 현장에서 상담할 수 있는 기회가 주어질 가능성이 높다.

또는 코트라에 해외시장조사를 의뢰하여 바이어 명단을 제공받을 수도 있다. 이외 현지 조합, 협회 및 비즈니스 관련 단체 회원명부, 각종 발간자료 등을 통해서도 잠재 바이어 명단을 확보할 수 있다. 다만, 종전 해당 전시회를 참관했던 방문자 정보는 가장 우수한 정보가 될 수 있겠지만 대부분의 전시주최자들은 이를 공개를 하지 않기 때문에 입수는 거의 불가능하다.

바이어 명단이 확보되면 이메일로 초청장을 발송하는데 이메일에는 전시회 개요, 회사소개 및 연락처, 참가 시 부스 방문 요청, 출품 예정 전시품 소개, 거래희망

의사와 부스 위치 그리고 방문 시 혜택 등이 포함되어야 한다. 이러한 이메일은 전시회 개최 2~3개월 전에 발송한 후, 회신이 없으면 2~3주 후에 재발송하는 것이 바람직하다. 특히, 관심을 표명한 바이어에게는 출품 제품에 대한 구체적인 정보를 송부한 후, 부스에서의 상담을 약속한다. 초청장은 현재 고객, 미래 타깃 고객, VIP 예상 고객 및 전년 전시회 참가 고객 등으로 구분하여 작성하되 전시회 무료 입장권을 동봉하거나 방문 기념품을 증정하는 등 인센티브를 제시하면 더 큰 효과를 기대할 수 있다. 그리고 전시회 기간 중 초청장을 받고 참관하는 방문객 숫자를 별도 파악해 둔다.

이 밖에 전시회 공식 디렉토리에 광고를 게재하거나 전시장 옥내·외 배너 광고, 현지 신문 및 산업관련 잡지 광고 및 보도자료 배포, 대기업들이 자주 활용하는 대규모 리셉션 개최 등도 좋은 사전 마케팅 수단이 될 수 있다. 특히, 전시회 기간 중 흔하지는 않지만 국내외 언론과 인터뷰 기회가 주어진다면 적극적으로 응한다. 비록 국내 언론에 보도된 자사 관련 기사라도 훗날 외국 바이어들에게 보여준다면 좋은 마케팅 자료로 활용할 수 있기 때문이다. 아울러 최근에는 해외전시회 참가기업들을 위해 사전마케팅을 대행해주는 기업들도 생겨나고 있으므로 이들 대행사를 이용하는 것도 바람직하다.

(3) 해외전시회 현장활동

통상 전시회 개최기간은 3~4일이며 하루 8시간 내외로 개장한다. 따라서 전시회에서 의자에 앉아 1시간 정도 상담할 수 있는 바이어는 하루에 많아야 6~7명 정도이다. 전시장 부스 내에서 짧은 시간 동안 효과적인 상담을 하기 위해 해야 할 행동과 삼가야 할 행동을 구분하여 나열하자면 다음과 같다.

우선 전시회 참가 시 해야 할 행동을 보면 ▲ 항상 부스를 찾아오는 바이어에게 친절하고 웃는 낯으로 대한다. 좋은 인상은 좋은 전시품만큼이나 중요하다. 바이어가 들어오면 바로 응대할 수 있는 적극적인 자세를 취한다. ▲ 바이어와의 상담 일지를 꼼꼼하게 작성한다. 상세한 기록을 남기지 않으면 많은 바이어를 만나고 귀국하여 사후조치를 하려고 해도 누가 누구였고 어떤 이야기가 오고갔는지 기억할 수가 없다. ▲ 유력 바이어에게 증정할 판촉물 또는 기념품을 준비한다. 바이어도 전시장에서 여러 참가업체를 만나게 되는데 회사명이 새겨진 간단한 기념품(주로 우리나라 전통공예품)을 받게 되면 기념품을 준 회사를 오래 기억할 수 있을 것이다. ▲ 바이어 접대용 다과를 준비한다. 우리나라 전통과자나 차와 같은 접대용 다과는 상담을 훨씬 부드럽게 만들어 준다. ▲ 시간을 내어 경쟁사의 제품 정보를 최대한 수집한다. 전시회 참가 목적은 단순히 상담만을 위함이 아니다. 시장 트렌드나 경쟁사들의 전시기법 등을 파악할 수 있는 절호의 기회로 활용해야 한다.

　　▲ 전시회 개최시간을 준수한다. 이미 개장이 되었는데 전시 부스에 늦게 나온다든가 아직 끝나지 않았는데 부스에서 조기 퇴거하는 일이 없도록 한다. ▲ 통역에게 전시품에 대한 정보를 제공하고 사전 교육한다. 통역은 전시품에 대한 전문가도 아니고 비즈니스에 통달하지 않을 수도 있다. 따라서 전시품에 대한 특징, 용어, 상담 시 주안점 등 상담에 필요한 지식을 갖추도록 미리 교육해야 한다. ▲ 전시회 기간 중 부스로 출근하면 전시품을 정리하고 주변을 청소한다. 전시회 기간 중 많은 참관객들이 부스로 들어오다 보면 전시품이나 홍보자료가 흐트러져 있을 수도 있고 부스 안이 지저분해 질 수 있다. 항상 부스 안을 청결하게 유지한다. ▲ 복장은 정장을 하고 면도, 두발 상태 등 외모를 확인한다. 전시회 출장자는 참가업체의 얼굴이다. 깔끔한 인상은 신뢰구축에 많은 도움이 된다. ▲ 입장 배지 및 신분증은 항시 소지한다. 많은 전시회들이 최근 지구촌 곳곳에서의 테러 발생으로 인해 전시회 출입자들을 엄격히 통제하고 있다. 입장 배지가 없으면 출입을 불허한다. ▲ 전시장 내 분실사고를 당하지 않도록 유의한다. 전시장에는 소매치기와 좀도둑이 많으므로 전시장, 호텔 및 식당에서 항상 소지품 관리에 유의하여야 한다. 귀중한 샘플, 여권, 지갑 등은 잠금장치가 있는 장소에 보관하는 등 안전에 주의하여야 한다. 전시장내 분실사고는 선진국이라고 해서 예외가 아니다. ▲ 내일의 상담을 위해 가능한 일찌감치 잠자리에 든다. 시차 적응도 되지 않은 상태에서 긴장의 끈을 놓치지 않고 계속 상담한다는 것은 매우 피곤한 일이다. 따라서 좋은 컨디션을 유지해야 상담에 열중할 수 있으며 이를 위해 충분한 휴식과 숙면이 요구된다.

　　반면, 전시회에서 삼가해야 할 행동을 열거하면 ▲ 부스에서 식사하지 않는다. 특히 부스에서 도시락이나 컵라면을 먹게 되면 강한 음식냄새로 바이어들에게 불쾌감을 줄 수 있다. 이는 국가관의 이미지와 다른 참가기업의 상담에 많은 피해를 줄 수 있으므로 자제해야 한다. 식사는 카페테리아 등 식당을 이용한다. ▲ 부스를 비우지 않는다. 부득이 부스를 비울 때에는 통역, 코트라 직원 또는 인접부스 참가자에게 언제 돌아온다는 말을 반드시 남기도록 한다. ▲ 바이어가 안 와도 무료한 표정을 짓거나 졸지 않는다. 딱딱한 표정은 바이어들이 부스로 들어오고 싶은 마음을 가시게 만들 수도 있다. ▲ 부스 밖 통로에 전시품을 전시하지 않는다. 전시장 복도는 좁은 편인데 여기에 전시품이나 홍보대를 설치하는 것은 참가규정에 위배되어 제재를 받게 된다. 특히 비상구는 반드시 비워두어야 한다.

　　▲ 구매 의사가 없는 바이어로 속단하고 무시하지 않는다. 이번은 아니더라도 미래의 고객이 될 수도 있기 때문이다. ▲ 지키지 못할 약속이라면 하지 않는다. 상담 중 이것저것 약속하고서는 귀국 후 아무런 조치도 취하지 않는 행위는 신뢰구축에 치명적인 악영향을 미치게 된다. 따라서 상담 중 꼭 실행할 수 있는 것만 약속하도록 한다. ▲ 호객 행위나 직매 행위를 하지 않는다. 대부분의 전시회에서는 직매를 허용하지 않고 있으나 전시품의 직매 행위에 관하여 전시주최자마다 다를 수 있으니 사전 확인이 필요하다. ▲ 자사 부스 이외 장소에서 프로모션을 하지 않는다. 부스로 바이어의 방문을 유도하기 위한 목적으로 전시장내을 돌아다니거나 또는 공공장소에서 홍보물을 배포하지 않는다. ▲ 전시회 기간 중에는 음주하지 않는다. 극소수지만 일부 참가사들 중에는 전일 음주로 인해 술 냄새를 풍기며 상담에 임하는 경우도 있었다. 항상 상쾌한 분위기에서 상담에 임하도록 한다. ▲ 단체로 전시회에 참가하는 경우, 지나친 개별 행동은 하지 않는다. 지나친 개별 행동으로 같이 참가하는 타업체들에게 부담을 주어서는 안 된다.

　　많은 비용과 시간, 인력을 투입해서 참가하는 전시회인 만큼 국제 비즈니스맨으로서 품격 있는 행동을 하는 것이 참가성과를 높이는 중요한 요인이라는 점을 항상 명심한다.

(4) 해외전시회 성과극대화 방안

　　해외전시회에 참가하기 위해서는 오래 전부터 준비를 해야 하고 아무리 외부로부터 예산 일부를 지원받는다 하더라도 적게는 수백만 원부터 많게는 수천만 원까지 자체부담을 해야 하기 때문에 선뜻 해외전시회 참가 결정을 주저하는 국내 중소기업들도 많이 있다. 더구나 외부자금 지원 없이 필요예산의 100%를 모두 자체 부담해야 한다면 더욱 고민스러워진다.

　　많은 예산과 시간 그리고 인력을 투입하여 참가하는 해외전시회에서 소기의 성과를 거두기 위한 노하우는 무엇일까? 해외전시회 참가 성과극대화를 위한 10계명을 제시하면 다음과 같다. ① 우선 목적에 맞는 전시회를 찾아야 한다. 전 세계에서 연간 3만 천여 건의 전시회가 개최되고 있다. 개최장소, 시기, 품목, 전시회 성격 등을 면밀히 검토하여 참가할 전시회를 선정하되 필요 시 참가신청 전, 참관을 통해 직접 눈으로 확인해보거나 적어도 이전에 참가했던 동종업체 또는 코트라 해외무역 관을 통해 관련 정보를 최대한 수집한다. ② 참가하기로 결정하였다면 조기 신청한 다. 조기 신청함으로써 참가비 할인 혜택과 부스 배정에서 우선권을 받을 수 있기 때문이다. ③ 외부기관의 재정지원을 최대한 활용한다. 중앙정부나 지자체, 코트라와 같은 수출지원기관에서는 많은 예산 및 해외마케팅 활동을 지원하고 있다. 단체 참가 전시회로 지원할 것인지 개별참가 전시회로 지원할 것인지를 결정한 후, 지 원신청기한을 염두에 두고 제출할 서류를 미리 준비해 둔다. 또한 각 파견기관별 신청업체 선정기준을 미리 파악하여 심사에서 높은 점수를 받을 수 있도록 요건을 갖추어둔다.

④ 참가업체 매뉴얼을 꼼꼼히 숙지한다. 전시품 운송과 반입/반출, 디렉토리 원 고 제출, 기타 서비스 신청 및 호텔 예약 등 주최 측이 제공하는 전시회 참가에 필 요한 정보를 세세히 살핀다. 참가업체 매뉴얼은 해당 전시회 홈페이지에 등재되기 도 하고 우편(이메일 포함)으로 발송되기도 한다. ⑤ 사전 마케팅 활동에 최대의 역량 을 투입한다. 아무리 많은 바이어들이 방문하는 전시회라도 사전 마케팅 활동은 반 드시 필요하다. 바이어 정보를 최대한 입수하여 바이어들을 상대로 사전 마케팅 활 동에 혼신을 쏟아야 한다. ⑥ 전시회 개최 지역의 상관습과 시장 상황을 알고 전시품 을 준비한다. 코트라 해외시장뉴스 사이트(http://news.kotra.or.kr)를 방문하거나 시중 에서 관련 도서를 구입하여 이들 정보를 사전 숙지한다.

⑦ 예기치 않은 상황에 항상 대비한다. 전시품 미도착, 통관 불허 및 지연, 전시 품 고장, 파손, 도난 등에 대비하여 전시품에 대한 대비책을 마련하고(예 : 카탈로그, 상품설명서, 샘플, 동영상 USB 등 상담 자료를 별도 휴대한다.) 예상 밖의 예산 집행 가능 성에 대비하여 예비비도 별도 책정한다. ⑧ 전시주최자가 제시한 규정을 준수한다. 금지품목 반입, 불법 직매, 디자인 및 상표 침해 행위, 경우에 따라 허락되지 않는 전시장 내에서의 사진 촬영, 호객 행위, 전시회 종료 후 폐기물을 부스에 그대로 놔 두고 떠나는 행위 등 전시주최자가 금지하는 행위는 절대하지 않는다. ⑨ 눈높이를 낮춘다. 지나치게 높은 목표 책정은 오히려 역효과가 날 수 있다. 성과가 기대보다 못했다고 하여 바로 포기하지 말고 극단적인 경우가 아닌 한 전시회는 최소 3번은 연속 참가하는 것이 바람직하다. 그리고 성과가 기대에 미치지 못했다면 그 원인을 파악하고 보완하여 차기 전시회를 준비한다. ⑩ 전시회가 끝나면 그때부터 본격적인

시작이다. 전시회에서 모든 거래행위가 끝나는 것이 아니다. 전시회를 마치고 돌아와 얼마나 사후관리를 철저하게 하느냐가 전시회 성과 승패를 좌우한다.

　　해외전시회는 가장 효과적인 마케팅 수단이라는 사실은 다수 해외 전시전문기관의 연구뿐 아니라 국내 수출기업들 대상 설문에서도 항상 명확하게 드러나고 있다. 철저한 준비와 성과분석 그리고 사후관리야말로 해외전시회 참가를 성공으로 이끄는 지름길이라는 점을 명심한다.

그림 2　지속적인 전시회 참가를 강조하는 인터뷰 기사

홀5F의 아시아관에서 단연 돋보이는 관은 한국관으로 페어기간동안 참관객이 몰렸지만, 몇몇 업체에만 몰리는 '부익부 빈익빈' 현상이 유독 심화됐다. 한국관에 참가한 한 업체 대표는 "**지속적으로 홍콩 주얼리페어에 참가하는 이유는 단골 고객들과의 미팅도 한 몫한다**"며 "**단골 고객의 관리를 잘 해나가면서 소수일지라도 신규 바이어의 만남을 효과적으로 엮어나간다면, 참관객이 몰리든 몰리지 않든 그건 중요하지 않다**"고 강조했다. 한국관을 찾은 한 바이어는 "한국관이 마운팅, 완제품, 실버 등 각 업체별로 특색있게 구색을 맞춰나간다"면서 "좀 더 공격적으로 한국관을 홍보하고 어필해 간다면 홍콩주얼리페어에서 큰 효과를 거둘 것"이라고 전했다.

[출처] 주얼리신문, '부익부 빈익빈' 심화된 2014년 9월 홍콩주얼리쇼.

2　무역사절단

(1) 무역사절단의 특성

　　무역사절단[1]은 개별 해외비즈니스 출장과는 달리 여러 기업들이 목표로 하는 해외시장을 단체 방문하여 사전에 정해진 일정에 따라 바이어들과 단체 및 개별 상담을 통해 성과를 창출하는 프로그램이다. 보통 조합이나 협회 등 수출 유관기관에서 회원사 위주로 사절단을 구성하여 코트라 지원을 받아 파견하기도 하고 지자체가 예산을 부담하면서 코트라 지방지원단 및 중소기업진흥공단에 관내 기업들을 모집토록 요청하고 코트라에 바이어 상담 주선을 의뢰하기도 한다. 종전 무역사절단은 4~5개국을 방문하는 관계로 출장기간이 2~3주가 넘는 경우도 있었으나 최근에는 2~3개국을 방문하고 파견 기간은 1주에서 10일 정도가 가장 많으며 통상 10개

1　무역사절단은 파견기관에 따라 「시장개척단」이라고도 부른다.

사 내외가 참가한다. 한 지역에 보통 2박 3일 내지 3박 4일 정도 체류하면서 하루는 단체상담, 남은 기간은 개별상담이나 시장조사, 기관방문 등의 일정으로 진행된다.

무역사절단은 현재 내수만 하고 있으나 품질과 가격 등에 자신이 있는 내수기업, 신규로 개발한 제품을 해외시장에서 평가받고 싶은 벤처중소기업, 무역실무나 외국어(영어) 등에 자신이 없지만 수출하고자 하는 중소기업, 시장개척을 위해 방문하고 싶으나 워낙 험지2라서 개별 출장을 꺼리는 기업, 단독 해외 출장비용이 부담되는 중소기업 그리고 글로벌 시장에 승부수를 던지고 싶은 수출 초보기업 등이 주로 참가하고 있다.

표 1 코트라 무역사절단 파견 기관별 연도별 실적

파견기관	코트라	지자체	유관기관	총파견횟수
2011년	53회 (1,012개사)	104회 (860개사)	56회 (554개사)	213회 (2,426개사)
2012년	63회 (1,231개사)	114회 (950개사)	56회 (492개사)	233회 (2,673개사)
2013년	57회 (996개사)	117회 (1,026개사)	62회 (551개사)	236회 (2,573개사)
2014년	52회 (854개사)	106회 (932개사)	68회 (643개사)	226회 (2,429개사)
2015년	59회 (1,373개사)	116회 (1,013개사)	52회 (471개사)	227회 (2,857개사)
2016년	50회	124회	54회	228회

* 주요 유관기관은 경기중기종합지원센터, 중소기업중앙회, 인천경제통상진흥원 등임.

무역사절단은 파견기관에서 현지 상담주선 이외에 항공편, 호텔, 통역, 현지교통편 및 기관방문까지 준비해주기 때문에 참가기업들은 상담준비에만 전념하면 된다. 더구나 대부분의 무역사절단은 파견(지원)기관에서 상담장 임차료, 현지교통편 등과 같은 공통경비뿐 아니라 일부 지자체는 통역비 및 출장자 항공임까지 부분 지원해주기 때문에 참가기업들은 예산을 절감할 수 있다는 장점이 있다. 특히 단체파견 시에는 항공임, 호텔비 등에서도 할인 혜택을 받을 수도 있다. 그러나 단체로 움직이다 보니 개별 활동에 제약을 받게 되며 통상 3개 지역을 방문하는데 그중에는 참가기업 제품의 시장성이 좋지 않은 지역도 있을 수 있으며 경우에 따라서는 경쟁

---

2 아프리카와 같은 오지국가나 치안 불안국가, 개별비자 획득이 어려운 국가, 기업 자체적으로 바이어 발굴이 어렵고 방문하더라도 바이어를 일일이 찾아가 상담하기 어려운 국가 등이 이에 해당한다.

사들과 같이 참여할 수도 있다.

일반적으로 선진국보다는 후진국이나 신흥미개척시장으로 파견되는 무역사절단에 참가하는 것이 바람직하다. 미국이나 유럽과 같은 지역에서는 한국에서 무역사절단이 방문한다고 해서 유력 바이어들이 상담장으로 몰려들지 않는다. 특히 뉴욕과 같은 큰 도시에서는 호텔 상담장에서 단체 상담으로 이루어지기보다는 참가기업들이 약속된 바이어들을 일일이 개별적으로 찾아가 상담하는 형식으로 이루어질 수도 있다. 후진국에서는 선진국보다 바이어들의 반응이 좋으나 약속을 하고도 실제 상담장에 나타나지 않는 바이어들도 다수 있다는 점에 유의해야 한다.

단체상담 시 상담은 오전 9~10시부터 시작되어 오후 5시 전후해서 종료된다. 상담 약속 건수는 품목과 지역에 따라 상이하나 통상 4~5건 정도가 주선되며 많으면 매 시간마다 상담 약속이 정해질 수도 있다. 상담이 길어지면 다음 바이어와의 약속이 지연될 수 있으므로 당초 일정대로 상담하고 추가 상담이 필요하면 다음날 개별적으로 만나 상담한다.

(2) 무역사절단 참가 시 유의사항

코트라에서는 지자체, 유관기관 및 무역관 등과 협의하여 연간파견일정을 코트라 홈페이지에 등재하고 있다. 또한 파견 지자체(주관처)에서도 개별 모집을 한다. 따라서 참가 희망기업들은 무역사절단 참가 신청 전에 방문할 국가들이 자사 품목의 유망 수출지역인지를 먼저 살펴봐야 한다. 코트라의 경우, 파견 전에 해당무역관으로부터 참가신청기업들 제품의 시장성을 검토받은 후 파견기업들을 선정한다. 3개 국가를 방문한다고 할 때 적어도 2개 이상의 국가에서 시장성이 있는 것으로 검토되는 경우에만 참가토록 한다. 무역사절단 참가를 통해 처음 방문하는 국가라면 그곳에서 오더를 받으면 좋겠지만 당장의 오더가 없더라도 그 시장을 파악하고 우리 회사의 명함을 뿌릴 수 있는 기회가 되었다는 점에서 의의를 찾도록 하고 너무 조바심을 내거나 과잉 기대를 하지 않도록 한다.

그림 3 코트라 무역사절단 진행절차

기업들은 참가신청을 한 후, 해당 무역관에서 정확한 바이어들을 물색하여 상담 주선을 할 수 있도록 자사 이메일 및 홈페이지 주소, 제품 카탈로그, 상품설명서 등을 무역관에 제공한다. 대부분의 무역관에서는 상담 전에 현지에서 만날 바이어 명단을 보내주므로 출국 전, 각 바이어들에게 자사 소개와 함께 약속시간에 상담장에서 만나자는 이메일이나 팩스를 발송토록 한다. 아울러 배정된 한국인(또는 현지인) 통역에게도 사전에 상담 품목 관련 정보를 제공하여 통역원이 상품을 제대로 이해하고 통역에 임할 수 있도록 한다. 특히 통역에게는 상담 예정품목의 특성과 장점, 제품 관련 전문용어 그리고 상담 시 강조해야 할 사항 등을 미리 알려줘 준비토록 한다. 상담장에서 필요한 물품(예 : 디지털카메라방수케이스를 수출상품으로 갖고 올 경우 시연을 위해 어항이 필요하다)이 있다면 준비하도록 무역관에 미리 요청한다.

상담을 위해 충분한 샘플과 홍보 자료를 준비하되 과다한 샘플이나 고가 샘플을 휴대하는 경우에는 인보이스를 준비하고 해당 무역관에도 미리 알린다. 특히, 과다한 샘플을 갖고 가는 경우에는 여행용 가방 여러 개에 분산해서 휴대하도록 한다. 최근에는 많은 참가기업들이 제품과 자사를 소개하는 동영상을 휴대하기도 한다. 방문지에 도착하면 보통 호텔 체크인을 한 후, 무역관 주최로 사전간담회에 참석하게 되는데 이때 관장이나 관원으로부터 현지 상관습, 경제 및 시장동향 등에 대한 설명을 잘 듣고 숙지하도록 한다. 이때 무역관에서는 단체상담일정표를 참가기업들에게 배포한다. 상담 예정 건수가 많다고 항상 좋은 것은 아니다. 얼마나 가능성이 있는 바이어와 상담이 주선되어 있느냐가 오히려 더 중요하다고 할 수 있다. 현지 도착 당일에는 내일의 단체상담을 위해 일찍 잠자리에 들도록 한다.

그림 4 무역사절단 단체상담 및 현지무역인 오찬회

단체상담일에는 상담시작 1시간 전에 상담장으로 내려와 통역들과 인사한 후 상담준비를 한다. 샘플과 상담자료를 비치하고 노트북의 인터넷 연결 상태를 확인토록 한다. 통상 상담 건당 1시간 정도를 배정하여 상담일정이 수립되어 있으니 시간 내 상담을 완료하고 추가 상담이 필요한 경우에는 단체상담이 끝난 후 별도 상담을 갖도록 한다. 시간이 지났어도 약속된 바이어가 나타나지 않으면 무역관 직원에게 바이어가 오고 있는지 상담 약속이 취소되었는지 확인해줄 것을 요청한다. 자사 제품과 별 관계없는 바이어라고 판단되면 예의를 갖추면서 상담을 조기 종료토록 한다.

무역사절단 참가를 통해 많은 바이어들을 만나려고 하는 것보다는 가능성이 높은 바이어를 선택하여 집중하는 것이 더 효과적이다. 오더로 이어질 가능성이 높은 바이어는 가급적 별도 시간을 내서 추가로 만나도록 하되 가능하면 바이어 사무실(회사, 매장, 공장 등)에서 만나는 것이 바람직하다. 단체상담이 종료되면 파견기관에서 상담성과표 제출을 요청하게 된다. 당일 만난 바이어들 중 샘플오더를 받았거나 6개월 내 주문이 확실한 건에 대해서는 계약액에 기재토록 하고 계약이 확실하지 않지만 귀국 후 사후관리를 통해 1년 내 오더가 예상되는 건에 대해서는 상담액란에 예상금액을 적도록 한다.

단체상담 이후에는 참가기업들이 자체적으로 약속한 바이어 또는 단체상담에서 만났던 바이어들 중 추가 상담이 필요한 바이어들과 개별상담을 하거나 시장조사, 유통업체 및 수출 유관기관을 방문하는 일정으로 활동하게 된다.

(3) 무역사절단 성과극대화 방안

무역사절단 참가기업들도 파견 전에 해당지역의 시장정보를 최대한 수집하여 그 시장을 이해한 후 시장에 맞는 제품을 준비하여 전략적으로 상담에 임해야 한다. 해외전시회와는 달리 무역사절단 참가 시에는 샘플을 별도 발송하지 않고 직접 휴대해야 하기 때문에 충분한 샘플을 준비할 수 없다. 대표 상품만 휴대하도록 하고 가능하면 카탈로그, 도면, 동영상 등을 활용토록 한다. 현지에서 경쟁할 수 있는 제품을 갖고 오는 것이 상담 성과를 거양할 수 있는 1차 관건이라 할 수 있다. 무역관에서 아무리 좋은 바이어들을 발굴하여 상담을 주선해주어도 참가기업 제품의 경쟁력이 없거나 수출기업 측에서 무리한 요구를 하게 된다면 바이어가 주문을 기피하게 된다.

무역사절단은 개별 해외비즈니스출장과는 달리 기존에 알고 있는 바이어들과 상담하기보다는 무역관 소개로 바이어들과 처음 만나는 경우가 대부분이다. 그것도 1시간 내로 첫 상담을 마쳐야 하기 때문에 서로를 파악하기에는 너무 짧은 시간이다. 따라서 무역관이 얼마나 정확하게 적격 바이어들을 발굴하여 상담을 주선 해주느냐가 성과를 가름하는 2차 관건이 된다. 무역관의 담당직원들이 모든 품목을 다 알고 있는 것은 아니다. 특히 일반인들이 잘 모르는 전문품목을 갖고 무역사절단에 참가하는 기업들은 어느 부류의 바이어들이 관심을 갖고 이런 품목들의 수입을 원하는지 무역관에 사전 가이드를 제시해 준다면 무역관에서도 적격 바이어 발굴에 많은 도움이 될 것이다.

단체상담일 오전에 2~3명의 바이어들과 상담하다 보면 대충 그 지역 시장상황을 파악할 수 있게 되고 바이어들의 요구사항, 자사제품에 대한 바이어 평가들을 종합하여 오후에는 이들 정보를 토대로 보다 융통성 있게 상담을 하도록 한다. 바이어들 중 그 시장에 대해 잘 알고 있거나 성약 가능성이 높은 바이어들이 나타난다면 참가기업 측이 먼저 당일 저녁 또는 그 다음날 다시 만날 것을 제안한다. 당일 저녁에 만나기로 한다면 저녁식사까지 이어져 친해질 수 있는 기회를 갖는 것이 좋다. 특히 중동, 아프리카 또는 후발개도국 바이어들에게는 인간관계 형성이 비즈니스에 많은 도움을 주기 때문이다.

상담 시 교섭해야 할 사항이 있다면 바로 결정하여 답변 주지 말고 추가 상담에서 또는 귀국 후 결정해 알려주는 것이 좋으며 출장자가 대답할 수 없는 경우에는 본사 결정권자와 전화통화 후 답변하는 것도 바람직하다. 따라서 출장자는 한국과 시차가 있더라도 본사 결정권자와 항상 통화할 수 있는 체제를 갖추고 무역사절단에 참가토록 한다. 단체 상담일에 만났던 바이어들의 각 의견이 모두 옳다고는 할 수 없겠지만 공통적인 의견이 있다면 경청해서 상담 전략에 반영해야 한다. 자사 제품 가격이 너무 높다든가 최소주문량이 너무 많다든가 결제조건이 너무 경직되어 있다든가 등 바이어의 지적사항을 잘 파악하도록 한다. 오더 가능성이 현저히 낮은 바이어가 아닌 이상 약속된 바이어들과는 최선을 다해 상담을 하도록 하고 귀국 후, 진행상황을 봐가며 최종적으로 1~2명의 바이어로 압축해 나가도록 한다. 특히 코트라 파견 무역사절단에 참가하는 경우, 귀국 후에도 코트라의 사후 A/S 지원제도를 적극적으로 활용토록 하고 필요하다면 해당 무역관 지사화사업에 참여하여 전담직원으로부터 성약 될 때까지 집중적인 지원을 받도록 한다.

표 2 무역사절단 숙지사항
▪ 무역사절단 성과는 기본적으로 자사제품의 경쟁력에 달려있다는 점을 명심하라.
▪ 자사제품 시장성이 낮은 것으로 평가되는 지역으로 파견되는 무역사절단에는 참가하지 않는다.
▪ 가능한 선진국보다는 후진국, 미개척 신시장 위주로 참가한다.
▪ 방문국 무역관의 무역사절단 담당직원에게 자사제품을 확실하게 이해시켜 적격 바이어와 상담 주선할 수 있도록 한다.
▪ 방문국의 시장상황과 상관습을 미리 파악하고 참가한다.
▪ 방문국에 맞는 상품과 가격을 제시한다.
▪ 방문국당 1~2명의 바이어를 선택하여 집중 공략한다.
▪ 가능성이 높은 바이어는 체류기간 중 다시 한번 만난다.
▪ 성약가능성이 높은 바이어가 발굴되면 코트라 지사화 사업에 참여하여 무역관의 집중적인 후속지원을 받도록 한다.
▪ 통역 채용 시 통역요원에게 자사제품에 대해 확실하게 사전교육을 시킨다.

3 수출상담회

(1) 수출상담회의 장·단점

수출상담회란 한국 상품 수입을 희망하는 구매단 또는 개별 바이어들을 국내로 초청하여 국내기업들과의 1:1 수출 상담 기회를 제공하는 프로그램으로 모든 품목을 대상으로 대규모 해외 바이어들을 유치하는 「종합품목 수출상담회」와 전기전자

제품, 자동차부품 등 특정품목의 바이어로 국한하여 실시하는 「전문품목 수출상담회」, 중남미, 중국, 중동 등 해외 주요지역별로 유력 바이어들을 유치하는 「지역별 수출상담회」로 구분된다. 수출상담회는 코트라가 단독으로 개최하기도 하고 지자체나 유관기관 또는 전시주최자의 의뢰를 받아 개별행사로 또는 국내전시회와 병행하여 개최하기도 한다. 특히, 지자체가 코트라에 의뢰하여 개최하는 수출상담회의 경우에는 관내 기업에게만 참가 자격을 부여한다. 의뢰기관(주최 측)은 참가 바이어에 대해 차별적으로 항공임, 숙박비 등을 제공한다. 따라서 주최 측에서는 한정된 예산으로 바이어에게 이와 같은 참가 인센티브를 제공해야 하기 때문에 선별적으로 바이어들을 초정하는 경우가 대부분이다. 주최 측은 이 행사를 통해 전시장, 호텔 상담장 또는 실내체육관에 상담데스크를 설치하여 바이어와 국내 수출기업들이 약속된 시간에 만나 상담할 수 있는 기회를 제공한다. 따라서 수출상담회의 성과는 얼마나 구매력을 구비한 우량 바이어들을 유치하고 이들 바이어들에게 경쟁력을 갖춘 국내 적합 수출기업들을 소개해주느냐에 달려있다.

그림 5 종합품목 수출상담회인 Buy Korea와 성남 비즈니스 플라자

수출상담회는 우리나라 수출기업들이 많은 시간과 예산을 투입하여 해외로 나가 바이어를 상담하는 것이 아니라 바이어들을 우리나라로 초청하여 상담기회를 제공하는 프로그램이기 때문에 수출기업 입장에서는 복잡한 시장조사와 바이어 발굴에 들어가는 노력을 절감하고 시간과 예산을 절약하면서 국내에서 비교적 편안하게 상담할 수 있다는 장점이 있다. 물론 주최기관에서는 행사장 마련과 바이어 초청경비를 지출해야 하지만 많은 국내기업들에게 수출상담의 기회를 제공한다는 점에서 다른 사업에 비해 상대적으로 그다지 큰 비용이 드는 사업이 아니다. 또한 수출시장이 침체되어 국내 수출기업들의 사기가 떨어져 있을 때 대규모 수출상담회 개최는

시장분위기를 전환시킬 수 있는 계기가 될 수 있다.

이러한 장점에도 불구하고 요즘은 많이 개선되었지만 수출상담회에서 바이어와 국내수출기업간의 미스매칭(mismatching) 가능성(즉 바이어가 수입을 희망하는 품목과 관련성이 없거나 적은 국내수출기업과 상담주선이 될 가능성)과 국내기업간의 과당경쟁이 초래될 수 있다는 단점(즉 한 바이어를 두고 여러 국내기업이 서로 오더를 받기 위해 과당경쟁을 벌일 수 있는 가능성)이 있다. 또한 일반적으로 수출상담회 행사에는 선진국의 대형 바이어들보다는 후진국 바이어들이 주로 참가하며 특히 주최 측의 준비가 소홀하면 내실은 없고 외형적으로 전시성 행사로만 그칠 우려도 있다.

(2) 수출상담회 활용방안

최근 많은 지자체와 수출지원 유관기관들은 관내 기업 및 회원사들의 해외마케팅을 지원하기 위해 수출상담회 개최를 추진하고 있으며 이를 위해 코트라에게 바이어 유치를 의뢰하고 있다. 수출상담회 참가를 희망하는 국내기업들은 코트라 및 지자체 또는 유관기관 홈페이지에서 연간 사업계획을 확인한 후, 참가기업 모집기간 중 주최기관에 사업 참가 신청을 하면 된다. 수출상담회를 주최하는 측(주로 지자체)에서는 행사추진 일정에 따라 관내 기업들을 대상으로 수출상담회 참가 의향을 조사한 후, 참가희망 기업명단과 수출품목 내역을 코트라 무역관으로 보내 그에 적합한 바이어 유치를 의뢰하게 된다. 바이어 유치가 완료되면 주최 측은 각 바이어별로 국내수출기업과의 상담일정을 수립하게 되는데 무역사절단과 마찬가지로 통상 1개 상담에 1시간 정도를 배정한다. 상담일정은 대부분 행사일 2~3일 전에 확정되므로 해당 바이어 현지 출국 전, 상담 예정인 바이어들에게 간단한 자사 소개와 함께 이번 행사를 통해 성과 있는 상담이 되었으면 좋겠다는 인사메일을 미리 보내두는 것도 좋은 방법이다.

수출상담회 참가 국내기업들은 약속된 시간에 상담장으로 나와 해당 바이어들과 상담을 하게 되는데 예정된 시간 내에 상담을 종료하여야 한다. 바이어의 다음 상담 시간까지 여유가 있다면 현장에서 상담을 계속하여도 무방하며 행사 종료 후, 그날 저녁이나 다음날 별도로 시간을 내서 바이어에게 수출기업의 본사나 공장을 보여주고 더 심도 깊은 상담을 하는 것도 바람직하다.

또한 무역상담회에서는 해당 바이어가 다른 국내경쟁기업들과 계속 상담하는 경우도 많이 있어 국내기업들 스스로 과당경쟁을 하거나 바이어가 경쟁을 유도하는 경우도 있으므로 전략적으로 상담에 임해야 한다. 당장 오더를 받기 위해 출혈수출을 감행하는 것은 결코 바람직한 전략이 아니다. 그러나 바이어로부터 오더를 받기 위해 자사 제품의 경쟁력을 설명하고 자사와 거래 시 타경쟁사들에 비해 어떤 이점이 있는지를 객관적으로 보여주는 것은 꼭 필요하다. 예를 들어 자사만 갖고 있는 특허 및 디자인 제시, 단순 무역업체가 아닌 생산업체라는 사실, 탄력적인 최소주문량 수용, 위험부담을 최소화하면서 바이어가 원하는 결재방법 수용, 빠른 Delivery, 무료 샘플 제공 후 시장테스트를 거쳐 주문하도록 기회제공 등도 내세울 수 있는 장점이 될 수 있다.

그림 6 수출상담회 진행절차

일학습병행제 및 IPP

07

면접 및 프레젠테이션

실 전 취 업 론

일학습병행제
(www.hrdkorea.or.kr)

1 제도소개

학생들은 취업을 위해 많은 스펙을 쌓고도 취업난으로 고통을 받고 있고 기업은 구인난을 겪으면서 채용 후에도 현장 직무능력이 떨어지는 신입직원들에게 직무능력을 갖추도록 별도의 훈련과 교육을 시키는 데 많은 비용과 시간을 투입해야 하는 것이 현실이다. 이러한 현상이 발생하는 원인이 교과중심의 학교교육과 산업현장에서 필요로 하는 직무역량 간의 차이에 있다는 점을 인식하여 정부는 2014년부터 「일학습병행제」를 시행하고 있다. 「일학습병행제」란 산업현장에서 요구하는 실무형 인재를 기르기 위해 기업이 취업을 원하는 청년 등을 학습근로자로 채용하여 기업 현장에서 현장교사(트레이너)가 NCS기반의 교육훈련 프로그램과 현장훈련교재에 따라 가르치고 학교 또는 공동훈련센터 등에서 이론교육을 시킨 후[1] 산업계가 평가해서 자격을 주는 새로운 교육훈련 제도이다. 따라서 「일학습병행제」는 기존 학교중심의 이론교육에서 벗어나 기업현장에서의 실무교육 70%, 교육훈련기관(학교)에서의 이론교육 30%와 같은 비중으로 직접 회사에서 근무하면서 일을 배워나가는 한국 실정에 맞게 도입된 도제식 교육훈련제도라 할 수 있다.

---

1 훈련기간은 1~4년으로 장기과정임.

표 1	한국형 일학습병행제 주요 특징

- 교육훈련내용, 교육운영방법 등을 기업이 주도하여 결정
- 일정한 인증기준을 충족하는 교육훈련프로그램에 따라 교육훈련
- 생산 활동(업무처리)이 이루어지는 생산 현장에서 실제로 사용되는 시설·장비를 활용하여 교육훈련
- 습득한 직무능력을 과정평가형 자격에서 요구하는 기준에 의해 평가하여 도제자격을 줌(학력 중심이 아님)

이 제도의 도입으로 기업은 많은 이익을 볼 수 있게 되었다. ▲ 오랫동안 함께 일할 인재를 만날 수 있다. 정부로부터 인정받은 기술 기업에서 체계적으로 훈련을 받고 자격 또는 학위취득이 가능해져 많은 젊은 인재들이 몰려들며 장기간 교육으로 기업적응이 쉽고 애사심이 높아져 장기근로자들이 늘어나게 된다. ▲ 인력 미스매치 문제를 해결할 수 있다. 기업의 특성에 맞게 교육내용을 구성할 수 있기 때문에 교육 후 인력을 현장에 바로 투입할 수 있게 된다. ▲ 재교육, 수습비용을 대폭 낮출 수 있다. 정부로부터 교육 훈련비용을 지원받기 때문에 기업의 재정부담 없이 맞춤형 인재 육성이 가능하다. ▲ 정부정책의 혜택을 받을 수 있다. 참여기업은 병역특례업체로 우선 선정되며 조달청 입찰 과정에서 가산점 혜택이 주어진다.

표 2	일학습병행제 참여기업에 대한 정부 예산지원
지원항목	지원대상
① 프로그램 개발비	프로그램 제작기관
② 교제 제작비	교제 제작기관
③ 기업현장 교수 지원	훈련실습기업
④ 기업 내 HRD2 담당자 행정수당 지원	훈련실습기업
⑤ 현장훈련(OJT3) 비용	훈련실습기업
⑥ 현장외훈련(Off JT4) 비용	훈련실습기업(단독기업형)
⑦ 숙식비지원	훈련실습기업(단독기업형)
⑧ 학습근로지원금	훈련실습기업
⑨ 기업 내 현장교수 및 HRD담당자 양성 지원	전담인력 교육기관

* ③, ④, ⑤, ⑥, ⑦, ⑧, ⑨ 항목은 기업에 대해 직접 지급함.

2 HRD(Human Resources Development) 인적자원개발.
3 OJT(On the Job Training) : 일학습병행 프로그램의 교육훈련 중 실제로 직무를 수행하는 기업현장에서 진행되는 부분.
4 Off-JT(Off the Job Training) : 별도의 공간에서 이론 및 이론 관련 실습으로 진행되는 훈련.

또한 학습근로자(학생)들도 취업을 위한 스펙 쌓기보다는 산업현장에서 기업이 요구하는 직무능력을 배우면서 현장전문가의 생생한 노하우를 전수받을 수 있고 쌓은 능력을 자격으로 인정받게 된다. 즉 ▲ 불필요한 스펙에 더 이상 투자하지 않아도 된다. 기술력, 기업역량 및 인력양성계획을 검토하여 정부로부터 인증을 받은 기술기업에 빠르게 취업할 수 있다. ▲ 일하면서 내 일에 필요한 공부를 한다. 전공을 살려 단순한 원리나 이론중심이 아닌 실무중심의 현장감 있는 공부를 할 수 있게 된다. ▲ 자격증 및 학위 취득도 할 수 있다. 교육훈련과정을 이수하면 평가를 받아 정부 및 산업계가 인정하는 수료증 또는 자격증을 받을 수 있으며 일학습병행제 계약학과 등 학위와 연계된 경우에는 해당 학위 취득도 가능하다. ▲ 기업의 핵심 인재로 성장할 수 있다. 인력양성 의지가 강한 CEO가 조기에 채용하여 장기간 체계적으로 교육훈련을 제공함으로써 실력 있는 평생 직장인으로 커갈 수 있다. ▲ 경제적으로 자립할 수 있다. 정식근로자로 채용된 상태에서 교육훈련을 받기 때문에 교육 훈련기간에도 소정의 급여를 받을 수 있다. ▲ 일반 근로자와 등등한 대우를 받게 된다. 급여, 산업안전, 복리후생 등에 대한 내용이 포함된 계약을 통해 노동관계법에 따라 일반 근로자들과 100% 동등한 대우를 받는다. ▲ 병역특례도 받을 수 있다. 이 프로그램에 참여하는 근로자는 병역특례선정 1순위 자격이 주어진다. ▲ 교육훈련종료 후 일반 근로자로 전환된다. 교육훈련과정이 종료되면 일반 근로자로 전환[5]되며 다른 교육훈련기관 졸업자(수료자)와 동등한 대우를 받을 수 있다.

「일학습병행제」는 참여 기업의 특징에 따라 산업계 주도로 진행되는 '자격연계형'과 '대학연계형'으로 나누어진다. '자격연계형'은 국가직무능력표준(NCS)를 기반으로 일과 학습을 병행한 뒤 국가가 인정하는 자격을 얻는 방식을 말하고, '대학연계형'[6]은 일을 하면서 학위를 취득하는 방식이다.

---

5 '14년 12월 기준 정규직 전환율 : 97%.

6 일학습병행 대학연계형의 경우 대학은 △현장 외 훈련(Off–JT) △협약기업 모집 △계약학과 개설 및 학사관리 △훈련프로그램 및 학습도구 개발·지원 △학습관리시스템 운영 관리 △협약기업 현장훈련(OJT 지원) △학습근로자 평가관리 및 지원 등 협약기업의 일학습병행제 수행 시 필요한 제반사항들에 대해 지원하며 기업은 △현장훈련(OJT) 담당 △학습근로자 선발 △현장교사, HRD 담당자 교육 이수 △훈련프로그램 개발 시 기업현장 실무 연계 공동 협의 △현장훈련(OJT) 실행 시 대학과 긴밀 협의 △CEO의 학습근로자 교육훈련 철학과 의지를 현장 실무에 적극 반영 등을 도맡게 된다.

그림 1 일학습병행 대학연계형 관련 기사(내일신문 2016.4.4)

일학습병행제 대학연계형, 경북지역 첫 입학식
한국산업인력공단 구미대 일학습병행제 학위취득 스타트

한국산업인력공단 경북지사(지사장 고창용)는 30일 (주)효성 구미공장에서 직장에서 일하며 대학에서 학위를 취득하는 '일학습병행제 학위연계형 계약학과' 입학식을 경북지역 처음으로 시행했다.

(주)효성 구미공장 등 27개 기업, 274명의 학습근로자는 구미대 기계정비과 등 8개 학과의 학적을 보유하고 학비 부담 없이 기업현장과 구미대학교에서 일과 학습을 병행하여 전문학사 학위를 취득할 수 있게 되었다.

이번 입학식에는 한국산업인력공단 박영범 이사장, 구미대학교 정창주 총장, 구미고용노동지청 김호현 지청장, (주)효성 박필 인력개발원장 등 관계자와 입학생 100여명이 참석했다.

일학습병행제는 산업현장에서 요구하는 실무형 인재를 자체적으로 육성하기 위해 직장과 대학을 오가며 일과 학습을 병행하여 교육훈련을 실시하고 이 프로그램을 마친 근로자는 소정의 평가를 거쳐 신직업자격 또는 학위를 수여하는 제도이다. 한국산업인력공단 박영범 이사장은 격려사를 통해 "일학습병행제는 선취업 후진학을 표방하는 현장밀착형으로 기업이 맞춤형 인재를 양성하고 핵심인재를 육성하는 새로운 교육훈련 제도"라고 말하고, "이번 입학식을 계기로 더 많은 기업들이 참여해서 산업 경쟁력을 확보하고 청년일자리 창출에 밑거름이 되어달라"고 당부했다

2 신청자격 및 기준

학습근로자7(학생)은 학력과 스펙에 관계없이 누구나 참여할 수 있다. 그러나 일학습병행제를 운영할 기업은 일정요건을 만족시켜야 한다. 해당 기업은 신용등급 C등급 이상으로 원칙적으로 상시근로자 50인 이상 기업(공동훈련센터형은 20인 이상 기업)을 대상8으로 하되, 기술력을 갖추고 CEO의 인력양성 의지가 높은 기술기업을 선정하게 된다. 이 프로그램에 기업이 참가하기 위해서는 9가지 필수조건을 만족해야 한다.

---

7 학습근로자 : 취업 후 일정시간 동안 교육훈련을 이수할 수 있는 시간이 확보된 근로자(4대 보험 의무적 가입).

8 우수기술 보유기업, 기업발굴 전담기관(지역인자위 등) 추천기업, 고용노동부가 인증한 기업군(지역산업 특화형 도제특구 지원센터)에 대해서는 상시근로자 수 5명까지 예외 적용 가능.

(1) 인력양성 목표의 적절성(3가지)

1) 훈련직무

■ 독립적 업무수행을 위해 장시간 숙련형성을 위한 교육훈련이 필요한 직무
  (최소 NCS 등급 한 단계 향상)

  ※ 단기 교육훈련으로도 독립적 업무수행이 가능한 단순반복 직무는 제외

2) 훈련기간

■ 훈련기간은 1년 이상(최대 4년)
  - 훈련시간은 연단위 300~1,000시간

    ※ 단, 훈련프로그램의 총 훈련 시간은 신직업자격(L2~L3 : 600시간 이상,
    L4~L5 : 800시간 이상), 모듈자격(300시간 이상)이 되어야 함
  - 훈련 직무의 특성상 훈련프로그램 개발 과정에서 당초 기업에서 설정한
    훈련 기간을 조정할 필요가 있을 경우, 동 변경 가능성에 대한 기업의 동의

3) 훈련비중

■ 전체 훈련시간 중
  ① OJT 비중 50% 미만, 또는
  ② OFF-JT 비중이 20% 미만이면 부적격

(2) CEO 의지(2가지)

1) 학습근로자 급여

■ 학습근로자의 임금수준이 최저임금 미만이면 부적격

> <2017년도 법정 최저임금>
> 시간당 : 6,470원
> 월단위 : 135만원(6,470원 × 209시간)
> ※ 209시간 = {(주당 40시간 + 유급주휴 8시간)/7 × 365일}/12개월

  ※ 매년 최저임금 금액 변경 반영

2) 주당근무시간

■ OJT 시간 포함 통상 학습근로자의 주당 근로시간이 40시간
  (근로기준법 제50조 : 근로시간) 초과 시 부적격
※ 그 외 근로시간(탄력적 근로시간, 연장근로 등)에 대한 사항은 근로기준법의 관
  련 조항에 따름

이상 5개 필수 자격요건 중 한 개라도 미충족인 경우 ▲ 해당 기업에 관련 내용을 전달하고 해당 지표 변경을 유도하거나 ▲ 변경에 동의할 경우 해당 부분을 수정하여 서류 보완하거나 ▲ 변경을 원하지 않을 경우 부적격 업체로 처리한다.

(3) 기업여건의 적절성(4가지) … 수정보완이 불가능함

이외 ❶ 임금체불 여부, ❷ 산재다발 여부, ❸ 참여 제한 여부에서 부적격업체 (일학습병행제 참여 제한 중에 있는 기업)인 경우 참여할 수 없으며 ❹ 상시근로자 50인 이상 기업(공동훈련센터형은 20인 이상 기업)만 자격이 주어진다.[9]

3 신청방법 및 절차

(1) 학습근로자(학생)

일학습병행제는 15세 이상의 청년희망자라면 학력과 스펙에 관계없이 누구나 참여할 수 있다. 다만, 학습근로자로 참여하려면 일학습병행기업으로 선정된 기업이 일학습병행훈련을 시키기 위한 인력으로 채용하여야 한다. 따라서 일학습병행기업의 채용공고[10]에 따라 지원한 후 학습근로자로 선정되면 해당 기업과 훈련근로계약을 체결하게 된다. 그 후 학습근로자는 회사업무를 수행하면서 기업의 현장 훈련과 함께 학교 등의 이론교육을 받게 된다. 훈련과정을 이수하면 내·외부 심사 및 평가를 거쳐 수료증 및 자격을 부여받게 되고 일반근로자로 전환된다.

---

9 ❻ 임금체불 여부, ❼ 산재다발 여부, ❽ 참여 제한 여부, ❾ 상시근로자 수는 수정 보완이 불가능 하나 남은 5가지 조건은 수정, 보완 후 신청가능.

10 일학습병행기업의 학습근로자 모집계획은 기업일학습(www.bizhrd.net) 또는 워크넷(www.work. go.kr)을 통해 관련정보가 제공된다.

그림 2 일학습병행제 진행절차(학습근로자)

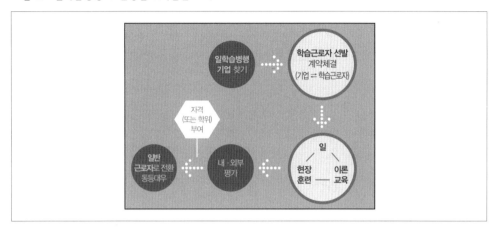

(2) 기업

그림 3 일학습병행제 진행절차(기업)

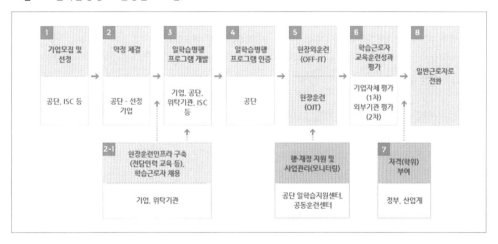

1) 일학습병행 기업 모집 및 선정

참여기업 모집 공모에 따라 기업이 참여신청서를 제출하고 서류심사 및 현장 실사 등을 토대로 기업을 선정하며 연중 신청이 가능

그림 4 일학습병행제 기업 신청절차

2) 프로그램 개발 및 운영 지원

기업이 체계적으로 현장훈련 및 현장외훈련을 실시할 수 있도록 NCS 기반 교육훈련 설계

3) 일학습병행 프로그램 인증

개별 기업에 맞추어 개발된 교육훈련 프로그램이 일학습병행제의 인증기준에 충족하는지 여부를 '권역별 프로그램 인증위원회'에서 인증

4) 교육훈련 실시

인증받은 일학습병행 프로그램에 따라 OJT 및 Off–JT를 실시하고 관련 비용 지원

표 3 교육훈련 방법

구분	규모(상시근로자수)	현장훈련(OJT)	현장외훈련(Off-JT)
공동훈련센터형[13]	20인 이상	기업주도	전문교육기관 (공동훈련센터)에 위탁
단독기업형	50인 이상	기업주도	

---

11 단독기업형 : (1) 교육훈련을 직접 운영할 역량이 충분한 기업이 선택하는 유형
　　　　　　　 (2) 기업이 단독으로 교육훈련프로그램을 마련하여 현장훈련과 현장외훈련(자체 또는 위탁)을 실시하는 형태
12 공동훈련센터형 : (1) 교육훈련을 직접 운영할 역량이 부족한 소규모 기업이 선택하는 유형
　　　　　　　　　 (2) 일학습병행 훈련을 실시할 다수의 기업이 듀얼공동훈련센터 지원을 받아 훈련하는 형태
13 명장기업, 혁신기업, 강소기업, HRD 우수성을 인정받은 기업 등 상시근로자 5인 이상인 경우, 공

5) 교육훈련 성과 평가

기업 자체 평가(1차)와 외부기관 평가(2차)를 통해 학습근로자의 직무능력 습득 정도를 평가

* 대학연계형 교육훈련프로그램은 해당 제도 및 학교의 규정에 따라야 함

6) 자격부여

2차 평가 결과에 따라 일학습병행제 자격 부여 가능

* 이수증은 기업자체 평가를 통과한 경우 기업 및 훈련기관의 명의로 발급

* 수료증은 외부기관 평가를 통과한 경우 한국산업인력공단 이사장 명의로 발급

7) 일반근로자로 전환

교육훈련기간이 종료되면 일과 학습을 병행하는 학습근로자의 신분에서 해당 기업의 일반근로자로 전환

– 1차 평가결과를 채용과 연계하는 기업은 평가 결과에 따라 일반근로자로 전환

표 4 일학습병행제 지원기관 업무분장

고용노동부 ▪ 일학습병행제 제도 및 법령검토 ▪ 기업-학습근로자 채용지원 ▪ 훈련과정 지도 및 점검 ▪ 근로감독 및 산업재해 예방지도	한국산업인력공단 ▪ 기업선정 ▪ 학습근로자 채용지원 ▪ 프로그램 인증 ▪ 훈련실시 기업 모니터링 ▪ 사업성과 평가 및 홍보 ▪ 전산시스템 구축	한국폴리텍대학 ▪ 프로그램 개발 및 컨설팅
		공동훈련센터14 ▪ 협약기업모집 ▪ OFF-JT 및 OJT 지원 ▪ 프로그램 및 교제 개발 참여·지원 ▪ 기업 현장교사 파견 지원 ▪ 학습근로자 평가지원
한국기술교육대학교 ▪ 기업현장교사 및 전담인력 양성	전문지원기관 ▪ 기업발굴 및 제도확산 ▪ 컨설팅 ▪ 채용지원 ▪ 현장실사지원	
한국직업능률개발원 ▪ 일학습병행제 관련 연구 조사		도제특구지원센터

동훈련센터형으로 교육훈련을 실시한다.

14 ▪ 공동훈련센터란? : 복수의 기업이 외부 교육전문기관(공동훈련센터)과 협약을 체결하여 공동으로 Off-JT를 실시하는 형태를 공동훈련센터형이라 함.
　　▪ 운영목적
　　　– 일학습병행제 참여기업 중 자체 훈련역량이 부족한 중소기업들을 위해

그림 5 일학습 병행제 진행과정(고용노동부)

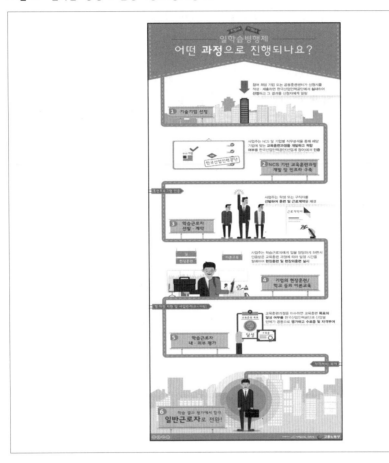

- 기존 국가인적자원개발 컨소시엄 운영기관, 지역산업 맞춤형 인력양성체계의 공동교육훈련 기관, 대학, 산업별단체 등의 전문 인력양성기관을 활용
- 중소기업 학습근로자에게 현장외 훈련(Off-JT)을 직접 실시하고 현장훈련(OJT)을 지원
■ 유형

참여형태	자격형	대학연계형
주요특징	학습근로자 평가를 통해 자격 형태로 인정	자격 형태 인정뿐만 아니라 학력과도 연계
훈련프로그램 개발조건	인증기준에 따라 개발	인증기준 + 학점기준 등 제도적 요건에 따라 개발
관련 부처 기관	고용노동부/인력공단/산업별 단계	고용노동부, 교육부/인력공단/산업별 단체/대학 등
비고	국가 또는 산업계 인정	학위 교육부/대학 인정

■ 협약기업 참여방법
 (신청 및 선정) 공동훈련센터가 사업에 참여할 기업을 모집한 후 일학습병행제 사업 참여 신청
■ 참여기관 : ㈜포스코 등 73개 기관 참여중(2017년 9월 현재)

02

기업연계형 장기현장 실습제도
IPP(Industry Professional Practice)
(www.ipphub.or.kr)

1 제도개요

IPP(Industry Professional Practice)는 대학생들의 현장실습능력 강화와 대학－기업 간 고용 미스매치 해소를 위해 대학교 교과과정 일부를 산업체 현장에서 장기간(4개월 이상)[1] 이수하도록 하는 기업연계형 장기현장실습 제도로서, 기존 기업인턴, 현장실습 등 단기현장체험 프로그램의 문제점을 개선하여 '학교에서의 학업학기'와 전공과 관련된 '산업현장 근무학기'를 통합시킨 산학협력단 교육모델이다. 제도는 대학 3, 4학년들이 6개월 동안 대학에서 이론수업을 듣고 4개월 동안 기업에서 전일제 현장훈련을 받는 기업 연계형 장기현장실습 제도로서(3학년 1개 학기 6개월＋4학년 1개 학기 4개월) 학생들에게는 기업의 실무를 장기간 경험하게 하여 기업에서 필요로 하는 실무중심의 지식과 기술을 습득하게 하고, 명확한 진로를 설정하게 할 뿐만 아니라 기업은 우수인재를 조기에 발굴하고 검증할 수 있도록 하는 것을 목적으로 실시되고 있다.

---

[1] 단기현장실습(4~6주)은 1달 정도의 현장실습인 관계로 학생에게는 짧은 기간 동안 산업 현장체험에 지나지 않으며 산업체 입장에서도 이들을 실제업무에 투입하기 어려워 단순작업에만 투입하고 있는 실정임. 따라서 실효성 있는 현장 실습제도로 운영하기 위해서는 최소 4개월 이상의 장기현장실습제도 도입 및 체계적인 운영이 필요함.

표 1 IPP 학제 시스템 예시

구분	2학년 겨울	3학년 1학기	여름	2학기	겨울	4학년 1학기	여름	2학기	겨울
A-Track	-	수업	전공 계절학 기	IPP (4개월) 이론수업 {학교 9학점}	IPP (2개월)	수업	전공 계절학 기	IPP (4개월) 현장 훈련 {기업 6학점}	-
B-Track	전공 계절학기	IPP (4개월) 이론수업 {학교 9학점}	IPP (2개월)	수업	전공 계절학기	IPP (4개월) 현장 훈련 {기업 6학점}	-	수업	-

- 4년제 학제, 2개 트랙으로 10개월 IPP 실시 : 15학점 인정(트랙은 학생 자율선택)
  * 3학년(학기 중 6개월) : 적성/진로 참색, 전공역량 향상의 기회[9학점 이수]
  * 4학년(학기 중 4개월) : 취업연계, 취업역량 강화의 기회[6학점 이수]
- 2회 전공계절학기 실시 : 15학점 인정

    대학은 기존 학사시스템에서 IPP를 도입하여 IPP 기간 동안 학점을 인정받도록 하고, 학생이 4년 내 졸업할 수 있도록 교과과정을 개편하여 운영해야 한다. 즉 기존의 봄·가을 2학기로 되어 있는 학제를 4학기제(Semester-based Quarter제)로 변경하고 3~4 학년 중 최대 2회(10개월) IPP학기를 운영하고 15학점을 인정한다. 그리고 2회 전공 계절학기2를 통해 여기서 15학점을 취득할 수 있다. IPP는 2개 트랙(A, B) 형태로 운영하며 참여학생이 자발적으로 2개 트랙 중 1개를 선택한다. 또한 일학습병행제 운영학과의 경우, NCS 기반의 신직업자격 과정과 연계하여 교과과정을 개편해야 한다.

    IPP 참여를 통해 학생들은 많은 혜택이 주어진다. ▲ 현장 경험을 통해 진로선택을 명확히 할 수 있다. 현장 실습을 통해 필요하다고 느낀 교과목을 학교로 복귀하여 보다 깊이 있게 학습할 수 있다. ▲ 직무역량을 강화하고 취업의 기회로 활용할 수 있다. 학교 이론과 실무현장의 경험을 통해 직무역량을 강화할 수 있으며 우수인재로 확인되면 파견기업의 정식 직원으로 채용도 가능하다. 설사 파견기업의 정식 직

---

2 장기현장실습에 참여하는 학기에 수강하지 못하는 과목은 계절학기를 통해 이수할 수 있으며 IPP 계절학기에 소요되는 비용은 IPP사업단 운영비에서 지원한다(참여학생 부담없음). 또한 계절학기는 전공과목, 교양 및 일반 교과목 개설도 가능하다. 단, IPP 학생들을 위하여 개설된 전공계절학기는 IPP 수행 학생만 수강 가능하다.

원으로 채용되지 않는다 하더라도 졸업 후, 타기업 취업 시 직무능력으로 인정받을 수 있다. ▲ 학기 중 학교에 출석하지 않고 학기 학점으로 인정받게 된다. 한 학기를 학교 출석이라는 부담감 없이 기업에서 장기현장실습으로 근무하고 학점으로 인정받는다. ▲ 임금을 받으면서 현장실습을 할 수 있다. 실습기간 중 정부실습지원금과 기업으로부터 실습수당을 받게 된다. ▲ IPP 계절학기 기회가 부여되고 장학금이 지급되는 대학도 있다. 학기 중 IPP 실습으로 인해 부족한 전공학점을 보충할 수 있도록 IPP 계절학기를 운영하고 수강료를 장학금 형태로 지급하는 대학도 있다.

또한 기업들은 ▲ 인재활용이 가능해진다. 기존사원이 실습생으로부터 업무보조를 받을 수 있을 뿐 아니라 기존사원은 보다 전략적인 업무에 집중할 수 있다. ▲ 채용 인재에 대한 사전 검증이 가능해진다. 장기간의 실습을 통해 실습생의 인성과 업무수행능력을 파악할 수 있어 추후 검증된 인력의 채용이 가능해진다. ▲ 인력의 안정적 확보가 가능해진다. 인력을 안정적으로 확보하고 고용비용 및 재교육 비용을 절감할 수 있다. ▲ 홍보효과를 거둘 수 있다. 실습생이 학교로 돌아가 자신이 실습했던 회사를 자연스레 홍보하게 된다. ▲ 대학의 지원을 받을 수 있다. 지도교수의 해당기업체에 대한 기술지도 및 애로사항에 대한 조언 등을 받을 수 있다.

대학들 역시 IPP사업 참여를 통해 ▲ 현장중심 교육기회 확대 ▲ 산학협력 활성화 ▲ 취업률 증대 ▲ 대학경쟁력 강화 등의 효과를 기대할 수 있게 된다.

IPP사업은 크게 사전 준비 및 교육, 현장실습 실시 및 사후관리로 이루어진다. 학생과 기업 간의 매칭이 완료되면 학생들은 기업에 파견되기 전에 사전교육을 반드시 받아야 한다. 사전교육은 실습 관련 보고서 작성요령, 실습생으로서 갖추어야 할 기업에 대한 이해, 직업윤리, 안전, 비즈니스 에티켓, 문제해결 및 창의적 기획 등의 교육으로 이루어진다. 사전교육 프로그램을 수립하기 전, 필요 시 파견기업의 수요에 맞는 맞춤형 교육을 파악하여 프로그램에 포함시키는 것도 바람직하다. 또한 대학과 기업체간 협의를 통해 업무계획을 수립하고 파견기업의 직원을 전담 멘토로 지정하여 학생을 지도하도록 한다. 이때 전담 멘토에게는 일정한 인센티브를 지원토록 한다.

현장실습 기간 중에는 학생들이 제대로 실습을 받고 있는지 확인하는 것이 매우 중요하다. 그러므로 학생들에게 실습일지 작성은 물론이고 정기적으로 보고토록 하며 대학에서도 관계자들이 정기적으로 사업체를 방문하여 학생들의 활동을 모니터링 하도록 한다. 아울러 기업체 간부 및 멘토들과 정기적인 간담회를 통해 문제점을 조기에 파악하여 신속히 조치하도록 한다. 현장실습이 종료되면 실습교육에 대한 전반적인 평가와 함께 학생들이 정식 취업할 때까지 보완해야 할 직무능력을 파악하여 사후교육을 실시하며 우수사례에 대해서는 시상과 함께 우수 사례집을 통해 발표하도록 한다. 또한 IPP에 아직 참여하지 못한 후배들에게 참가학생들의 경험담을 들려줘 벤치마킹할 수 있도록 기회를 제공한다.

그림 1 기업 matching 및 학생관리

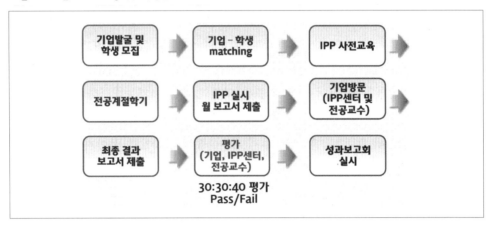

2 운영 프로세스

(1) 참여기업

그림 2 기업의 IPP 운영 프로세스

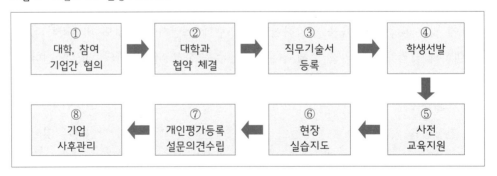

① 기업은 IPP 제도의 제반 내용이 현실 여건과 상생의 이익에 부합되는지 검

토 후 추진 방향, 기업 요청사항에 대해 대학과 협의

① 대학과 기업 간의 사전 조율된 내용을 토대로 협약 체결

③ 기업은 현장실습의 직무 내용을 정의하는 직무기술서(직무명, 근무시간, 근무기간, 실습수당, 업무내용, 희망학년 등 명시)를 운영시스템에 등록

④ 기업은 학생들이 등록한 지원서를 기준으로 서류심사와 실습 대상자 면접을 거쳐 학생 선발

⑤ 기업은 사전교육에 참여하여 원만한 실습이 이루어지도록 지원

⑥ 기업 및 학교에서는 현장실습 과정에 참여하여 직무수행 실태를 지도 점검

⑦ 기업체 멘토 평가, IPP 교수 평가, IPP 결과보고서 및 현장 방문 결과 등을 집계하여 종합평가 및 IPP 학점 부여

⑧ 성과분석, 문제점 및 개선방안을 도출하여 차기 IPP의 성과가 향상될 수 있도록 관리하고 대학교에 건의 사항으로 전달

(2) 학생

그림 3 학생의 IPP 운영 프로세스

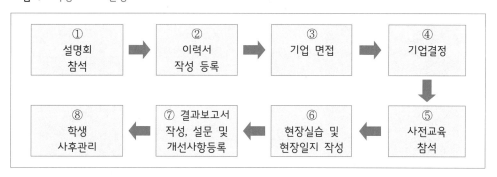

① IPP 설명회에 참석하여 동 프로그램의 취지를 이해하고 참가 여부 결심

② 각 기업이 등록한 직무기술서를 검토하고 희망기업을 선택하여 지도교수의 도움을 받아 이력서 및 자기소개서 작성 등록

③ 지원기업 면접 참석

④ 앞으로 실습 나갈 기업 확정

⑤ 기업에서 수행할 직무에 대비하여 실시하는 사전교육 참석

⑥ 기업에 나가 현장실습 및 현장일지 작성

⑦ 결과보고서 작성, 학교에서 실시하는 설문에 응하고 개선요망 등록

⑧ 졸업 전까지 현장에서 느낀 부족과목 수강 등 직무역량 강화

그림 4 학생 입장에서 본 세부 운영절차

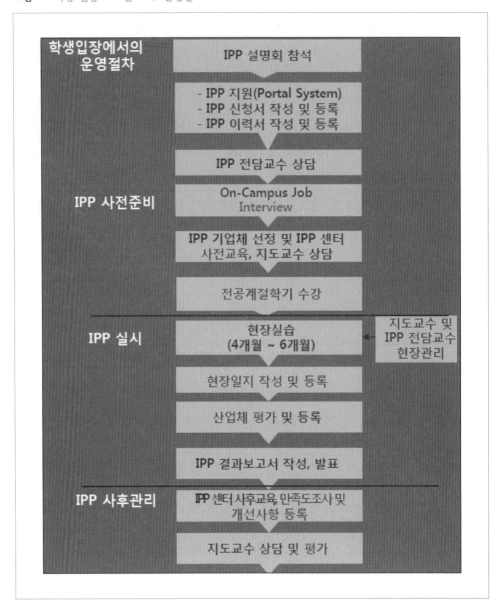

(3) 대학

그림 5 대학의 IPP 운영 프로세스

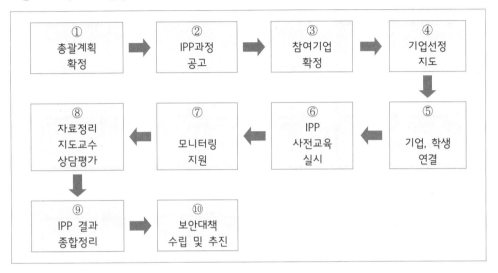

① IPP 운영 총괄계획수립(예산수립 및 집행, 기업 및 학생선정, 학생지도, 취업 지원, 프로그램 개발, 직무수행 실태 지도 점검 방안, 평가 및 개선방안 등)

② 참가기업 및 학생 대상 IPP 공고

③ 참가기업 확정 및 협약체결

④ 참가기업이 등록한 직무기술서를 토대로 학생들이 적격기업을 선택하여 지원할 수 있도록 지도

⑤ 가능한 모든 기업과 학생들이 상호 원하는 대로 matching될 수 있도록 연결

⑥ 파견기업의 협조하에 학생들이 기업에서 수행하게 될 직무에 대비하여 사전교육 실시

⑦ 실습중인 학생들에 대한 정기적인 기업 방문 모니터링(수행업무의 적합성, 조직적응도 등)과 기업(간부 및 멘토)과의 간담회를 통해 문제점을 파악하고 신속한 조치

⑧ 실습종료 후 학생들이 제출한 실습 관련 보고서 및 개별면담을 토대로 향후 진로 및 취업지도

⑨ IPP 결과 종합보고서 작성

⑩ 전반적인 평가와 함께 문제점, 개선요망사항 파악 및 보안대책 등을 마련하여 차기 사업에 반영하고 우수사례에 대해서는 시상 및 우수 사례집 발간

그림 6 한눈에 보는 IPP 운영 프로세스

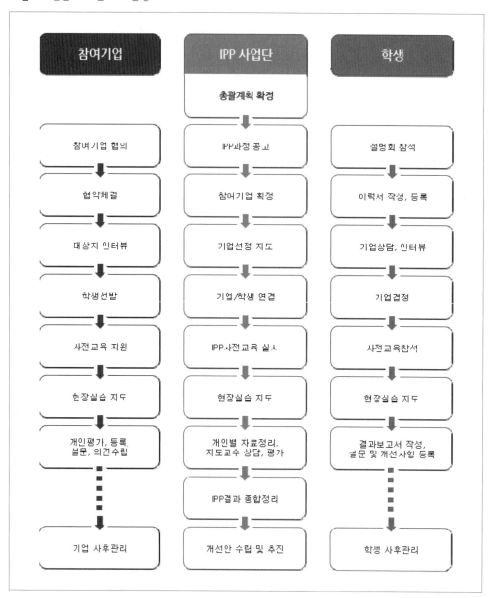

그림 7 IPP 우수 대학 관련 기사(경인일보 2016. 1. 21)

휴일없이 도전한 대학생 'IPP 첫 열매'

인천대 일학습병행제 사업 1기 성과보고
120명 한명도 포기안해 … 조정아 '최우수'

인천대 IPP사업단이 지난 19일 인천대 송도캠퍼스 소공연장에서 '2015년 IPP형 일학습병행제 사업 제1기 실습생 성과보고회'를 열었다.

인천대는 지난해 IPP 사업 시범 대학으로 선정돼 120명의 학생을 기업체에 파견, 4~6개월 장기현장실습을 했는데 단 한 명의 포기자 없이 1기 사업을 마쳤다. 이날 성과보고회에는 IPP 사업 참여 학생과 기업 담당자, 멘토 교수, 국회의원 등 학교 내외부 인사 230여 명이 참석했다. 이들은 장기현장실습 경험을 공유하고, 앞으로의 사업 추진 방향에 대해 의견을 나눴다.

홍선표 IPP사업단 단장은 "시작은 매우 열악했다. 전담 교수 근무 공간도 없었고 준비 기간도 짧았다. 하지만 휴일까지 반납하고 열정을 보인 교수, 학생들과 의기투합해 오늘의 성과를 얻을 수 있었다"며 "이제 첫 발을 뗀 IPP사업이 인천대에서 영글어 인재 양성에 한 몫 할 수 있길 바란다. 기업과 국가 발전에 큰 도움이 될 수 있도록 더 노력하겠다"고 했다. 성과보고회에서는 시상식도 열렸다. IPP 사업에 참여한 기업 52개 중 (주)호반건설, 한양인더스트리(주), 이원다이애그노믹스게놈센터(주)는 감사패를 받았고, 조정아(건축공학4)씨는 학생 대표로 최우수상을 수상했다.

IPP 사업 참여 기업 사례 발표는 (주)호반건설, 한국원자력연구원, 영림임업(주) 등이 했다. 이들은 "많은 학생들이 도전 의식을 가지고 회사에서 실습을 했다. 덕분에 일정 부분 업무 진행에도 도움을 받았다. 더 많은 학생들이 의지와 열의를 가지고 IPP 사업에 참여하길 바란다"고 했다.

장기현장실습(IPP)형 일학습병행제
(www.ipphub.or.kr)

1 제도소개 및 운영프로세스

(1) 제도소개

IPP형 일학습병행제란 대학과 기업 간 고용 미스매치에 따른 청년 실업문제를 해소하기 위한 新산학협력 교육훈련제도로서 한국기술교육대학교 「기업연계형 장기 현장실습제도(IPP : Industry Professional Practice)」[1]와 한국형 도제제도인 「일학습병행제」[2]를 결합한 제도로서 이를 통해 대학 3~4학년 재학생들은 전공교육과 연계된 기업에서 장기간(4~10개월) 체계적인 현장훈련을 받고, 학교와 기업을 오가며 일과 학습을 병행할 수 있도록 지원받게 된다. 그동안 졸업생 중심으로 추진되어 온 일학습병행제를 대학 재학생 단계의 정규교육과정으로 확대된 프로그램이라 할 수 있다.

---

1 IPP는 대학교 교과과정 일부를 산업체 현장에서 4개월 이상의 장기간에 거쳐 이수하도록 하는 기업연계형 장기현장실습(IPP : Industry Professional Practice) 제도로서, 학생들에게 기업의 실무를 장기간 경험하게 하여 기업에서 필요로 하는 실무중심의 지식과 기술을 습득하게 하고, 명확한 진로를 설정하게 할 뿐만 아니라 기업은 우수인재를 조기에 발굴하고 검증할 수 있도록 하는 것을 목적으로 한다.

2 일학습병행제는 독일·스위스식 도제 제도를 한국에 맞게 설계한 도제식 교육훈련제도이다. 산업계 주도로 기업현장에서 현장교사(트레이너)가 국가직무능력표준(NCS)기반의 교육훈련프로그램과 현장훈련교재에 따라 일을 함과 동시에 공동훈련센터 등에서 이론교육을 시킨 후 산업계의 평가를 통해 자격 또는 학위를 부여하는 교육훈련제도를 말한다.

그림 1 IPP형 일학습병행제 개념

표 1 IPP형 일학습병행제 개념

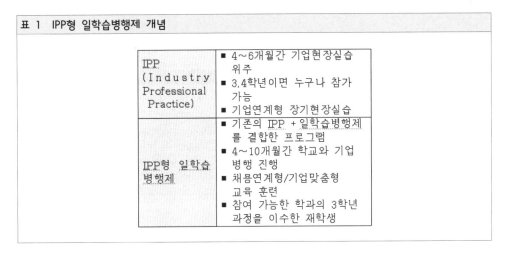

IPP (Industry Professional Practice)	■ 4~6개월간 기업현장실습 위주 ■ 3,4학년이면 누구나 참가 가능 ■ 기업연계형 장기현장실습
IPP형 일학습 병행제	■ 기존의 IPP +일학습병행제를 결합한 프로그램 ■ 4~10개월간 학교와 기업 병행 진행 ■ 채용연계형/기업맞춤형 교육 훈련 ■ 참여 가능한 학과의 3학년 과정을 이수한 재학생

IPP형 일학습병행제를 통해 학생들은 기존의 현장체험 위주의 단기 현장실습에서 벗어난 체계적인 장기 훈련 프로그램 및 학교의 전폭적인 지원·관리 등을 통해 실무능력을 증대시키고 취업역량을 높일 수 있으며 인력수급 미스매치가 심각한 기업(특히 중소기업)들은 우수한 인재를 미리 확보할 수 있게 된다. 2015년 초, 13개 대학이 선정되었으며 2016년 2월, 10개 대학을 추가한데 이어 같은 해 11월, 또다시 9개 대학을 신규 선정하는 등 정부정책에 따라 참여대학 수가 크게 늘어날 전망이다.

표 2 IPP형 일학습병행제 참여 대학

2015년 시범실시[13]	가천대, 서울과기대, 숙명여대, 인천대, 인하대, 한성대, 대구대, 대구한의대, 동의대, 순천향대, 한국교통대, 목포대, 강원대(삼척)
2016년 2월 추가[10]	건국대, 광운대, 동국대, 부산외대, 신라대, 인제대, 배재대, 한남대, 동신대, 연세대(원주)
2016년 11월 추가[9]	경기대(수원캠), 명지대(용인캠), 성신여대, 서원대, 남서울대, 경남대, 경성대, 영산대, 협성대

(2) IPP형 일학습병행제 표준 운영 모델

　　IPP형 일학습병행제는 IPP와 마찬가지로 기존의 봄·가을 2학기로 되어 있는 학제를 4학기제(Semester-based Quarter제)로 변경하고 NCS 기반에 따른 최소훈련시간을 만족시켜야 한다. <예 : 신직업자격 과정(Level : 4~5)의 경우, 800시간 이상> 또한 IPP와는 달리, NCS 기반의 신직업자격 과정과 연계하여 교과과정을 개편해야 한다.

표 3　IPP형 일학습병행제 운영 예시

학기	1학년				2학년				3학년				4학년			
	봄	여름	가을	겨울	봄	여름	가을	겨울	봄	여름	가을	겨울	봄	여름	가을	겨울
IPP 트랙	수업 (20)	-	수업 (20)	-	수업 (20)	-	수업 (20)	-	수업 (20)	수업 (9)	IPP 1 (9)		수업 (20)	수업 (6)	IPP2 (6)	-
일학습병행 트랙	수업 (20)	-	수업 (20)	-	수업 (20)	-	수업 (20)	-	수업 (20)	수업 (9)	IPP 1 (9)		수업(26) NCS 기반 Off-JT (160H)		IPP2(6) NCS 기반 OJT (640H)	

* (　)은 이수 학점수

구분	Off-JT	OJT	비고
교육/훈련시간	160H	640H	▪ 총 교육/훈련기간 = 1.5년 ▪ 총 교육/훈련시간 = 800시간 ▪ OJT 재학 중, 졸업 후 각 6개월임.
교육/훈련시간	0.5년(6개월)	1년(12개월)	
교육/훈련인정	11학점	5시간 이내/일 15시간 이내/주	
교과목수	4과목 이상	-	
교육/훈련비율	20%	80%	

표 4　Off-JT 교과목개편(개발) 예시

Off-JT (0.5년)	구분	교육/훈련시간	인정학점	개편(개발) 교과목 수			개설과목 수
				선택 능력단위 (자격별 공통)	필수 능력단위 (자격별)	계	
	1개 자격	160H (20%)	11학점	2개 과목	2개 과목	2개 과목	4개 과목
	2개 자격				2/2 과목	4개 과목	6개 과목
	3개 자격				2/2/2개 과목	6개 과목	8개 과목

* Off-JT 교육/훈련기간 0.5년(6개월)은 전공계절학기 포함 기간임.
* 자격별로 Off-JT 교과내용과 OJT 훈련 내용은 반드시 연계성이 있어야 함.

그림 2 Off-JT 교과목 개편 및 OJT 프로그램 개발 예시

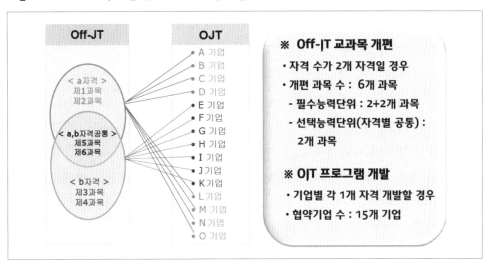

(3) 운영프로세스

그림 3 IPP형 일학습병행제 각 주체별 운영프로세스

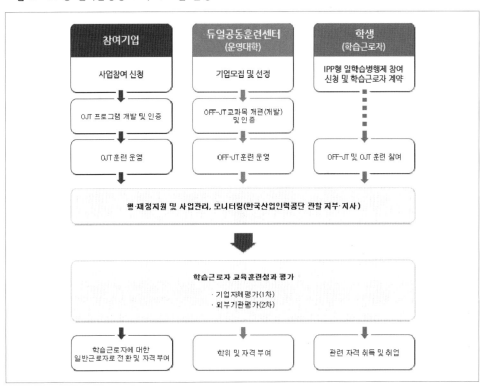

참여기업은 OJT 프로그램 개발 및 인증과 OJT 훈련을 운영하게 되며 운영대학은 Off-JT 교과목 개편(개발) 및 인증과 Off-JT 훈련을 운영하게 된다. 학생은 학습근로자 신분으로 IPP형 일학습병행제에 참여 신청을 하고 참여기업과 학습근로자 계약을 체결한 후 Off-JT 및 OJT 훈련에 참가하게 된다. 모든 행정·재정지원 및 사업관리, 모니터링은 한국산업인력공단에서 담당하게 되며 기업은 학습근로자의 교육훈련성과 평가를 거쳐 학습근로자를 일반근로자로 전환시켜주고 대학은 학위 및 자격을 부여하며 학습자는 관련 자격을 취득함과 동시에 OJT 훈련을 받은 기업에 취업을 하게 된다. 일학습병행제에 참가하고 있는 동안 학생들은 학습근로자 신분으로 노동관계법이 적용된다. 학습근로자는 근로계약을 체결하며, 기업으로부터 최저임금 및 4대 보험을 보장받는다.

그림 4 일학습병행제(IPP) 정책브리핑(2015. 12. 9)

일학습병행 4년제 대학 2017년 60개까지 늘린다
인문사회·예체능 계열까지 확대 … 청년 취업률 제고 기대

한 학기는 학교에서, 한 학기는 기업에서 일·학습병행제 운영 대학이 내년 25개교, 내후년 60개교로 크게 확대된다. 특히, 기존 이공·상경계열 위주에서 인문사회·예체능 계열까지 확대되는 등 인문계열 학생들의 취업경쟁력이 한층 높아질 전망이다. 고용노동부는 대학생의 현장실무능력 강화와 대학-기업간 일자리 미스매치 해소를 위한 '4년제 대학 일학습병행제' 운영 대학을 추가로 선정할 계획이라고 밝혔다.

4년제 대학단계 일학습병행제인 '장기현장실습(IPP)형 일학습병행제'는 3~4학년 학생들이 전공분야 기업에서 장기간(4~10개월) 체계적인 현장훈련을 받을 수 있도록 지원하는 제도다. 그간 졸업생 중심으로 추진된 일학습병행제를 대학 재학생 단계의 정규교육과정으로 확대하기 위해 마련됐다. 올해 초 숙명여대, 동의대 등 13개 대학이 선정돼 마케팅, 경영지원, 설계 및 생산기술 등 전공 관련 분야의 652개 기업에서 1378명의 학생들이 장기현장훈련을 실시하고 있다.

기존의 현장체험 위주의 단기 현장실습에서 벗어난 체계적인 장기 훈련 프로그램 및 학교의 전폭적인 지원·관리 등을 통해 대학생의 실무능력을 증대시키는 것으로 나타났다. 학생들은 기업에서 생생한 실무 교육을 받으며 취업역량을 높일 수 있어 높은 만족감을 보이고 있으며, 기업, 특히 중소기업은 인력수급 미스매치가 심각한 상황에서 기업이 필요로 하는 우수인재를 미리 확보할 수 있어 만족도가 높다.

고용노동부는 현장의 이러한 반응과 성과를 반영해 이번 정부 핵심 개혁과제인 '4년제 대학 단계 일학습병행제'를 2016년도에는 25개교(약 3750명) 내외, 2017년까지 60개교(약 1만명)로 대폭 확대하기로 했다. 특히, 올해 '4년제 대학 일학습병행제' 경험이 있는 13개 대학 중심으로 이공·상경계열에서 인문사회·예체능 계열까지 확대해 인문계 학생들의 취업경쟁력을 높일 수 있도록 했다.

그간 졸업생 중심으로 추진되던 일학습병행제를 고교·전문대·대학 재학생 단계까지 확대한 결과, 5000개 기업(프로그램이 개발 후 훈련실시 기업 : 2103개), 1만여명 학습근로자 규모로 대폭 늘어났다. 때문에 고용부는 재학생 단계 일학습병행제 확대를 통해 산업수요 중심의 교육현장 개혁에 촉진제가 될 것으로 기대하고 있다.

이번 사업에 선정되는 대학은 연 10억원 한도의 운영예산이 지원되며, 성과평가를 거쳐 내년부터 향후 최대 5년(2+3년)간 지원된다. 2년 지원 후 중간평가를 실시해 선정대학을 재조정한다.

2 사업단 참가조건

(1) 기업 발굴

IPP형 일학습병행제 참가를 희망하는 대학은 초기 단계에서는 참여기업을 2가지(IPP 기업, 일학습병행제 기업)로 구분하여 운영하고 연차별로 일학습병행제 기업을 확대해나가야 한다. 대학들이 참여기업 발굴 시 고려해야 할 사항은 [표 5]와 같다.

표 5 IPP형 일학습병행제 참여기업 발굴 시 고려사항
• 상시근로자 수가 5인 이상인 기업인가?
• 정부지원금을 포함하여 최저 임금 수준 이상을 실습지원비로 학생들에게 지불할 역량이 있는 기업인가?
• 학생들이 직무역량을 키울만한 기업인가?
• 현장실습 교육여건을 제대로 갖춘 기업인가?
• IPP형 일학습병행제를 CEO가 제대로 이해하고 있는가?
• 실습학생을 종료 후 정규직원으로 채용할 가능성이 있는가?
• 학생들의 전공과 유관한 직무를 제시한 기업인가?
• 해당기업 재직자 중 멘토를 지정할 수 있는 여건이 되는가?
• 기업의 신용상태가 양호한가?
• 임금체불, 산재다발 기업은 아닌가?
• 평소 대학과 산학연계활동에 적극적인 기업인가?
• 대학 동문들이 근무하고 있는 기업인가?
• 학생들의 거주지역에서 출퇴근이 가능한 기업인가?
• 실습현장으로서 주변 환경은 유해하지 않은가?

IPP 기업의 기준은 상시근로자 수 5인 이상이다. 일반 IPP 기업의 경우 1개 기업이 다수 대학과 협약 체결이 가능하나 IPP 학생 수는 해당 기업 내 상시근로자수

25%를 넘지 않는 범위 내에서 제한적으로 운영되어야 하며, 이 경우 운영대학들은 협약체결 전, IPP 허브사업단3에 통보하여 기업의 현장실습 교육여건 등을 확인받아야 한다. 1개 기업과 1개 대학이 협약한 경우에도 해당 기업 내 상시근로자 수 25%를 넘지 않는 범위 내에서 운영해야 한다. 한 기업에서 IPP와 일학습병행제를 동시에 실시할 수 있지만 이 경우 해당 기업은 IPP는 3학년 학생이, 일학습병행제는 4학년 학생이 참여하는 형태로 운영하여야 한다.

일학습병행제를 운영할 기업4은 원칙적으로 상시근로자 50인 이상 기업5(공동훈련센터형은 20인 이상 기업)을 대상으로 하되, 기술력을 갖추고 CEO의 인력양성 의지가 높은 기술기업으로 선정해야 한다. 최소훈련시간은 신직업자격 과정(Level : 4~5)의 경우, 800시간 이상이다.

표 6 IPP형 일학습병행제 사업의 훈련 구성 예시

훈련구분	계	Off-JT(현장외훈련)	OJT(현장훈련)		비고
훈련기간	18개월 (1.5년)	6개월 (4학년 1학기)	6개월 (4학년 2학기)	6개월 (졸업 후)	
훈련시간	800H	160H	320H	320H	
운영기관	-	대학	협약기업		
훈련비율	100%	20%	80%		

* 상기 Off-JT 및 OJT 훈련 대상은 4년제 대학 재학생(학습근로자)
* 상기 훈련 예시는 NCS 기반 신직업자격 기준을 반영한 4,5 수준의 최소 훈련시간이 800시간으로 구성된 훈련 형태임

표 7 NCS 직무수준

수준	직무수준 정의
8 수준	[지식·기술] 해당분야의 최고도의 이론 및 지식을 활용하여 새로운 이론을 창조할 수 있는 수준 [역량] 조직 및 업무 전반에 대한 권한과 책임이 부여된 수준
7 수준	[지식·기술] 해당 분야의 전문화된 이론 및 지식을 활용할 수 있으며, 근접 분야의 이론 및 지식을 사용할 수 있는 수준 [역량] 타인의 결과에 대하여 의무와 책임이 부여된 수준

---

3 www.ipphub.or.kr(한국기술교육대학교 내 설치).

4 일학습병행제 운영 기업 선정 시 직접 일학습병행 프로그램 개발, 기업전담인력 구성, 최소 6개월 이상(최소 300시간 이상) 자체 교육훈련 등이 필요함을 감안하면 일정 규모 이상 기업이 적합하다.

5 다만, 월드클래스 300, 명장기업, Best HRD기업, 강소기업, 혁신기업 등 대외적으로 기술력, 발전가능성, HRD우수성 등을 인정받은 기업이나, 관계부처전담기관, 지역인자위(확산팀), 일학습병행제 특화업종(특구) 지원센터 등이 발굴·추천한 기업과 정부가 인증한 기업군(예 : 테헤란밸리 S/W 업종 기업)에 대해서는 예외 적용 가능(상시근로자 수 5인 이상).

6 수준	[지식·기술] 해당분야의 이론 및 지식을 자유롭게 활용할 수 있는 수준 [역량] 독립된 권한 내에서 과업을 수행할 수 있는 수준
5 수준	[지식·기술] 해당분야의 이론 및 지식을 제한적으로 사용할 수 있는 수준 [역량] 포괄적인 권한 내에서 과업을 수행할 수 있는 수준
4 수준	[지식·기술] 해당 분야의 이론 및 지식을 제한적으로 사용할 수 있는 수준 [역량] 일반적인 권한 내에서 과업을 수행할 수 있는 수준
3 수준	[지식·기술] 해당 분야의 기초이론 및 일반지식을 사용할 수 있는 수준 [역량] 제한된 권한 내에서 과업을 수행하는 수준
2 수준	[지식·기술] 해당분야의 일반지식을 사용할 수 있는 수준 [역량] 일반적인 지시 및 감독하에 과업을 수행하는 수준
1 수준	[지식·기술] 문자이해, 계산능력 등 기초적인 일반 지식을 사용할 수 있는 수준 [역량] 구체적인 지시 및 철저한 감독 하에 과업을 수행하는 수준

(2) 학생 선발

이 프로그램의 도입 초기 단계인 2016년에는 전공이 부합되는 해당 계열 학생만이 참가할 수 있었다. 2016년의 경우, 그 해 신규로 선정된 대학은 이공계열 및 상경계열에 한하여 참여를 허용하였고 인문사회·예체능 계열은 기존 1년여 간 장기현장실습 경험이 있는 대학에만 허용하였다. 한편 야간대학 학생은 제도 도입 처음부터 원칙적으로 이 프로그램 참여가 불가능하다. 다만, 예외적으로 2부 대학 과정에 재학 중인 학생이 재직근로자가 아닌 순수 학생 신분임이 명확한 경우, 소명 및 관리 책임이 해당 대학에 있다는 전제하에 참여가 가능하다.[6] 이외 재학생과 함께 '재직자 일학습병행제' 또는 학위연계형(계약학과) 일학습병행제까지 포함하는 경우 참여 대학 선정 때 가점이 주어진다.

(3) IPP사업단 설치

사업 참여 대학에서는 IPP 사업단을 구축해야 하며 이 사업단은 타 사업 병행이 금지된다. 사업총괄책임자에 대한 기준이 별도로 정해져 있지 않으나, 사업수행에 필요한 학사, 행정 등에 대한 조정 역할이 가능한 자로 임명해야 한다. 또한 IPP 전담자(전담교수)를 필수로 운영해야 하며, IPP 전담자는 기업체 발굴/관리, 학생상담, 기업-학생 matching, 학생관리, 평가 등을 담당한다.

---

6 단, 이 경우에도 기업에서 현장실습(OJT)은 필히 주간에 실시해야 하며, OJT 기간 중 대학에서 야간에 이론교육(OFF-JT)을 동시에 실시할 수는 없다.

(4) NCS 기반의 OJT 프로그램 개발

대학과 일학습병행제 기업 간 합의하에 NCS 자료를 활용, 체계적인 OJT 프로그램을 개발한다.

(5) 대응투자

IPP형 일학습병행제에 참가하는 대학교는 사업단 운영 인건비, 전산시스템구축비, 센터구축비에 대응투자금을 투입해야 하며 대응투자금은 정부지원금[7] 대비 25% 이상이어야 한다. 단 「공공기관의 운영에 관한 법률」에 따른 준정부기관과 기타 공공기관은 대응투자 면제가 가능하다.

3 기대효과

IPP형 일학습병행제 사업이 학생, 기업 및 대학에게 가져다주는 기대효과는 다음과 같다.

(1) 학생입장

▲ 진로선택의 기회를 제공해준다. 전공분야와 관련된 현장경험을 통해 본인의 강점 및 적성을 파악할 수 있고 이를 통해 자신의 진로를 명확하게 선택할 수 있게 된다. 또한 현장경험을 통해 실무능력 뿐만 아니라, 조직생활에서 필요한 의사소통능력과 직업윤리, 문제해결능력 등 조직적응력을 함양할 수 있다. ▲ 전공역량을 강화할 수 있다. 학교에서 배운 이론이 실제 현장에서 어떻게 활용되고 있는지 파악할 수 있으며 이론 위주의 학습이 아닌 실무중심의 생동감 있는 학습도 경험할 수 있게 된다. ▲ 취업역량을 강화할 수 있다. 경력사원 같은 신입사원으로서 취업준비기간이 불필요하며 학교 졸업 후, 별도 교육 없이 바로 현장 투입이 가능하다. ▲ 경제적 도움을 받을 수 있다. 따라서 현장실습을 통해 받는 월급으로 학비 충당도 가능하다.

---

7 선정된 대학에는 인프라구축비 6억원(운영비 4억원, 구축비 2억원), 교육과정운영비 4억원 등 연간 10억원이 최대 5년까지 지원된다.

그림 5 IPP형 일학습병행제가 학생에게 가져다 주는 효과

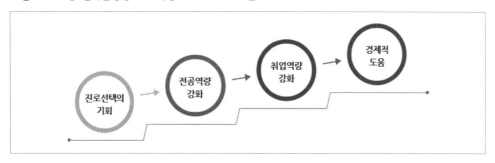

(2) 기업입장

▲ 인력의 효과적 육성 및 안정적 확보가 가능해진다. 기업은 우수인력을 안정적으로 확보할 수 있고 고용비용 및 재교육 비용을 절감할 수 있다. 또한 기업이 필요로 하는 인재를 미리 선점하여 실전형 인재로 양성할 수 있다. ▲ 사전 검증된 우수인재를 확보할 수 있다. 참여 대학생들을 대상으로 업무를 수행하는 과정 속에서 전문능력, 근무태도 등 사전에 세밀하게 검증하여 인력을 채용할 수 있다. ▲ 홍보 효과를 올릴 수 있다. 학생들은 자신들이 경험한 것들을 학교 구성원들과 공유하게 되므로 자동적으로 기업 홍보가 이루어진다.

(3) 대학입장

▲ 대학 취업률을 올릴 수 있다. 현장중심 교육기회를 제공함으로써 재학생들의 현장경험 및 실무능력이 향상되며 이를 통해 대학 취업률을 올릴 수 있다. ▲ 산학협력교육의 효과를 제고할 수 있다. 대학, 학생, 산업체 모두에게 도움이 되는 산학협력교육 모델로 정립하고 효과성/효율성을 높이는 기회로 활용할 수 있게 된다. ▲ 인력 수요의 미스매치를 해소할 수 있다. 현장 감각을 갖춘 유능한 실무형 인재를 배출할 수 있게 되고 대학과 산업체 간의 인력수급 불일치 해소 효과를 거양할 수 있다.

그림 6 가천대 IPP형 일학습병행제 소개(2017. 4. 17. 고용노동부 공식블로그)

학점과 실무체험은 따로가 아니다! IPP형 일학습병행제

Q. IPP형 일학습병행제에 대해 자세히 설명해주세요.

A. 가천대학교에서는 크게 두 가지로 나누어 IPP형 일학습병행제를 진행 중입니다. 기업연계형 장기현장실습(이하 IPP)과 일학습병행제입니다. 두 제도 모두 재학생 신분으로 기업에서 실무를 경험할 수 있다는 공통점이 있지만 세부 사항에서 차이가 있어요.

Q. 두 제도 사이는 구체적으로 어떤 차이가 있나요?

A. 두 제도의 결정적 차이는 학생을 선발할 때 채용을 전제로 하느냐의 차이와 기간 차이를 들 수 있어요.

먼저 IPP의 경우, 기존에 실시되던 기업인턴, 단기 현장체험에서 체계적인 면과 학생이 받게 되는 보수 면에서 업그레이드된 프로그램입니다. 기존 프로그램에서는 학생이 기업에서 일하는 사람이라기 보다는 배우는 사람이라고 인식되었는데요. 때문에 최저임금 보장이 안 되는 경우가 많았습니다. 하지만 업그레이드된 장기현장실습은 반드시 최저임금 이상을 보장하고 있습니다. 또한 체계성 면에서도 정비가 많이 되었는데요. 지도교수와 기업 멘토의 지속적인 상담과 관리가 이루어지기 때문에 학생은 실무에서 보다 많은 경험을 할 수 있도록 제도가 설계돼있어요.

일학습병행제는 정부가 인정한 기업에서 NCS 기반의 인증된 프로그램에 따라 1년 동안 일과 학습을 병행하는 프로그램이에요. 4학년 1학기에는 학교에서 실무 이론을 위해 개설된 전공과목을 듣고 2학기에는 기업에 가서 실무 훈련과 근로를 병행합니다. 가장 큰 특징은 프로그램에 참여하기 전 기업에 학습근로자 신분으로 채용된다는 점이에요. 1년의 과정을 문제없이 수료하면 NCS 신자격증 수여, 훈련수당 지급과 함께 학생은 해당 기업의 일반근로자로 바로 전환이 가능합니다. 졸업과 동시에 입사 1년차 직원이 되는 거죠. 기업에서 실무를 배우는 2학기에는 최저임금 이상의 보수가 지급되고, 일반근로자로 전환된 후에는 해당기업의 신입사원 초봉을 받게 됩니다. 또한 장기현장실습과 마찬가지로 지도교수님과 기업현장교사의 지속적인 관리가 이뤄지는 것도 물론이고요.

Q. 두 제도의 장점에는 무엇이 있을까요?

A. 가장 큰 장점은 실무 경험과 학점 취득이 동시에 가능하다는 점이죠. IPP의 경우 4~6개월 간 최소 8학점에서 12학점까지 현장실습에 대한 학점이 부여됩니다. 일학습병행제는 1학기에 최소 16학점부터 21학점까지 수업을 통해 학점 취득이 가능하고 2학기 실습기간에는 10학점이 인정됩니다.

보통 재학생 신분으로 인턴을 하려면 취업계를 내야 하는 단점이 있는데 두 제도는 학점 취득과 실무 경험 두 마리 토끼를 잡을 수 있기 때문에 시간절약은 물론이고 학점에 영향을 주지도 않아요. 또한 두 제도를 이용하는 학생 모두 현장실습으로 인한 전공수업의 손실을 최소하기 위해 IPP사업단에서 제공하는 전공계절학기를 무료로 수강할 수 있어요.

Q. 마지막으로 IPP 일학습병행제 참여를 고민하고 있는 학생들에게 한 마디 부탁드려요!

A 단기간의 현장실습은 기간 상 대부분 단순작업에 투입되기 때문에 기업·학생 모두의 만족도가 높지 않은 편인데요. IPP프로그램은 실제업무에 투입될 수 있도록 장기간 운영된다는 점, NCS기반의 체계화된 실무교육 가이드가 있다는 점, 마지막으로 현장실습의 질을 관리하고, 학생을 지원하는 전담교수 및 조직이 있다는 점에서 학생분들께 꼭 권해드리고 싶어요.

기업의 인사 담당자들이랑 이야기를 나눠보면 스펙이 좋다고 기업이 원하는 인재가 아니다라는 말을 많이 듣곤 해요. 채용 시장에서 학생들의 실무 경험이 점점 중요해지고 있다는 것을 이 제도를 운영하면서 실감하고 있습니다. 제도의 만족도도 해마다 높아져 참여 기업과 학생 수 면에서도 점차 규모가 확대되는 추세에요. IPP전담교수님의 상담도 자주 있어 학생들이 어려움을 느낄 때 많은 힘이 되어줄 거에요. 많은 학생들이 이 제도를 활용해 취업문에 한 발 더 다가섰으면 하는 바람입니다.

대학창조일자리센터

1 사업 개요

「대학창조일자리센터사업」이라 함은 고용노동부, 대학, 지자체, 창조경제혁신센터 등이 협력하여 재학생 및 졸업생, 타대생, 인근 지역 청년들이 손쉽게 접근할 수 있도록 대학 내 취업·창업지원 기능 간 연계를 강화하고 원스톱 고용서비스 전달체계를 구축하는 사업을 말한다. 고용노동부는 지난 2015년 10월 5일 대학, 지자체, 창조경제혁신센터와 협력해 재학생과 졸업생, 인근 지역 청년들이 쉽게 이용할 수 있도록 전국 15개 시, 도의 21개 대학에 취업, 창업 지원 기능을 연계한 원스톱 고용서비스 전달체계 센터인 「대학창조일자리센터」를 설립했다. 이어 2016년과 2017년 2월에도 각 20곳을 추가 선정해 전국 61개 대학(4년제 51개교, 전문대 10개교)으로 확대 설치되었다. 따라서 2017년 현재, 대학창조일자리센터는 수도권 20곳과 지방 41곳의 대학에서 운영되고 있다. 공모심사를 거쳐 지원대상으로 최종 선정된 대학은 진로지도, 취업역량강화, 취업알선, 청년 고용정책 홍보, 권역별 협력체계 구축 등 청년층 취업지원 사업을 실시하기 위해 「대학창조일자리센터」를 설치 운영한다. 창조일자리센터의 주요사업 내용은 ▲ 대학 내 취·창업 지원 인프라 구축 ▲ 진로지도 강화 ▲ 취·창업지원서비스 강화 ▲ 지역청년고용거버넌스 구축·운영 등이다.

표 1 대학창조일자리센터 주요 사업내용	
대학 내 취·창업 지원 인프라 구축	▪ 대학 내 각종 진로지도 및 취·창업 지원 기능을 공간적으로 통합하거나 기능적으로 연계하여 대학창조일자리센터로 일원화 ▪ 취·창업 지원 관련 학사제도 제정 및 개정
진로지도 강화	▪ 저학년부터 체계적인 진로지도 서비스 제공확대 ▪ 진로지도 관련 교양전공 교과목 운영 ▪ 교수 및 교직원 대상 자체 역량강화 프로그램 운영
취·창업지원서비스 강화	▪ 직무역량 기반한 교육훈련 및 역량개발 단계 ▪ 산업현장과 연계한 적극적 취업지원·알선 단계 ▪ 사후관리 단계
지역청년고용거버넌스 구축·운영	▪ 고용센터·자치단체 등 유관기관과의 주기적 협의체 운영 및 공동·연계프로그램 운영, 인력 수요·공급 관련 협업, 정보 교류 등 ▪ 인근 특성화고, 타대상 등 지역청년에 대한 서비스 및 청년고용정책 홍보, 인근 대학 취·창업지원 담당자들과의 정보교류 등

이를 위해 정부, 대학, 지자체가 공동으로 「대학창조일자리센터」를 선정하고 2017년 기준, 센터 1개소 당 연평균 사업비 6억 원을 지원하며, 사업 기간은 최대 5년이다. 사업 시행 2년 이후로는 평가를 거쳐 지원이 지속 여부를 결정한다.

그림 1 지역별 대학창조일자리센터 설치 대학(2017년 기준)

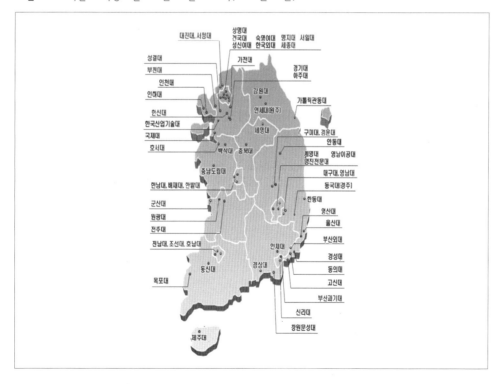

「대학창조일자리센터」의 역할을 세부적으로 살펴보면 취업준비생들의 진로지도 강화를 위해 적성 및 전공을 고려한 진로목표 설정을 지원하고 진로지도 교과목을 필수 교양과목으로 지정하며 교수 및 직원들을 대상으로 진로지도와 취업지원 역량을 강화하기 위한 교육을 실시함으로써 저학년부터 체계적인 진로지도 서비스 제공을 확대하는 것이다.

또한 훈련·능력 개발, 정책홍보, 취업알선, 사후관리 등 각 단계별로 정부지원 인턴, 훈련, 청년내일찾기패키지와 같은 청년고용정책체감도 제고를 위한 홍보 및 모집 활성화를 통해 취업지원서비스를 강화한다. 첫 단계인 훈련·능력 개발단계에서는 인문계 전공자[1] 및 여대생 취업역량[2]을 강화한다. 이를 위해 강소기업 탐방, 현장실습 및 인턴 등 일경험 기회를 확대하고 창업교육 연계, 취업캠프 등 취업역량 강화 프로그램을 운영한다. 두 번째 단계에서는 청년고용정책 체감도 제고를 위해 정책을 홍보하며 세 번째 단계인 취업알선 단계에서는 본교 재학생 및 졸업생뿐만 아니라 타대생에 대한 취·창업지원을 지원한다. 아울러 단과대, 학과단위 등 재학생 및 졸업생, 타대생을 대상으로 '찾아가는 만남 기업설명회, 채용박람회 등'을 적극 추진하고 해외취업상담 및 컨설팅, 해외취업박람회(공동)개최 등을 통해 해외취업도 지원한다. 마지막 단계인 사후관리 단계에서는 졸업생 취업DB를 구축하고 전공, 산업, 지역, 직무 등 다양한 분류기준을 통해 대학의 취업현황을 파악한다. 이와 함께 「대학창조일자리센터」는 대학 내 진로지도 및 취업지원을 주목적으로 하는 종합인력개발센터, 대학청년고용센터(취업지원과), 여대생커리어개발센터와 같은 하드웨어뿐 아니라 취업확대를 위한 학사제도 제정 및 개정 등 소프트웨어 면에서도 취업지원을 위한 인프라를 구축한다. 아울러 지역 내 인적자원개발위원회, 지자체, 고용센터 등과의 협력을 통해 청년 고용대책의 핵심전달체계 기능을 수행한다.

---

1 인문계 전공자의 이공계 복수전공 허용 및 융합교육 확대.
2 젠더의식 강화 및 개인별 커리어개발, 직무능력훈련 등.

표 2 대학창조일자리센터의 사업내용

구 분	사 업 내 용
대학 내 취·창업 지원 인프라 구축	▪ 대학 내 진로지도 및 취·창업지원기능 연계에 필요한 사항 - 취·창업지원 관련 대학 내 행정부서 일원화 및 사업단 등과의 연계체제 구축(직제 등 위상강화를 통해 창조일자리센터가 총괄·조정 기능 수행, 교무위원급 센터장 의무 배치) ▪ 학사제도 제정 및 개정 등 취업지원인프라 구축을 위하여 필요한 사항 - 산업수요를 반영한 교과목 개편, 일학습병행제 확대 - 취업전담교수제 또는 (가칭)역량강화 포인트 적립제 등 역량강화 인프라 확산 - 진로지도 및 취·창업 지원역량 강화를 위한 입학-재학-졸업단계별 맞춤형 지원 - 인문계 전공자의 이공계 복수전공 확대 및 융합교육 확대 - 학생종합경력관리시스템 운영 ▪ 기타 대학 내 진로지도 및 취·창업지원 인프라 구축과 관련하여 필요한 사항 자율 추진 ☞ 창조일자리센터 사업 참여로 대학이 기 추진 중인 인프라, 지원예산 등이 축소되지 않아야 함
진로지도 강화	▪ 저학년부터 체계적인 진로지도 서비스 제공 확대 등에 필요한 사항 - 적성·전공 등을 고려한 진로탐색 및 진로설정 지원(직업심리검사 및 역량진단 등 활용) - 진로지도 교과목을 교양필수 과정으로 지정 의무화 - 저학년을 포함한 재학생 진로지도 프로그램 대폭 보강 → 계열·분야별 프로그램, 「진로 상담가이드」 개발·보급, 「취업지원가이드(전문대/일반대)」 보완 - 교수 및 교직원 대상 진로지도 역량강화 교육 등 자체 프로그램 운영 ▪ 기타 대학에서 진로지도 강화와 관련하여 필요한 사항 자율 추진
취·창업 지원 서비스 강화	▪ "진로탐색-진로설정-역량개발-취업지원" 등으로 연계되는 단계별 맞춤형 서비스 제공, 정부 청년지원사업, 훈련 등 청년고용정책 체감도 제고를 위한 홍보 활성화 ① 직무역량에 기반한 교육·훈련 및 역량개발 단계 - 인문계열 이공계 복수전공 및 융합교육 확대, 여대생 특화 취업역량 강화 프로그램 운영 - 중소기업탐방, 현장실습(재학생직무체험 등), 인턴십, 일학습병행 등 일경험 기회 확대 - 창업교육 연계·효율화 및 취업캠프 등 취업역량강화 프로그램 운영 ② 정책체감도 제고를 위한 정부청년고용정책 홍보 - 학생, 교수, 인근 청년들에 대한 찾아가는 홍보·설명회 실시 - 청년고용정책, 학교 내 취·창업프로그램에 대한 인지도·만족도 제고 노력 ③ 산업현장과 연계한 적극적 취업지원·알선 단계 - 워크넷을 활용한 재학생·졸업생, 타대생, 특성화고 등에 대한 취·창업지원(설명회 등) - 상담·훈련 등 종합적 서비스가 필요한 학생은 취업성공패키지Ⅱ 운영기관과 연계 - 해외취업 지원(해외취업상담 및 컨설팅, 해외취업박람회 개최 등) ④ 사후관리 단계 - 학과·전공별, 업종·직무별 등 졸업생 취업 D/B 구축 및 취업경로 분석·활용 ▪ 기타 대학에서 취업지원 서비스 강화와 관련하여 필요한 사항 자율 추진
지역 청년고용 거버넌스 구축·운영	▪ 지역 내 고용(복지+)센터, 자치단체, 지역인자위, 창조경제혁신센터 등과의 연계·협업을 통해 청년층 대상 고용서비스 핵심 전달체계로서의 기능 수행을 위해 필요한 사항 - 고용(복지+)센터·자치단체 등 유관기관과의 주기적 협의체 운영 및 공동·연계프로그램 운영, 인력 수요·공급 관련 협업·정보교류 등 - 인근 특성화고, 타대생 등 지역청년에 대한 서비스 및 청년고용정책 홍보, 인근 대학 취·창업지원 담당자들과의 정보교류 등 ▪ 기타 대학에서 지역청년고용거버넌스 구축·운영하기 위하여 필요한 사항 자율 추진

그림 2 대학창조일자리센터 개소 관련 기사(머니투데이 2016. 4. 16)

인천대, 대학창조일자리 센터 개소

인천대학교(총장 최성을)는 지난 15일 오전 10시 송도 미추홀캠퍼스에서 대학창조일자리센터 개소식을 개최했다고 16일 밝혔다.

이 날 최성을 총장, 이주일 중부지방고용노동청장, 이주호 인천시 경제산업국장 등 내외빈 100여 명이 참석했다.

인천대는 지난 2월 전국 54개 대학이 응모해 20개 대학을 선정한 고용노동부의 대학창조일자리센터로 선정됐으며, 올해 3월부터 고용노동부, 인천시 등의 지원을 받아 최대 5년간 25억 규모의 사업을 추진한다.

최성을 총장은 "인천대는 지난해 공시취업률 69.6%로 거점 국립대학 대비 2위, 수도권 2,000명 이상 주요대학 중 6위라는 괄목할 성과를 거둔 진로취업 지원체계를 구축했다"며, "지역청년 고용절벽 해소를 위해 청년들이 효율·체계적인 취업준비를 할 수 있도록 대학창조일자리센터를 통해 대학의 역량을 적극 제공하겠다"고 밝혔다.

이주일 중부지방고용노동청장은 "인천대 대학창조일자리센터에서 창의적인 인재를 양성해 달라"며, "전국적으로 청년 취업을 선도하는 모범적인 역할을 하는 센터로 발전하길 바란다"고 말했다.

한편 인천대 대학창조일자리센터는 송도 미추홀캠퍼스 별관 B동 510호에 위치해 있다. 진로취업지원관 7명이 상주해 학과별 특성화된 진로지도와 더불어 인근 지역 또는 대학 청년, 졸업생들이 다양한 정부지원 청년고용정책에 참여할 수 있도록 안내 및 지원하며 취업 관련 통합서비스를 제공한다.

그림 3 대학창조일자리센터 사업추진 체계도

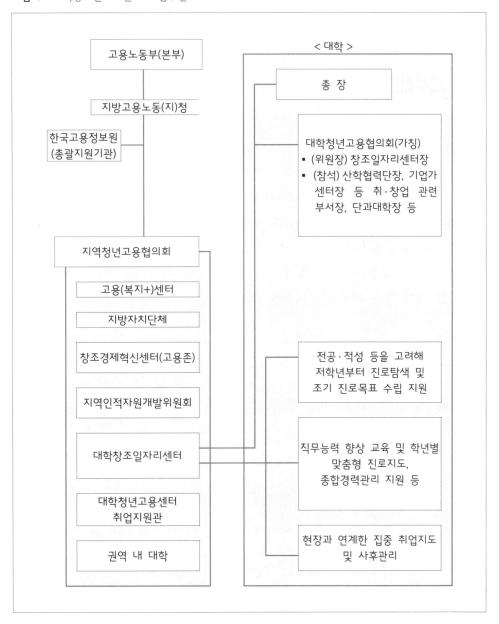

    대학창조일자리센터가 설치된 대학에서는 진로지도 및 취·창업 관련 경험이 풍부한 처장급 교수 등 학내 주요 의사결정 과정에의 참여가 보장되는 교무위원급 이상으로 「대학창조일자리센터장」을 의무적으로 선임해야 하며 대학창조일자리센터장(위원장) 및 취·창업 관련 부서장, 단과대학장 등으로 구성된 자율협의체인 「대

학청년고용협의회(가칭)」를 설치하여 진로지도 및 취·창업지원 관련 의사결정, 사업 조정 및 제도개편 등을 논의토록 해야 한다.

2 세부실행사업

대학을 졸업하고 취업준비를 하는 청년들뿐만 아니라 대학 안에서 조차 취업을 위한 프로그램들이 분산돼 있어 효율적인 지원을 받지 못하였던 대학생들에게 「대학 창조일자리센터」가 청년 고용의 허브 역할을 하고 있다. 「대학창조일자리센터」는 청년을 대상으로 진로지도 프로그램 운영, 구인·구직 만남의 날, 채용박람회 등 청년 대상 사업 정보를 제공하며 워크넷 직업 심리검사 활용법, 집단 상담 프로그램 진행자 교육 등을 실시하고 있다. 또한, 지역별로 특성화된 기업의 인력, 훈련 수요를 파악하는 전국 18개 시·도에 설립된 창조경제혁신센터와의 협업을 통해 취업, 능력개발, 창업 등을 지원하는 역할을 맡고 있다.

표 3 대학창조일자리센터 세부실행사업
세부사업명
정부지원 청년고용대책 참여안내 및 지원
청년취업성공패키지, 청년취업아카데미, 직업훈련, 중소기업 청년인턴제, 강소기업탐방, 고용디딤돌, 사회맞춤형 학과(혁신센터), 기타
진로지도 프로그램
진로(취업)지도, 상담, 인적성, 심리검사, 대학생 핵심역량진단, 이력서, 자기소개서, 모의면접, 진로지도 강좌(특강), 기타
취업지원 프로그램
취업박람회, 취업(기업)설명회, 취업관련 교과목운영, 취업관련 강좌(특강) 취업캠프, 인문계 전공자 취업역량강화, 여대생 취업역량강화, 현장실습 해외취업상담 및 컨설팅, 해외취업박람회, 현장견학, 선후배와의 만남 취업정보자료집 발간
담당자 역량강화
교육·연수, 기타
취업지원 인프라 구축
취업전담교수제, 역량강화포인트 적립제, 인문계 전공자 이공계 복수전공 현황, 인문계 전공자 융합교육 현황, 기타
사후관리 및 기타
졸업생 추적관리, 외부 교육비지원, 기타

그림 4 대학창조일자리센터 소개(정책공감 2015. 11. 3)

대학생들이 학교 내에서 취업과 창업 관련 지원서비스를 한 번에 받을 수 있는 곳이 있다는 것 알고 계셨나요? 바로 대학창조일자리센터입니다. 고용노동부에서는 최근 21개 대학을 선정해 대학창조일자리센터를 설치했는데요.

<정책공감>이 인하대 창조일자리센터를 직접 찾아가봤어요.

■ **대학창조일자리센터란?**

청년들이 편리하게 캠퍼스 내에서 취업과 창업 지원서비스를 받을 수 있도록 전국 대학에 마련된 것으로 21곳이 선정되었어요. 일대일로 전문가에게 상담을 받을 수 있고 직접 찾아가는 서비스가 가능하답니다. 대학창조일자리센터는 대학 내에서 분산되어 있던 취업·창업지원 기능을 연계·통합했고요. 청년들은 고용센터를 방문하지 않고도 대학창조일자리센터에서 상담을 통하여 취업성공패키지, 청년인턴제에 관한 정보를 안내 받아 참여할 수 있어요.

그렇다면 구체적으로 어떤 서비스를 받을 수 있는지, 인하대 창조일자리센터로 함께 가보실까요?

【대학창조일자리센터의 컨설턴트들에게 상담 받고 있는 학생들】

인하대학교의 학생회관 3층에 위치한 대학창조일자리센터는 캠퍼스 내에서 편리하게 취업과 창업 지원서비스를 받을 수 있는 공간이에요. 인하대는 대학 내 분산돼 있던 취업과 창업지원 기능을 10월 6일 개소한 이 센터로 통합해 운영하고 있답니다. 청년들은 고용센터를 방문하지 않고도 대학창조일자리센터에서 상담을 통해 취업성공 패키지, 청년인턴제에 관한 정보를 안내 받을 수 있고 취업에 활용할 수 있어요.

인하대학교의 대학창조일자리센터는 총 네 명의 컨설턴트들이 전문적으로 학생들에게 취업과 창업에 관련해서 상담을 해주고 있어요. 저학년들은 주로 진로에 대한 상담을 신청하고 고학년이 될수록 직무와 기업탐색, 입사서류 작성 클리닉 등 직접적으로 취업에 도움이 될 만한 상담을 진행하고 있어요. 취업에 관한 막연한 궁금증을 안고 센터를 찾은 학생들이 명쾌한 답을 듣고 가벼운 마음으로 센터를 나가게 된다고 해요.

인하대 대학창조일자리센터를 이용하고 싶다면 워크넷(http://www.work.go.kr)에 들어가 '구직'을 클릭하고 청년을 클릭합니다. 그 이후에 '우리학교 취업지원실'을 클릭한 후 상담예약을 하시면 돼요. 재학중인 대학교와 학과 학년을 입력하고 상담희망날짜와 시간, 상담받고 싶은 내용을 입력하면 됩니다. 여기까지 완료하셨다면 담당 컨설턴트님께서 상담확정전화를 주신다고 해요.

【인하대 대학창조일자리센터 안내문】

인하대학교는 안내문을 만들어 학생들에게 배포하는 등 대학창조일자리센터를 적극적으로 홍보하고 있었어요. 취업과 창업에 코치가 필요할 때는 망설이지 않고 센터를 찾을 수 있도록 독려하고 있지요. 센터 내에 컨설턴트들을 찾는 학생들이 많았는데요. 자신의 전공에 따라 담당 컨설턴트들이 배치되어 있어 교육을 받거나 다양한 정보를 얻을 수 있어요. 자신에 딱 맞는 정보를 주기 때문에 학생들의 만족도도 높고, 컨설턴트들도 많은 보람을 느끼며 일하고 있었어요. 인하대학생들과 인천지역

청년들의 취업과 창업에 조금이라도 더 보탬이 되기 위해 뛰고 계시는 인하대 대학창조일자리 센터장님을 만나서 질문을 드렸는데요. 함께 만나볼까요?

Q. 대학창조일자리센터의 취지는 무엇인가요?

대학생들과 청년들에게 편리하게 취업에 관해 상담을 받을 수 있고 진로를 설정해주는 것이 목적이에요. 그간 대학 내 취업이나 창업지원 기능 대학 자체에서 운영하거나 고용노동부가 지원하는 대학청년고용센터, 여성가족부가 지원하는 여대생커리어개발센터 등으로 분산되어 있었는데요. 이러한 지원기관을 대학창조일자리센터로 통합하여 청년들이 쉽게 지원서비스를 받을 수 있도록 설치되었어요.

Q. 인하대학교 대학창조일자리센터는 주로 어떤 일을 하고 있나요?

대학창조일자리센터는 지역의 창조경제혁신센터와 연계하여 지역별로 특성화된 기업의 인력이나 수요를 파악하고 있어요. 그 정보를 바탕으로 청년들을 대상으로 한 취업과 능력개발, 창업 관련 지원사업의 핵심적인 전달체계 역할을 하고 있지요. 인하대학교는 가장 먼저 센터를 개소한 만큼 선제적으로 청년들에게 방향을 제시하려고 노력하고 있어요. 그렇기 때문에 전문성 있는 컨설턴트 분들 확보에 주력했습니다. 또한, 취업관련 부서와 긴밀하고 유기적으로 협력해 학생들이 필요로 하는 정보를 파악하고 있지요. 앞으로는 인하대학생들뿐만 아니라 인천지역의 미취업청년들이 많이 참여해서 일자리를 찾을 수 있도록 도울 계획을 갖고 있습니다.

Q. 대학창조일자리센터가 생기면서 어떤 점들을 기대하고 계신가요?

지금 청년들이 가장 많이 이야기하는 점이 청년 고용정책을 모른다는 점인데요. 대학 내에 대학창조일자리센터가 위치함으로써 더 많은 청년들이 청년고용정책이라든지 청년을 지원하는 서비스를 쉽게 접하게 될 수 있을 것이라고 생각합니다. 그로 인해 청년일자리사업들의 정책 체감도가 높아질 것으로 기대됩니다.

인하대학교 수학과에 재학중인 한 학생은 대학 내의 대학창조일자리센터를 통해 취업계획을 세워가고 있다고 했어요. 상담을 받고 있던 이 학생에게 센터의 장점에 대해 질문을 했어요.

Q. 대학창조일자리센터를 이용해 보셨나요?

취업에 대한 관심을 있었지만 막연하게만 알고 있었어요. 무엇을 준비해야 할지 또 어떤 진로계획을 세워야 할지 막막하기만 했었어요. 동기들에게 물어보거나 선배들에게 물어보는 것이 다였는데, 학생들에게 묻는 것만으로는 한계가 있다고 생각하던 차에 대학창조일자리센터에 대해 알게 되었습니다. 컨설턴트 분들이 취업에 관해 자세하게 설명해 준다는 말을 듣고 찾아가보았어요. 제 전공에 맞는 취업진로계획을 짜볼 수 있었습니다.

Q. 대학창조일자리센터의 장점은 무엇이라고 생각하세요?

대학창조일자리센터를 통해 취업에 필요한 것들을 전문적으로 준비하게 되었어요. 이제 곧 저도 고학년이 되기 때문에 취업역량 강화를 위한 글쓰기와 스피치, 입사서류 준비 등이 필요하다는 것을 알고 체계적으로 준비할 수 있게 되었어요. 학교에서 취업교육을 실시하고 있어서 적극적으로 참여할 계획이에요. 취업은 하고 싶은데 어떻게 준비해야 할지 막막했는데 대학창조일자리센터를 만나고 길잡이를 얻은 것 같아 든든합니다.

이렇게 인하대학교의 대학창조일자리센터를 찾아봤는데요. 인하대학교는 센터를 통해 맞춤형 진로상담은 물론 학과별로 특성화된 진로지도를 실시하고 있었어요. 또한 기업과 학생들은 인턴제, 현장실습을 통해 연결해주고 있어서 학생들의 실무능력을 증진하는데 큰 기여를 하고 있었습니다. 그 외에 어떤 지원을 받을 수 있는지 살펴볼까요?

■ 지원내용

인하대학교는 2021년까지 총 27억원의 지원을 받게 됩니다. 인천시가 25%, 고용노동부가 50%, 인하대학교가 25%를 공동 부담해 운영하게 돼요. 다른 대학창조일자리센터들도 1곳당 연평균 5억원의 지원을 받을 수 있어요. 그렇다면 학생들은 어떤 지원을 받을 수 있을까요? 인하대의 경우는 진로지도 프로그램을 운영하고 구인·구직 만남의 날, 채용박람회, 채용행사 등 청년층 대상 사업 정보를 수시로 제공할 계획을 가지고 있어요. 기업 인턴십과 벤처창업 도움서비스도 제공하고요. 인하대학생뿐 아니라 인천지역의 다른 대학생도 이용할 수 있는 등 청년취업에 도움을 주게 되는데요. 정부가 지역별로 만든 창조경제혁신센터와 연계해 종합적인 취업지원 서비스를 제공하지요. 맞춤형 진로상담과 취업희망 콘테스트, Job-Star 취업특강 등 학과별로 특성화된 진로지도를 실시해 재학생부터 취업 관련 프로그램에 참여할 수 있도록 할 예정이에요. 다른 센터들을 이용하는 분들에게도 다양한 지원사항이 준비되어 있답니다.

대학창조일자리센터는 인하대뿐 아니라 전국 15개 시, 도의 21개 대학에서 운영하고 있어요. 그 대학의 학생이 아니더라도 지역의 청년이면 누구나 이용이 가능해요. 권역별 혁신센터와 연계해서 운영중인 대학창조일자리센터가 어디에 있는지 알아봤어요. 취업이나 창업을 희망하고 있는 청년이라면 가까운 대학창조일자리센터를 방문해보세요.

저자소개

조기창

필자는 서강대학교 경제학과와 동 대학 경제대학원을 졸업하였다. Kotra에 입사한 이래 부산국제전시장(현 BEXCO) 건립추진전담반 과장, 전시산업팀 차장, 해외전시협력팀과 전시컨벤션총괄팀 팀장을 역임하면서 주로 전시·마케팅 분야에서 근무하였으며 특히 2002년 한국전시산업진흥회 창설에 실무자로 산파 역할을 하였다. 「서울국제식품산업대전」, 「서울국제생활용품박람회」 및 「Preview in New York」, 「한중일산업교류전」을 비롯하여 다수의 국내외전시회를 개최하였다.

런던(1991~1994), 이스탄불(1997~2001), 뉴욕(2003~2007, 부관장), 암만무역관(2009~2012, 관장) 및 알제무역관장(2015~2018, 관장)을 거쳐 현재는 Kotra아카데미에서 강사 겸 연구위원으로 재직하고 있다. 15년이 넘는 해외무역관 근무기간 동안 조사, 마케팅, 투자 등 다양한 분야를 두루 섭렵하였으며 많은 저서 출간과 함께 활발한 대내외 기고를 통해 우리 기업들의 해외마케팅 노하우를 전파하면서 또한 Kotra 아카데미와 여러 대학 등에서 「해외전시 참가전략 수립방법 및 사후관리」, 「전시기획론」 및 「해외시장조사기법」 등을 강의하고 있다.

이와 함께 필자는 해외파견 청년 인턴 면접위원으로도 수차례 참가하였고 해외무역관 근무 기간 중에는 많은 대학생들을 인턴으로 받아 훈련과 지도로 이들의 취업에 도움을 주었으며 월드잡플러스 K-Move 멘토링 프로그램에도 참여하여 고용노동부장관이 임명한 멘토로 활약하고 있다.

저서
요르단 비즈니스 세계로 들어가기(2011)
전시기획론(2012)
전시마케팅기법(2013)
각국별 전시산업환경 및 참가기법(2013)
해외전시회 전시품 선정 및 운송 노하우(2014)
수출로 이어지는 해외전시회 사후관리 요령(2014)
해외전시회, 이것만은 알고가자(2014)
실무해외시장조사론(2018)
걸음마 실무해외마케팅(2018)

실전취업론

초판발행	2018년 4월 30일
지은이	조기창
펴낸이	안종만
편 집	전채린
기획/마케팅	정연환
표지디자인	조아라
제 작	우인도·고철민
펴낸곳	(주)박영사
	서울특별시 종로구 새문안로3길 36, 1601
	등록 1959. 3. 11. 제300-1959-1호(倫)
전 화	02)733-6771
f a x	02)736-4818
e-mail	pys@pybook.co.kr
homepage	www.pybook.co.kr
ISBN	979-11-303-0574-5 93320

copyright©조기창, 2018, Printed in Korea

정 가   24,000원